知识产权
典型案例
评析

主 编 袁 杰 张晓霞
副主编 曾学东 王 虎

ZHISHICHANQUAN
DIANXINGANLI PINGXI

知识产权出版社
全国百佳图书出版单位

图书在版编目（CIP）数据

知识产权典型案例评析/袁杰，张晓霞主编. —北京：知识产权出版社，2017.9

ISBN 978-7-5130-5154-5

Ⅰ.①知… Ⅱ.①袁… ②张… Ⅲ.①知识产权法—案例—中国 Ⅳ.①D923.405

中国版本图书馆 CIP 数据核字（2017）第 231044 号

内容提要

本书以案例为切入点，甄选了专利、商标、著作权、不正当竞争领域有代表性的案件，对其争议要点及涉及的法律问题如抽丝剥茧般层层展开，条分缕析，分析深入浅出，鞭辟入里。本书既可作为企业经营管理人员、法律实务工作者的案头参考材料，也可作为专家学者、学生研习知识产权法的案例素材。

责任编辑：崔　玲　　　　　　　　　　　责任校对：王　岩

封面设计：**sun**工作室　韩建文　　　　　责任出版：刘译文

知识产权典型案例评析

主　编　袁　杰　张晓霞

副主编　曾学东　王　虎

出版发行：知识产权出版社 有限责任公司		网　　址：http://www.ipph.cn	
社　　址：北京市海淀区气象路 50 号院		邮　　编：100081	
责编电话：010-82000860 转 8121		责编邮箱：cuiling@cnipr.com	
发行电话：010-82000860 转 8101/8102		发行传真：010-82000893/82005070/82000270	
印　　刷：北京嘉恒彩色印刷有限责任公司		经　　销：各大网上书店、新华书店及相关专业书店	
开　　本：787mm×1092mm　1/16		印　　张：23.5	
版　　次：2017 年 9 月第 1 版		印　　次：2017 年 9 月第 1 次印刷	
字　　数：460 千字		定　　价：54.00 元	
ISBN 978-7-5130-5154-5			

编委会

主　编：袁　杰　　张晓霞

副主编：曾学东　　王　虎

编　务：冯　刚　　张玲玲　　王东勇　　邓　卓
　　　　王　平　　左登江

撰稿人：（按姓氏笔画排列）
　　　　王东勇　　王曹翼　　邓　卓　　田　芳
　　　　冯　刚　　杨　振　　汪　舟　　宋雅颖
　　　　张玲玲　　张　倩　　陈　越　　罗素云
　　　　高瞳辉　　宾岳成　　章　瑾　　熊北辰

❖ 专利权部分案例 ❖

❖ 商标权部分案例 ❖

❖ 著作权部分案例 ❖

❖ 不正当竞争部分案例 ❖

专利权部分案例

专利无效程序中听证原则的具体理解

——山东春天建材科技有限公司与国家知识产权局 专利复审委员会、刘某成专利无效行政纠纷案

◙ **关键词**

听证原则　发文日　决定日

◙ **裁判要点**

国家知识产权局专利复审委员会在专利无效宣告请求审查程序中应遵循听证原则。在当事人意见陈述期限届满之后方作出决定，并将当事人陈述之意见体现在审查决定书中，系听证原则的应有之义。而当无效宣告请求审查决定载明的"决定日"与"发文日"出现冲突时，应以"决定日"作为该审查决定的作出之日。

◙ **相关法条**

《专利法》第四十五条、第四十六条

《专利法实施细则》第四条第三款、第六十八条

◙ **案件索引**

一审：（2015）京知行初字第 5078 号（裁判日期：2016 年 8 月 29 日）

二审：无，一审判决生效

◙ **基本案情**

原告山东春天建材科技有限公司诉称，在第 5W108118 号无效宣告请求案中，被告国家知识产权局专利复审委员会（简称"专利复审委员会"）于 2015 年 4 月 28 日向该案原告发出"无效宣告请求受理通知书"，该通知书要求原告在收到通知之日起 1 个月内陈述意见。根据《专利审查指南 2010》相关规定，原告意见陈述期的截止日应为 2015 年 6 月 13 日。被告在原告的意见陈述期限届满前即作出了第 26380 号无效宣告请求审查决定（简称"被诉决定"），且在被诉决定中未考虑原告于 2015 年 6 月 12 日提

交的意见陈述，违反了听证原则，构成程序违法。

被告专利复审委员会辩称：被诉决定的"决定日"仅为主审员形成初步意见后，在撰写决定的过程中由系统自动生成的时间，而被诉决定的"发文日"系在原告意见陈述期限届满之后，故被诉决定审查程序合法。

第三人刘某成庭前未向法院提交书面的意见陈述，其当庭表示同意被告的意见。

◙ 法院经审理查明

被诉决定系被告针对第三人就原告拥有的实用新型专利权所提出的第 5W107299 号、第 5W108118 号无效宣告请求而作出的。2015 年 4 月 28 日，被告受理了第 5W108118 号无效宣告请求并将无效宣告请求书及证据副本转给了原告，并指定原告在收到上述材料之日起一个月内提交书面的意见陈述。2015 年 6 月 12 日，原告通过邮寄的方式向被告寄送了针对第 5W108118 号无效宣告请求案的意见陈述书；被告于 2015 年 6 月 13 日签收了上述邮件。被诉决定记载的"决定日"为 2015 年 6 月 10 日，"发文日"为 2015 年 7 月 3 日。

◙ 判决结果

一审：撤销被诉决定并判令被告重新作出审查决定，该案一审生效

◙ 裁判理由

当无效宣告请求审查决定载明的"决定日"与"发文日"出现冲突时，无论出于对"决定日"与"发文日"的通常理解，抑或基于基本的信赖利益原则，均应作出对行政相对人更为有利的解释，即以"决定日"作为该审查决定的作出之日。基于上述理解，该案中被诉决定的作出时间应为 2015 年 6 月 10 日。在当事人意见陈述期限届满之后方作出决定，并将当事人陈述之意见体现在审查决定书中，系专利无效宣告请求审查程序中的听证原则的应有之义。该案中，被告为原告所限定的陈述意见的截止日为 2015 年 6 月 13 日，原告于该期限内的 2015 年 6 月 12 日向被告提交了意见陈述。因此，被告在原告意见陈述期限届满前即作出被诉决定，且在被诉决定中未考虑原告于 2015 年 6 月 12 日提交的意见陈述，已违反听证原则，构成程序违法。

◙ 案例解析

该案的核心在于如何理解专利无效宣告请求审查程序中的听证原则。

一、行政程序中的听证

行政程序中的听证，即听证程序，是指国家机关作出决定之前，给利害关系人提供发表意见、提出证据的机会，对特定事项进行质证、辩驳的程序。[1] 即，行政部门在作出影响行政相对人权益的决定之前，有义务告知行政相对人作出该决定的原因，行政相对人有权就事实和适用法律表达意见、提供证据，行政部门有义务听取和接纳，以通过公开、民主的方式达到正确实施行政行为的目的。[2] 国家机关只有在作出任何影响公民利益的决定之前，都听取利害关系人的意见并对这些意见予以充分考虑，以避免发生利害关系人所不可预料的"突袭"，该行政决定才可能被认为是公正的。可见，听证程序的设置是现代民主与法治理念的充分体现。

二、专利无效宣告请求审查程序

鉴于已授予的专利权难免会存在不符合专利法有关规定而本不应当被授予专利权的情形，专利法设计了无效宣告请求审查程序，使得一旦认定被授予的专利权不符合专利法有关规定，即可请求宣告该专利权无效，以清理不必要专利，维护社会公众的合法权益。

专利无效宣告请求审查程序，是指当事人以某一专利权授予不当为由，向专利复审委员会提出宣告该专利权无效的程序。根据《专利法》第四十五条的规定，自国务院专利行政部门公告授予专利权之日起，任何单位或者个人认为该专利权的授予不符合专利法有关规定的，可以请求专利复审委员会宣告该专利权无效。且专利复审委员会对宣告专利权无效的请求应当及时进行审查和作出决定，并通知请求人和专利权人。同时，专利法亦为专利无效审查设置了司法终审程序，以更加客观、公正、准确、及时地对专利权的有效性进行审查，更好地平衡专利权人与社会公众的利益。

目前存有较大分歧的是关于专利权有效性纠纷性质的讨论。一种观点认为，应将专利权无效诉讼定性为民事诉讼。理由是：包括专利权在内的知识产权系私权，专利权有效性纠纷是专利权人与利害关系人之间的纠纷，专利复审委员会作出的无效宣告请求审查决定明显不具有管理公共事务或者进行行政处罚的性质，而是带有居间解决纠纷的性质。将专利权无效诉讼定性为民事纠纷，符合国际上的通行做法，既有利于节约纠纷解决的成本，亦有利于统一执法标准。[3] 反对的观点认为，应将专利权无效诉

---

[1] 杨惠基. 听证程序理论与实务 [M]. 上海：上海人民出版社，1997.

[2] 马怀德. 行政听证程序的基本原则 [J]. 政法论坛，1998（2）.

[3] 参见：最高人民法院民三庭. 对国务院法制办关注的《专利法修订草案（送审稿）》涉及专利审判工作的若干重点问题的交换意见 [R]. 2007-12-06.

讼定性为行政纠纷。理由是：专利复审委员会是行政机关，其作出无效宣告请求审查决定的行为是具体行政行为，且该决定会影响到公民、法人或其他组织的合法权益。当事人系针对国家知识产权局授予的专利权提出无效宣告请求，系针对专利复审委员会作出的无效宣告请求审查决定向法院提起诉讼，均不仅仅是专利权人与无效宣告请求人之间的纠纷。且对不符合《专利法》有关规定的专利申请授予专利权，不仅损害了请求人的权益，亦损害了社会公众的利益，故不能将无效宣告请求仅仅视为双方当事人之间的民事纠纷。❶ 但无论采何种观点，都无法否认专利无效宣告请求审查程序是双方当事人程序。在案件审查过程中，专利复审委员会必须充分听取双方当事人提供的证据、陈述的事实及争辩的意见。根据《专利法实施细则》第六十八条的规定，专利复审委员会应当将专利权无效宣告请求书和有关文件的副本送交专利权人，要求其在指定的期限内陈述意见。

三、专利无效宣告请求审查程序中的听证原则

参照《专利审查指南2010》第四部分第一章的规定，专利复审委员会在无效宣告请求审查程序中应遵循合法原则、公正执法原则、请求原则、依职权审查原则、听证原则和公开原则。与前述行政程序中的听证含义相同，简言之，即听取利害关系人意见的程序。具体而言，专利无效宣告审查程序中的听证原则，是指在专利复审委员会作出无效宣告请求审查决定之前，应当给予审查决定对其不利的当事人针对审查决定所依据的理由、证据和认定的事实陈述意见的机会，即审查决定对其不利的当事人已经通过通知书、转送文件或者口头审理被告知过审查决定所依据的理由、证据和认定的事实，并且具有陈述意见的机会。此处所谓"给予陈述意见的机会"同时蕴含着"听取"该意见的责任，否则简单地"给予"将失去其存在的实质意义。而此处所谓"听取该意见的责任"至少蕴含以下两层含义，一是在当事人意见陈述期限届满之后方作出决定；二是当事人陈述之意见应体现在审查决定书中。

四、两个关键事实的认定

该案亦涉及两个关键事实的认定问题，其一是以邮寄方式送达时当事人收到文件之日的确定，其二是无效决定日的确定。

首先，关于以邮寄方式送达的文件，当事人收到文件的日期应如何确定的问题，《专利法实施细则》及《专利审查指南2010》中均有所涉及。《专利法实施细则》第四条第三款规定，国务院专利行政部门邮寄的各种文件，自文件发出之日起满十五日，

---

❶ 参见：董巍，等. 专利无效宣告请求诉讼程序的性质［M］//国家知识产权局条法司. 专利法及专利法实施细则第三次修改专题研究报告. 北京：知识产权出版社，2006.

推定为当事人收到文件之日。《专利审查指南 2010》第五部分第六章第 2.3.1 节规定，对于通过邮寄的通知和决定，当事人提供证据，证明实际收到日在推定收到日之后的，以实际收到日为送达日。由此可见，对于通过邮寄方式送达的文件，确定当事人收到文件之日应遵循如下规则：若实际收到日可以确定，应以实际收到日作为当事人收到文件之日；若根据现有证据无法确定实际收到日，则自文件发出之日起满十五日，推定为当事人收到文件之日。

该案中，专利复审委员会曾于 2015 年 4 月 28 日向专利权人送达第 5W108118 号无效宣告请求案的无效宣告请求书及证据，并指定专利权人在收到上述材料之日起一个月内提交书面的意见陈述。若专利权人期满未予答复，则视为其已得知转送文件中所涉及的事实、理由和证据，并且未提出反对意见。鉴于各方当事人均未向法院提交能够证明专利权人实际收到上述文件的确切日期的相关证据，故法院认定专利权人收到上述文件的日期应自专利复审委员会发出上述文件满十五日计算。换言之，专利权人的意见陈述期亦应从专利复审委员会发出上述文件满十五日起开始计算。故此，该案专利权人陈述意见的截止日期应为 2015 年 6 月 13 日。

其次，该案亦涉及现有专利无效宣告请求审查决定在首页设置"发文日"，同时亦在第二页设置"决定日"之问题。尽管此种现象在司法及行政实践中长期存在，但在一份官方文书上同时设置两个关乎决定作出之日期，确易使行政相对人及其他社会公众对此产生歧义；而此种歧义的存在，亦会使行政执法机关产生在无效决定中显示的"决定日"至"发文日"期间是否应作出相应行政处罚的疑惑。

该案中，法院认为无效宣告请求审查决定作为法定的正式文书，其应当具备基本的严肃性。当一份正式的文书中出现相互冲突的日期时，基于基本的信赖利益原则，应当作出对当事人更为有利的解释。况且，就"决定日"与"发文日"本身的字面含义而言，"决定日"通常应理解为决定形成的日期，而"发文日"应当理解为文件发出的日期。据此，当无效宣告请求审查决定载明的"决定日"与"发文日"出现冲突时，应以"决定日"作为该审查决定的作出之日。至此，法院在该案中正确运用法律解释的方法，主动履行专利授权确权司法审查职能，澄清了歧义，更好地维护了专利无效宣告请求审查决定严肃性及权威性，亦有力保障了行政相对人的合法权利。

（撰稿人：陈越）

新颖性的判断

——要某轩与专利复审委员会发明专利申请驳回复审行政纠纷案

◎ **关键词**

新颖性

◎ **裁判要点**

若一项发明或者实用新型专利的权利要求与现有技术或抵触申请相比，其技术方案实质上相同，本领域的技术人员根据两者的技术方案可以确定两者能够适用相同的技术领域、解决相同的技术问题，并具有相同的预期效果，则该权利要求不具备新颖性；反之，该权利要求具备新颖性。

◎ **相关法条**

《专利法》第二十二条第二款

◎ **案件索引**

一审：（2016）京73行初292号（裁判日期：2016年10月13日）
二审：（2017）京行终2270号（裁判日期：2017年5月24日）

◎ **基本案情**

原告要某轩诉称，无证据表明对比文件1中的"自动杀菌净手器"属于"消毒设备"，故本申请与对比文件1属于不同的技术领域，对比文件1不能用于评价本申请的新颖性。具体而言，第一，在对比文件1公开的"自动杀菌净手器"中，发挥消毒杀菌作用的系填充于其中的消毒液，而非该装置本身，即该净手器仅为盛装消毒液的容器；第二，本申请在专利分类查询中属A61L2/24，但在该分类项下无法查询到对比文件1，且对比文件1所属的A61L2/00系A61L2/24的上位概念；第三，第97108号复审请求审查决定（简称"被诉决定"）引用的GB 17404—1998并非由卫生部门制定，其规定的"消毒设备"概念与国家规定并不一致，故不具有参考价值。

◎ **法院经审理查明**

原告要某轩系名称为"一种具有收费控制系统的消毒设备"的发明专利的申请人。2015年1月19日，国家知识产权局专利局驳回了本发明专利申请。2015年10月9日，专利复审委员会以本申请权利要求1~2相对于对比文件1不具备新颖性为由，维持了国家知识产权局专利局的驳回决定。本申请权利要求1为："一种具有收费控制系统的消毒设备（00），包括设备主体（03）、运行控制系统（02）及收费控制系统（01），其特征是，所述收费控制系统（01）和所述运行控制系统（02）连接，用于接收操作者发出的付费信号、将付费信号转化为已收费信号、将已收费信号传递给所述运行控制系统（02）。所述消毒设备（00），特指设备的每个零部件都不单独具备'消毒'功能，只有将零部件特定组合后才具有'消毒'功能的设备。"本申请权利要求2为："根据权利要求1的所述的收费控制系统（01），其特征在于包括：收费交互单元（11），用于接收操作者发出的付费信号；中央控制单元（12），用于接收所述收费交互单元（11）传递的付费信号，将付费信号转化为已收费信号；执行单元（13），用于接收所述中央控制单元（12）传递的已收费信号，传递给所述运行控制系统（02）。"对比文件1公开了一种自动杀菌净手器，其具体公开了"在原有技术底板1的后面连接一个外壳2，在外壳2内设置一块基板3，基板3与垂直方向呈25°~30°角安装，在基板3的上方安装一个投币口4，投币口4露出外壳2，投币口4的宽度略大于一角钱硬币的直径。在投币口4的下方安装一个倾斜向下的导向杆5，导向杆5与基板3之间的距离略小于一角钱硬币的厚度，在导向杆5的外面罩一个护板，防止硬币蹦出。与导向杆5的前部对应，在基板3上设置一个退币孔6。在退币孔6的下方设置一个退币滑道7，退币滑道7的退币出口8在外壳2的侧面。在导向杆5下端部的基板3上安装一个盖板9，盖板9与基板3之间留有间隙，该间隙的进口作为进币口10，间隙作为进币滑道11。作为进币滑道11的间隙也可以通过基板3的曲面变化设计得大一些。在进币滑道11的末端，安装一个光电感应器12，将光电感应器12通过导线与雾化喷洒器的电磁阀控制电路13连通。在外壳2的底部安装一个贮钱箱14，贮钱箱14的顶部开有一个与进币滑道11对应的进币口。通过进币滑道进入贮钱箱的硬币将使光电感应器产生一个信号，并输送给雾化喷洒器的电磁阀控制电路。当人手进入红外感应范围时，喷头将自动喷液。"

◎ **判决结果**

一审：驳回原告的诉讼请求

二审：维持

◎ 裁判理由

若一项发明或者实用新型专利的权利要求与现有技术或抵触申请相比，其技术方案实质上相同，本领域的技术人员根据两者的技术方案可以确定两者能够适用相同的技术领域、解决相同的技术问题，并具有相同的预期效果，则该权利要求不具备新颖性；反之，该权利要求具备新颖性。其中，技术领域是否相同的确定，通常需要结合涉案专利与所引用的对比文件的发明主题，综合考虑涉案专利与该对比文件所欲解决的技术问题、所采用的技术手段、所达到的技术效果等予以具体判断。根据法院查明的事实，本申请请求保护一种具有收费控制系统的消毒设备，其本质上属于"消毒设备"的一种，通过其说明书的记载，可知其所要解决的技术问题是实现现有消毒设备所不能实现的收费要求，即本申请技术方案所欲实现的技术功能有二：一为消毒，二为收费。本申请权利要求书和说明书中并未对实现消毒功能的具体方式进行解释和限定，而收费功能则是通过运行控制系统和收费控制系统的连通配合实现的。对比文件1公开了一种具有自动收费功能的杀菌净手器，该净手器系通过喷洒药液实现消毒功能，同时，通过设置收费控制装置亦可实现收费功能。可见，对比文件1公开的该杀菌净手器属于"消毒设备"的下位概念，本申请与对比文件1所欲解决的技术问题均包含在实现消毒功能的同时亦实现收费功能，且二者解决上述技术问题时所采用的技术手段亦基本相同。而《国际专利分类表》仅能作为确定专利所属技术领域的参考，不能简单、机械地以《国际专利分类表》为依据或标准。故在综合考虑发明主题、所欲解决的技术问题、所采用的技术手段和所达到的技术效果等因素的情况下，被诉决定认定本申请与对比文件1系属于相同的技术领域并无不当。

◎ 案例解析

一项发明创造之所以能够被授予专利权，并使得专利权人获得一定期限的垄断权，即在于其为社会公众提供了一种"又新又好"的技术方案。任何人都不得将已经为公众所知的技术方案纳入其专利权的保护范围，否则即是对社会公共利益的侵害。这就要求被授予专利权的发明或者实用新型应当具备新颖性。

新颖性，是指该发明或者实用新型不属于现有技术；也没有任何单位或者个人就同样的发明或者实用新型在申请日以前向国务院专利行政部门提出过申请，并记载在申请日以后公布的专利申请文件或者公告的专利文件中。可见，判断一件发明或者实用新型是否具备新颖性，应考虑两个方面：其一，是否属于现有技术；其二，是否存在抵触申请。

首先，现有技术是指申请日以前在国内外为公众所知的技术。现有技术的时间界限是申请日，享有优先权的，则指优先权日；但申请日当天公开的技术内容并不包括在现有技术范围内。现有技术公开方式包括出版物公开、使用公开和以其他方式公开三种，均无地域限制。换言之，若一项发明或者实用新型专利申请所要求保护的技术方案在其申请日以前已经为公众所知，则该项权利要求所要求保护的技术方案不具备新颖性。其中，"为公众所知"指的是处于公众能够获得的状态。这种状态强调的是公众能够在其欲获知时即可获知，既非要求公众已经实际获知，亦非指向公众仅仅可能获知。

其次，抵触申请涉及的是两件同样的发明或者实用新型专利申请，在先申请的申请日早于在后申请的申请日，在先申请的公开日晚于在后申请的申请日，在后申请的权利要求所要求保护的技术方案已经为在先申请的申请文件所披露，则在先申请构成在后申请的抵触申请，并使得在后申请的权利要求所要求保护的技术方案丧失新颖性。

参照《专利审查指南2010》第二部分第三章的规定，在新颖性的具体判断上，法院通常遵循如下规则：若一项发明或者实用新型的权利要求与现有技术或者抵触申请相比，其技术方案实质上相同，本领域的技术人员根据两者的技术方案可以确定两者能够适用相同的技术领域、解决相同的技术问题，并具有相同的预期效果，则该权利要求不具备新颖性；反之，该权利要求具备新颖性。其中，发明或者实用新型的技术领域应当是要求保护的发明或者实用新型所属或者直接应用的具体技术领域，而不是上位的或者相邻的技术领域，也不是发明或者实用新型本身。且就发明或者实用新型解决的技术问题和预期的技术效果而言，需要考量的是其客观上所能够解决的技术问题和实现的技术效果。

该案即涉及新颖性判断过程中，所采用的对比文件与本申请是否属于相同技术领域的认定。法院认为，技术领域是否相同的确定通常需要根据涉案专利与所引用的对比文件的发明主题，结合涉案专利与该对比文件所欲解决的技术问题、所采用的技术手段、所达到的技术效果等予以综合判断。因此，在考虑到本申请与对比文件1公开的技术方案均属于"消毒设备"，两者所欲解决的技术问题均包含在实现消毒功能的同时亦实现收费功能，且两者解决上述技术问题时所采用的技术手段亦基本相同的情况下，法院认定对比文化1可以用来评价本申请的创造性。

法院在该案中亦对《国际专利分类表》的性质和功能作出了明确界定。《国际专利分类表》是根据1971年签订的《国际专利分类斯特拉斯堡协定》编制的，是目前国际通用的专利文献分类和检索工具。该分类表是在考虑涉案专利技术主题的基础上，结合涉案专利所涉技术方案的功能或应用，对专利所属类别进行的划分。编制该表的首要目的在于为各国家知识产权局和其他使用者建立一套用于专利文献的高效检索工具，用以确定新颖性，评价专利申请中技术公开的发明高度或非显而易见性，同时，亦为本领域普通技术人员根据涉案专利的分类寻找相应的现有技术提供便利。其中，用以确定专利类别的主要依据，即技术主题的确定，通常是根据权利要求书中所体现的发明信息以及相应的附加信息予以判断。

在专利授权确权程序中，强调标准的客观性、一致性和易于操作性，为了保证执法的效率和统一性，行政主管机关以《国际专利分类表》为标准进行专利类别划分并以此为基础进行专利审查和管理，应当予以尊重。但是，一方面，《国际专利分类表》对专利类别的划分主要考虑技术主题、功能或应用，在确定专利类别时更倾向于专利的便于检索性；另一方面，源于科学的持续发展和技术的不断更新，不同技术领域之间的界限亦不是一成不变的（《国际专利分类表》为适应科技等发展的需要而进行的定期修订亦可说明该问题）。而针对专利授权确权的司法审查制度则是有别于专利授权确权的制度设置，系专利授权确权制度的救济程序，二者承载着不同的制度功能和价值取向。考虑到对专利授权确权之司法审查的终局性，其更强调个案的实际情况，以实现司法所追求的公平、公正的实体价值。在针对专利确权授权程序的司法审查程序中，若仍立足于维护一致性、稳定性及效率，而不考虑个案的特殊性，将背离该制度设置的初衷。因此，在针对专利确权授权程序的司法审查程序中确定相应的技术领域时，《国际专利分类表》仅能作为确定专利所属技术领域的参考，而不能简单、机械地以《国际专利分类表》为依据或标准。如上所述，在针对专利确权授权程序的司法审查程序中，技术领域的确定应当考虑发明主题、所欲解决的技术问题、所采用的技术手段和所达到的技术效果等因素，并结合个案的情况予以综合判断。

该案中，鉴于法院已经结合本申请与对比文件 1 的发明主题、所欲解决的技术问题、所采用的技术手段、所达到的技术效果等因素认定本申请与对比文件 1 的技术领域相同，故法院对原告关于本申请在专利分类中属 A61L2/24、对比文件 1 属 A61L2/00 且 A61L2/00 系 A61L2/24 的上位概念，本申请与对比文件 1 不属于相同技术领域的主张不予支持。

（撰稿人：陈越）

最接近的现有技术的确定及区别技术特征的认定

——戴某清与专利复审委员会、上海英煌管业
科技有限公司、上海余氏管业有限公司专利无效行政纠纷案

◎ **关键词**

最接近现有技术 区别技术特征

◎ **裁判要点**

最接近的现有技术通常系公开了涉案申请或专利的技术特征最多的现有技术。此处所谓"最多"系一个相对的概念，其取决于审查员或无效请求人的检索能力及选择标准。准确地认定区别技术特征，须对技术特征进行合理的划分。一般应把能够实现一种相对独立的技术功能的技术单元作为一个技术特征。

◎ **相关法条**

《专利法》第二十二条第三款

◎ **案件索引**

一审：（2016）京 73 行初 131 号（裁判日期：2016 年 8 月 29 日）
二审：（2017）京行终 1054 号（裁判日期：2017 年 3 月 28 日）

◎ **基本案情**

原告戴某清诉称：首先，本专利为外波纹双壁管，具有中空加强筋，能够获得良好的环刚度和管土共同作用，而证据 3 是一种加筋管，并非波纹管，其实际上是一种单壁管，无中空加强筋，故证据 3 不能用于作为评价本专利是否具备创造性的最接近的现有技术。其次，即便以证据 3 作为最接近的现有技术，本专利权利要求 1 相对于证据 3 亦至少具备以下区别技术特征：（a）管材本体由两侧具有内含中空腔的管状凸起的塑料异型带材以螺旋方式缠绕并经熔胶熔合形成；（b）以螺旋方式缠绕的相邻的

塑料异型带材之间互相靠近的两个中空腔经熔合后形成中空加强筋；（c）中空加强筋中部熔合部位形成直立的增强内肋；（d）增强内肋将所述中空加强筋分成两个并列的中空腔。即，第 27587 号无效宣告请求审查决定（即被诉决定）关于本专利权利要求 1 相对于证据 3 的区别技术特征认定错误。

◎ **法院经审理查明**

原告系名称为"内肋增强外波纹型塑料缠绕结构壁管材及其制造方法"的发明专利的专利权人。2015 年 5 月 29 日，第三人请求宣告本专利权利要求全部无效。后被告作出被诉决定，以本专利权利要求 1~4 不具备创造性为由，宣告本专利专利权全部无效。本专利权利要求 1 为："一种内肋增强波纹型塑料缠绕结构壁管材，其特征在于：该管材是由两侧具有内含中空腔的管状凸起的塑料异型带材以螺旋方式缠绕并经熔胶熔合形成管材本体，以螺旋方式缠绕的相邻的塑料异型带材之间互相靠近的两个中空腔经熔合后形成中空加强筋，并在中空加强筋中部熔合部位形成直立的增强内肋，所述管材本体包括圆柱形管壁、螺旋环绕在其上的中空加强筋以及位于中空加强筋内的垂直于管壁的增强内肋，该增强内肋将所述中空加强筋分成两个并列的中空腔，熔合的结合面位于该增强内肋处。"证据 3 公开了一种具有足够抗压能力的硬质聚氯乙烯管，埋在地下禁得住人站在上面，即使管径较大也能禁得住。该管件包括带材 A，带材 A 包括横截面为 U 形的硬质聚氯乙烯带 1 和柔性合成树脂层 2。硬质聚氯乙烯带 1 包括中间段 1a 和两个肋 1b，两个肋 1b 从中间段 1a 的相对两侧向中间段 1a 的侧向延伸。肋 1b 是通过如下方式形成的：每个肋的侧向的外表面垂直于中间段 1。但是每个肋的侧向的内表面向连接端轻微地变宽，锥尖朝向末端。在每个肋 1b 的侧向外表面上除了顶部和底部的一小部分区域外均有一层整体粘结的柔性聚氯乙烯树脂层 2，带材 1 和柔性聚氯乙烯树脂层 2 形成了带材 A。柔性 PVC 材料具有能够和硬 PVC 材料高度熔合的特性。随着柔性 PVC 整体粘结在肋 1b 外侧，带材 A 从树脂挤塑机内挤出，然后缠绕在管材成型机的芯轴上，具体地通过如下方式缠绕：每圈硬带材 1 的 U 形凹陷部 3 均向外部呈放射状，柔性 PVC 层 2 将相邻的两个肋 1b 粘结在一起，通过相邻的肋 1b 相继连接在一起形成管 p。具有上述结构的硬质聚氯乙烯管，特点在于向外放射状伸展的肋 1b 将抵抗沿半径方向施加的外部压力，同时，联结在一起的多个肋 1b 相互配合抵抗沿外部施加的压力。更进一步地，采用横截面为 U 形的带材提供了足够大的粘结面面积，能够使连续圈数的带材之间更容易粘合，从而提供一种既轻、直径又大的管材。

◎ **判决结果**

一审：撤销被诉决定，并判令被告重新作出决定

二审：撤回上诉

◎ **裁判理由**

最接近的现有技术的确定应当以本领域普通技术人员为判断主体，结合涉案申请或专利与相应的现有技术的发明主题、欲解决的技术问题、采用的技术手段、欲达到的技术效果或实现的技术功能等予以综合判断。一般以公开了涉案申请或专利的技术特征最多的现有技术为最接近的现有技术；当然此处的"最多"为相对的概念，其取决于审查员或无效请求人的检索能力及选择标准。该案中，本专利限定的主题是一种内肋增强波纹型塑料缠绕结构壁管材，证据3公开的是具有足够抗压能力的硬质聚氯乙烯管，二者同属于地下管材，二者均通过螺旋缠绕的方式形成相应的波纹管，且均为提高相应管材的环刚度及管土共同作用，以提高管材的抗压能力。可见，本专利和证据3在发明主题、采用的技术手段以及欲解决的技术问题等方面具有相近性，加之二者实质上均属于波纹型塑料螺旋管，故证据3可以作为最接近的现有技术评价本专利的创造性。

准确地认定区别技术特征，须对技术特征进行合理地划分。划分权利要求的技术特征时，一般应把能够实现一种相对独立的技术功能的技术单元作为一个技术特征，不宜把实现不同技术功能的多个技术单元划定为一个技术特征。该案中，从本专利权利要求1记载的内容与证据3公开的内容来看，证据3至少未记载权利要求1限定的以下内容："两侧具有内含中空腔的管状凸起的塑料异型带材""加强筋为中空结构""增强内肋将所述中空加强筋分成两个并列的中空腔"。而特定的带材结构为解决本专利欲解决的技术问题的基础，"增强内肋"及"由增强内肋分成的两个并列中空腔"均为提高环刚度及实现管土共同作用的必要技术特征，其均具有相对独立的技术功能，应当认定为本专利权利要求1相对于证据3的区别技术特征。而被诉决定简单地将本专利权利要求1相对于证据3的区别技术特征归纳为"本专利波纹型塑料缠绕结构壁管材的加强筋为中空结构"显属不当。

◎ **案例解析**

若一项具备新颖性的发明或者实用新型专利或者专利申请所要求保护的技术方案系所属技术领域的技术人员容易想到的，则其亦不应被授予专利权，否则即会导致与

现有技术相比区别不大的发明创造被授予专利权，在损害社会公众利益的同时亦不利于鼓励和促进创新。即能够被授予专利权的发明创造必须具备创造性。

根据《专利法》第二十二条第三款的规定，创造性，是指与现有技术相比，该发明具有突出的实质性特点和显著的进步，该实用新型具有实质性特点和进步。换言之，若一项发明或者实用新型专利申请或者专利具备创造性，则其必须同时满足"实质性特定"和"进步"这两方面的要求。司法实践中，判断涉案申请或专利是否具有突出的实质性特点，通常采用的方法为"三步法"，即确定最接近的现有技术、确定该申请或专利相对于最接近的现有技术的区别技术特征及其实际解决的技术问题、判断该申请或专利对本领域技术人员是否显而易见。

一、确定最接近的现有技术

确定最接近的现有技术是判断涉案申请或专利是否具有实质性特点的基础。通常而言，最接近的现有技术一般是指现有技术中与涉案申请或专利要求保护的技术方案最为相关的一项现有技术。

最接近的现有技术的确定应当以本领域普通技术人员为判断主体，结合涉案申请或专利与相应的现有技术的发明主题、欲解决的技术问题、采用的技术手段、欲达到的技术效果或实现的技术功能等予以综合判断。一般以属于与要求保护的发明相同或者相近的技术领域，并且公开了涉案申请或专利的技术特征最多的现有技术为最接近的现有技术。当然此处的"最多"为相对的概念，其取决于审查员或无效宣告请求人的检索能力及选择标准；但无论以何种方式，一旦获知了更为接近的现有技术，均应以其作为最接近的现有技术对涉案申请或专利的创造性进行判断。

该案中，鉴于本专利和证据3在发明主题、采用的技术手段以及欲解决的技术问题等方面具有相近性，加之二者实质上均属于波纹型塑料螺旋管，故被诉决定以证据3作为最接近的现有技术来评价本专利的创造性并无不当。

二、区别技术特征及实际解决的技术问题的确定

根据"三步法"的一般规则，在确定最接近的现有技术后，应当确定涉案申请或专利相对于最接近的现有技术所具有的区别技术特征，并由此确定该申请或专利实际解决的技术问题。

首先，"区别技术特征"来源于涉案申请或专利所请求保护的技术方案与最接近的现有技术所包含的技术方案之间的比较。具体而言，第一，涉案申请或专利请求保护的技术方案一般应当以涉案申请或专利权利要求中记载的内容为准，未被记载在权利要求中的技术特征不能作为比对的基础，亦不能构成区别技术特征。若允许申请人或专利权人将未明确记载于权利要求中的技术特征直接引入而确定涉案专利的技术方案，将导致一项专利在专利授权确权程序中，申请人或专利权人通过附加未明确记载于权利要求中的技术特征，使涉案专利权利要求的保护范围变小而比较容易获得授权，而在侵犯专利权的程序中主张以涉案专利权利要求记载的内容解读该权利要求，而使得申请人或专利权人在侵犯专利权案件中获得相较于专利授权确权程序更大的保护范围，并获得不当的利益。第二，最接近的现有技术所包含的技术方案的内容应当以对比文件公开的技术内容为准，该技术内容不仅包括明确记载在对比文件中的内容，还包括对于所属技术领域的技术人员来说，隐含的且可直接地、毫无疑义地确定的技术内容。第三，在将涉案申请或专利所请求保护的技术方案与最接近的现有技术所包含的技术方案进行比较时，需要合理地划分技术特征。最高人民法院在（2012）民申字第137号案件中曾明确指出，划分权利要求的技术特征时，一般应把能够实现一种相对独立的技术功能的技术单元作为一个技术特征，不宜把实现不同技术功能的多个技术单元划定为一个技术特征。

其次，确定涉案申请或专利实际解决的技术问题，通常要在其相对于最接近的现有技术存在的区别技术特征的基础上，由本领域技术人员在阅读专利说明书后，根据该区别技术特征在权利要求请求保护的技术方案中所产生的作用、功能或者技术效果等来确定。此处的"技术问题"指的是要求保护的发明或者实用新型客观上所实际解决的技术问题，而非专利申请文件或者专利文件中声称的想要解决的技术问题。

三、是否显而易见的判断

判断涉案申请或专利是否符合专利法规定的创造性，即在最接近的现有技术以及其他相关现有技术的基础上，判断涉案申请或专利为解决其所要解决的技术问题而采取的技术方案对本领域的技术人员是否显而易见。

为减少和避免主观因素的影响，是否是显而易见的认定应当以所属技术领域的技术人员为判断主体。参照《专利审查指南2010》第二部分第四章第2.4节的规定，所属技术领域的技术人员即本领域的技术人员，是指一种假设的"人"，假定他知晓申请日或者优先权日之前发明所属技术领域所有的普通技术知识，能够获知该领域中所有的现有技术，并且具有应用该日期之前常规实验手段的能力，但他不具有创造能力。如果所要解决的技术问题能够促使本领域的技术人员在其他技术领域寻找技术手段，他也应具有从该其他技术领域中获知该申请日或优先权日之前的相关现有技术、普通技术知识和常规实验手段的能力。

是否显而易见的认定应当以所属技术领域的技术人员是否会将相应的区别技术特

征或常规手段等应用于最接近的现有技术，从而解决涉案申请或专利要求保护的技术方案实际解决的技术问题为标准。判断过程中，要确定的是现有技术整体上是否存在某种技术启示，即现有技术中是否给出将上述区别特征应用到该最接近的现有技术以解决其存在的技术问题（即发明实际解决的技术问题）的启示，这种启示会使本领域的技术人员在面对所述技术问题时，有动机改进该最接近的现有技术并获得要求保护的技术方案。如果现有技术存在这种技术启示，则该申请或专利是显而易见的，不具有突出的实质性特点。即，在判断是否存在技术启示的过程中，应当以涉案申请或专利实际解决的技术问题为起点，看现有技术中是否存在将相应的区别技术特征应用于最接近的现有技术，以对最接近的现有技术进行相应的改进，并获得涉案申请或专利请求保护的技术方案的可能性。

四、创造性判断的辅助性因素

当涉案申请或专利属于以下情形时，不应轻易作出其不具备创造性的结论：第一，解决了人们一直渴望解决、但始终未能获得成功的技术难题。第二，克服了技术偏见。所谓"技术偏见"，是指在某段时间内、某个技术领域中，技术人员对某个技术问题普遍存在的、偏离客观事实的认识，它引导人们不去考虑其他方面的可能性，阻碍人们对该技术领域的研究和开发。第三，取得了预料不到的技术效果。所谓"预料不到的技术效果"，是指涉案申请或专利同现有技术相比，其技术效果产生"质"的变化，具有新的性能；或者产生"量"的变化，超出人们预期的想象。这种"质"的或者"量"的变化，对所属技术领域的技术人员来说，事先无法预测或者推理出来。第四，在商业上获得了成功。

（撰稿人：陈越）

化学领域确定现有技术内容的特殊规则

——中国药科大学与专利复审委员会专利申请驳回复审行政纠纷案

◎ **关键词**

"提及即公开"标准

◎ **裁判要点**

在评判化学领域化合物用途发明申请的新颖性或创造性时，现有技术内容的确定适用"提及即公开"的标准，即若现有技术中已经客观记载该化合物及其特定用途，则可以认定现有技术公开了该化合物及该特定用途，而不论该对比文件是否提供了相应的实验数据等用以验证该化合物是否实际具备该用途。

◎ **相关法条**

《专利法》第二十二条第三款

◎ **案件索引**

一审：（2016）京73行初583号（裁判日期：2016年11月30日）

二审：无，一审判决生效

◎ **基本案情**

原告中国药科大学诉称，对比文件1仅公开了小檗碱对治疗酒精肝可能具有治疗作用的技术启示，其通篇并无确切的试验数据表明小檗碱对于治疗酒精肝具备确定的治疗作用，第99966号复审决定（简称"被诉决定"）认定对比文件1已公开小檗碱对于酒精肝具有治疗作用，进而认定本申请权利要求1相对于对比文件1、对比文件2以及本领域公知常识的结合不具备创造性系错误。

◎ 法院经审理查明

原告系名称为"盐酸去亚甲基小檗碱在制备预防和/或治疗急慢性酒精性肝病药物中的应用"发明专利申请（简称"本申请"）的申请人。2014 年 11 月 15 日，国家知识产权局专利局驳回了本发明专利申请。2015 年 10 月 15 日，专利复审委员会以本申请权利要求 1~3 要求保护的技术方案相对于对比文件 1、对比文件 2 以及本领域公知常识的结合不具备创造性为由，维持了国家知识产权局专利局的驳回决定。本申请权利要求 1 为"如式（Ⅰ）所示的盐酸去亚甲基小檗碱在制备预防和/或治疗急、慢性酒精性肝病药物中的应用"。

（Ⅰ）

对比文件 1 的摘要部分记载有："Our findings also suggested the potential role of berberine in the treatment of ALD." 第 799 页记载有 "These findings suggested that berberine has potential to serve as a therapeutic agent in the treatment of ALD." 本申请说明书部分记载有："实验结果显示，在 $200\mu m$、$400\mu m$ 浓度下，盐酸去亚甲基小檗碱的抗氧化能力与 Vc 无显著差异；但在 $800\mu m$、$1600\mu m$、$3200\mu m$ 浓度下，Vc 显示出了更强的抗氧化能力，如图 4 所示。与阳性对照药物维生素 Vc 相同，盐酸去亚甲基小檗碱随着浓度升高，其抗氧化活性逐渐加强。表明盐酸去亚甲基小檗碱具有很强的抗氧化活性。" "荧光显微镜法和流式细胞仪分析法均显示 $50\mu m$ 盐酸去亚甲基小檗碱能显著性抑制过氧化氢在 HepG2 细胞中产生的 ROS，其结果与阳性对照品 $50\mu m$ 的维生素 C（Vc）相当。" "实验结果表明盐酸去亚甲基小檗碱（DMB）静脉注射（IV）毒性剂量 LD50 的参考值为 30mg/kg，而盐酸小檗碱静脉注射（IV）毒性剂量 LD50 的参考值为 9.0mg/kg。由此说明盐酸去亚甲基小檗碱鼻烟酸小檗碱毒性低。"庭审过程中，原告明确认可去亚甲基小檗碱为小檗碱的体内代谢产物。

◎ **判决结果**

一审：驳回原告的诉讼请求，该案一审生效

◎ **裁判理由**

在评判化学领域化合物用途发明申请的新颖性或创造性时，现有技术内容的确定适用"提及即公开"的标准，即若现有技术中已经客观记载该化合物及其特定用途，则可以认定现有技术公开了该化合物及该特定用途，而不论该对比文件是否提供了相应的实验数据等用以验证该化合物是否实际具备该用途。同时，专利授权确权程序中特定的物质具备对特定疾病的治疗作用与药品审批程序中该物质是否能够用于治疗该人体疾病，即成为用于治疗该人体疾病的药物，属于不同的概念。若对比文件中客观记载了依据特定的实验模型从细胞水平上进行相关研究的数据等，使得本领域技术人员可以得出该特定物质的作用机理，进而根据该作用机理能够推出该类物质具有预防或治疗特定的人体疾病的作用，即可认定本领域技术人员在对比文件公开内容的基础上可以直接地、毫无疑义地确定该化合物具备该特定用途，亦可认定该对比文件公开了该用途。基于此，在对比文件 1 同时记载了"小檗碱"化合物及其"治疗酒精肝"的特定用途的情况下，被诉决定认定对比文件 1 已公开小檗碱对于治疗酒精肝具有治疗作用并无不当。

◎ **案例解析**

一、该案主要涉及在专利授权确权的司法审查程序中，判断化学领域化合物用途发明申请是否具备《专利法》第二十二条第三款所规定的创造性时，现有技术公开的内容应如何确定的问题

首先，现有技术的认定应当以对比文件客观公开的技术内容为准，该技术内容不仅包括明确记载在对比文件中的内容，而且包括对于所属技术领域的技术人员来说，隐含地且可直接地、毫无疑义地确定的技术内容。考虑到现有技术的确定是为了合理界定涉案申请或专利申请日之前本领域技术人员能够公开获取的技术内容的范围，以判断涉案申请或专利是否符合授予专利权的条件，而非给予现有技术一定时期的独占权，因此，并不要求对比文件中公开的技术内容必须满足诸如专利法对专利文件关于"公开充分"等授权条件，而仅需使得本领域技术人员在对比文件客观公开内容的基础上能够直接、毫无疑义地获得相应实质性技术信息即可。

其次，《专利审查指南 2010》第二部分第十章第 5.1 节对化学领域的化合物发明创造作出了特殊规定。即专利申请要求保护一种化合物的，如果在一份对比文件里已经提到该化合物，即推定该化合物不具备新颖性，但申请人能提供证据证明在申请日之前无法获得该化合物的除外。这里所谓"提到"的含义是明确定义或者说明了该化合物的化学名称、分子式（或结构式）、理化参数或制备方法（包括原料）。参照上述规定，在评判化学领域化合物发明创造的新颖性或者创造性时，现有技术内容的确定应适用"提及即公开"的标准，即在对比文件中客观记载了相应化合物的分子式或化学名称等信息的基础上即可认定该对比文件公开了该化合物，而不必然要求该对比文件中公开该化合物是否实际已制备或者明确该化合物的具体功能或用途等详细信息。

在此基础上，该案所涉及的化合物用途发明实质上属于一种方法发明，其技术方案的内容一般由化合物及其用途两部分组成。因此，若现有技术中已经客观记载该化合物及其特定用途，则可以认定现有技术公开了该化合物及该特定用途，而不论该对比文件是否提供了相应的实验数据等用以验证该化合物是否实际具备该用途，即"提及即公开"标准同样适用于化合物用途发明的新颖性及创造性的判断。

同时，如上所述，若本领域技术人员在对比文件公开的内容的基础上可以直接地、毫无疑义地确定相应化合物及其用途时，亦可以认定对比文件公开了该化合物及其用途。由于在专利授权确权审查实践中，考虑到药物研发的时间周期及成本投入，从鼓励新药开发及药物研发的角度出发，一般可通过特定的实验模型从细胞水平上得出某类物质的作用机制，而根据该作用机制，本领域技术人员如果能够推出该类物质具有预防或治疗特定人体疾病的作用，即可以得出该类物质对该特定疾病具备相应的治疗作用。这与药品审批程序中该物质是否能够用于治疗该人体疾病，即成为用于治疗该人体疾病的药物，属于不同的概念。药品审批程序中确定特定物质可以用于治疗人体疾病的药物研发，通常需要经过细胞水平研究、动物水平研究及临床研究等不同的阶段试验。故，若该对比文件中客观记载了依据特定的实验模型从细胞水平上进行相关研究的数据等，使得本领域技术人员可以得出该特定物质的作用机理，进而根据该作用机理能够推出该类物质具有预防或治疗特定的人体疾病的作用，即可认定本领域技术人员在对比文件公开内容的基础上可以直接地、毫无疑义地确定该化合物具备该特定用途，亦可认定该对比文件公开了该用途。

以上即为在化合物用途发明的创造性判断中认定现有技术公开内容的两个标准，该案的认定对于法院审理化合物用途发明授权确权行政纠纷具有一定的指导意义。

二、该案亦涉及已知产品的用途发明的创造性应如何认定的问题

所谓"化学产品的用途发明"是指基于发现产品新的性能，并利用此性能而作出的发明。无论是新产品抑或已知产品，其性能均是产品本身所固有的，因此，用途发明的本质不在于产品本身，而在于产品性能的应用。对于新产品的用途发明，如果该用途不能从结构或者组成相似的已知产品预见到，则可以认为这种新产品的用途发明具备创造性。对于已知产品的用途发明，如果该新用途不能从产品本身的结构、组成、分子量、已知的物理化学性质以及该产品的现有用途显而易见地得出或者预见到，而是利用了产品新发现的性质，并且产生了预料不到的技术效果，则可以认为这种已知产品的用途发明具备创造性。

由此可见，认定已知产品的用途发明具备创造性至少应同时具备以下要件：第一，该新用途不能基于该产品的物理、化学性能或现有用途等显而易见地得出或预见到；第二，该新用途的出现系利用了该产品新发现的性质；第三，该新用途的应用产生了预料不到的技术效果。故若新用途的出现是本领域技术人员基于该产品的物理、化学性能或现有用途即可预见到的或者该新用途并未产生预料不到的技术效果，均不宜认定该已知产品的新用途具备创造性。

（撰稿人：陈越）

区别技术特征是否为对比文件所公开的认定标准

——霍夫曼-拉罗奇有限公司与专利复审委员会发明专利申请驳回复审行政纠纷案

☑ **关键词**

区别技术特征　对比文件

☑ **裁判要点**

在涉及相应的区别技术特征是否为对比文件所公开时，该区别技术特征在对比文件中所起的作用不应以对比文件"客观记载"的作用为限，亦不应当将其扩展至该相应区别技术特征客观上具备的所有作用，而应当以本领域技术人员可直接地、毫无疑义地确定的该相应的区别技术特征在该对比文件中所客观、实际发挥的作用为准。

☑ **相关法条**

《专利法》第二十二条第三款

☑ **案件索引**

一审：（2016）京73行初499号（裁判日期：2017年3月27日）

二审：无，一审判决生效

☑ **基本案情**

原告霍夫曼-拉罗奇有限公司诉称，部件4在对比文件2中的作用系将测试条偏压在分配器2上，使得测试条可以由分配器2取出，其作用与权利要求1中保持构件44的作用不同，加之部件4与分配器2系一个有机整体，二者共同作用方可实现其通过分配器2自动将所需量的测试条取出的目的。故区别技术特征（1）未为对比文件2所公开，本申请权利要求1具备创造性。

被告专利复审委员会辩称：对比文件2中部件4对测试条的推压作用并不依赖于分配器2或入口部6的设置，该推压作用与本申请权利要求1中保持构件44所起的作用相同，故对比文件 2 给出了设置保持构件保持容器内的测试条以避免测试条倾倒的启示。

◎ **法院经审理查明**

原告系名称为"具有条保持器的测试条容器及其制造和使用方法"的发明专利的申请人。2014 年 8 月 1 日，国家知识产权局驳回了本发明专利申请。2015 年 9 月 29 日，专利复审委员会以本申请权利要求 1~18 相对于对比文件 1、对比文件 2 和本领域公知常识的结合不具备创造性为由，维持了国家知识产权局专利局的驳回决定。本申请权利要求 1 为："一种用于储存多个测试条（12）的容器（10），包括：壳体（20），所述壳体（20）具有基部（36）以及与后壳体部分（26）相对的前壳体部分（24），其中所述前壳体部分（24）具有高度 H1，并且所述后壳体部分（26）具有高度 H2，所述壳体（20）限定空腔（34）；盖（22），所述盖（22）铰接地连接至所述后壳体部分（26），所述盖（22）具有与后盖部分（32）相对的前盖部分（30），其中所述前盖部分（30）具有高度 H3，并且所述后盖部分（34）具有高度 H4；以及插入物（38），所述插入物（38）设置在所述壳体（20）的所述空腔（34）中，所述插入物（38）具有至少一个沟槽（40），所述至少一个沟槽（40）具有纵向设置的至少一个保持构件（44），所述至少一个保持构件（44）以可释放的方式对大致与所述壳体（20）的所述基部（36）垂直的所述多个测试条（12）加以保持；其中所述至少一个沟槽（40）包括限定了所述沟槽（40）长度的两个纵向侧（42）；其中所述纵向侧（42）彼此间隔开，以允许垂直于所述纵向侧（42）取向的测试条（12）的插入；其中，H1 ≤ H2，H3 ≥ H4。"本申请说明书记载有"该测试条容器以容易取得的方式向用户提供测试条，而不会意外地倾卸或者泄漏"。本申请权利要求 1 与对比文件 1 的区别技术特征（1）为"沟槽具有纵向设置的至少一个保持构件，保持构件以可释放的方式对多个测试条加以保持"。对比文件 2 公开了"Inside the container is an urging means（4），which contains the Strips（5）and urges them onto the dispenser."即，在容器内设置有推动部件 4，其限制测试条 5 并将之推动至分配器。

◎ **判决结果**

一审：驳回原告的诉讼请求，该案一审生效

◎ **裁判理由**

在涉及相应的区别技术特征是否为对比文件所公开时，该区别技术特征在对比文件中所起的作用不应以对比文件"客观记载"的作用为限，亦不应当将其扩展至该相应区别技术特征客观上具备的所有作用，而应当以本领域的技术人员可直接地、毫无疑义地确定的该相应的区别技术特征在该对比文件中所客观、实际发挥的作用为准。该案中，本申请权利要求 1 系一种"具有条保持器的测试条容器"，通过在沟槽上设置保持构件 44，得以可释放的方式对多个测试条加以保持。可见，保持构件 44 在权利要求 1 中主要起保持、固定作用，即，使测试条得以在容器中保持紧密、整齐的排列状态。而根据法院查明的事实，对比文件 2 公开了一种"储存并自动分配测试条的容器"，其中，容器内设置有推动部件 4，其限制测试条 5 并将之推动至分配器。根据上述记载，本领域技术人员可以直接地、毫无疑义地确定在对比文件 2 中，推动部件 4 的作用亦包含使得待分配的测试条在容器中保持紧密、整齐的排列状态，其实质上与保持构件 44 在权利要求 1 中的作用相同。由此可见，对比文件 2 客观公开了与本申请权利要求 1 限定的保持构件相当的结构。同时，在对比文件 2 中，推动部件 4 保持、固定容器中待分配的测试条的作用的发挥并不依赖于其他部件，因此，本领域技术人员在面对本申请权利要求 1 基于区别技术特征（1）所实际解决的"避免测试条意外地倾卸或者泄漏"之技术问题，显然有动机将对比文件 2 中公开的该特征应用于对比文件 1 以解决上述问题。

▣ 案例解析

判断要求保护的发明对本领域的技术人员来说是否显而易见，是适用"三步法"判断该发明是否具有突出的实质性特点，进而是否具备创造性的关键。

是否显而易见的认定应当以所属技术领域的技术人员是否会将相应的区别技术特征或常规手段等应用于最接近的现有技术，从而解决了该发明要求保护的技术方案所实际解决的技术问题为标准。判断过程中，要确定的是现有技术整体上是否存在某种技术启示，即现有技术中是否给出将上述区别特征应用到该最接近的现有技术以解决其存在的技术问题（即发明实际解决的技术问题）的启示，这种启示会使本领域的技术人员在面对所述技术问题时，有动机改进该最接近的现有技术并获得要求保护的发明。如果现有技术存在这种技术启示，则发明是显而易见的，不具有突出的实质性特点。

司法实践中，如果权利要求请求保护的技术方案与对比文件公开的技术方案存在区别技术特征，则在以下情况通常可以认定该权利要求不具备创造性：第一，对比文件给出了应用上述区别技术特征以获得该请求保护的技术方案的技术启示；第二，对比文件未给出引用上述区别技术特征以获得该请求保护的技术方案的技术启示，但该区别技术特征为公知常识；第三，对比文件未给出引用上述区别技术特征以获得该请求保护的技术方案的技术启示，该区别技术特征亦非公知常识，但另一份对比文件给出了应用上述区别技术特征以获得该请求保护的技术方案的技术启示。具体而言：

一方面，若所述区别技术特征为公知常识，如本领域中解决该请求保护的发明实际解决的技术问题的惯用手段，或教科书、工具书等中公开的解决该实际解决的技术问题的技术手段，则该发明不具备创造性；另一方面，若所述区别技术特征已为最接近的现有技术所公开，如该区别技术特征为同一份对比文件其他部分公开的技术手段，且该技术手段在该其他部分所起的作用与该区别技术特征在请求保护的发明中为解决该实际解决的技术问题所起的作用相同，则该发明不具备创造性。同理，若所述区别技术特征已为另一份对比文件所公开，且该对比文件公开的技术手段在其中所起的作用与该区别技术特征在请求保护的发明中为解决该实际解决的技术问题所起的作用相同，则该发明亦不具备创造性。

该案主要涉及区别技术特征是否为对比文件所公开的认定标准问题。根据最高人民法院在（2012）知行字第 3 号案件和（2014）知行字第 43 号案件中的相关认定可知，认定权利要求中的技术特征被对比文件公开，不仅要求该对比文件中包含有相应的技术特征，还要求该相应的技术特征在对比文件中所起的作用和该技术特征在权利要求中所起的作用实质相同。法院认为，对"所起的作用实质性相同"应作如下理解：

考虑到创造性的判断主体为本领域普通技术人员，其知晓申请日或者优先权日之前该发明所属技术领域所有的普通技术知识，能够获知该领域中所有的现有技术，并且具有应用该日期之前的常规实验手段的能力，但他不具有创造能力。如果所要解决的技术问题能够促使本领域的技术人员在其他技术领域寻找技术手段，他也应具有从该其他技术领域中获知该申请日或优先权日之前的相关现有技术、普通技术知识和常规实验手段的能力，因此，对比文件公开的技术内容不仅包括明确记载在对比文件中的内容，而且包括对于所属技术领域的技术人员来说，隐含的且可直接地、毫无疑义地确定的技术内容。即，在涉及相应的区别技术特征是否为对比文件所公开时，该区别技术特征在对比文件中所起的作用不应以对比文件"客观记载"的作用为限，亦不应当将其扩展至该相应区别技术特征客观上具备的所有作用，而应当以本领域技术人员可直接地、毫无疑义地确定的该相应的区别技术特征在该对比文件中所客观、实际发挥的作用为准。

如果将区别技术特征在对比文件中所起的作用局限于对比文件"客观记载"的作用，则将与上述以本领域的技术人员为创造性判断主体的基本规则相违背；而如果将其扩展至该相应区别技术特征客观上具备的所有作用，则将割裂相应的技术特征在整体技术方案中相互配合、衔接的关系，从而容易导致将相应的技术特征作为孤立存在予以对待，并产生"事后诸葛亮"的问题。

该案中，虽然对比文件 2 所记载的推动部件 4 的作用是限制测试条 5 并将之推动至分配器 2，但本领域技术人员可以直接地、毫无疑义地确定在对比文件 2 中，推动部件 4 的作用亦包含使得待分配的测试条在容器中保持紧密、整齐的排列状态，其实质上与保持构件 44 在权利要求 1 中的作用相同。故此，法院认定权利要求 1 限定的保持构件 44 已为对比文件 2 所公开。

（撰稿人：陈越）

专利创造性判断中是否遗漏区别技术特征的认定

——深圳市台铃电动车有限公司诉专利复审委员会、第三人广州市裕德电子科技有限公司实用新型专利无效行政纠纷案

◨ **关键词**

实用新型　创造性　区别技术特征

◨ **裁判要点**

区别技术特征的认定是创造性判断的基础。区别特征的认定应当通过分析要求保护的发明与最接近现有技术获得。在区别特征的认定时，不仅要分析明确记载在对比文件中的内容，而且还应当包括对于所属技术领域的技术人员来说，隐含的且可直接地、毫无疑义地确定的技术内容。

◨ **相关法条**

《专利法》第二十二条第三款

◨ **案件索引**

一审：（2015）京知行初字第 4835 号（裁判日期：2015 年 12 月 26 日）
二审：无，一审判决生效

◨ **基本案情**

被诉决定系专利复审委员会针对深圳市台铃电动车有限公司（简称"台铃公司"）拥有的名称为"一种电动自行车控制器"、专利号为 200920260483.3 的实用新型专利（简称"本专利"）就裕德公司提出的无效宣告请求作出的，该决定以本专利权利要求 1 至权利要求 6 不符合《专利法》第二十二条第三款规定的创造性为由，宣告本专利专利权全部无效。

台铃公司不服被诉决定，向北京知识产权法院提起行政诉讼，其起诉的理由与请求为：（1）被诉决定遗漏了本专利权利要求 1 与最接近现有技术之间的区别特征。首

先，本专利权利要求 1 限定了用户进行修复操作，而对比文件 1 并未公开相应的技术方案，被诉决定遗漏了该区别特征（简称"区别技术特征 3"）。对比文件 1 中记载的"巡航开关闭合"应是软件控制，并不能得出由用户操作的技术特征。其次，本专利权利要求 1 限定了"控制电动自行车在相应的状态下运行"，而对比文件 1 并不存在不同的运行状态，被诉决定遗漏了该区别特征（简称"区别技术特征 4"）：根据本专利权利要求 1 限定的"相应的状态下运行"，即当出现不同的故障时，在不同的状态下运行；而对比文件 1 在刹把故障、转把故障状态下都是使无刷电机进入预设转速转动，并不存在不同的运行状态。（2）被诉决定错误认定了对比文件 1 给出了将区别技术特征 2 应用于对比文件 1 的技术启示。对比文件 1 并未明确记载当出现不同故障时提示用户针对不同故障进行相应的操作，也无法推断出用户需要了解如何进行相应的修复操作，因此对比文件 1 并未给出技术启示。在区别特征 2、区别特征 3、区别特征 4 并未被对比文件 1 公开且未给出技术启示的基础上，本专利权利要求 1 符合创造性的要求。（3）在本专利权利要求 1 具备创造性的基础上，其从属权利要求 2~6 也具备创造性。综上，请求法院判决撤销被诉决定并重新作出。

专利复审委员会辩称：（1）被诉决定确定本专利权利要求 1 与对比文件 1 的两点区别特征归纳没有遗漏。首先，原告主张被诉决定遗漏了区别特征 3 缺乏依据。对比文件 1 是站在电动车控制装置的角度进行描述的，描述了电动车控制装置测得的巡航开关的开闭状态，而巡航开关的开闭形态的变化显然是由于使用电动车的用户对巡航开关进行操作的结果。因此，对比文件 1 中在出现故障时，用户对巡航开关的操作的技术方案已经公开了本专利权利要求 1 中的用户进行修复操作。其次，原告主张被诉决定遗漏了区别特征 4 缺乏依据。对比文件 1 中当出现刹把故障、转把故障时进入巡航控制模式，而当中央控制单元 1 判断出转把控制输入电路 4 或转把、刹把检测电路 3 或刹把存在故障，且测得巡航开关连续开闭四次时，则会驱动电路 12 控制无刷电机按预设转速转动。后一种情况的预设转速转动不同于前一种的巡航控制模式。因此，对比文件 1 公开了本专利权利要求 1 中控制电动自行车在相应的状态下运行的技术特征。（2）被诉决定关于区别特征 2 的认定没有错误。如前所述，对比文件 1 公开了用户需要针对不同的故障作出不同的修复操作，那么用户必须了解如何进行相应的修复操作，因此对比文件 1 已经给出了提示用户如何进行修复操作的技术启示，而由控制模块实现提醒功能是本领域惯用技术手段。（3）在本专利独立权利要求 1 不具备创造性的前提下，其从属权利要求 2~6 也不具备创造性。请求法院驳回原告的诉讼请求。

第三人广州市裕德电子科技有限公司（简称"裕德公司"）述称：（1）原告认为对比文件 1 未公开用户进行修复操作以及控制电动自行车在相应状态运行缺乏依据。

根据对比文件 1 说明书记载，中央控制单元 1 进入巡航控制模式是有条件的，即仅在巡航开关 2 闭合时。而巡航开关只有用户操作才会闭合，而且用户要正确操作才进入巡航控制模式。所以，对比文件 1 公开了用户进行修复操作以及控制电动自行车在相应状态下运行。（2）原告认为对比文件 1 没有给出需要用户进行修复操作前提示用户进行相应的修复操作的技术启示是错误的。（3）在本专利权利要求 1 不具备创造性的前提下，其从属权利要求 2~6 也不具备创造性。

◙ 法院经审理查明

本专利系名称为"一种电动自行车控制器"的实用新型专利，其专利号为 200920260483.3，申请日为 2009 年 11 月 23 日，授权公告日为 2010 年 9 月 8 日，专利权人为台铃公司。本专利授权公告时的权利要求书中权利要求 1 记载如下："1. 一种电动自行车控制器，其特征在于，包括故障检测模块，所述故障检测模块电连接有提示模块和控制模块；其中，所述故障检测模块，用于检测所述电动自行车的故障类别和故障数量，并在检测完所有故障后，向所述控制模块发送包含故障类别和故障数量信息的控制指令；所述提示模块，用于向用户提示所述故障检测模块检测到的故障类别；所述控制模块，用于检测所述控制指令中的故障类别和故障数量信息，提示用户进行相应的修复操作，并在用户完成正确的修复操作后，控制电动自行车在相应的状态下运行。"针对本专利，裕德公司向专利复审委员会提出了无效宣告请求，其主要理由为：权利要求 1~6 不具备创造性，不符合《专利法》第二十二条第三款规定。关于本专利权利要求 1，裕德公司认为相对于对比文件 1 和公知常识的结合不具备创造性。裕德公司提交了相应证据，其中对比文件 1 为公开日为 2009 年 9 月 2 日、公开号为 CN201300746Y 的中国实用新型专利说明书复印件。对比文件 1 公开了一种电动车控制装置，其与本专利属于相同的技术领域，并具体公开了采用该电动车控制装置的电机，即便在电动车发生转把损坏、刹把损坏和电机霍尔元件损坏的情况下，仍能正常使用，确保了电动车在使用上的可靠性，方便了用户使用；电动车控制装置包括中央控制单元 1、巡航开关 2、刹把检测电路 3、转把控制输入电路 4、声光报警电路 9，其中，刹把检测电路 3 和转把控制输入电路 4 连接中央控制单元 1，中央控制单元连接声光报警电路 9；所述中央控制单元 1 具有故障信号输出端，其连接有声光报警电路 9；当判断出转把控制输入电路 4 或转把存在故障时，所述中央控制单元 1 通过声光报警电路 9 输出提示转把损坏的报警信号；当判断出刹把检测电路 3 或刹把存在故障时，所述中央控制单元 1 通过声光报警电路 9 输出提示刹把损坏的报警信号，报警信号可以是相应次数的蜂鸣信号，或语音提示；转把控制输入电路 4 与中央控制单元 1 的转速控制输入端相连，巡航开关 2 与中央控制单元 1 的巡航控制输入端，当中央控制单元 1 测得其转把控制输入端的电压不在预设范围内时，即判断出转把控制输入电路 4 或所述转把存在故障，中央控制单元 1 进入巡航控制模式，即仅在巡航开关 2 闭合时，中央控制单元 1 通过驱动电路 12 控制无刷电机按预设转速转动，该预设转速一般为电动车正常行驶时最高速度的一半，例如 20km/h；所述中央控制单元 1 的刹把检测端连接有刹把检测电路 3，刹把检测电路 3 的控制输入端用于与电动车的用于刹车的刹把相连，当中央控制单元 1 测得其刹把检测端为低电平，且中央控制单元通过其转把控制输入端测得所述转把被连续拉动四次时，即判断刹把检测电路 3 或所述刹把存在故障，中央控制单元 1 进入所述巡航控制模式；当中央控制单元 1 判断出转把控制输入电路 4 或转把以及刹把检测电路 3 或刹把存在故障，且测得巡航开关 2 连续开闭四次时，中央控制单元 1 通过驱动电路 12 控制无刷电机按预设转速转动。

在无效行政程序的口头审理中，台铃公司对对比文件 1~3 的真实性无异议。双方争议焦点为：对比文件 1 中是否公开了用户进行修复操作以及控制电动自行车在相应状态运行。

被诉决定认为本专利权利要求 1 与对比文件 1 公开的内容相比，存在两个区别特征：（1）区别特征 1。权利要求 1 中的故障检测模块分别电连接提示模块和控制模块，而对比文件 1 中的故障检测模块是先电连接控制模块，然后控制模块再电联接提示模块；（2）区别特征 2。权利要求 1 中限定了控制模块提示用户进行相应的修复操作，而对比文件 1 中并未明确公开上述特征。

◙ 判决结果

一审：驳回原告的诉讼请求，该案一审生效

◙ 裁判理由

原告主张被诉决定遗漏了区别特征 3。鉴于巡航开关的功能，本领域技术人员直接地、毫无疑义地确定对比文件 1 中巡航开关的开闭系用户操作而非软件运行的结果。因此，对比文件 1 中当出现刹把、转把等故障时用户对巡航开关的操作就相当于本专利中的修复操作。故，对比文件 1 已经公开了本专利权利要求 1 限定的"用户进行修复操作"。台铃公司主张被诉决定遗漏了区别特征 3 缺乏事实依据。

关于原告主张的区别特征 4。在判断多种故障共存的情况下，对比文件 1 表述中没有提及"进入巡航控制模式"，而直接表述为"按预设转速转动"。在前述单独的转把或刹把故障以及多种故障并存的情况下，所进入模式的表述是存在不同的，不能认定为属于表述的是同一种模式。本领域技术人员通过对比文件 1 记载的内容会认为单独的转把或刹把故障进入的"巡航控制模式"与多种故障并存进入的"按预设转速转动"系不同的运行状态。故，对比文件 1 公开了本专利权权利要求 1 中"控制电动自行车在相应的状态下运行"的技术方案。原告主张被诉决定遗漏了区别特征 4 缺乏依据。

同时，被诉决定认定本专利权利要求 1 与对比文件 1 的区别特征 2 为：对比文件 1 中未明确公开控制模块提示用户进行相应的修复操作。如前所述，对比文件 1 公开了当出现不同故障时，需要用户针对不同故障对巡航开关进行不同方式的操作以控制电动自行车进入相应的运行状态。既然用户需要针对不同的故障作出不同的操作，那么用户必须先了解不同故障对应的修复操作方法，并且对比文件 1 中不同故障对应的修复操作方法仅为有限的几种，用户易掌握。因此，被诉决定认定对比文件 1 给出了需要用户进行修复操作前提示用户进行相应修复操作的技术启示正确。

回 案例解析

在专利无效行政纠纷案件审理中，当本专利因不具备创造性被认定无效时，专利权人经常会主张被诉决定遗漏或者错误认定本专利权利要求与对比文件的区别技术特征。

运用"三步法"进行创造性判断时，确定发明相对于最接近现有技术的区别技术特征和发明所实际解决的技术问题是第二步骤。区别特征的认定应当通过分析要求保护的发明与最接近现有技术获得。最接近现有技术的认定应当以对比文件公开的技术内容为准，该技术内容不仅包括明确记载在对比文件中的内容，而且包括对于所属技术领域的技术人员来说，隐含的且可直接地、毫无疑义地确定的技术内容。一旦专利复审委员会遗漏了区别技术特征的认定，则其创造性判断的基础就会出现动摇。在司法实践中，因专利复审委员会遗漏了区别技术特征，法院据此撤销被诉决定并责令重新作出无效宣告决定的判决不在少数。因此，对于区别技术特征的认定是法院审理中的重点。

该案中，被诉决定认定本专利权利要求 1 与对比文件 1 相比存在两个区别特征，原告主张在前述两个区别特征之外被诉决定遗漏了区别特征 3 和区别特征 4。

关于原告主张的区别特征 3：本专利权利要求 1 公开了用户进行修复操作，而对比文件 1 并未公开相应的技术方案。对比文件 1 说明书公开了当中央控制单元判断出转把存在故障，仅在巡航开关闭合时，中央控制单元控制单元通过驱动电路控制无刷电机按预设转速转动。同时对比文件 1 还公开了当中央控制单元 1 判断出转把控制输入电路 4 或转把以及刹把检测电路 3 或刹把存在故障，且测得巡航开关连续开闭四次时，中央控制单元 1 通过驱动电路 12 控制无刷电机按预设转速转动。对比文件 1 中当出现上述两种故障情况时，均需要巡航开关作出动作方可进入预设转速转动模式。因此，关键在于对比文件 1 中巡航开关的闭合及连续开闭四次等动作是否系用户操作。对此问题，专利复审委员会及裕德公司认为系用户操作巡航开关闭合，台铃公司则认为巡航开关闭合系软件运行结果而无需用户操作。庭审中，各方当事人对于巡航开关的主要功能在于保持电动车定速行驶从而不必通过转动调速把控制运行速度达成一致。基于巡航功能系由驾驶人在有需要的情况下选择使用，因此在使用巡航功能时需要驾驶人按下巡航按钮。对比文件 1 中虽然仅仅表述为"在巡航开关闭合时""测得巡航开关连续开闭四次"，而没有直接记载为用户开闭巡航开关。但是，鉴于巡航开关的功能，本领域技术人员直接地、毫无疑义地确定对比文件 1 中巡航开关的开闭系用户操作而非软件运行的结果。因此，对比文件 1 中当出现刹把、转把等故障时用户对巡航开关的操作就相当于本专利中的修复操作。基于以上分析，法院认定对比文件 1 已经公开了本专利权利要求 1 限定的"用户进行修复操作"。

关于原告主张的区别特征 4：对比文件 1 没有公开本专利权利要求 1 中控制电动自行车在相应的状态下运行。对比文件 1 公开了：在判断出转把存在故障时，中央控制单元进入巡航控制模式，即仅在巡航开关闭合时，中央控制单元通过驱动电机控制无刷电机按照预设转速转动，该预设转速一般为电动车正常行驶时最高速度的一半；当判断出转把控制输入电路 4 或者转把以及刹把检测电路 3 或刹把存在故障，且测得巡航开关 2 连续开闭四次时，中央控制单元通过驱动电路控制无刷电机按预设转速转动。因此，关键在于前述转把故障后进入的巡航控制模式下"按照预设转速转动"与多种故障后进入的"按预设转速转动"是否为相同的运行状态。结合对比文件 1 说明书公开的内容，在判断出转把故障或者刹把故障时，表述为"进入巡航控制模式"，在该表述后解释巡航控制模式的内容，在解释的内容中出现了"按预设转速转动"。但是在判断多种故障共存的情况下，对比文件 1 表述中没有提及"进入巡航控制模式"，而直接表述为"按预设转速转动"。在前述单独的转把或刹把故障以及多种故障并存的情况下，所进入模式的表述是存在不同的，不能认定为属于表述的是同一种模式。并且，在判断故障转把或者刹把故障的情况下，巡航开关闭合则会进入巡航控制模式。而在多种故障并存的情况下，需要测得巡航开关连续开闭四次才能进入案预设转速转动模式。如果后者的预设转速转动模式与巡航控制模式相同，则仅需巡航开关闭合即可实现，而无需设置巡航开关开闭四次的技术方案。因此，本领域技术人员通过对比文件 1 记载的内容会认为单独的转把或刹把故障进入的"巡航控制模式"与多种故障并存进入的"按预设转速转动"系不同的运行状态。法院在这一区别技术特征是否存在进行认定时，不仅考虑了明确记载在对比文件中的内容，而且也包括对于所属技术领域的技术人员来说，隐含的且可直接地、毫无疑义地确定的技术内容。据此认定对比文件1公开了本专利权权利要求1中"控制电动自行车在相应的状态下运行"的技术方案。

该案中，法院针对原告主张遗漏的两个区别技术特征分别进行了较为详实的论述，最终认定被诉决定关于本专利权权利要求1与对比文件1区别技术特征的认定并无遗漏。

（撰稿人：陈越）

创造性判断中公知常识的认定标准

——霍夫曼-拉罗奇有限公司与
专利复审委员会发明专利申请驳回复审行政纠纷案

◙ **关键词**

创造性　公知常识

◙ **裁判要点**

常用技术手段应当为本领域的技术人员所掌握的知识。若一方当事人已经通过充分说明的方式主张相应的技术手段或技术特征属于常用技术手段的基础上，除另一当事人提出明确的反证证明或者详尽的理由说明相应的技术手段并非常用技术手段，通常情况下对于相应的技术手段是否属于常用技术手段无需再行举证证明。

◙ **相关法条**

《专利法》第二十二条第三款

◙ **案件索引**

一审：（2016）京73行初499号（裁判日期：2017年3月27日）
二审：无，一审判决生效

◙ **基本案情**

原告霍夫曼-拉罗奇有限公司诉称，第98251号复审请求审查决定（简称"被诉决定"）认定权利要求6中的挠性盖片、权利要求7中的保持指状物系本领域的常用技术手段缺乏证据支持，故即便权利要求1不具备创造性，基于上述附加技术特征，权利要求6、权利要求7亦具备创造性。

被告专利复审委员会辩称：本申请权利要求书及说明书均未对权利要求6中的挠性盖片、权利要求7中的保持指状物作出清楚明确的解释和限定，且在权利要求1不具备创造性的基础上，本领域技术人员根据其掌握的基本技术知识，能够想到如挠性盖片或保持指状物等其他替代性的保持构件形式，从而得到权利要求6、权利要求7限定的技术方案。

◉ 法院经审理查明

原告系名称为"具有条保持器的测试条容器及其制造和使用方法"的发明专利的申请人。2014 年 8 月 1 日，国家知识产权局专利局驳回了本发明专利申请。2015 年 9 月 29 日，专利复审委员会以本申请权利要求 1~18 相对于对比文件 1、对比文件 2 和本领域公知常识的结合不具备创造性为由，维持了国家知识产权局专利局的驳回决定。本申请权利要求 6 为："根据权利要求 2 所述的容器（10），其中，所述至少一个保持构件（44）包括凸出到所述沟槽（40）中的挠性盖片。"本申请权利要求 7 为："根据权利要求 2 所述的容器（10），其中，所述至少一个保持构件（44）包括凸出到所述沟槽（40）中的至少一个保持指状物。"本申请说明书记载有"保持构件 44 还可包括由聚合物、树脂、橡胶以及其他挠性材料制成的条"；"保持构件 44 还可包括由聚合物、树脂、橡胶以及其他挠性材料制成的指状物"。

◉ 判决结果

一审：驳回原告的诉讼请求，本案一审生效

◉ 裁判理由

常用技术手段应当为本领域的技术人员所掌握的知识。若一方当事人已经通过充分说明的方式主张相应的技术手段或技术特征属于常用技术手段的基础上，除非另一当事人提出明确的反证证明或者详尽的理由说明相应的技术手段并非常用技术手段，通常情况下对于相应的技术手段是否属于常用技术手段无需再行举证证明。该案中，原告虽对被诉决定认定"挠性盖片、保持指状物"属于本领域的常用技术手段提出了异议，但并未进行详细的理由说明，亦未提交相反的证据。同时，本申请权利要求 6、权利要求 7 中对于"挠性盖片、保持指状物"的具体结构等并未进行任何特殊的限定，而根据本申请说明书的记载，"保持构件 44 还可包括由聚合物、树脂、橡胶以及其他挠性材料制成的条"；"保持构件 44 还可包括由聚合物、树脂、橡胶以及其他挠性材料制成的指状物"，在此基础上，本领域技术人员根据其掌握的基本技术知识，能够想到如挠性盖片或保持指状物等作为保持构件 44 的替代性形式，从而得到权利要求 6、权利要求 7 限定的技术方案。因此，被诉决定认定"挠性盖片、保持指状物"属于本领域的常用技术手段并无不当，原告的该项主张缺乏事实依据，法院不予支持。

◉ 案例解析

对于"公知常识"的概念，现行法律、行政法规均未给出明确的定义。鉴于以本领域普通技术人员为创造性判断的主体，系专利授权确权案件中所普遍适用的基本规则，故此，参照《专利审查指南 2010》第二部分第四章第 2.4 节对"所属技术领域的技术人员"的定义，在一定程度上能够推知"公知常识"的范围。所属技术领域的技术人员，是指一种假设的"人"，其知晓申请日或者优先权日之前该发明所属技术领域所有的普通技术知识，能够获知该领域中所有的现有技术，并且具有应用该日期之前的常规实验手段的能力，但他不具有创造能力。如果所要解决的技术问题能够促使本领域的技术人员在其他技术领域寻找技术手段，他也应具有从该其他技术领域中获知该申请日或优先权日之前的相关现有技术、普通技术知识和常规实验手段的能力。由此可见，为本领域的技术人员所通知的即应为本领域的公知常识，即发明或实用新型所属技术领域的所有普通技术知识或技术手段，亦包含特定情况下其他相关领域的普通技术知识或技术手段。该"特定情况"主要指向存在客观的技术问题能够促使本领域技术人员在其他领域寻找相应的技术手段。

根据《专利审查指南 2010》第四部分第八章第 4.1 节和第 4.3 节的规定，当事人可以通过提交技术词典、技术手册、教科书等作为证明某项技术手段为公知常识的证据，专利复审委员会为认定某项技术是否为公知常识，亦可依职权引入技术词典、技术手册和教科书等所属技术领域中的公知常识性证据。由此可以认为，技术词典、技术手册和教科书等工具书系公知常识的基本载体。

参照《专利审查指南 2010》第四部分第八章第 4.3.2 节的规定，主张某项技术手段系本领域公知常识的当事人，应对其主张承担责任。若该当事人未能举证证明或者未能充分说明该技术手段系本领域公知常识，且对方当事人不予认可的，专利复审委员会对该技术手段系本领域公知常识的主张通常不予支持。可见，考虑到举证的必要性及难易程度等因素，当事人可以通过提交证据证明或者充分说明两种方式确定相应的技术手段是否属于本领域公知常识。而在专利授权案件中，在专利复审委员会已经通过充分说明的方式认定相应的技术手段或技术特征属于公知常识的基础上，不能仅依据另一方当事人简单地否认即要求专利复审委员会提交证据证明该技术手段或技术特征属于本领域公知常识。即，若一方当事人已经通过充分说明的方式主张相应的技术手段或技术特征属于本领域公知常识的基础上，除非另一方当事人提出明确的反证证明或者详尽的理由说明相应的技术手段并非公知常识，通常情况下对于相应的技术手段或技术特征是否系本领域公知常识无需再行举证证明。

（撰稿人：陈越）

实用新型和发明创造性标准的异同

——南京左右阳光节能工程有限公司与专利复审委员会、宁波一米节能科技发展有限公司、宁波先锋新材料股份有限公司实用新型专利权无效行政纠纷案

◎ **关键词**

创造性　实用新型专利　发明专利

◎ **裁判要点**

技术领域范围的划分与专利创造性要求的高低密切相关。考虑到实用新型专利创造性标准要求较低，因此，在评价其创造性时所考虑的现有技术领域范围应当较窄，一般应当着重比对实用新型专利所属技术领域的现有技术。但在现有技术已经给出明确技术启示的情况下，也可以考虑相近或者相关技术领域的现有技术。

◎ **相关法条**

《专利法》第二十二条第三款

◎ **案件索引**

一审：（2015）京知行初字第5409号（裁判日期：2016年12月28日）
二审：无，一审判决生效

◎ **基本案情**

原告南京左右阳光节能工程有限公司诉称，附件5与本专利的技术领域不同，不能用于评价本专利的创造性，故第26457号无效宣告请求审查决定（即被诉决定）认定本专利不具备创造性的理由不能成立。

◎ **法院经审理查明**

原告南京左右阳光节能工程有限公司系名称为"用在户外卷帘中的防风轨道"的

实用新型专利的专利权人。2015 年 2 月 13 日，第三人宁波一米节能科技发展有限公司、宁波先锋新材料股份有限公司请求宣告本专利权利要求全部无效。2015 年 7 月 9 日，专利复审委员会作出被诉决定，以本专利权利要求 1~3 不具备创造性为由，宣告本专利权利权全部无效。本专利权利要求 1 为："一种用在户外卷帘中的防风轨道，其特征在于：它由外轨（1）以及穿插在该外轨中的内轨（2）构成，且内轨（2）与外轨（1）固定在一起，所述内轨（2）上制有一截面呈'凸'字形的限位导槽（2-1）"。权利要求 2 为："根据权利要求 1 所述的用在户外卷帘中的防风轨道，其特征在于：所述外轨（1）和内轨（2）均为直线型结构。"权利要求 3 为："根据权利要求 1 或 2 所述的用在户外卷帘中的防风轨道，其特征在于：所述内轨（2）由纳米材料制成。"附件 5 公开了一种由纳米材料制成的纳米无轮塑胶窗轨。

◨ **判决结果**

一审：驳回原告的诉讼请求，该案一审生效

◨ **裁判理由**

技术领域范围的划分与专利创造性要求的高低密切相关。考虑到实用新型专利创造性标准要求较低，因此，在评价其创造性时所考虑的现有技术领域范围应当较窄，一般应当着重比对实用新型专利所属技术领域的现有技术。但在现有技术已经给出明确技术启示的情况下，也可以考虑相近或者相关技术领域的现有技术。该案中，本专利涉及"一种用在户外卷帘中的防风轨道"，而附件 5 公开的为一种由纳米材料制成的纳米无轮塑胶窗轨，考虑到"卷帘"一般会与门窗等结合使用，二者在功能用途及应用的领域等方面密切相关，而本专利权利要求 3 限定的附加技术特征为内轨的材料为"纳米材料"，附件 5 中的塑胶窗轨亦由"纳米材料"制成，可见附件 5 已经明确记载了本专利权利要求 3 的附加技术特征，该技术启示是明确的。故附件 5 作为与本专利相关的技术领域的现有技术可以用于评价本专利的创造性，原告的相关主张不能成立。

◨ **案例解析**

根据《专利法》第二十二条第三款的规定，创造性，是指与现有技术相比，该发明具有突出的实质性特点和显著的进步，该实用新型具有实质性特点和进步。就其字面含义而言，认定发明专利具备创造性需要该发明具有"突出的"实质性特点和"显著的"进步，而认定实用新型专利具备创造性仅需该实用新型具有"实质性特点和进步"。可见，专利法对发明专利和实用新型专利的"实质性特定"和"进步"要求在程度上均有所不同。即实用新型专利创造性的标准应当低于发明专利创造性的标准。

参照《专利审查指南 2010》第四部分第六章第 4 节的规定，发明专利和实用新型专利在创造性判断标准上的不同，主要体现在现有技术中是否存在"技术启示"的认定上。在判断现有技术中是否存在技术启示时，发明专利与实用新型专利存在的区别主要体现在现有技术的领域及现有技术的数量两个方面。

其一，关于现有技术的领域。对于发明专利，在判断现有技术是否存在技术启示时，该现有技术的技术领域不仅可以是发明专利所属的技术领域，也可以是其相近或者相关的技术领域，甚至是该发明所要解决的技术问题能够促使本领域的技术人员到其中去寻找技术手段的其他技术领域。对于实用新型专利，一般着重于考虑该实用新型专利所属的技术领域。但是现有技术中给出明确的启示，例如现有技术中有明确的记载，促使本领域的技术人员到相近或者相关的技术领域寻找有关技术手段的，可以考虑其相近或者相关的技术领域。最高人民法院在（2011）知行字第 19 号案件中曾明确指出，技术领域范围的划分与专利创造性要求的高低密切相关，考虑到实用新型专利创造性标准要求较低，因此，在评价其创造性时所考虑的现有技术领域范围应当较窄，一般应当着重比对实用新型专利所属技术领域的现有技术。但在现有技术已经给出明确技术启示的情况下，也可以考虑相近或者相关技术领域的现有技术。其中，相近技术领域一般指与实用新型专利产品功能以及具体用途相近的领域；相关技术领域一般指实用新型专利与最接近的现有技术的区别技术特征所应用的功能领域。而所谓明确的技术启示是指明确记载在现有技术中的技术启示或者本领域技术人员能够从现有技术直接、毫无疑义地确定的技术启示。

其二，关于现有技术的数量。发明专利和实用新型专利在所引用的现有技术数量上的不同主要体现为：对于发明专利而言，可以引用一项、两项或者多项现有技术评价其创造性；而对于实用新型专利而言，一般情况下可以引用一项或者两项现有技术评价其创造性，例外是对于由现有技术通过"简单的叠加"而成的实用新型专利，可以根据情况引用多项现有技术评价其创造性。

该案即体现了实用新型和发明适用不同的创造性标准而反映在现有技术领域上的差异。法院考虑到本专利请求保护的技术方案与附件 5 公开的技术方案在功能用途及应用的领域等方面密切相关，且附件 5 已经明确记载了本专利权利要求 3 的附加技术特征，该技术启示是明确的，故认为附件 5 可以作为与本专利相关的技术领域的现有技术并用于评价本专利的创造性。

（撰稿人：陈越）

说明书未对化学产品专利进行确认的应认定公开不充分

——原告伊莱利利公司诉专利复审委员会、第三人甘李药业有限公司专利无效行政纠纷案

◎ **关键词**

说明书　公开充分　能够实现　化学产品　确认

◎ **裁判要点**

如果说明书没有提供任何定性或者定量数据和图谱等相关的化学、物理性能参数证明根据其说明书记载的制备方法所制备的产品为权利要求所请求保护的化学产品，从而使得本领域技术人员能够实现化学产品的确认，则不能达到"能够实现"的标准，亦不符合《专利法》第二十六条第三款关于说明书公开充分的规定。

◎ **相关法条**

《专利法》第二十六条第三款

◎ **案件索引**

一审：（2009）一中行字第430号（裁判日期：2009年6月20日）

二审：无，一审判决生效

◎ **基本案情**

原告诉称：（1）第11397号决定的主要证据不足，从而导致结论错误。①本专利说明书提供了实验数据，证明了赖脯胰岛素六聚物复合物的确可制备得到并且含有六分子赖脯胰岛素。②本领域普通技术人员完全理解本专利赖脯胰岛素六聚物复合物包含二分子的锌离子。基于现有技术知识，由于赖脯胰岛素与天然胰岛素不同之处仅仅是将B28和B29位的氨基酸互换，因此本领域普通技术人员完全理解本专利的赖脯胰岛素六聚物复合物与天然胰岛素六聚体一样，都包含二分子的锌离子。③本领域普通技术人员完全理解本专利赖脯胰岛素六聚体复合物包含至少三分子的苯酚衍生物。天

然胰岛素六聚体在苯酚衍生物的存在下可以包含至少三分子的苯酚衍生物是本领域技术人员公知的知识。并且，本领域技术人员根据现有技术已经公知，胰岛素 B 链各区域的改变相互之间彼此独立，互不影响。B28 和 B29 发生自缔合的位点与苯酚衍生物的结合位点 B1~B8 相距更远，中间间隔了二十个甚至超过二十个氨基酸残基。因此，B28 和 B29 位的互换并不影响 B1~B8 位对苯酚衍生物的结合。基于这样的现有技术知识，本领域普通技术人员完全理解本专利仅改变了 B28 和 B29 位的赖脯胰岛素六聚物复合物与天然胰岛素六聚体一样，都包含至少三分子的苯酚衍生物。（2）专利复审委员会适用法律、法规错误。具体理由是：①专利复审委员会在判断本专利说明书是否充分公开时，认为说明书记载的内容并结合现有技术都无法确认本专利确实获得了具有权利要求 1~4 所述结构组成的六聚物复合物，也无法确认依据说明书记载的制备方法能够获得所述六聚物复合物，即应用了与《专利法》第二十六条第三款规定不同的标准。而《专利法》和 2006 年《审查指南》对此都没有要求说明书记载的内容应该使得本领域技术人员能够"确认"该发明。②本专利说明书提供了解决技术问题的技术手段，本领域技术人员根据说明书的内容，完全能够实现本发明。对于本专利权利要求 1 要求保护的赖脯胰岛素六聚物复合物，本专利说明书描述了该六聚物复合物的组分，提供了能获得该六聚物复合物的组分含量范围，描述了制备六聚物复合物的方法，并进一步提供了具体实施例例证了该六聚物复合物的制备和获得，所述实施例中使用的就是权利要求 1 中记载的赖脯胰岛素。而且，本专利说明书实施例 2 和附图 3 证明了在浓度大于 3mg/ml 时，赖脯胰岛素六聚物复合物形成。此外，附图 3 还证明了随着样品不断被稀释，六聚体复合物很快离解，表明了赖脯胰岛素六聚物复合物的快速起效特性。再有，本专利说明书在实施例 1 和附图 2 中提供了数据，证明了赖脯胰岛素六聚体复合物的化学稳定性等同于天然胰岛素六聚体的稳定性，从而表明赖脯胰岛素六聚物复合物具有非常理想的化学稳定性。结合实施例 2 的静态光散射数据表明，本专利包含六分子赖脯胰岛素的六聚体复合物的确形成，并且其具有等同于天然胰岛素六聚体的化学稳定性。本领域普通技术人员阅读本专利说明书公开的这些内容，完全理解本专利的赖脯胰岛素六聚体包含六分子赖脯胰岛素，而且，基于公知的知识，本领域技术人员也完全理解，本专利赖脯胰岛素六聚物复合物与天然胰岛素六聚体一样包含二分子锌离子和至少三分子苯酚衍生物。本专利说明书公开的上述内容都是实现本发明的技术手段，这些技术手段公开得非常清楚和完整，本领域技术人员根据这些内容完全能够制备得到本专利的赖脯胰岛素六聚物复合物，并且说明书公开的内容也足以使本领域技术人员预期到该六聚物复合物能够取得所需的技术效果，因此，本领域技术人员完全能够实现本发明。对于本专利权利要求 2~4 要求保护的非肠道药物制剂，说明书描述了如何将本专利的六聚物复合物配制成药物制剂。在本专利说明书已经充分公开六聚物复合物本身的条件下，说明书对包含此六聚物复合物的非肠道药物制剂的公开内容也是充分的，本领域技术人员完全能够制备并得到这样的非肠道药物制剂，并且能够预期到该药物制剂能取得所需的技术效果。故本专利说明书符合《专利法》第二十六条第三款的规定，请求撤销专利复审委员会作出的第 11397 号无效决定。

被告辩称：（1）关于适用的法律、法规是否错误。根据说明书的记载，本专利所要解决的技术问题是要获得胰岛素类似物与锌、苯酚衍生物形成的六聚物复合物，该六聚物复合物完全不同于相同条件下用天然胰岛素形成的复合物，两者的构象不同，且该胰岛素类似物六聚物复合物具有稳定且作用快速的特性。本专利解决该技术问题的技术手段是获得一种溶液形式的赖脯胰岛素六聚物复合物，其包括：六分子赖脯胰岛素、二分子锌离子和至少三分子的苯酚衍生物。然而，按照本专利说明书记载的内容并结合现有技术的教导，无法证实能够获得具有上述组成的赖脯胰岛素六聚物复合物，因此，所属技术领域的技术人员按照说明书的教导无法实现该发明。专利复审委员会认定本专利不符合《专利法》第二十六条第三款的规定是正确的。（2）关于证据。首先，伊莱利利公司此次提交的附件 10、附件 13~15 在无效宣告程序中均没有作为证据提交，除了分别引用这些文献的反证 6、反证 4、反证 3 和本专利说明书中提到的相关内容外，附件 10、附件 13~15 中公开的其他内容与该案缺乏关联性，不应予以考虑。其次，从反证 6、反证 3 和本专利说明书在分别引用附件 10、附件 14、附件 15 时的描述来看，不能证实本专利所涉及的赖脯胰岛素六聚物复合物中包括二分子锌离子和至少三分子苯酚衍生物，甚至不能得知天然胰岛素六聚物所结合的锌离子和苯酚衍生物分子数。最后，附件 10、附件 14、附件 15 所涉及的均是天然胰岛素六聚体的构象及其与锌和酚的结合，并不涉及本专利的赖脯胰岛素六聚体的构象及其与锌和酚的结合。虽然反证 4 在引用附件 13 时描述到"受体识别（PheB24、PheB25）、六聚体成形（HisB10）和二聚体成形（ProB28、LysB29）表面对胰岛素结构和功能有独立作用，可作为独立的设计目标"，但仅仅 B28 和 B29 位氨基酸残基的改变就已经使得两者在构象和缔合特性等方面发生了巨大变化，因此由天然胰岛素六聚物所结合的锌离子和苯酚衍生物的分子数也无法直接地、毫无疑义地推知本专利所述赖脯胰岛素六聚物复合物中所结合的锌离子和苯酚衍生物的分子数。综上，专利复审委员会认定事实清楚、适用法律正确、审理程序合法，请求人民法院依法维持第 11397 号决定。

第三人甘李公司述称：本专利不符合《专利法》第二十六条第三款的规定。理由是：（1）本发明所公开的实验数据没有证明专利权人所制备的赖脯胰岛素溶液必然含有赖脯胰岛素六聚体。（2）本领域技术人员不能根据已有技术预见本专利的所谓复合物必然含有二分子锌和三分子以上的酚类物质。首先，不能由天然胰岛素六聚物含有二分子锌、三分子以上酚类物质推出赖脯胰岛素六聚体也含有二分子锌和三分子以上的酚类物质。众多的已有技术已经证明了锌与胰岛素类似物结合的方式和与天然胰岛素的结合方式不同。本专利说明书第 2~3 页记载的内容也表明专利权人已承认赖脯胰岛素与锌的结合非常不同于天然胰岛素与锌的结合。因而无法由天然胰岛素六聚体含有锌和苯酚的数量推测赖脯胰岛素六聚体含有锌和苯酚的数量。其次，对于伊莱利利公司所主张的由于 B28~B29 位距离锌和苯酚结合位点有约二十个氨基酸残基的距离，因而在 B28~B29 位上的改变不会影响锌和苯酚对胰岛素的结合。伊莱利利公司忽视了一个蛋白质结构的重要事实，即两个位点在一级结构上的距离并不代表三级结构上的距离，由于蛋白质的碳链经过折叠形成三级立体结构后，在一级结构上相距甚远的两个氨基酸可能在立体结构上非常靠近，因此其论点是不成立的。至于附件 13，首先该附件没有明确无误地证明在赖脯胰岛素 B28~B29 位上的改变不会影响对锌和苯酚的结合；其次该研究所用的胰岛素类似物是在 B10、B24、B25、B28 和 B29 位上同时改变所得到的类似物，在这样多的氨基酸位点上同时改变，可能导致其构象完全不同于天然胰岛素或赖脯胰岛素，因而用该类似物所得到的实验结果也不能用于解释赖脯胰岛素所结合锌或苯酚物质的数量是否和天然胰岛素相同。总之，本发明只是根据已有技术推测获得了一种由六分子赖脯胰岛素、二分子锌和三分子以上的酚类物质所组成的复合物，但没有给出任何所述复合物组成的分析方法和数据；而且本领域技术人员不能从说明书和现有技术中直接、唯一地得出所述复合物的组成。因此本专利说明书公开不充分，不符合《专利法》第二十六条第三款的规定。此外，本发明也不具备新颖性和创造性。综上，请求人民法院维持第 11397 号决定。

◎ **法院经审理查明**

伊莱利利公司于 1995 年 6 月 14 日向国家知识产权局专利局申请了名称为"胰岛素类似物制剂"的发明专利（即本专利）。本专利 2003 年 4 月 16 日获得授权，专利号为 95106568.8，优先权日为 1994 年 6 月 16 日。2007 年 9 月 18 日，即无效审查期间伊莱利利公司对本专利进行了修改，修改后的权利要求书的内容为：

"1. 一种稳定而快速作用的溶液形式的人胰岛素类似物六聚物复合物，其包括：六分子人胰岛素类似物，二分子锌离子和至少三分子的选自间甲苯酚、苯酚，或间甲苯酚和苯酚混合物的苯酚衍生物，其中所述人胰岛素类似物是 LysB28ProB29-人胰岛素。

2. 一种非肠道用药物制剂，包含权利要求 1 的人胰岛素类似物六聚物复合物。

3. 权利要求 2 的非肠道用药物制剂，其还进一步含有等渗剂和生理上耐受的缓冲剂。

4. 权利要求 3 的非肠道用药物制剂, 其含有 3.5mg/ml LysB28ProB29-人胰岛素、19.7mg/ml 锌、7mg 磷酸钠、16mg/ml 甘油、1.25mg/ml 间甲苯酚和 1.09mg/ml 苯酚。"

针对本专利权, 甘李公司于 2007 年 7 月 9 日向专利复审委员会提出了无效宣告请求, 其理由包括本专利说明书不符合《专利法》第二十六条第三款的规定。

经审查, 专利复审委员会认为: 本专利权利要求 1 涉及一种稳定而快速作用的溶液形式的人胰岛素类似物六聚物复合物, 其包括: 六分子人胰岛素类似物, 二分子锌离子和至少三分子的选自间甲苯酚、苯酚或间甲苯酚和苯酚混合物的苯酚衍生物 (简称 "苯酚衍生物"), 其中所述人胰岛素类似物是 LysB28ProB29-人胰岛素 (简称 "赖脯胰岛素"), 权利要求 2~4 涉及包含权利要求 1 的人胰岛素类似物六聚物复合物的非肠道用药物制剂。根据说明书的记载, 本专利获得的单体胰岛素类似物的确定的、稳定的锌-苯酚六聚物复合物完全不同于相同条件下用胰岛素形成的复合物, 该六聚物复合物相较于胰岛素与锌和苯酚形成的复合物, 两者的构象不同, 所述胰岛素类似物六聚物复合物具有稳定且作用快速的特性。

首先, 对于所述六聚物复合物的结构组成即包括六分子赖脯胰岛素、二分子锌离子和至少三分子苯酚衍生物, 本专利说明书中没有提供任何证据予以确认, 尽管实施例 2 的静态光散射试验结果表明赖脯胰岛素制剂的平均分子量与天然人胰岛素制剂的平均分子量接近, 据此推测赖脯胰岛素制剂和天然人胰岛素制剂一样可能也存在六聚体形式, 但此结果并不能证明该复合物中包括二分子锌离子和至少三分子苯酚衍生物。其次, 尽管说明书第 6 页第 6 段和制备例 1 提到了制备六聚物复合物形式的赖脯胰岛素的方法, 但同样没有任何证据表明以此方法制备的赖脯胰岛素六聚物复合物中包括二分子锌离子和至少三分子苯酚衍生物, 而且由制备过程中加入的各种组分的浓度也无法精确推知该六聚物复合物中锌离子和苯酚衍生物的分子数; 说明书第 7 页第 2 段和实施例 1 中提及的各种组分的浓度是含有六聚物赖脯胰岛素的制剂中所包含的各种组分的浓度, 由此浓度更无法推知该六聚物复合物中锌离子和苯酚衍生物的分子数。因此, 由说明书记载的内容无法确认赖脯胰岛素六聚物复合物这一化学产品的结构特征。

在口头审理过程中, 伊莱利利公司依据反证 2、本专利说明书第 2 页第 2 段引用的文献、反证 3 和反证 6 及其中所引用的本专利优先权日之前公开的文献认为, 根据天然胰岛素及其六聚物的结构特征 (涉及与锌和苯酚衍生物的结合) 可以推测赖脯胰岛素六聚物所结合的锌和苯酚衍生物的分子数。首先, 反证 3 和反证 6 的公开日在本专利优先权日之后, 其本身不能作为现有技术来评价本专利说明书是否充分公开了发明; 其次, 反证 2 只是表明天然胰岛素六聚体可能结合两个锌离子, 同时, 就本专利说明书以及反证 3 和反证 6 记载的相关内容来看，其中引用的本专利优先权日之前公开的文献只是表明苯酚类物质能够结合于天然人胰岛素六聚物并诱导天然人胰岛素六聚物发生构象变化，因此，反证 2 以及本专利说明书和反证 3、反证 6 中引用的文献并不能证实本专利所涉及的赖脯胰岛素六聚物复合物中包括二分子锌离子和至少三分子苯酚衍生物；最后，尽管伊莱利利公司认为赖脯胰岛素与天然人胰岛素在结合锌和苯酚衍生物的氨基酸位点没有发生改变，因而二者结合锌、酚的数量也应不会发生变化，但 B28 和 B29 位氨基酸残基的改变已经使两者在构象和缔合特性等方面发生了巨大变化，因此由天然人胰岛素六聚物所结合的锌离子和苯酚衍生物的分子数也无法直接地、毫无疑义地推知本专利所述赖脯胰岛素六聚物复合物中所结合的锌离子和苯酚衍生物的分子数。

伊莱利利公司提交的反证 1、反证 7 涉及快速起效的赖脯胰岛素六聚物或 AspB28-人胰岛素六聚物，没有公开包含特定分子数的锌离子和苯酚衍生物的赖脯胰岛素六聚物复合物的结构组成；反证 4、反证 5 的公开日期均在本专利优先权日之后，不能作为本专利的现有技术评价本专利说明书是否充分公开，况且反证 4、反证 5 也都不涉及赖脯胰岛素六聚物复合物的具体结构组成。因此，伊莱利利公司提供的其他证据也都不能证实赖脯胰岛素六聚物复合物的具体结构组成。

综上所述，虽然本专利说明书声称获得了完全不同于天然人胰岛素六聚物的确定的、稳定的胰岛素类似物六聚物复合物，但是由说明书记载的内容并结合现有技术都无法确认本专利确实获得了具有权利要求 1~4 所述结构组成的六聚物复合物，也无法确认依据说明书记载的制备方法能够获得所述六聚物复合物，因此本专利说明书中只是给出了一种设想或者说只给出了一种无充分依据的推论，而未给出任何使所属技术领域的技术人员能够实现的技术手段，故本专利说明书中缺乏解决技术问题的技术手段而无法实现其发明，不符合《专利法》第二十六条第三款的规定。

专利复审委员会于 2008 年 5 月 12 日作出第 11397 号无效宣告请求审查决定（简称"第 11397 号决定"），宣告本专利权全部无效。

◎ **判决结果**

一审：维持被告专利复审委员会作出的第 11397 号无效宣告请求审查决定

◎ **裁判理由**

一、对《专利法》第二十六条第三款的理解

该案中，本专利权利要求 1 要求保护一种稳定而快速作用的溶液形式的人胰岛素类似物六聚物复合物，其包括：六分子人胰岛素类似物，二分子锌离子和至少三分子的选自间甲苯酚、苯酚，或间甲苯酚和苯酚混合物的苯酚衍生物，其中所述人胰岛素类似物是 LysB28ProB29-人胰岛素，权利要求 2~4 要求保护包含权利要求 1 的人胰岛素类似物六聚物复合物的非肠道用药物制剂。说明书描述了权利要求 1 要求保护的六聚物复合物的组分，能获得该六聚物复合物的组分含量范围、制备方法，提供了具体的制备实施例并测定了化学稳定性和体外离解特性，但是如果说明书没有进一步提供任何定性或者定量数据和图谱等相关的化学、物理性能参数证明其制备得到的赖脯胰岛素六聚物复合物中确实含有二分子锌离子和至少三分子的苯酚衍生物，且本领域技术人员结合现有技术也不能够预见其制备得到的赖脯胰岛素六聚物复合物含有二分子锌离子和至少三分子的苯酚衍生物，则不能明确表明而且本领域技术人员也不能够预见本专利说明书所描述的制备方法包括具体的制备实施例确实能够得到权利要求 1~4 要求保护的化学产品。在此情况下，也就不能达到"能够实现"的标准。因此，专利复审委员会在第 11397 号决定中适用的"确认"标准是对《专利法》第二十六条第三款的正确理解，法院对此予以认可。伊莱利利公司认为专利复审委员会适用法律错误理由不充分，法院不予支持。

二、关于是否能够由含有锌离子和苯酚衍生物的天然胰岛素六聚体的结构，预见本专利的赖脯胰岛素六聚物复合物中含有锌离子和苯酚衍生物的分子数

专利复审委员会关于由天然胰岛素六聚物所结合的锌离子和苯酚衍生物的分子数无法直接地、毫无疑义地推知本专利所述赖脯胰岛素六聚物复合物中所结合的锌离子和苯酚衍生物的分子数的结论并无不当，法院予以支持。另外，由于不能由含有锌离子和苯酚衍生物的天然胰岛素六聚体的结构预见本专利的赖脯胰岛素六聚物复合物含有锌离子和苯酚衍生物的分子数，因此各方当事人所争议的天然胰岛素六聚体结合的锌离子和苯酚衍生物的分子数对上述结论并无实质性影响。

回 **案例解析**

该案涉及化学产品专利中说明书公开是否充分的理解问题。《专利法》第二十六条第三款规定："说明书应当对发明或者实用新型作出清楚、完整的说明，以所属技术领域的技术人员能够实现为准。"该条款是对撰写说明书的一般性要求，其根本目的在于保证专利技术方案的充分公开，以符合"推动发明创造的应用，提高创新能力，促进科学技术进步和经济社会发展"❶ 这一《专利法》的立法宗旨。从该条款的字面含义，

---

❶ 见《专利法》第一条。

我们可以发现，对于说明书公开是否充分的判断，通常是以本领域技术人员为判断主体，以本领域技术人员在本专利说明书及现有技术的基础上是否能够实现本专利为判断标准。

我们需要注意的是，首先，判断所属技术领域人员是否能够实现涉案专利的基础基于说明书及现有技术，而现有技术是指申请日以前在国内外为公众所知的技术❶，当然，此处的"申请日"通常理解是包含"优先权日"的。但是，此处对于是否属于现有技术的认定应当对于时间点予以从严掌握，因此，以申请日或优先权日之后的为公众所知的技术作为现有技术以说明涉案专利说明书公开充分的不应获得支持。该案中，伊莱利利公司的反证 6 等文件的时间显然晚于涉案专利的优先权日，因此，其并非本领域技术人员所知晓的普通技术知识、能够获知的现有技术以及具有的应用常规实验手段的能力，因此不能在评判本专利说明书是否充分公开时予以考虑。

其次，当说明书中对相关的技术知识的介绍与现有技术相比属于完全相反的教导时，应当以说明书中实际记载的技术内容为准以判断说明书公开是否充分。该案中说明书中对于涉案专利要求保护的六聚物复合物与天然胰岛素六聚体的构象和离解特性作出了不同的陈述。因此，伊莱利利公司主张由于天然胰岛素六聚体包含有锌离子和苯酚衍生物，因此涉案专利要求保护的六聚体复合物亦包含锌离子和苯酚衍生物的理由，难以获得支持。

最后，化学发明属于实验性科学，而且其完成往往仅依靠一般性的描述及推理是不够的，尤其是有些化学物质是无法进行直接描述的，因此，对于化学发明，实施例及实验例同样重要，往往均是不可或缺的。通常而言，要求保护的发明为化学产品本身的，说明书中应当记载化学产品的确认、化学产品的制备以及化学产品的用途，以满足专利法对其说明书公开充分的要求。

该案中，主要涉及化学产品的确认问题。一般而言，对于化合物发明，说明书中应当说明该化合物的化学名称及结构式或者分子式，对化学结构的说明应当明确到使本领域的技术人员能确认该化合物的程度；并应当记载与发明要解决的技术问题相关的化学、物理性能参数，使要求保护的化合物能被清楚地确认。涉案专利说明书描述了权利要求 1 要求保护的六聚物复合物的组分、能获得该六聚物复合物的组分含量范围、制备方法，提供了具体的制备实施例并测定了化学稳定性和体外离解特性，然而，说明书并未给出相应的实施例或者实验例以使本领域技术人员能够在本专利说明书及现有技术的基础上确定依据其说明书列明的制备方法所获得产物是否为本专利权利要

---

❶ 见《专利法》第二十二条第四款。

求所要求保护的六聚物复合物，即本专利说明书没有进一步提供任何定性或者定量数据和图谱等相关的化学、物理性能参数证明其制备得到的赖脯胰岛素六聚物复合物中确实含有二分子锌离子和至少三分子的苯酚衍生物，且本领域技术人员结合现有技术也不能够预见其制备得到的赖脯胰岛素六聚物复合物中含有二分子锌离子和至少三分子的苯酚衍生物，因此，不能明确表明而且本领域技术人员也不能够预见本专利说明书所描述的制备方法包括具体的制备实施例确实能够得到本专利权利要求所要求保护的化学产品。在此基础上，专利复审委员会及北京市第一中级人民法院认定根据本专利说明书及现有技术本领域技术人员不能确认本专利所要求保护的化学产品，从而未达到《专利法》第二十六条第三款所要求的"能够实现"的标准，进而认定本专利说明书公开不充分是正确的。

综上，化学产品专利中，欲达到专利法所要求说明书公开充分的要求，即保证本领域技术人员在说明书及现有技术的基础上能够实现涉案专利的程度，首先，应当重视使说明书能够达到对技术方案的完整、清楚的描述；其次，应当实现本领域技术人员在说明书及现有技术的基础上对化学产品的确认，而化学产品的确认往往需要实施例与实验例的双重支持。

（撰稿人：王东勇）

专利确权程序中"马库什"权利要求是否可修改

——拜尔公司诉专利复审委员会、江苏七洲绿色化工股份有限公司专利无效行政纠纷案

◎ **关键词**

权利要求　"马库什"权利要求　并列技术方案修改

◎ **裁判要点**

"马库什"权利要求本质上为多个并列技术方案的组合。根据2003年《专利法实施细则》第六十八条的规定，在专利确权程序中，发明或者实用新型专利的专利权人可以修改其权利要求书，但是不得扩大原专利的保护范围。对"马库什"权利要求并列技术方案的删除并未夸大原专利的保护范围，是应当被允许的。

◎ **相关法条**

《专利法实施细则》第六十八条

◎ **案件索引**

一审：（2011）一中知行初字第3225号（裁判日期：2013年7月3日）
二审：（2013）高行终字第2046号（裁判日期：2013年12月20日）

◎ **基本案情**

原告拜尔公司诉称：原告对本专利权利要求1~3的修改是在原构成"马库什"权利要求的专利权利要求所限定的多个可选要素之并列选择的技术方案中删除技术方案，没有超出原专利文件权利要求书和说明书记载的内容，仅缩小了原专利的保护范围，因此符合《专利法实施细则》和《专利审查指南2010》关于修改权利要求"不得扩大原专利的保护范围"的相关规定，应当被允许。在此基础上，修改后的权利要求1~3相对于证据1具备新颖性，符合《专利法》第二十二条第二款的规定。综上，拜尔公司请求法院判决撤销第16241号决定。

被告专利复审委员会辩称：坚持其在第 16241 号决定中的认定。

第三人江苏七洲绿色化工股份有限公司提交意见陈述称：其同意第 16241 号决定的认定。

◻ **法院经审理查明**

本专利的专利权人为拜尔公司，最早优先权日为 1993 年 9 月 17 日，申请日为 1994 年 9 月 16 日，授权公告日为 2001 年 1 月 24 日。

本专利授权公告时的权利要求第 1~3 项，第 7~9 项如下：

"1. 式（Ⅰ）3-芳基-4-羟基-△3-二氢呋喃酮衍生物及其立体异构和对映异构纯的化合物以及其混合物，

其中：

X 代表 C1-C6 烷基，卤素，

Y 代表 C1-C6 烷基，卤素，

Z 代表 C1-C6 烷基，卤素，

n 代表 0~3 的数，或 X 和 Z 与其连接的苯基一起形成下式的萘基；

其中 Y 定义同上，或其中：

A 和 B 与其连接的碳原子一起形成饱和或不饱和 3-8 元环，该环可被 C1-C6 烷氧基取代，或

A 和 B 与其连接的碳原子一起代表 C3-C8 元环，该环中两个取代基与其连接的碳原子一起代表饱和 C5-C7 环，该饱和环可任选被 C1-C6 烷基，C1-C6 烷氧基或卤素取代并且可被氧间断，

G 代表氢（a）或下列各式的基团：

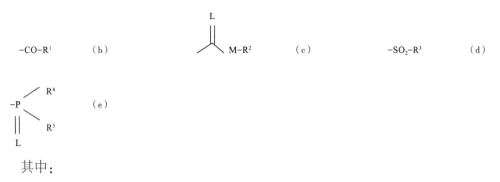

其中：

L 和 M 各自代表氧或硫，

R¹ 代表任选被卤代的 C1-C14 烷基，C2-C14 烯基，或 C3-C8 环烷基，该基团任选被卤素或 C1-C6 烷基取代，

或被 C1-C6 烷基取代的苯基，

任选被卤素，C1-C6 烷基，C1-C6 烷氧基，C1-C6 卤代烷基或 C1-C6 卤代烷氧基取代的苯基 C1-C6 烷基，

任选被卤素和/或 C1-C6 烷基取代的杂芳基，

R² 代表 C1-C20 烷基，C1-C8 烷氧基 C2-C8 烷基或 C1-C8 多烷氧基 C2-C8 烷基，其中每一基团均任选被卤素取代，

苯基或苄基，其中每一基团均任选被卤素，硝基，C1-C6 烷基，C1-C6 烷氧基或 C1-C6 卤代烷基取代，

R³，R⁴ 和 R⁵ 相互独立地代表任选被卤代的 C1-C8 烷基，C1-C6 烷硫基，或代表苯基，苯氧基或苯硫基，其中每一基团任选被卤素，硝基，氰基，C1-C4 烷氧基，C1-C4 卤代烷氧基，C1-C4 烷硫基，C1-C4 卤代烷硫基，C1-C4 烷基或 C1-C4 卤代烷基取代。

2. 根据权利要求 1 式（Ⅰ）3-芳基-4-羟基-△3-二氢呋喃酮衍生物及其立体异构和对映异构纯的化合物以及其混合物，其中

X 代表 C1-C6 烷基，卤素，

Y 代表 C1-C6 烷基，卤素，

Z 代表 C1-C4 烷基，卤素，

n 代表 0~2 的数，或

X 和 Z 与其连接的苯基一起形成下式的萘基；

其中 Y 定义同上，或其中：

A 和 B 与其连接的碳原子一起形成饱和或不饱和 5-7 元环，该环可被 C1-C5 烷氧基取代，或

A 和 B 与其连接的碳原子一起代表 C4-C7 元环，该环中两个取代基与其连接的碳原子一起代表饱和 C5-C6 环，该饱和环可任选被 C1-C3 烷基，C1-C3 烷氧基或卤素取代并且可被氧间断，

G 代表氢（a）或下列各式的基团：

-CO-R¹　　（b）

M-R²　　（c）

-SO₂-R³　　（d）

　（e）

其中：

L 和 M 各自代表氧或硫，

R¹ 代表任选被卤代的 C1-C14 烷基，C2-C14 烯基，或 C3-C7 环烷基，该基团可被氯或 C1-C4 烷基取代，

或被 C1-C4 烷基取代的苯基，或

代表任被卤素，C1-C4 烷基，C1-C4 烷氧基，C1-C3 卤代烷氧基取代的苯基 C1-C4 烷基，或

代表呋喃基，噻吩基，吡啶基，嘧啶基，噻唑基或吡唑基，其中每一基团任选被卤素和/或 C1-C6 烷基取代，

R² 代表被任选卤代的 C1-C6 烷基，C1-C6 烷氧基 C2-C6 烷基或 C1-C6 多烷氧基 C2-C6 烷基，或

苯基或苄基，其中每一基团均任选被卤素，硝基，C1-C4 烷基，C1-C3 烷氧基或 C1-C3 卤代烷基取代，

R³，R⁴ 和 R⁵ 相互独立地代表 C1-C6 烷基，C1-C6 烷硫基，其中每一基团任选被卤素取代，或代表苯基，苯氧基或苯硫基，其中每一基团任选被氟，氯，溴，硝基，

氰基，C1-C3 烷氧基，C1-C3 卤代烷氧基，C1-C3 烷硫基，C1-C3 卤代烷硫基，C1-C3 烷基或 C1-C3 代烷基取代。

3. 根据权利要求 1 式（Ⅰ）3-芳基-4-羟基-△3-二氢呋喃酮衍生物及其立体异构和对映异构纯的化合物以及其混合物，其中：

X 代表甲基，乙基，丙基，异丙基，氟，氯，溴，

Y 代表甲基，乙基，丙基，异丙基，丁基，异丁基，叔丁基，氟，氯，溴，

Z 代表甲基，乙基，异丙基，丁基，异丁基，叔丁基，氟，氯，溴，

n 代表 0 或 1，

A 和 B 与其连接的碳原子一起形成饱和或不饱和 5-6 元环，该环可被 C1-C4 烷氧基取代，或

A 和 B 与其连接的碳原子一起代表 C4-C6 元环，该环中两个取代基与其连接的碳原子一起代表饱和 C5-C6 环，该饱和环可任选被甲基，乙基，甲氧基，乙氧基，氟或氯取代并且可被氧间断，

G 代表氢（a）或下列各式的基团：

$$-CO-R^1 \quad (b) \qquad \overset{L}{\underset{}{\parallel}}M-R^2 \quad (c) \qquad -SO_2-R^3 \quad (d)$$

$$-P\overset{R^4}{\underset{R^5}{\diagdown}} \quad (e)$$

其中：

L 和 M 各自代表氧或硫，

R^1 代表在每一情况下均可任选被氟或氯取代的 C1-C14 烷基，C2-C14 烯基，或 C3-C6 环烷基，该基团可任选被氟，氯，甲基或乙基取代，或

代表可被甲基，乙基，丙基，异丙基取代的苯基，或

代表可任选被氟，氯，溴，甲基，乙基，丙基，异丙基，甲氧基，乙氧基，三氟甲基或三氟甲氧基取代的苯基 C1-C3 烷基，或

代表呋喃基，噻吩基，吡啶基，嘧啶基，噻唑基或吡唑基，其中每一基团均可任选被氟，氯，溴，甲基或乙基取代，或

R^2 代表 C1-C14 烷基，C1-C4 烷氧基 C2-C6 烷基或 C1-C4 多烷氧基 C2-C6 烷基，其中每一基团均可任选被氟或氯取代，或

代表苯基或苄基，其中每一基团均可任选被氟，氯，硝基；甲基，乙基，丙基，

异丙基，甲氧基，乙氧基或三氟甲基取代，

R³，R⁴和R⁵相互独立地代表C1-C4烷基，或C1-C4烷硫基，其中每一基团可任选被氟或氯取代，或代表苯基，苯氧基或苯硫基，其中每一基团可任选被氟，氯，溴，硝基，氰基，C1-C2烷氧基，C1-C4氟代烷氧基，C1-C2氯代烷氧基，C1-C2烷硫基，C1-C2氟代烷硫基，C1-C2氯代烷硫基或C1-C2烷基取代。"

……

"7. 农药，其特征在于其中含有至少一种根据权利要求1所述式（Ⅰ）3-芳基-4-羟基-△3-二氢呋喃酮衍生物。

8. 根据权利要求1所述式（Ⅰ）3-芳基-4-羟基-△3-二氢呋喃酮衍生物在防治有害生物中的应用。

9. 有害动物防治方法，其特征在于将根据权利要求1所述式（Ⅰ）3-芳基-△3-二氢呋喃酮衍生物施用于有害生物和/或其环境。"

针对上述专利权，江苏七洲绿色化工股份有限公司（简称"七洲公司"）于2010年9月9日向被告专利复审委员会提出无效宣告请求。2010年12月6日，拜尔公司针对以上"无效宣告请求受理通知书"和无效宣告请求书作出答复，并提交了权利要求书全文替换页和权利要求书修改手稿，其中将授权公告文本权利要求第1~3项部分涉及"可任选"和"可被"之处的"可"删除，具体为将权利要求书第1页倒数第2行和倒数第4行、第3页第10行、第4页第2行和倒数第1行、第5页第2行、第10行、第12行、第13行、第16行、第18行和倒数第1行以及第6页第1行中的用词"可"删除。

专利复审委员会于2011年3月23日作出第16241号决定，其认为：权利要求1~3是以通式结构表示的"马库什"权利要求，其具有多个取代基且每个取代基存在多种选择项，这些"马库什"权利要求属于在具体实施的技术方案基础上根据一定的构效关系进行概括而形成的一个整体技术方案。在"马库什"权利要求中不同的选择项隶属于相同或者不同的取代基之下，这些选择项在整体上看并非处于并列的地位，无法在权利要求中形成并列的技术方案，将"马库什"通式权利要求中某个或某些取代基定义中的某个或某些选择项删除不属于《专利审查指南2010》所述的并列技术方案的删除。此外，若在无效程序中允许对于某些选择项的删除，一则，鉴于这样的删除具有很大的不确定性，将破坏专利权的明确性；二则，拜尔公司可以通过一次又一次的部分删除从而化解一次又一次本应成立的无效宣告请求，"马库什"权利要求将会成为拜尔公司攻而不破的堡垒，使得拜尔公司过度享受宽泛保护范围所带来的利益而无需承担与之相匹配的风险，这明显显失公平。因此，在无效程序中不应允许这样的删除。

综上，拜尔公司于 2010 年 12 月 6 日提交的权利要求修改文本不能被接受。在此基础上，本专利权利要求 1~3、7~9 不具备新颖性，宣告本专利权利要求第 1~3 项和第 7~9 项无效，在权利要求第 4~6 项的基础上继续维持该专利有效。

◙ **判决结果**

一审：撤销第 16241 号无效请求审查决定；由专利复审委员会针对七洲公司对本专利所提无效宣告请求重新作出无效宣告请求审查决定

二审：维持或者改判

◙ **裁判理由**

拜尔公司将授权公告文本权利要求第 1~3 项部分取代基定义中"可任选"以及"A 和 B"定义中"可被"中的用词"可"删除。而本领域技术人员可以理解，上述权利要求中出现的"可任选"表示"选"或"不选"两种情形，"可被……取代"表示"被取代"或"不被取代"两种情形，"可被氧间断"表示"被氧间断"或者"不被氧间断"两种情形。上述表述方式是本领域在表述取代基具体情况时通常所采用的形式。也就是说，上述删除属于对两种并列技术方案中一种技术方案的删除，并未扩大原专利的保护范围。因此，被告未予接受上述修改文本，显属不当，法院予以纠正。

◙ **案例解析**

在专利审查实践过程中，针对"马库什"权利要求的修改，专利复审委员会在专利授权程序及专利确权程序中采取了完全不同的标准，即授权阶段允许申请人修改，而在确权阶段不接受权利人修改后的文本。对此，实务界对此颇有微词，尤其是外国当事人对此诟病甚多。而此判决明确纠正了上述做法。理由为：

第一，"马库什"权利要求为多个并列技术方案的组合，而非一个整体技术方案。技术方案是指为解决相应的技术问题利用了自然规律的技术手段的集合。通常而言，一个独立权利要求记载有一项完整的技术方案。实践中，为了权利要求撰写的简洁与方便，将并列的技术方案撰写于同一权利要求中亦是允许的。"马库什"权利要求即属于将并列的技术方案撰写于同一权利要求的典型情形。原因在于"马库什"权利要求包含有多个并列的可选择要素，即"马库什"要素，其中的每一个"马库什"要素与"马库什"权利要求中的其他技术特征相结合均能解决该权利要求所要解决的技术问题，均构成独立的技术方案。

第二，根据 2002 年修订的《专利法实施细则》第六十八条的规定，在专利确权程序中，发明或者实用新型专利的专利权人可以修改其权利要求书，但是不得扩大原专利的保护范围。首先，法律允许专利权人在专利确权程序中对权利要求进行修改。其主要原因在于专利权人表达和认知能力的局限性以及实质审查过程中审查员检索现有技术的能力和认知能力的局限性。专利权人将自己抽象的技术构思形诸语言文字，体现为具体的技术方案时，由于语言表达的局限，往往有词不达意或者言不尽意之处；其在撰写专利申请文件时，由于对现有技术以及发明创造等的认知局限，亦可能错误理解发明创造。同时，在实质审查过程中，由于检索技术的局限以及审查员个人对现有技术及发明创造等的认知局限，也可能对发明创造产生错误的理解，而使涉案发明创造获得不当的授权。而专利制度的基本价值取向在于"公开保护"，即专利权人公开自己的发明创造已获得国家授予的特定时期的垄断性权利；而上述局限性的存在并非由任意一方当事人的主观原因造成的，因此，有必要给专利权人修改相应权利要求的机会，以使其对社会的贡献获得相应的回报。其次，法律亦对在专利确权程序中对权利要求的修改进行了必要的限制，即不得扩大原专利的保护范围。其主要原因在于，如上所述，一项专利一旦获得授权，其即获得了国家授予的在特定时期内的垄断性权利；而权利要求书是确定专利权人权利范围的主要依据。社会公众基于对专利授权公告的信赖，会产生一定的信赖利益，并进而在此基础上开展一定的活动，此时，若允许导致专利权权利保护范围扩大的修改，将会损及社会公众的利益并给已经开展行动的第三人造成不必要的损害。最后，对于"不得扩大原专利的保护范围"的理解，其不但包括不得在相同发明主题下单纯保护范围的扩大；同时，包括不得使修改后的权利要求产生于原发明所不同的新的发明主题的产生；另外，亦要满足专利授权程序中的要求，即不得超出原权利要求书及说明书所记载的范围。在此基础上，通常对于权利要求的合并、删除以及技术方案的删除是允许的。而针对"马库什"权利要求这一具体类型的权利要求，其存在的一特殊要求在于不得使修改后的权利要求所请求保护的通式化合物相当于单独的化合物或数个具体的化合物，而这些化合物中存在原申请文件中未明确记载的具体化合物。原因在于，新颖性审查的一般原则为通式化合物不能破坏具体化合物的新颖性，若允许上述修改将与上述新颖性审查的原则相冲突；同时，将使得针对通式化合物的选择发明失去存在的基础。

关于专利复审委员会上述所述允许"马库什"权利要求在专利确权程序中进行修改所导致的专利权保护范围的不确定，以及专利权人可以通过修改而获得不当利益的问题。法院认为，在专利权人作出修改之前，"马库什"权利要求与普通的权利要求都存在修改后权利要求保护范围不确定性的问题，但在专利权人在专利确权程序中对相关权利要求修改后，上述问题即可消除；同时，"马库什"权利要求与普通的权利要求都存在并列技术方案删除后，其权利要求保护范围逐渐缩小的问题，因此，不能因为"马库什"权利要求中专利权人可后退的余地更多，而不允许其删除。

另外，法院需要指出的是，当事人对于现有技术及发明创造等的认知局限在"马库什"权利要求所限定的发明创造中尤为明显，"马库什"权利要求本身是在有限的实施例的基础上对具有相同性能或作用的具有共同结构或虽不具有共同的结构但属于所属领域中公认的同一化合物类别的概括，也就是说，其权利要求请求保护的范围所包含的化合物的数量通常远多于实施例所展示的化合物的数量。上述认知能力的局限与概括后保护范围的巨大，难免会导致专利权人的概括不当。此种情形下，若不允许专利权人对相应并列技术方案进行删除，将使权利人承担其能力所不及规避的风险，是显失公平的。至于对于允许上述修改后，由于其可以"步步为营"的后退，是否会出现当事人只写一个权利要求即可以保障其获得最大利益的疑问。法院认为，当事人在撰写权利要求时，其首先考虑的当然是使其利益最大化，但是保障专利获得授权是其获取相应利益的前提。而保证一项申请获得授权，其需要满足法律、法规及相关规章关于权利要求书及说明书撰写、新颖性及创造性等方面的要求。若当事人仅撰写一项权利要求，而该项权利要求所限定的范围比较大的情况下，其将承担专利是否能够及时获得授权以及因后续不断的专利确权程序而导致的专利权不稳定的风险。因此，上述担忧亦不足以使得在"马库什"权利要求中存在不允许删除并列技术方案的例外。

（撰稿人：王东勇）

实用性的判断

——邢某海与专利复审委员会专利驳回复审行政纠纷案

◎ **关键词**

实质性审查 实用性

◎ **裁判要点**

满足实用性要求的技术方案应当能够制造或者使用。所谓"能够制造或者使用"，是指该技术方案具有在产业中被制造或使用的可能性，即不能违背自然规律且应具有再现性。

◎ **相关法条**

《专利法》第二十二条第四款

◎ **案件索引**

一审：（2016）京73行初1116号（裁判日期：2016年10月24日）
二审：无，一审判决生效

◎ **基本案情**

原告邢某海诉称，专利复审委员会在驳回复审决定书中未考虑本申请装置中"重达2 000斤的偏重位段"，且在装置运转过程中，该偏重位段的重心发生了改变，使重力势能转化为了动能，而装置中的夹紧轮系被动转动，无须消耗电能，故本申请未违反能量守恒定律，且能够产生积极效果，符合《专利法》第二十二条第四款有关实用性的规定。

被告专利复审委员会辩称：本申请设想的工作过程为通过外界电能驱动电动加紧轮，迫使水囊内液体流动而出现所谓的偏重现象，进而产生旋转力矩使得装置持续旋转运动，产生大于输入电能的机械能。但重力势能只有在重心高度改变的时候才能转化为动能，重心位置高度保持不变时，重力势能保持不变。对于本申请所述的装置整体而言，其重心高度并未改变，故重力势能不能转化为动能。本申请"同一时间内输出的能量远比消耗的电量大得多"，显然违背了能量守恒定律，不符合《专利法》第二十二条第四款规定的实用性。

◎ 法院经审理查明

原告邢某海系名称为"电能辅助势能转化成机械能的一种节能装置"的实用新型专利申请（简称"本申请"）的申请人。2015 年 5 月 12 日，国家知识产权局发出驳回决定，驳回了本发明专利申请。2015 年 12 月 24 日，被告专利复审委员会以本申请所述技术方案不符合《专利法》第二十二条第四款规定的实用性为由，维持了国家知识产权局的驳回决定。本申请权利要求 1 为"重力势能转化成机械能的一种节能装置，电动夹紧轮推挤水囊由原始长方形变成三角形，在浮叶门协同作用下，囊内水移动，维系轮体在转动中的偏重，重力势能转化成机械能动能，该装置是安装在机架（1）上，可以上下周转的轮体，其特征是：它的外周是个大水囊（2），囊腔内设隔门-浮叶门（7），囊腔外的两个侧面装有两排可活动的、有挂钩的肋板（8），在轮体上部的脱钩装置支架（6）上装脱钩装置——脱钩压轮（22）解钩装置（21），轮体的一侧机架（1）上装缩紧装置-电动夹紧轮（10），制动装置手轮装在机架（1）上的适当位置。"

◎ 判决结果

一审：驳回原告的诉讼请求，该案一审生效

◎ 裁判理由

满足实用性要求的技术方案不能违背自然规律且应具有再现性。该案中，该节能装置的工作原理系利用水囊内液体流动产生的"偏重现象"所形成的旋转力矩使该装置持续做旋转运动，并持续将重力势能转化为机械能。但考虑到液体流动的动能与势能变化，以及在能量转化的同时又存在摩擦阻力、液体流动阻力等损耗，能量定会逐渐减小直至消耗殆尽，即仅仅依靠装置内液体所具有的重力势能无法实现持续对外输出机械能。在不消耗外来能量的情况下即能维持该装置持续做旋转运动并输出机械能，实际上是一种要求输出大于输入的能够永久自转的机器，其明显违背能量守恒定律。故本申请请求保护的技术方案违反了自然规律，既不能实现，亦无法产生积极效果。被诉决定关于本申请不具备《专利法》第二十二条第四款规定的实用性的认定并无不当。

◎ 案例解析

根据《专利法》第二十二条第一款的规定，能够被授予专利权的发明和实用新型，应当具备新颖性、创造性和实用性。申请专利的发明和实用新型具备实用性是授予其专利权的必要条件之一。

实用性，是指该发明或者实用新型能够制造或者使用，并且能够产生积极效果。如果申请的是一种产品，那么该产品必须在产业中能够制造，且能够解决技术问题；如果申请的是一种方法，那么该方法必须在产业中能够使用，且能够解决技术问题。只有满足上述条件的产品或者方法专利申请才可能被授予专利权。具体而言，具备实用性的发明或者实用新型，必须是能够解决技术问题，并且能够应用的发明或者实用新型。其中，"能够制造或者使用"是指发明或者实用新型的技术方案具有在产业中被制造或使用的可能性，即满足实用性要求的技术方案不能违背自然规律且应具有再现性。而"能够产生积极效果"，是指发明或者实用新型专利申请在提出申请之日，其产生的经济、技术和社会的效果是所属技术领域的技术人员可以预料到的，且这些效果应当是积极的和有益的。明显无益、脱离社会需要的发明或者实用新型专利申请的技术方案不具备实用性。

与新颖性和创造性的判断不同，实用性系对发明或者实用新型专利申请本身性质的判断，而非将该申请与现有技术进行比较。鉴于新颖性和创造性的判断要在专利检索的基础上进行，故为节约程序、尽可能地减少审查时间，发明或者实用新型专利申请是否具备实用性，通常应当在新颖性和创造性审查之前首先进行判断。参照《专利审查指南2010》第二部分第五章第3.2节的规定，属于以下情形的发明和实用新型专利申请应当认为不具备实用性：第一，无再现性，即该专利申请不能为所属技术领域的技术人员重复实施，或者每次实施所获得的都是不同的结果；第二，违背自然规律；第三，利用独一无二的自然条件的产品；第四，人体或者动物体的非治疗目的的外科手术方法；第五，测量人体或者动物体在极限情况下的生理参数的方法；第六，无积极效果，如严重污染环境、严重浪费能源或资源、损害人身心健康的申请。

该案中所体现的系因违背自然规律而不具备实用性的情形。根据能量守恒定律可知，能量不能创生或消灭，只能在物质之间或者物质各部分之间进行传递，或者从一种形态转换为另一种形态；任何与周围隔绝的物质系统与外界可以发生能量交换，它的能量会有改变，但它增加或减少的能量值一定等于外界减少或增加的能量值，从整体来看，能量之和仍然不变，即系统的机械能增加或减少的同时，必然有等值的其他形式的能量减少或增加。本申请涉及一种将重力势能转化为机械能的节能装置，其工作原理系利用水囊内液体流动产生的"偏重现象"所形成的旋转力矩使该装置持续做旋转运动，并持续将重力势能转化为机械能。一方面，虽然就初始状态下的"偏重位段"而言，其重心高度确实发生了改变，但就该装置本身及其整体运转过程而言，其重心高度并未发生改变，即重力势能无法持续转化为机械能并对外输出。另一方面，该节能装置作为一个整体，其最初的能量来源为系统内部居于水囊中较高位置的液体所具有的重力势能，通过液体的流动将该重力势能转化为机械能。但是，在无外界能量持续输入的情况下，无论该系统内部各个组件之间的能量如何传递或者转化，其能量都是该系统最初所具有的能量转化而来的，考虑到液体流动的动能与势能变化，以及在能量转化的同时又存在摩擦阻力、液体流动阻力等损耗，能量定会逐渐减小直至消耗殆尽，即仅仅依靠装置内液体所具有的重力势能无法实现持续对外输出机械能。因此，在不消耗外来能量的情况下即能维持该装置持续做旋转运动并输出机械能，实际上是一种要求输出大于输入的能够永久自转的机器，其明显违背能量守恒定律，不具备实用性。

（撰稿人：陈越）

68号令不具有溯及力

——苹果公司诉专利复审委员会外观设计专利驳回复审行政纠纷案

◎ **关键词**

图形用户界面　外观设计客体　68号令

◎ **裁判要点**

确认外观设计专利申请是否与现有设计具有明显区别、是否与他人在先权利存在冲突，都以申请日作为节点。所以，对外观设计专利申请是否符合可专利性的要求应当以申请日施行的"审查指南"的版本作为审查依据。国家知识产权局68号令针对"产品通电后才能显示的图案"是否属于《专利法》第二条第四款规定的外观设计保护的客体的问题进行了明确，对此前版本的审查指南规定的内容有所修订。但是，从68号令的性质和申请日在外观设计专利中的功能看，在选择适用审查基准时，仍然应当坚持以申请日作为节点。申请日后施行的68号令引起的《专利审查指南2010》的订正部分不适用于该案。

◎ **相关法条**

《专利法》第二条第四款

◎ **案件索引**

一审：（2015）京知行初字第06231号（裁判日期：2016年9月30日）

二审：无，一审判决生效

◎ **基本案情**

原告苹果公司诉称：（1）本申请为软件产品的图形用户界面，具有操作视频通讯软件的功能，而不是纯美术图案的设计，本专利的产品载体是视频通讯软件，而不是硬件设施；（2）《专利审查指南2010》第一部分第三章第7.4节中规定的产品通电后显示的图案属于不予授予外观设计专利的情形已经被2014年5月1日起实施的《国家知识产权局关于修改〈专利审查指南〉的决定》（第 68 号）（简称 "68 号令"）修改。修改后的规定，不再将是否通电后才可以显示作为授予外观设计专利的条件。由于 68 号令是在《专利法》和《专利实施细则》都没有修改的情况下作出的，应当认为是对《专利审查指南 2010》中错误的纠正。因此，应当颁布即实施。颁布 68 号令时，本申请处复审阶段，因此本申请应当适用 68 号令的规定。故请求法院判决：撤销第 86768 号复审决定书，责令被告专利复审委员会对原告苹果公司的复审请求重新进行审查。

被告专利复审委员会辩称：（1）68 号令生效的时间在本申请日之后。因此，68 号令的规定不适用于本申请的审查；（2）软件必须通过硬件才能发挥作用。因此，软件不能脱离硬件设施单独作为专利法上规定的外观设计专利的产品载体。专利复审委员会依据 68 号令之前的《专利审查指南 2010》的规定认定本申请的图示属于在通电后才能显示的图案不符合授予外观设计专利的条件正确。同时，由于本申请没有以具体的电子产品显示屏为载体，无论是否依据 68 号令，均不应给予外观设计专利。

■ 法院经审理查明

苹果公司就一款手机显示屏的图示设计申请外观设计专利，该图形用户界面的名称为 "图示"、申请号为 2011303056171，国家知识产权局原审查部门于 2012 年 6 月 27 日发出驳回决定，以本申请不符合《专利法》第二条第四款的规定为由，驳回了本申请。苹果公司向专利复审委员会提起复审，专利复审委员会于 2015 年 4 月 1 日作出被诉决定，该决定认为：（1）本申请是用于显示屏的图示设计，具体来说是一个图形用户界面的单个图标的图案设计，没有以具体的电子产品显示屏为载体，因此不能被认定为电子产品的显示屏的使用状态。（2）本申请的图示不属于独立的、完整的产品，也不能单独销售和单独使用，需要结合硬件和软件才能实现该图标对应的功能，属于纯美术图案的设计。计算机软件产品并不符合专利法一般意义上 "产品" 的概念。从本申请的外观设计图片来看，该图标为单个图标的图案设计，其并未与具体的、完整的电子产品的显示屏相结合，而外观设计必须以相应的产品为载体。因此，本申请不符合《专利法》第二条第四款的规定，并维持原驳回决定。

2014 年 3 月 12 日国家知识产权局公布 68 号令，并于 2014 年 5 月 1 日起实施。68 号令实施之前的《专利审查指南 2010》第一部分第三章第 7.4 节第一段规定：根据《专利法》第二条第四款的规定，以下属于不授予外观设计专利的情形："（11）产品通电后显示的图案。例如，电子表表盘显示的图案、手机显示屏上显示的图案、软件接口等。" 国家知识产权局以发布 68 号令的形式，将该条修改成为："（11）游戏接口以及与人机交互无关或者与实现产品功能无关的产品显示设备所显示的图案，例如电子屏幕壁纸、开关机画面、网站网页的图文排版。"

◎ 判决结果

一审：驳回原告的诉讼请求，本案一审生效

◎ 裁判理由

一、关于 68 号令的适用问题

"审查指南"属于部门规章，其制定必须依据《专利法》和《专利法实施细则》。与此同时，它作为落实《专利法》和《专利法实施细则》在专利审查与授权等行政行为的具体规定，具有相对的独立性。"审查指南"作为部门规章与《专利法》和《专利法实施细则》是上位法与下位法的关系，而不能当然地比照法律与司法解释的关系。《专利法》第二条第四款规定，外观设计是指对产品的形状、图案或者其结合以及色彩与形状、图案的结合所作出的负有美感并适用于工业应用的新设计。该条是《专利法》中关于外观设计专利客体的定义，其中并没有对图案是否需要在正常使用状态时才可以显现作出规定。由于"产品通电后才能显示的图案"是否属于《专利法》第二条第四款规定的外观设计保护的客体，具有一定不确定性。在此情况下，无论是 68 号令生效之前，《专利审查指南 2010》对于"产品通电后显示的图案"不授予外观设计专利，还是在 68 号令生效之后将图形用户界面纳入保护范围，均属于部门规章可以规定的事项。68 号令是针对部门规章部分条款的修订。鉴于修订数量很少，没有针对整版《专利审查指南 2010》进行重新颁发的必要，故采取以国家知识产权局令的形式，对《专利审查指南 2010》进行了局部修改。因此，同样贯彻审查指南不同版本衔接适用的规则，应当以申请日作为适用《专利审查指南 2010》新规定起算的时间点。本申请的申请日在 68 号令生效之前，故关于本申请的审查应当适用本申请的申请日之前施行的《专利审查指南 2010》的版本。

二、软件是否可以单独作为图形用户界面申请外观设计专利保护的产品载体

由于软件产品的特殊性，其不具有特定可视化的物理形态，但能以该软件运行后所显示的有代表性的图形用户界面来表示其外观设计。而本申请在图片或者照片中的仅是代表该软件的图标，会造成保护范围不确定，实践中公众也难以准确判断是否侵权。因此，对于原告苹果公司提出的软件可以单独作为图形用户界面申请外观设计专利保护的产品载体的理由法院不予支持。

🔲 案例解析

申请日是专利申请人向国家知识产权局提交专利申请的时间记录，申请日与外观设计的可专利性紧密相关。《专利法》第二十三条规定，授予专利权的外观设计与现有设计或者现有设计特征的组合相比，应当具有明显区别；不得与他人在申请日以前已经取得的合法权利相冲突。现有设计是指申请日以前在国内外为公众所知的设计。由此可见，申请日是确定现有设计和他人在先权利的边界。外观设计专利申请是否与现有设计具有明显区别，与他人权利存在冲突，应该以申请日为节点确定。否则会造成不同申请人之间、申请人与其他权利人之间权利冲突难以判定。并且，申请人准备申请文件也是以申请日前有效的审查基准为依据，对于现有设计的确定存在合理的预期。因此，申请日适用的《专利审查指南 2010》版本是外观设计专利审查包括复审审查的依据。申请日应为审查指南不同版本衔接适用的划分点。以在 2010 年《专利法实施细则》修改为例，国家知识产权局即制定了《施行修改后的专利法实施细则的过渡办法》，其中第二条即规定，修改前的《专利法实施细则》的规定适用于申请日在 2010 年 2 月 1 日前（不含该日）的专利申请以及根据该专利申请授予的专利权；修改后的《专利法实施细则》的规定适用于申请日在 2010 年 2 月 1 日以后（含该日）的专利申请以及根据该专利申请授予的专利权。

审查指南属于部门规章，其制定必须依据《专利法》和《专利法实施细则》。与此同时，它作为落实《专利法》和《专利法实施细则》在专利审查与授权等行政行为的具体规定，具有相对的独立性。审查指南作为部门规章与《专利法》和《专利法实施细则》是上位法与下位法的关系，而不能当然地比照法律与司法解释的关系。68 号令虽然是在《专利法》及《专利法实施细则》均未进行修订的情况下对《专利审查指南 2010》进行的部分条款的变更。但是，具有相对独立性的《专利审查指南 2010》只要在不与上位法冲突的前提下，其修订并非以上位法的修订为前提。具体到该案，68 号令生效之前，《专利审查指南 2010》涉及的相关规定是否应当适用，关键是看修改的部分是否与上位法相冲突，而不能仅依据 68 号令作出了与《专利审查指南 2010》不同规定，就当然得出《专利审查指南 2010》相关规定是错误的结论。《专利法》第二条第四款规定，外观设计是指对产品的形状、图案或者其结合以及色彩与形状、图案的结合所作出的负有美感并适用于工业应用的新设计。该条是《专利法》中关于外观设计专利客体的定义，其中并没有对图案是否需要在正常使用状态时才可以显现作出规定，而图案是否在正常使用状态下才可以显现对于产品整体视觉效果却可能产生实质的影响。由于"产品通电后才能显示的图案"是否属于《专利法》第二条第四款规定的外观设计保护的客体，具有一定不确定性。在此情况下，无论是 68 号令生效之前，《专利审查指南 2010》对于"产品通电后显示的图案"不授予外观设计专利，还是在 68 号令生效之后将图形用户界面纳入保护范围，均属于部门规章可以规定的事项。68 号令是针对部门规章部分条款的修订。鉴于修订数量很少，没有针对整版《专利审查指南 2010》进行重新颁发的必要，故采取以国家知识产权局令的形式，对《专利审查指南 2010》进行了局部修改。因此，同样贯彻审查指南不同版本衔接适用的规则，应当以申请日作为适用审查指南新规定起算的时间点。本申请的申请日在 68 号令生效之前，故关于本申请的审查应当适用本申请的申请日之前施行的《专利审查指南 2010》的版本。复审程序是对审查部门的决定理由是否成立进行的审查，与审查部门适用的法律应当是一致的，否则有可能出现复审程序代替审查部门的错位。因此，本申请在复审阶段也应当适用申请日有效的审查指南版本。

（撰稿人：高瞳辉）

一般消费者认知能力的界定

——黄某明诉专利复审委员会外观设计专利无效宣告请求行政纠纷案

◎ 关键词

外观设计专利　一般消费者　认知能力

◎ 裁判要点

在外观设计专利无效宣告请求行政纠纷中，具体界定一般消费者的知识水平和认知能力，必然要针对具体的外观设计产品，考虑该外观设计产品的同类和相近似类产品的购买者和用户群体，从而对该外观设计产品的一般消费者的知识水平和认知能力作出具体界定。该案中，涉案专利产品为桌椅沙发支架，其购买和使用者既包括桌椅沙发支架的日常使用者，也包括桌椅沙发支架的设计、维修人员。但是，桌椅沙发支架作为桌椅沙发的外部可视部件，属于桌椅沙发产品的组成部分，通常其装饰性与美感也需要在组装完成后，通过实际使用的桌椅沙发产品表现出来，桌椅沙发设计和维修人员在选择桌椅沙发支架时，实际组成桌椅沙发后，在使用时呈现出的状态，而不会孤立评价桌椅沙发支架的装饰性或者美感。因此，对于桌椅沙发支架的一般消费者而言，其对于桌椅沙发支架产品形状、图案以及色彩上的区别进行分辨也是基于桌椅底沙发支架组成桌椅沙发产品后，实际使用时呈现的状态。如果在组成桌椅沙发产品后，涉案专利与在先设计之间的差别是微小的，则涉案专利产品的一般消费者并不会注意到，也即判断为实质相同。

◎ 相关法条

《专利法》第二十三条第一款

◎ 案件索引

一审：（2016）京 73 行初 3794 号（裁判日期：2017 年 2 月 28 日）

二审：无，一审判决生效

◙ 基本案情

原告黄某明诉称：被诉决定中关于专利号为201330438031.1的中国外观设计专利授权公告（简称"在先设计"）构成涉案专利的抵触申请错误。（1）涉案专利与在先设计相比具有以下区别特征：在先设计的支架未显示出位于顶部的两个小台阶。（2）涉案专利要求保护的是桌椅沙发支架的外观设计，其对应的消费人群为家具厂家的设计人员及家具维修人员，因此，应当根据家具厂家的设计人员及家具维修人员的认知能力判断涉案专利与在先设计是否构成实质性相同。（3）涉案专利要求保护的支架顶部具有两个视觉效果很明显的小台阶，在先设计的支架未显示出位于顶部的两个小台阶，家具厂家的设计人员和家具维修人员经整体观察，可以很明显地看出两者存在实质性的区别。因此，被诉决定认为一般消费者经整体观察可以看出，涉案专利与在先设计产品的整体视觉效果基本相同，属于实质相同的外观设计，认定错误。请求法院：撤销第29287号审查决定，责令被告专利复审委员会重新作出决定。

被告专利复审委员会辩称：被诉决定中的"一般消费者"是法规拟制的判断主体，与真实的个体消费者并不完全一致，既不等同于最终使用者，也不等同于专业的设计人员，"一般消费者"对涉案专利与在先设计是否构成实质性相同的判断标准是了解产品的设计和结构，又不会注意细节。涉案专利与在先设计的整体视觉效果基本相同，属于实质相同的外观设计，被诉决定认定事实清楚，适用法律正确，审理程序合法，请求法院驳回原告的诉讼请求。

◙ 法院经审理查明

专利复审委员会认为：涉案专利涉及的产品是桌椅沙发支架，对比文件公开了一种沙发的外观设计，其套件2组件1视图中所示的位于沙发底部的"工"字形支架也属于沙发支架，二者所示产品用途相同，属于相同种类的产品。将涉案专利与在先设计相比较可知，两者主要的相同设计特征为：产品结构和形状比例均基本相同。两者的区别在于：在先设计的支架未显示出位于顶部的两个小台阶。涉案专利产品采用了与在先设计产品基本相同的结构和形状，使得产品整体表现出基本相同的视觉效果。对于二者的区别，位于支架顶部的两个小台阶属于一般消费者施以一般注意力不能察觉到的局部的细微差异，且由于支架顶面与桌椅、沙发相连，因此，支架顶部的两个小台阶属于使用时不容易看到或者看不到的部位。综上，一般消费者经整体观察可以看出，涉案专利与在先设计产品的整体视觉效果基本相同，即属于实质相同的外观设计，对比文件构成涉案专利的抵触申请，涉案专利不符合《专利法》第二十三条第一款的规定。

◎ **判决结果**

一审：驳回原告黄某明的诉讼请求

◎ **裁判理由**

在进行涉案专利与在先设计的比对时，需要采取"整体观察、综合判断"的方式，但是对比者可以根据整体视觉效果来合理分配不同要素的重要性，《专利审查指南 2010》第四部分第五章第五节第 5.1.2 条规定：如果一般消费者经过对涉案专利与在先设计的整体观察可以看出，二者的区别仅属施以一般注意力不能察觉到的局部的细微差异或者使用时不容易看到或者看不到的部位，则涉案专利与在先设计实质相同。涉案专利与在先设计的区别特征为：在先设计的支架未显示出位于顶部的两个小台阶。支架顶部的小台阶从其所处的位置和大小看，属于一般消费者施以一般注意力不能察觉到的局部的细微差异，并且小台阶位于支架顶面，而支架的顶面与沙发相连，因此属于使用时不容易看到或者看不到的部位。被诉决定认为一般消费者经整体观察可以看出，涉案专利与在先设计产品的整体视觉效果基本相同，属于实质相同的外观设计正确。

◎ **案例解析**

外观设计是就工业品的外观作出具有装饰性和负有美感的设计，由形状、图案、线条和色彩等要素构成。外观设计专利所保护的并不是产品的功能特征，而是"产品的外观"。2008 年《专利法》第三次修订后，外观设计专利授权的实质性条件要求"新颖性"和"明显区别性"。评判一项外观设计专利是否具备新颖性和明显区别性时，需要将之与现有设计对比，不同的判断主体意味着不同的知识范围和不同的注意程度，判断主体在外观设计专利授权中的功能相当于"本领域普通技术人员"所起的作用。我国专利法上并没有规定"一般消费者"的概念，而是在《专利审查指南 2010》进行了规定。根据《专利审查指南 2010》的规定，一般消费者对涉案专利申请日之前相同种类或者近似种类产品的外观设计及其常用设计手法具有常识性的了解；对外观设计产品之间在形状、图案以及颜色上的区别既有一定的分辨力，但不会注意到产品的形状、图案以及色彩的微小变化。总体而言，《专利审查指南 2010》界定的一般消费者是一个抽象概念，并不等同于哪一类的具体消费者。在理解一般消费者标准时，首先有必要对外观设计专利中的"一般消费者"与商标法上的"相关公众"以及发明和实用新型专利中的"本领域技术人员"的概念进行区分。商标法上的相关公众不具备对特定商标的知识，他们只是凭借不完善的印象，施加一般注意力，原则上异时异地对争议商标是否容易导致混淆进行判断。商标法假设一个如此容易混淆并受欺骗的判断主体，目的是保护消费者利益，维护市场诚信。而发明和实用新型专利制度采用"本领域普通技术人员"，他们具备细致的技术专业知识，足以使用专业知识评价技术方案是否具备创造性，以此鼓励真正的发明创造。产品外观设计制度中的一般消费者介乎两者之间。他们不是专业设计人，不具备精细的分析技能，而只是对相应产品的外观设计具有常识性的了解，而且不能分辨外观设计之间的细微不同。在具体案件审理时，根据外观设计的不同性质，一般消费者对外观设计具有不同程度的知识，并且可能不是唯一的。因此，"一般消费者"的主体范围是我国专利实践中经常争议的关键问题。最高人民法院（2010）行提字第 5 号浙江万丰摩轮有限公司诉专利复审委员会外观设计无效宣告再审案件中明确的规则是："具体界定一般消费者的知识水平和认知能力，这就必然要针对具体的外观设计产品，考虑该外观设计产品的同类和相近似类产品的购买者和用户群体，从而对该外观设计产品的一般消费者的知识水平和认知能力作出具体界定。"该案说明的问题是，如何在具体的案件裁判中需要结合涉及的具体产品，具体界定一般消费者的范围，并将其观察视角和观察能力具体化。

该案涉案专利产品为桌椅沙发支架，该案的一般消费者应当为桌椅沙发支架的使用者，这里也与商标法有所区别，商标法强调的是相关公众是否容易混淆，更强调相关公众的"购买"行为，"购买"是商标法上重点关注的对象。而外观设计专利有所不同，实际上用户通过实际使用产品，才能享受产品外观设计的审美价值，而此审美价值才是外观设计之多所予以保护的价值。❶ 因此，外观设计专利制度中的一般消费者强调的是产品的用户。以确定涉案专利产品和在先设计比对的主体为桌椅沙发支架的一般消费者为前提，关键的问题在于在具体案件中进一步明确该一般消费者的知识水平和认知能力。

涉案专利产品为桌椅沙发支架，其使用者既包括桌椅沙发家具的日常使用者，也包括桌椅沙发家具的设计、维修人员。从桌椅沙发支架的实际用途考虑，其通常作为桌椅沙发的外部可视部件，属于桌椅沙发产品的组成部分，其装饰性与美感也需要在组装完成后，通过实际使用的桌椅沙发产品表现出来，桌椅沙发家具的日常使用者和桌椅沙发设计和维修人员在选择桌椅沙发底座时，均会考虑桌椅沙发底座实际组成桌椅沙发后，在使用时呈现出的状态，而不会孤立评价桌椅底座的装饰性或者美感。因

❶ 何怀文. 专利法 [M]. 杭州：浙江大学出版社，2016：125.

此，对于桌椅沙发支架的一般消费者而言，其对于桌椅沙发支架产品形状、图案以及色彩上的区别进行分辨也是基于桌椅沙发支架组成桌椅沙发产品后实际使用时呈现的状态。如果在组成桌椅沙发产品后，涉案专利与在先设计之间的呈现出的差别是微小的，则涉案专利产品的一般消费者并不会注意到，也即判断为实质相同。

（撰稿人：高瞳辉）

制造专利产品之专用零部件行为的定性问题

——施特里克斯公司诉浙江家泰电器制造有限公司等侵犯发明专利权纠纷案

◎ **关键词**

制造专用零部件　直接侵权　间接侵权　共同侵权

◎ **裁判要点**

制造、销售专利产品之专用零部件的行为人在明知或应知该部件为专利产品"专用"部件，且明知或应知他人将会使用该部件制造、销售等专利产品而构成直接侵犯专利权的情况下，制造、销售专利产品之专用零部件与利用该部件制造、销售等直接侵犯专利权的行为构成共同侵权，应当承担相应的侵权责任。

◎ **相关法条**

《专利法》第十一条、第五十九条第一款、第六十五条

《民法通则》第一百三十四条第（一）项、第（七）项

《公司法》第十四条第一款

《最高人民法院关于贯彻执行〈中华人民共和国民法通则〉若干问题的意见》第一百四十八条

《最高人民法院关于审理侵犯专利权纠纷案件应用法律若干问题的解释》第一条第二款、第二条、第十一条、第十九条

◎ **案件索引**

一审：（2011）一中民初字第 15 号（裁判日期：2012 年 7 月 30 日）

二审：（2013）高民终字第 58 号（裁判日期：2013 年 6 月 17 日）

◎ **基本案情**

原告施特里克斯公司诉称：其名称为"用于煮沸水器皿的整体无线电气连接器和

热敏控制器组件"的第 95194418.5 号发明专利的专利权人。浙江家泰电器制造有限公司（简称"家泰公司"）制造、销售、许诺销售的型号为 KSD368-A 的温控器，在国内市场销售，同时向北美、南美、东欧、南亚等地出口。富士宝公司制造、销售的型号为 DK-1515 的"富士宝"牌电热水壶，使用了家泰公司制造的型号为 KSD368-A 的温控器。苏宁电器联想桥店销售了上述电热水壶。施特里克斯公司已经通过公证方式进行了证据保全，并当场取得了盖有苏宁公司发票专用章的发票。型号为 KSD368-A 的温控器产品再现了涉案专利权利要求 2~4、权利要求 6~17 的全部技术特征，落入了涉案专利权的保护范围；型号为 DK-1515 的电热水壶使用了上述温控器，并再现了涉案专利权利要求 19~21、权利要求 23~26 的全部技术特征。家泰公司生产制造、销售、许诺销售型号为 KSD368-A 的温控器的行为构成对涉案专利权利要求 2~4、权利要求 6~17 的直接侵犯；同时，型号为 KSD368-A 的温控器作为本专利权利要求 19~21、权利要求 23~26 所保护液体加热器皿的专用零部件，家泰公司制造、销售、许诺销售上述温控器产品，亦侵犯了本专利权利要求 19~21、权利要求 23~26。富士宝公司制造、销售型号为 DK-1515 的电热水壶及使用型号为 KSD368-A 的温控器的行为构成对本专利权利要求 2~4、权利要求 6~17、权利要求 19~21、权利要求 23~26 的侵犯。上述侵权行为给施特里克斯公司造成了巨大损失，家泰公司应承担停止侵权、赔偿损失等法律责任。联想桥店销售型号为 DK-1515 的电水壶，亦构成侵权，应承担停止侵权的责任。据此，施特里克斯公司请求人民法院判令：（1）被告苏宁公司、联想桥店停止销售侵权产品；（2）被告家泰公司停止制造、销售、许诺销售侵权产品，并销毁用于生产侵权产成品或半成品的模具，以及已经生产出的侵权产成品和半成品；（3）被告富士宝公司停止制造、销售侵权产品，并销毁用于生产侵权产成品或半成品的模具，以及已经生产出的侵权产成品和半成品；（4）被告家泰公司及富士宝公司连带赔偿原告施特里克斯有限公司经济损失一百万元；（5）全部被告承担该案的全部诉讼费用。

被告苏宁公司、联想桥店、富士宝公司在法定答辩期内均未向法院提交书面答辩意见。

家泰公司辩称：（1）被控侵权产品均不是家泰公司生产；（2）涉案温控器产品亦可作为他用，并不构成对施特里克斯公司主张的涉案专利权利要求 19~21、权利要求 23~34 的侵犯；（3）本专利的独立权利要求 1、权利要求 18 已被专利复审委员会宣告无效，而权利要求 1、权利要求 18 为该案的主要权利要求，因此，该案中施特里克斯公司主张相关权利要求同样具有不稳定性。综上，家泰公司请求人民法院驳回施特里克斯公司的全部诉讼请求。

回 法院经审理查明

施特里克斯公司是名称为"用于煮沸水器皿的整体无线电气连接器和热敏控制器组件"的第95194418.5号发明专利的专利权人。

在该案中施特里克斯公司以权利要求2~4、权利要求6~9、权利要求19~21、权利要求23~26为基础指控被告构成侵权。涉案专利的相关权利要求如下：

"1. 一种整体的无线电气连接器和热敏控制器组件，用于安装在一个煮沸水器皿的盛水容器的底部下方，该底部设有一电气加热元件，所述整体的连接器和控制器组件包括有：

一个无线电气连接器，其类型为一种可与相应的连接器零件接合的连接器，而不论它们相互的角度方向；

一对热敏双金属致动器，安装在控制器面上横向离开连接器中央轴线的相隔开位置处，所述致动器安装成与盛水容器底部或电加热元件有良好的热接触，从而使用时的温度能被盛水容器底部或电加热元件上相隔开位置的各致动器感测到；

与每个致动器相联系并用偶连装置与其可运作地偶连的电气开关接点，所述电气开关接点及其相联系的偶连装置安装在无线电气连接器的一侧，其安装要使得两个致动器当因盛水容器无水而加热或烧干水而产生过热时能相互独立地运作以打开相连系的接点而切断电源，但在容器正常烧水时则不会运作。

2. 如权利要求1所述的组件，其特征在于，所述连接装置包括推杆或枢轴件。

3. 如权利要求1所述的组件，其特征在于，它包括一个安装所述连接器和所述开关接点的模塑件。

4. 如权利要求3所述的组件，其特征在于，所述双金属致动器安装在一个板上，而该板则安装在所述模塑件上。

……

6. 如权利要求1，2，3，4或5所述的组件，其特征在于，所述双金属致动器安装在所述连接器的相对两侧。

7. 如权利要求1，2，3，4或5所述的组件，其特征在于，所述一对双金属致动器基本上在相同温度下运作。

8. 如权利要求6所述的组件，其特征在于，所述一对双金属致动器基本上在相同温度下运作。

9. 如权利要求1，2，3，4或5所述的组件，其特征在于，所述各组开关接点安装在相应的煮水器皿加热器的相应电源极内。

......

18. 一种液体加热器皿，它包括一个盛水容器，其底部设有一个安装在其下侧的套装加热元件或一个设于底部上的印刷加热元件，和一个如权利要求 1 所述的整体的无线电气连接器和热敏控制器组件，所述组件安装成与所述底部或元件热接触，从而所述组件的双金属致动器安排成与在所述底部或元件上的相隔开的位置有良好的热接触。

19. 一种液体加热器皿，它包括一个盛水容器，其底部设有一个安装在其下侧的套装加热元件或一个设于底部上的印刷加热元件，和一个如权利要求 2 所述的整体的无线电气连接器和热敏控制器组件，所述组件安装成与所述底部或元件热接触，从而所述组件的双金属致动器安排成与在所述底部或元件上的相隔开的位置有良好的热接触。

20. 一种液体加热器皿，它包括一个盛水容器，其底部设有一个安装在其下侧的套装加热元件或一个设于底部上的印刷加热元件，和一个如权利要求 3 所述的整体的无线电气连接器和热敏控制器组件，所述组件安装成与所述底部或元件热接触，从而所述组件的双金属致动器安排成与在所述底部或元件上的相隔开的位置有良好的热接触。

21. 一种液体加热器皿，它包括一个盛水容器，其底部设有一个安装在其下侧的套装加热元件或一个设于底部上的印刷加热元件，和一个如权利要求 4 所述的整体的无线电气连接器和热敏控制器组件，所述组件安装成与所述底部或元件热接触，从而所述组件的双金属致动器安排成与在所述底部或元件上的相隔开的位置有良好的热接触。

......

23. 一种液体加热器皿，它包括一个盛水容器，其底部设有一个安装在其下侧的套装加热元件或一个设于底部上的印刷加热元件，和一个如权利要求 6 所述的整体的无线电气连接器和热敏控制器组件，所述组件安装成与所述底部或元件热接触，从而所述组件的双金属致动器安排成与在所述底部或元件上的相隔开的位置有良好的热接触。

24. 一种液体加热器皿，它包括一个盛水容器，其底部设有一个安装在其下侧的套装加热元件或一个设于底部上的印刷加热元件，和一个如权利要求 7 所述的整体的无线电气连接器和热敏控制器组件，所述组件安装成与所述底部或元件热接触，从而所述组件的双金属致动器安排成与在所述底部或元件上的相隔开的位置有良好的热接触。

25. 一种液体加热器皿，它包括一个盛水容器，其底部设有一个安装在其下侧的套装加热元件或一个设于底部上的印刷加热元件，和一个如权利要求 8 所述的整体的无线电气连接器和热敏控制器组件，所述组件安装成与所述底部或元件热接触，从而所述组件的双金属致动器安排成与在所述底部或元件上的相隔开的位置有良好的热接触。

26. 一种液体加热器皿，它包括一个盛水容器，其底部设有一个安装在其下侧的套装加热元件或一个设于底部上的印刷加热元件，和一个如权利要求 9 所述的整体的无线电气连接器和热敏控制器组件，所述组件安装成与所述底部或元件热接触，从而所述组件的双金属致动器安排成与在所述底部或元件上的相隔开的位置有良好的热接触。

......"

家泰公司制造、销售、许诺销售的型号为 KSD368-A 的温控器，在国内市场销售，同时向北美、南美、东欧、南亚等地出口。佛山市富士宝电器科技股份有限公司（简称"富士宝公司"）制造、销售的型号为 DK-1515 的"富士宝"牌电热水壶，使用了家泰电器公司的型号为 KSD368-A 的温控器。苏宁电器联想桥店销售了上述电热水壶。施特里克斯公司通过公证方式进行了证据保全，并当场取得了盖有苏宁公司发票专用章的发票。型号为 KSD368-A 的温控器产品再现了涉案专利权利要求 2~4、权利要求 6~17 的全部技术特征；型号为 DK-1515 的电热水壶使用了上述温控器，并再现了涉案专利权利要求 19~21、权利要求 23~26 的全部技术特征。

◎ 判决结果

一审：（1）被告家泰公司立即停止制造、销售型号为 KSD368-A 的温控器产品；（2）被告富士宝公司立即停止制造、销售型号为 DK-1515 的电热水壶产品；（3）被告苏宁公司立即停止销售型号为 DK-1515 的"富士宝牌"电热水壶产品；（4）被告家泰公司赔偿原告施特里克斯公司经济损失一百万元，被告富士宝公司对其中五十万元承担连带赔偿责任；（5）驳回原告施特里克斯公司的其他诉讼请求

二审：维持原判

◎ 裁判理由

鉴于型号为 KSD368-A 温控器包含涉案专利权利要求 2~4、权利要求 6~9 的全部技术特征，已落入上述权利要求的保护范围。在家泰公司未提交证据证明涉案温控器为施特里克斯公司所授权生产的产品，或利用现有技术制造的产品，或具有专利法所规定的不视为侵犯专利权情形的情况下，施特里克斯公司指控家泰公司制造、销售涉案温控器的行为侵犯了涉案专利权的主张成立，法院予以支持。但鉴于施特里克斯公司明确表示其在该案中未提交家泰公司许诺销售的证据，因此，对其主张家泰公司许诺销售涉案温控器亦构成侵犯涉案专利权的主张，因其缺乏事实依据，法院不予支持。

基于前述，家泰公司制造、销售的涉案温控器侵犯了涉案专利权利要求 2~4 及权利要求 6~9，在此基础上，富士宝公司将上述温控器产品作为零部件用于制造涉案电热水壶，属于对涉案温控器的使用行为，侵犯了涉案专利的权利要求 2~4、权利要求 6~9。基于与涉案专利权利要求 2~4、权利要求 6~9 相同的理由，富士宝公司制造、

销售涉案电热水壶的行为构成对涉案专利权利要求 19~21、权利要求 23~34 的直接侵犯。

由于家泰公司未提交证据证明涉案温控器具有其他"实质性非侵权用途",法院合理认定涉案温控器产品为涉案专利权利要求 19~21、权利要求 23~34 所保护产品的"专用"产品。且涉案温控器与涉案电热水壶为同一专利不同权利要求所保护的对象,因此,法院合理认定家泰公司应当明确知晓其生产的产品属于涉案专利权的保护范围;在先前判决已认定家泰公司生产的其他型号的温控器产品侵犯了涉案专利权,且家泰公司未提交证据证明该温控器具有其他"实质性非侵权用途"的情况下,法院亦合理认定其明确知晓该温控器为"专用"产品;虽施特里克斯公司未提交证据证明家泰公司明确知晓他人购买上述"产品"后会实施相应的直接侵权行为,但先前判决已认定家泰公司生产的其他型号的温控器产品侵犯了涉案专利权,依据家泰公司所具有的认知能力及所负有的注意义务,其应当意识到他人购买上述"产品"后会实施相应的直接侵权行为。综上,家泰公司制造、销售上述涉案温控器的行为亦构成对涉案专利权利要求 19~21、权利要求 23~26 的侵犯,亦应当承当相应的连带责任。

◎ 案例解析

对于制造、销售专利产品之专用零部件行为是否构成侵犯专利权的定性问题,理论及司法实践中一直存在争议。对于此类行为英美法系一般依据"间接侵权"的理论,在无需认定直接侵权行为存在的基础上,径行认定该行为构成侵犯专利权的行为;然而,司法实践中由于缺乏相应的法律依据,人民法院一般仅能依据共同侵权理论认定上述行为构成共同侵权。但是,由于共同侵权一般要求共同的过错、共同的行为及同一的结果,实践中难以实质上制止上述侵犯专利权人利益的行为。该案中,一审法院在"放宽"传统民法理论关于共同侵权之要件的基础上,清晰界定了制造、销售专利产品之专用零部件行为构成共同侵权行为的要件,即:

第一,他人实施了直接侵犯专利权的行为。之所以要求存在直接侵权行为:要求教唆或帮助行为人承担共同侵权责任的原因在于其行为促使或导致了直接侵权行为的发生,若无直接侵权行为的发生,但要求教唆或帮助行为人承担相应的共同侵权责任,将缺乏相应的事实基础。同时,涉案的直接侵权行为应当已发生,而非具有发生直接侵权行为的危险,原因在于:首先,如上所述,无直接侵权行为的存在,将缺乏要求教唆或帮助行为人承担共同侵权责任的事实基础;其次,教唆或帮助行为人的行为并未直接侵犯专利权,即教唆或帮助行为人制造、销售等行为涉及的产品并未落入涉案专利的保护范围,若无直接侵权行为的存在,将可能导致专利权人权利范围的不当扩大，使相关公众实施相关行为缺乏合理的法律预期，从而影响公众的利益。

第二，教唆或帮助行为人实施的行为为制造、许诺销售、销售或者进口专门用于实施他人相关产品专利的原料、专用设备或者零部件，或者为制造、许诺销售、销售或者进口专门用于实施他人相关方法专利的专用设备。之所以要求为专用设备的原因在于，对于教唆或帮助行为人实施上述制造、销售等专用产品的行为，若不予以制止将会损及专利权人的合法利益；若不要求为"专用"产品，将会导致专利权人对相关非其专利保护范围限定范围内产品的不当控制和垄断，进而产生涉案专利保护范围不当扩大的后果，影响社会经济的正常发展，从而有违专利法之促进科学技术进步和经济社会发展的立法目的。

对于"专用"产品的认定，应当以其是否具有"实质性非侵权用途"为判断标准，即若该产品除了用于涉案专利所保护的产品或方法而无其他"实质性非侵权用途"，一般应当认定该产品为"专用"产品。所以采用该标准的目的在于通过合理地界定专利权的保护范围，以实现专利权人利益与社会公众的利益的平衡。

对于是否为"专用"产品的证明责任分配问题，法院认为，鉴于待证事实为消极事实，考虑到当事人的举证能力，一般应当由被控侵权人证明涉案产品具有实质性非侵权用途为宜。

第三，教唆或帮助行为人明知或应知他人会实施直接侵犯专利权的行为。之所以要求该主观心理要件的目的在于区分与直接侵权行为的归责原则。根据修改后《专利法》第十一条的规定，当事人未经专利权人许可实施相应的行为即为侵权，而不论被控侵权产品的主观心理状态如何。而如上所述，追究教唆或帮助行为人的共同侵权责任，原因在于其行为促使或导致了直接侵权行为的发生，教唆或帮助行为人的行为并未直接侵犯专利权，若不论其主观心理状态，而一概地追究其侵权责任，将导致显失公平的后果。

"明知"是指教唆或帮助行为人明确知晓他人的行为为直接侵犯专利权的行为。"明知"的具体要求为其明确知晓下列事实：①他人某一专利权的存在；②其提供、出售或者进口的相关产品或设备为该专利的"专用"产品；③他人购买上述"产品"后会实施相应的直接侵权行为。"应知"则是指虽无证据证明教唆或帮助行为人明确知晓他人的行为为直接侵犯专利权的行为，但依据其所具有的认知能力及所负有的注意义务，其应当意识到他人的行为为直接侵犯专利权的行为。"应知"的具体要求为：①教唆或帮助行为人明确知晓他人某一专利权的存在；②教唆或帮助行为人明确知晓其提供、出售或者进口的相关产品或设备为该专利的"专用"产品；③依据教唆或帮助行为人所具有的认知能力及所负有的注意义务，其应当意识到他人购买上述"产品"后会实施相应的直接侵权行为。

　　该案中，首先，根据前述，富士宝公司制造、销售涉案电热水壶的行为构成对涉案专利权权利要求 19~21、权利要求 23~34 的直接侵犯。其次，家泰公司亦未提交证据证明涉案温控器具有其他"实质性非侵权用途"，法院合理认定涉案温控器产品为涉案专利权利要求 19~21、权利要求 23~34 所保护产品的"专用"产品。最后，涉案温控器与涉案电热水壶为同一专利不同权利要求所保护的对象，因此，法院合理认定家泰公司应当明确知晓其生产的产品属于涉案专利权的保护范围；在先前判决已认定家泰公司生产的其他型号的温控器产品侵犯了涉案专利权，且家泰公司未提交证据证明该温控器具有其他"实质性非侵权用途"的情况下，法院亦合理认定其明确知晓该温控器为"专用"产品；虽施特里克斯公司未提交证据证明家泰公司明确知晓他人购买上述"产品"后会实施相应的直接侵权行为，但先前判决已认定家泰公司生产的其他型号的温控器产品侵犯了涉案专利权，依据家泰公司所具有的认知能力及所负有的注意义务，其应当意识到他人购买上述"产品"后会实施相应的直接侵权行为。综上，家泰公司制造、销售上述涉案温控器的行为亦构成对涉案专利权权利要求 19~21、权利要求 23~26 的侵犯，亦应当承当相应的连带责任。

（撰稿人：王东勇）

侵犯专利权纠纷中现有技术抗辩的适用

——施特里克斯公司诉北京沃尔玛百货有限公司等侵犯发明专利权纠纷案

◉ **关键词**

侵犯专利权　抗辩　现有技术　适用

◉ **裁判要点**

若被控侵权产品所采用的技术方案是本领域普通技术人员从现有技术中能够直接得到或者无需付出创造性劳动容易得到，对这种技术的使用就是正当的，也就具有抗辩的基础，即可认定现有技术抗辩成立；否则，现有技术抗辩不成立。

◉ **相关法条**

《专利法》第六十二条

《最高人民法院关于审理侵犯专利权纠纷案件应用法律若干问题的解释》第十四条

◉ **案件索引**

一审：（2008）一中民初字第16733号（裁判日期：2009年12月22日）
二审：（2010）高民终字第1408号（裁判日期：2010年6月28日）

◉ **基本案情**

原告施特里克斯公司诉称：施特里克斯公司于1995年6月9日向国家知识产权局申请了名称为"用于煮沸水器皿的整体无线电气连接器和热敏控制器组件"的第95194418.5号发明专利（简称"涉案专利"），于2001年5月2日被授予专利权并授权公告，施特里克斯有限公司为该专利的专利权人。本发明专利在授权后，多次被他人提出专利权无效宣告的请求，专利复审委员会对多个无效请求进行审查后，在已经作出的无效宣告请求审查决定中均"维持发明专利权有效"。乐清市发达电器有限公司

（简称"发达公司"）制造、销售的型号为 KSD-169 的温控器，在国内市场销售的同时并面向世界市场销售，同时发达公司还生产、销售和许诺销售与 KSD-169 技术特征相同的系列温控器如 KSD169A、KSD169B、KSD169C、KSD168A 等。中山舜龙世纪电器有限公司（简称"舜龙公司"）制造、销售的型号为 SL-12X38B 的电水壶使用了前述型号为 KSD-169 的温控器。北京沃尔玛百货有限公司知春路分店（简称"知春路分店"）销售了舜龙公司的上述产品，施特里克斯公司已经通过公证方式进行了证据保全。KSD-169 的温控器产品再现了涉案专利权利要求 1 的全部技术特征，落入了该案专利权的保护范围。发达公司生产制造、销售、许诺销售侵权温控器行为依法构成对施特里克斯公司专利权的侵犯，并给其造成巨大损失，应承担停止侵权、赔偿损失等法律责任。舜龙公司制造、销售带有侵权 KSD-169 温控器的型号为 SL-12X38B 的电水壶，再现了涉案专利权利要求 1 和权利要求 18 的全部技术特征，其行为构成侵权，应停止侵权并负连带赔偿责任。知春路分店销售带有侵权温控器的侵权电水壶，亦构成侵权，应承担停止侵权的责任。据此，施特里克斯公司根据《民法通则》第一百一十八条、《专利法》第十一条、第五十七条和第六十条，以及《民事诉讼法》第一百〇八条的规定，向法院提起诉讼，请求判令：（1）各被告立即停止一切侵权行为；（2）被告北京沃尔玛百货有限公司（简称"沃尔玛公司"）、知春路分店停止销售侵权产品；（3）被告发达公司销毁用于生产侵权产成品或半成品的模具，以及已经生产出的侵权产成品和半成品；（4）被告舜龙公司销毁用于生产侵权产成品或半成品的模具，以及已经生产出的侵权产成品和半成品；（5）被告发达公司、舜龙公司共同赔偿施特里克斯公司经济损失共计一千万元，并负连带责任；（6）全部被告承担施特里克斯公司的维权合理开支两万元，并入赔偿经济损失的一千万元中计算。

被告沃尔玛公司、知春路分店共同辩称：知春路分店销售的被控侵权产品有合法的进货来源，且已尽到合理审查义务，不应当承担赔偿损失和施特里克斯公司维权开支的法律责任。

被告舜龙公司在法定答辩期内未向法院提交答辩意见和证据。

被告发达公司辩称：（1）原告未提交充分证据证明涉案温控器为发达公司生产。（2）发达公司许诺销售的温控器产品采用了本领域通用技术，如双金属热敏温控器（已处于公知领域的 ZL89208920.2 全自动控温电热水壶）技术，连接器技术（WO9406185 国际专利申请，该 PCT 国际专利申请是施特里克斯公司专利申请之前公开的且没有进入中国要求专利保护）。发达公司采用处于公知领域的组合技术方案生产温控器产品，不构成对涉案专利权的侵犯。施特里克斯公司在起诉状中并没有针对发达公司许诺销售的温控器产品进行技术特征对比，不能证明许诺销售的产品落入其专利的保护范围。且施特里克斯公司也没有直接证据证明其购买的热水壶采用的是发达公司许诺销售的温控器产品。(3)国家知识产权局专利信息中心出具的第07-253号检索报告表明涉案专利是现有技术 WO94/06185A1 和 CN2053066 的显而易见的简单组合。发达公司提供的证据1~3也可以证明上述主张。即证据1与证据2或者证据1与证据2、证据3组合，均能覆盖涉案专利权利要求1和权利要求18的全部技术特征。综上，请求法院驳回施特里克斯公司的诉讼请求。

◎ 法院经审理查明

施特里克斯有限公司系95194418.5号，名称为"用于煮沸水器皿的整体无线电器连接器和热敏控制器组件"的发明专利的专利权人。该专利的申请日为1995年6月9日，授权公告日为2001年5月2日。涉案专利的年费一直按期缴纳，且各方当事人未提交涉案专利已经被专利复审委员会宣告无效的证据。

在该案中施特里克斯公司以权利要求1和权利要求18为基础指控被告构成侵权。权利要求1为：

"一种整体的无线电气连接器和热敏控制器组件，用于安装在一个煮沸水器皿的盛水容器的底部下方，该底部设有一电气加热元件，所述整体的连接器和控制器组件包括有：

一个无线电气连接器，其类型为一种可与相应的连接器零件接合的连接器，而不论它们相互的角度方向；

一对热敏双金属致动器，安装在控制器面上横向离开连接器中央轴线的相隔开位置处，所述致动器安装或与盛水容器底部或电加热元件有良好的热接触，从而使用时的温度能被盛水容器底部或电加热元件上相隔开位置的各致动器感测到；

与每个致动器相联系并用偶连装置与其可运作地偶连的电气开关接点，所述电气开关接点及其相联系的偶连装置安装在无线电气连接器的一侧，其安装要使得两个致动器当因盛水容器无水而加热或烧干水而产生过热时能相互独立地运作以打开相连的接点而切断电源，但在容器正常烧水时则不会运作。"

权利要求18为：

"一种液体加热器皿，它包括一个盛水容器，其底部设有一个安装在其下侧的套装加热元件或一个设于底部的印刷加热元件，和一个如权利要求1所述的整体的无线电气连接器和热敏控制器组件，所述组件安装成与所述底部或元件热接触，从而所述组件的双金属致动器安排成与在所述底部或元件上的相隔开的位置有良好的热接触。"

2008年7月1日发行的《慧聪商情广告》7月刊上，刊登了发达公司的电水壶温控器产品广告，共有十八种温控器产品，其中包括 KSD-169、KSD169A、KSD169B、

KSD169C、KSD168A 等产品的图片，但从上述产品图片中不能看出产品的结构特征。

2008 年 11 月 12 日，在公证员的监督下，北京金之桥知识产权代理有限公司委托代理人在知春路分店购买了型号为 SL-12X38B 的"SUNLON 舜龙"牌电水壶一个，单价 98 元，知春路分店出具了购物小票和发票。

为证明发达公司系采用现有技术方案生产被控侵权温控器，发达公司向法院提交了四份证据，其中证据 4 发达公司于庭审过程中表示放弃。证据 1 为专利号为 89208920.2 的实用新型专利申请说明书，发达公司主张证据 1 公开了双金属致动器、偶连装置及电气开关接点；证据 2 为国际公开号为 WO94/06185 的国际专利公开说明书及其译文，发达公司主张证据 2 公开了 360°方向连接的电气连接器；证据 3 为公开号为 GB2269980A 的英国专利申请公开说明书及其译文，发达公司主张证据 3 公开了双金属致动器分置。发达公司在该案庭审过程中认可其提交的证据均未公开本专利技术方案中的产品整体结构。

◎ **判决结果**

一审：（1）发达公司自判决生效之日起立即停止生产、销售型号为"KSD169"的温控器产品；（2）舜龙公司自判决生效之日起立即停止生产、销售型号为 SL-12X38B 的电水壶产品；（3）知春路分店自本判决生效之日起立即停止销售型号为 SL-12X38B 的"SUNLON 舜龙"牌电水壶产品；（4）发达公司自本判决生效之日起十五日内赔偿施特里克斯公司损失人民币二百万元，舜龙公司对其中五十万元承担共同赔偿责任；（5）驳回施特里克斯公司的其他诉讼请求

二审：裁定准许撤回上诉

◎ **裁判理由**

根据现有证据可以认定 SL-12X38B 的"SUNLON 舜龙"牌电水壶的温控器为发达公司生产。在未提交相反证据的情况下，发达公司仅以"FADA"不唯一对应发达公司，"KSD169"也有其他公司生产否认该温控器是其生产，缺乏事实依据，理由亦不充分，法院不予采信。

根据勘验的结果可以认定，型号为 KSD169 的温控器具有涉案专利权利要求 1 的全部技术特征，覆盖了权利要求 1 的保护范围。同时，一般情况下，相同型号所对应的产品应当是同一产品，在发达公司未提交相反证据的情况下，法院认定其在产品介绍和产品广告中涉及的"KSD169"温控器产品与其实际销售的"KSD169"温控器产品系相同产品。即其许诺销售的"KSD169"温控器产品同样落入了涉案专利权利要求 1

的保护范围。

就发达公司提出的现有技术抗辩，已有技术应当是一项在涉案专利申请日前已有的、单独的技术方案，或者是在本领域技术人员技术水平基础上，对已有技术的显而易见的简单组合成的技术方案。就该案而言，首先，发达公司在该案庭审过程中已经认可其提交的证据均未公开本专利技术方案中的产品整体结构；其次，发达公司也未提供充分的理由说明，本领域技术人员能够将证据 1 与证据 2，或者证据 1 与证据 2、证据 3 通过简单组合既能得到的其实施的技术方案。故发达公司提出的现有技术抗辩不能成立，法院不予支持。

▣ 案例解析

2008 年《专利法》在第六十二条首次明确了现有技术抗辩的内容，即"在专利侵权纠纷中，被控侵权人有证据证明其实施的技术或者设计属于现有技术或者现有设计的，不构成侵犯专利权"。2010 年实施的《最高人民法院关于审理侵犯专利权纠纷案件应用法律若干问题的解释》第十四条第一款规定："被诉落入专利权保护范围的全部技术特征，与一项现有技术方案中的相应技术特征相同或者无实质性差异的，人民法院应当认定被诉侵权人实施的技术属于专利法第六十二条规定的现有技术。"该案为上述规定明确现有技术抗辩制度对其适用规则所做的有益的探索。

现有技术抗辩始于德国，其初始目的在于防止因其规定的提起无效程序所设定的五年的除斥期间而导致的对瑕疵专利的不当保护。其后，德国在取消了上述除斥期间后，依然保留了现有技术抗辩，原因在于其实行的专利确权、授权程序与侵犯专利权判定程序分立的制度。该制度中，在侵犯专利权判定的程序中，法院无权直接宣告涉案专利权无效，而由于在侵犯专利权案件中由于等同侵权原则的适用，会导致专利权保护范围的扩大，将侵害社会公众使用公知技术的自由，因此为了限制由于等同侵权原则的适用而导致的专利权保护范围的不当扩大，即"以避免运用等同原则时将专利保护范围扩大到申请日时的已有的技术"，❶ 德国继续保留了该制度。

在我国，在 2008 年《专利法》之前没有现有技术抗辩的相关立法规定，其是在司法实践的过程中不断发展起来的。由于实用新型专利及外观设计专利无须经过实质审查即可获得授权，在 2000 年左右我国大量出现了侵犯实用新型专利及外观设计专利的案件。在处理该类案件时，由于涉案专利未经过实质审查，在侵权程序中，被控侵权人一般会提起无效程序以宣告涉案专利无效，且成功的概率比较高。因此，法院在处

---

❶ 吴玉和. 公知技术抗辩在中国司法实践中的运用和发展 [J]. 中国专利与商标，2007（3）.

理此类侵权案件时，一般会等待无效程序的结果，而中止侵权案件的审理。但是，由于当时我国专利无效案件审理的效率问题，往往无效程序需等待较长的时间。其间，一方面对于权利人而言，由于涉案专利的保护期限比较短，在无效程序结束时，其保护期限已所剩无几，权利难以得到保障；另一方面，对于被控侵权人而言，由于侵权案件的结果待定，对其产业的进一步发展亦形成一定的障碍。为了解决上述问题，最高人民法院在其司法解释中引入了现有技术抗辩。随着司法实践的不断发展以及知识产权理论的不断丰富，现有技术抗辩逐渐发展为了侵犯专利权抗辩制度中的极为重要的一种抗辩方式，对其设置目的及性质也有了新的认识。

我们认为现有技术抗辩本质上属于一种法定的抗辩权，其设置目的不但在于限制由于等同侵权原则的适用而导致的专利权保护范围的不当扩大，其核心内涵或者说根本目的在于保障公众可以自由地使用申请日以前在国内外为公众所知的技术，从而提高创新能力，促进科学技术进步和经济社会发展。目前，对于现有技术抗辩的争论主要存在下述方面。

一、现有技术抗辩的适用范围

现有技术抗辩仅适用于等同侵权，还是相同侵权的情况下亦可援引？

先前的主流观点认为现有技术抗辩是为了限制等同原则的适用而导致的专利权保护范围的不当扩大，因此现有技术抗辩"仅适用于等同物侵权，而不适用于相同专利侵权的情况"[1]。但是，从上述关于现有技术抗辩设置的根本目的的分析可以看出，其主要是为了保障公众对于申请日之前在国内外为公众所知的技术的自由使用，因此，无论等同侵权还是相同侵权情形下，只要被控侵权技术为现有技术，均可以援引现有技术进行抗辩。该案中，虽然被控侵权产品完全落入了原告的涉案专利的保护范围，法院依然评述了被告的现有技术抗辩的理由，也表明了这一点。

二、可以援引的现有技术的范围

第一，是否必须为自由公知技术？

有一段时间理论上一直将现有技术抗辩等同于"自由公知技术抗辩"。事实上，现有技术可以分为两类，一类是不但已经公知，而且没有处于任何人拥有的有效专利权或其他权利控制之下的公知技术，此即"自由公知技术"；另一类是虽然已经公知，但是尚处于涉案专利权人之外的其他人拥有的有效专利权或者其他权利的控制之下的公知技术。我们认为，自由公知技术属于现有技术的下位概念，现有技术抗辩可以援引

---

❶ 程永顺，罗李华. 专利侵权判定——中美法条与案例研究 [M]. 北京：知识产权出版社，1998：325.

的现有技术为第二类技术。理由为，从现有技术抗辩的性质而言，如上所述，其本质上是一种抗辩权，其目的在于抵御权利人请求权的行使。在侵权案件中被控侵权人行使现有技术抗辩权是为了免于承担因原告的侵权指控而承担相应的侵权责任。至于被控侵权人是否侵犯案外人的权利是另案解决的问题。其次，同上所述，从现有技术抗辩的设置的目的可以看出，其是为了保证公众自由地使用公知技术，只要其援引的是其能够自由获知的技术即可。同时，2008 年《专利法》第二十二条对于现有技术亦没有特殊的限制也说明了这一点。该案中，被告所援引的作为现有技术的证据均属于他人所有的尚处有效状态的专利技术。

第二，援引的现有技术必须为整体的一个技术方案，还是可以为现有技术的某些技术特征的组合？

一种观点认为，援引的现有技术"必须是非组合而成的公知技术"，"应当掌握一比一的原则，即以一项已有公知技术去比他人的一项专利技术，切忌将分散的公知技术加以综合或组合后作为抗辩的公知技术。"[1] 另一种观点认为，援引的现有技术一般情况下须有一份对比文件体现，但是可以将一份对比文件和公知常识组合作为现有技术以主张现有技术抗辩。[2] 还有观点认为，援引的现有技术可以是本领域技术人员对已有技术的显而易见的简单组合而成的技术方案。[3]

《最高人民法院关于审理侵犯专利权纠纷案件应用法律若干问题的解释》第十四条规定："被诉落入专利权保护范围的全部技术特征，与一项现有技术方案中的相应技术特征相同或者无实质性差异的，人民法院应当认定被诉侵权人实施的技术属于专利法第六十二条规定的现有技术。被诉侵权设计与一个现有设计相同或者无实质性差异的，人民法院应当认定被诉侵权人实施的设计属于专利法第六十二条规定的现有设计。"即明确了一般仅能援引一份对比文件作为现有技术的证据，上述问题似乎有了一个终结，留有疑问的仅是"无实质性差别"的确定，其是否与"等同"具有相同的内涵。

分析《最高人民法院关于审理侵犯专利权纠纷案件应用法律若干问题的解释》出台前的三种观点，我们可以看出其分歧主要在于应当采用新颖性抑或创造性标准。《最高人民法院关于审理侵犯专利权纠纷案件应用法律若干问题的解释》实质上采用的是在无效程序中评判专利是否有效的新颖性标准。其好处是显而易见的，既便于操作，

---

[1] 程永顺，罗李华. 专利侵权判定——中美法条与案例研究 [M]. 北京：知识产权出版社，1998：326.

[2] 袁滔. 现有技术抗辩适用中的若干问题 [J]. 人民司法·应用，2009（21）.

[3] 北京市高级人民法院关于《专利侵权判定若干问题的意见（试行）》第101条规定：用已有技术进行侵权抗辩时，该已有技术应当是一项在专利申请日前已有的、单独的技术方案，或者该领域普通技术人员认为是已有技术的显而易见的简单组合成的技术方案。

且有利于司法标准的统一。鉴于我国各地法院的司法水平的差异，我们理解《最高人民法院关于审理侵犯专利权纠纷案件应用法律若干问题的解释》的上述规定更加符合我国司法现状。然而，从现有技术抗辩制度的设置目的来看，我们认为，只要被控侵权产品所采用的技术是本领域普通技术人员从现有技术中能够直接得到或者无需付出创造性劳动容易得到，对这种技术的使用就是正当的，也就具有抗辩的基础，即在适用现有技术抗辩是应当引入无效程序中评判专利是否有效的创造性标准。因此，通常而言应当坚持"一比一"的原则，但是如果有证据显示将两份或者更多份现有技术相结合得到涉案专利技术，以本领域技术人员为判断主体无须付出任何创造性劳动，亦可主张现有技术抗辩。该案中，首先，发达公司在该案庭审过程中已经认可其提交的证据均未公开本专利技术方案中的产品整体结构；其次，发达公司也未提供充分的理由说明，本领域技术人员能够将证据 1 与证据 2，或者证据 1 与证据 2、证据 3 通过简单组合即能得到的其实施的技术方案。因此，一审法院认定发达公司提出的现有技术抗辩不能成立并无不当。

三、关于技术比对顺序

即是将现有技术与被控侵权产品所采用的技术相比，若被控侵权产品采用的技术属于现有技术就直接认定被控侵权行为不构成侵权；还是在比对了被控侵权产品是否落入了涉案专利保护范围之后，再比对被控侵权产品采用的技术属于现有技术。

虽然从 2008 年《专利法》第六十二条的字面来理解，我们可以得出"在被控侵权人提出现有技术或者现有设计抗辩主张，并且举证有关证据的情况下，受案法院或者管理专利工作的部门机关应当首先判断抗辩是否成立。"[1] 但是我们认为，现有技术抗辩从本质上属于一种法定的抗辩权，而抗辩权乃"抗辩权之权利也，其作用在于防御，而不在于攻击，因而必待他人之请求，始得对之抗辩"[2]。从逻辑上来讲只有请求权成立的前提下，才有判定抗辩权是否成立的必要。同时，考虑到我国现行的司法实际，一审法院如果直接认定现有技术抗辩成立可能要冒一定的风险，其要考虑二审改判发回的可能性。如果一审法官在判决中仅论述现有技术抗辩成立就驳回原告的诉讼请求，二审法官可能对此有不同认识，认为现有技术抗辩不成立，但由于一审对于被控技术是否落入专利权保护范围没有进行论述，二审法院可能会发回一审法院重新审理，就是否落入专利权保护范围再做判断，从而导致诉累。因此，在比对了被控侵权产品是否落入了涉案专利保护范围之后，再比对被控侵权产品采用的技术属于现有技术更为

❶ 国家知识产权局条法司.《专利法》第三次修改导读 [M]. 3 版. 北京：知识产权出版社，2009：79.
❷ 王泽鉴. 民法总则（增订版）[M]. 北京：中国政法大学出版社，2001：95.

合适。该案中，一审法院即采用了上述比对顺序。

当然，关于现有技术抗辩理论上还存在其他问题的争议，比如现有技术抗辩的认定问题是否需要比对被控侵权产品所采用的技术离现有技术及涉案专利技术哪个更近以确定是否构成侵权，法院或其他行政机关是否可以依职权援引现有技术抗辩的问题，在一审未主张在二审是否可以援引现有技术进行抗辩等，我们认为在清楚认识现有技术抗辩制度的性质及设置目的的基础上，上述问题均可以予以妥善地解决。

（撰稿人：王东勇）

专利侵权案件中损害赔偿的计算方式

——松下电器产业株式会社与珠海金稻电器有限公司、北京丽康富雅商贸有限公司侵害外观设计专利权纠纷案

◎ **关键词**

专利　损害赔偿　获利　网络销售

◎ **裁判要点**

考虑到专利权损害举证较难，与专利侵权行为相关的账簿、资料主要由侵权人掌握，如果权利人在其举证能力范围内就侵权人的获利情况进行了充分举证，且对其所请求经济损失数额的合理性进行了充分说明的情况下，侵权人不能提供相反证据推翻权利人赔偿主张的，人民法院可以根据权利人的主张和提供的证据认定侵权人因侵权所获得的利益。

◎ **相关法条**

《专利法》第六十五条

◎ **案件索引**

一审：（2015）京知民初字第 266 号（裁判日期：2015 年 11 月 20 日）
二审：（2016）京民终 245 号（裁判日期：2016 年 12 月 29 日）

◎ **基本案情**

原告松下电器产业株式会社（简称"松下电器公司"）诉称：（1）珠海金稻电器有限公司（简称"金稻公司"）、北京丽康富雅商贸有限公司（简称"丽康公司"）未经其许可，生产、销售、许诺销售型号为 KD2331、KD2331T 蒸脸器的行为，侵犯了其授权公告号为 ZL201130151611.3 号"美容器"外观设计（简称"本专利"）的专利权。其中，KD2331 型号的被控侵权产品包括加装有提手和没有提手两种，KD2331T 型号的被控侵权产品没有提手。金稻公司生产的提手侵权产品，除提手之外的部分与

本专利整体外观上基本相同，仅有三处细微的区别，即被控侵权产品的柱体下方有一圈凹部，而本专利没有；被控侵权产品柱体左下方直接与电线连接，而本专利柱体右下方有一个弧形的电源接口；被控侵权产品的底面有四个垫脚，横向的两个垫脚之间分布着数个并排的小孔，而本专利没有相关的设计。但是，从整体观察，不带提手的被控侵权产品与本专利在整体视觉效果上没有实质性差异，两者属于近似的外观设计。而带提手的被控侵权产品，只不过是在不带提手的被控侵权产品上加装了提手。根据《最高人民法院关于审理侵犯专利权纠纷案件应用法律若干问题的解释》第十二条的规定，将侵犯外观设计专利权的产品作为零部件，制造另一产品并销售的，应当认定属于《专利法》第十一条规定的销售行为，带有提手的被控侵权产品只是在不带提手的被控侵权产品上用螺丝固定加装了提手，属于上述规定中的"零部件"。（2）金稻公司的被控侵权产品不仅在线下实体店铺销售，而且通过各大电商平台进行网络销售，网上销售量巨大。初步统计，至 2015 年 1 月 7 日在京东、淘宝、天猫以及阿里巴巴等网站上被控侵权产品的销售数量，至少达到了18 411 347台，且平均销售价格为二百六十元左右，若每件产品的利益仅有五元，则销售利润为九千万元，被告侵权获利巨大。故诉至法院，请求判令：（1）责令金稻公司立即停止生产、销售、许诺销售被控侵权产品；责令丽康公司立即停止销售被控侵权产品；（2）责令金稻公司、丽康公司销毁有关被控侵权产品的全部宣传资料以及删除两被告网站中有关被控侵权产品的宣传内容；（3）责令金稻公司销毁涉案模具和专用的生产设备及被控侵权产品全部库存，并从销售店回收未销售被控侵权产品进行销毁；（4）责令金稻公司赔偿经济损失三百万元，两被告共同赔偿该案合理支出二十万元。

被告金稻公司辩称：（1）其只生产带有提手的被控侵权产品，并不存在松下电器公司所说的不带提手的被控侵权产品。带提手的外观设计对整个产品起到了决定性的影响，已经完全遮挡了内部结构的曲线，因此内部结构的外观设计已经完全被颠覆，失去了作为外观设计所应具有的功能，只剩下技术性的功能。喷嘴的设计是该类产品的常规设计。普通消费者不会也不可能将两个产品相混淆、误认。（2）将被控侵权产品与本专利比对，有提手、插线口、柱体下方有一圈凹部、底部的垫脚等部位的区别，整体上区分明显，且提手还起到了抓取更为安全的效果，因此被控侵权产品与本专利整体视觉效果有显著的区别，不具有相似性。（3）被控侵权产品拥有外观设计专利ZL201330418584.0，且金稻公司将该外观设计请求国家知识产权局出具外观设计专利权评价报告，在评价报告中已经排除了被控侵权产品所依据的专利与本专利相似的可能性。请求法院判决驳回原告的全部诉讼请求。

丽康公司辩称：（1）丽康公司只是进行了销售，且审查了金稻公司的资质及专利权，已经尽到了合理注意义务，丽康公司没有能力判断是否侵权。（2）被控侵权产品与本专利有很大差异，并不构成侵权。请求法院判决驳回原告的全部诉讼请求。

◎ **法院经审理查明**

本专利是名称为"美容器"的外观设计专利，申请号为201130151611.3，授权公告号为CN302065954S，专利权人为松下电器公司，申请日为2011年6月1日，于2012年9月5日获得授权。本专利用途为产生如蒸汽、负离子来滋润肌肤和头发等；设计要点为产品的形状，最能表明设计要点的图片为主视图。本专利从授权公告的图片看，主要包括机身和底座。机身整体类似半椭圆柱体，主体上部沿60°角向侧上方延伸形成喇叭状喷嘴，喷嘴同侧的正下方设有长圆形控制键；喷嘴相对一侧的顶部有一个提起式盾形注水结构，盾形结构两侧与机身连接处有空隙。产品底座一圈向内略微收窄，底面平整、封闭，机身底部有拱形电线插口。

2014年8月22日，松下电器公司代理人方善姬律师向北京市国立公证处申请对在http：/www.jd.com/上购买商品的行为过程办理保全证据，北京市国立公证处薛卫平与蒙超两位公证员监督方善姬律师使用该公证处DELL电脑进行操作：通过登录"http：/www.jd.com/"网页，在搜索栏输入"金稻KD2331T"进行搜索，显示有四种商品，价格分别为289元、299元、299元及285元。点击购买两台285元的被控侵权产品，卖家显示为："丽康富雅"，该网页多处显示了被控侵权产品的宣传。2015年8月25日，北京市国立公证处薛卫平与蒙超两位公证员与方善姬律师在北京市西城区德胜门西大街68号东门侧接收并当场拆开了申通快递所投递的包裹（快递单号868701207498），其包裹内有"金稻离子蒸汽美容器KD-2331"两台、购物清单一张、面膜六张。

2015年1月16日孟月在北京市国立公证处公证人员监督下操作了公证处的电脑：通过360安全浏览器进入www.zhkingdom.com网页，网页顶部显示"KINGDOM金稻"，点击"联系我们"栏，显示金稻公司地址、电话等信息。该网站的产品展示中显示有被控侵权产品图样及相关宣传。

庭审中对被控侵权产品进行了勘验，被控侵权产品包装底部显示生产厂商为"珠海金稻电器有限公司"，地址为"珠海市金鼎镇上栅第二工业区18号"。包装上显示了四件KD-2331产品图案，其中一件带有提手，三件不带有提手。

本专利与被控侵权产品比对相同点为：机身的形状相同，喷嘴的朝向、弯曲弧度及喇叭口形状相同，控制键及盾形结构相同。区别点为：（1）本专利没有提手，被控侵权产品分为有提手和无提手两种。其中提手的弧面向下延伸环绕喷嘴消防控制键区域，形成类似套头围嘴的设计，中间有孔，露出控制键，两侧各有两个螺丝安装孔从而与机身嵌合。（2）本专利底座与机身结合部分仅为略微向内收窄，而被控侵权产品底座部分有一圈较为明显的斜向下的凹槽。（3）本专利电线插口为插入式连接，被控侵权产品则无插口设计，而是固定的电线连接。（4）本专利底座底面封闭、平整，而被控侵权产品底座有四个支脚以及圆形散热孔。

2015 年 1 月 7 日，松下电器公司代理人在北京市国立公证处公证员的监督下在 www.taobao.com 网站输入"KD2331"进行了搜索，按照销量排序后进行了统计并列出明细，显示销售数量共计 140 918 件；在 http：/www.Alibaobao.com.cn 网站输入"kd2331"进行了搜索，按照销量排序后进行了统计并列出明细，显示销售数量共计 18 256 535 件；在 http：/www.jd.com 网站输入"kd2331"进行了搜索，按照销量排序后进行了统计并列出明细，显示销售数量共计 13 897 件。

松下电器公司为证明其合理支出，提交了如下证据：（1）五张北京市国立公证处出具的发票，项目为公证费，共计 7 500 元。（2）北京友利邦机械有限公司作为销贷单位的北京增值税普通发票一张，货物名称为"金稻离子蒸汽美容器 KD-2331T"，数量为二台，金额为 558 元。（3）购买方为松下电器公司，销售方为中国对外翻译出版有限公司的北京增值税普通发票一张，应税劳务、服务名称为"翻译费"，金额为 953 元。（4）国家知识产权局专利收费收据一张，显示"今收到北京林达刘知识产权代理事务所交来评价 2 400 元"、申请号"2011301516113"。交费日期为 2013 年 6 月 25 日。（5）2015 年 9 月北京魏启学律师事务所作为销售方，松下电器公司为购买方的北京增值税普通发票 17 张，应税劳务、服务名称为"知识产权法律服务费"，共计 147 200 元。松下电器公司还提供了该公司向淘宝知识产权保护平台投诉的记录。

▣ 判决结果

一审判决：（1）金稻公司立即停止制造、销售、许诺销售侵权产品；（2）丽康公司立即停止销售、许诺销售侵权产品；（3）金稻公司、丽康公司删除侵权产品的全部宣传资料及删除二被告网站中有关侵权产品的宣传内容；（4）金稻公司自一审判决生效之日起十日内赔偿松下株式会社经济损失共计三百万元；（5）金稻公司、丽康公司自一审判决生效之日起十日内连带赔偿松下株式会社为制止侵权行为所支付的合理开支共计二十万元；（6）驳回松下株式会社的其他诉讼请求

二审：驳回上诉，维持原判

◎ **裁判理由**

原告提交的外观设计专利证书可以证明，原告系本专利的专利权人，有权就他人未经许可以法律禁止的方式实施其专利的行为提起诉讼。进行外观设计侵权判定，应当首先审查被诉侵权产品与本专利产品是否属于相同或者相近种类产品，然后根据授权外观设计、被诉侵权设计的设计特征，以外观设计的整体视觉效果进行综合判断是否相同或者近似。本专利的名称为"美容器"，用途为产生蒸汽、负离子来滋润肌肤和头发等，被控侵权产品同样是离子蒸汽美容器，因此二者属于相同产品。经对比，被控侵权产品与本专利机身形状相同，均为类似半椭圆形向斜上方呈60°角先形成缩紧的颈部再扩张成喇叭状喷嘴，颈部的弧度以及喇叭状的喷嘴形状相同，且二者机身上的控制键与盾形注水口的位置及形状相同。不可否认，被控侵权产品与本专利存在提手、底座环形凹槽、插线口、底座底部支点及散热孔四点区别。但是，支点及散热孔处于底座的底面，不易为消费者注意。本专利的设计要点在形状，而插线口及环形凹槽在机身及底座部位所占比重很小，难以影响到外观设计的整体视觉效果。被控侵权产品虽然加装了提手，但是机身的形状仍然构成整体视觉效果的主要部分，提手的增加并不会导致被控侵权产品与本专利存在明显的差异。因此，被控侵权产品与本专利外观设计存在的差异对二者的整体视觉效果并不产生实质的影响。因此，二者属于相似的外观设计。被告金稻公司和丽康公司关于被控侵权产品与本专利不构成相近似外观设计的抗辩缺乏事实依据，不予采信。

松下电器公司从丽康公司在京东网上经营的商铺公证购买到被控侵权产品，购买的被控侵权产品包装上显示生产厂商为被告金稻公司，地址为"珠海市金鼎镇上栅第二工业区18号"等信息，上述信息与被告金稻公司的信息相匹配，以此可以认定被告金稻公司实施了制造和销售行为，被告丽康公司实施了销售被控侵权产品的行为。金稻公司在未经专利权人许可的情况下，实施了制造、销售及许诺销售被控侵权产品的行为；丽康公司在未经专利权人许可的情况下，实施了销售及许诺销售被控侵权产品的行为。

该案中金稻公司据以抗辩的专利权评价报告并非针对松下电器公司的专利权，虽然该专利权评价报告得出结论是金稻公司专利所涉及产品在整体结构、新增提手部位以及喷嘴外圈等设计，导致整体有较大区别的结论。但是，该结论的得出，并未将本专利作为比对的对象涵盖其中，所以，专利权评价报告的结论不能作为该案的证据予以采信。

松下电器公司依据网上显示销量及平均价格，按照上述数据主张三百万元赔偿数额具有合理的理由。此外，松下电器公司为制止侵权行为所支付的合理开支，丽康富雅公司作为销售方，在得知该案的诉讼后，依然未停止，对诉讼中的支出部分应当共同承担。松下电器公司提供的诉讼支出有一定的票据作为依据。但是，现实中的花费并非都有票据的出具。对此，根据日常生活经验，在合理的范围内进行酌定，给予全额支持。

松下电器公司主张责令金稻公司销毁被控侵权产品的模具和专用生产设备。责令被告销售模具和生产设备需要符合两个要件，首先松下电器公司应举证证明模具和生产设备的存在，其次应举证证明该模具和生产设备专为生产被控侵权产品而用。该案中，松下电器公司未举证证明金稻公司存在专为生产被控侵权产品的模具和生产设备。因此，松下电器公司关于销毁模具和专用生产设备的主张，不予支持。

回 案例解析

该案被最高人民法院评为"2016 年知识产权十大案件"，充分体现了该案的研究价值和参考价值。该案的主要争议焦点之一在于专利侵权案件中的损害赔偿的计算。

我国《专利法》第六十五条规定，侵犯专利权的赔偿数额按照权利人因被侵权所受到的实际损失确定；实际损失难以确定的，可以按照侵权人因侵权所获得的利益确定。权利人的损失或者侵权人获得的利益难以确定的，参照该专利许可使用费的倍数合理确定。赔偿数额还应当包括权利人为制止侵权行为所支付的合理开支。权利人的损失、侵权人获得的利益和专利许可使用费均难以确定的，人民法院可以根据专利权的类型、侵权行为的性质和情节等因素，确定给予一万元以上一百万元以下的赔偿。

一般认为，前述条款对赔偿数额的确定规则进行了详细而明确的规定。但是，具体到个案的适用时如何确定赔偿数额仍然是个不折不扣的难题。事实上，通过分析近年来法院在专利侵权案件裁判文书，绝大多数是在法定赔偿数额内酌定确定赔额，极少明确写明通过权利人实际损失、被告侵权获利、参照许可费方式三种方式之一。法定赔偿被指适用过度，其存在也具有多种原因：（1）专利权受到侵害而遭受的损失属于可得利益的损失，与物权受到侵害不同，并不存在权利载体遭受损害的情形。因此，在主张实际损失方面具有难以举证的特点。（2）权利人实际损失、被告侵权获利虽然定义明确，但是客观上存在较大的证明难度。主要体现为证明标准不明确，权利人需要证明到何种程度才会被法院采纳？权利人需要证明到何种程度才会导致举证责任的转移？这些问题法律法规既缺乏明确的规定，也没有最高人民法院指导性案例指引。（3）权利人怠于举证。一方面，专利侵权案件中损害赔偿的举证客观上存在一定难度，专业性要求高，导致了部分权利人在举证时的不能、不力。另一方面，为数不少的案件中权利人不举证或者全部依赖于法院"调查取证"。以上三点，是司法实践中损害赔偿问题产生的主要原因。法定赔偿滥用的诟病由来已久，法院也就此有针对性地进行了调研，通过总结和推广有效的经验甚至创新试图解决这一问题。

该案即体现了法院在解决损害赔偿确认问题上的努力，通过证明标准的确定和举证责任分配两方面的结合以解决专利侵权案件中举证难的问题。权利人在证明被控侵权产品落入其专利的保护范围后，需要提交证据证明其主张损害赔偿的合理性。损害赔偿的理想目标就是使得专利权人回复到没有发生侵权的状态，实际损失的计算本身就包含着假想成分。❶ 既然包含假想成分，就表明不可能确切地证明出一个具体的数值，而只能是一个估算的范围。侵权违法所得亦是如此，有学者认为被告侵权违法所得与权利人实际损失并不匹配，有时候甚至严重偏离，因此将其作为实际损失的替代物是不适宜的。这种认识具有一定的合理性，但是侵权违法所得作为专利法明确规定的损害赔偿确定方式之一，仍然有其适用的空间和作用。当然，证明侵权违法所得目前最大的问题在于财务账簿等证据均在被告处，权利人除了寄希望于法院调取证据几乎没有证明的可能性。法院依当事人申请或依职权调取相关证据的效果也不甚理想，不仅仅是审判成本的增加，其实际效果也受被告是否配合等多方面的影响。针对这一问题，有的法院已经进行了证据开示制度的探索。至于许可费的倍数，专利法规定的是"参照"，因此需要许可费标准的客观存在。大部分案件中，本专利并未存在许可他人的在先情形，故权利人无法提交。即使是存在许可，基于我国目前专利市场价值尚未充分发掘，许可合同中显示的许可费不高，因此权利人也缺乏提交的动力。

进一步明确专利民事侵权案件中侵权获利证据的审查认定规则，对于类似案件具有一定示范意义。考虑到专利权损害举证较难，与专利侵权行为相关的账簿、资料主要由侵权人掌握，如果权利人在其举证能力范围内就侵权人的获利情况进行了充分举证，且对其所请求经济损失数额的合理性进行了充分说明的情况下，侵权人不能提供相反证据推翻权利人赔偿主张的，人民法院可以根据权利人的主张和提供的证据认定侵权人因侵权所获得的利益。

这一审查认定规则符合《最高人民法院关于当前经济形势下知识产权审判服务大局若干问题的意见》的相关规定。该意见第十六条规定，对于难以证明侵权受损或侵权获利的具体数额，但有证据证明前述数额明显超过法定赔偿最高限额的，应当综合全案的证据情况，在法定最高限额以上合理确定赔偿额。根据该规定，对于有充分的证据证明权利人的损失或者侵权人的获利已经明显高于法定赔偿限额，尽管不能精确

---

❶ 崔国斌. 专利法原理与案例 [M]. 北京：北京大学出版社，2012：838.

计算出具体的数额，但如果权利人能够说明其主张的经济损失数额的计算或得出过程，并有相应证据佐证其合理性的，人民法院可以在法定最高限额以上支持权利人的赔偿请求。

该案中，松下株式会社将其通过公证取证方式固定的我国境内主要电商平台上显示的与侵权产品同型号产品的销售数量之和18 411 347台以及该产品的平均价格二百六十元作为三百万元赔偿请求的依据。根据《最高人民法院关于审理专利纠纷案件适用法律问题的若干规定》第二十条的规定，《专利法》第六十五条规定的侵权人因侵权所获得的利益可以根据该侵权产品在市场上销售的总数乘以每件侵权产品的合理利润所得之积计算。按照松下株式会社主张的被控侵权产品销售数量总数与产品平均售价的乘积，即便从低考虑每件侵权产品的合理利润，得出的计算结果仍远远高于三百万元。因此，法院认为松下电器公司为自己的主张并未怠慢，而是积极进行举证。现有证据可以证明金稻公司销售、许诺销售被控侵权产品的获利，故松下电器公司依据网上显示销量及平均价格，按照上述数据主张三百万元赔偿数额具有合理的理由。在此情况下，将提出反证的义务转移给被告，在被告不能举出反证的情况下，法院全额支持松下株式会社关于经济损失的赔偿请求。

（撰稿人：宾岳成）

确认不侵权诉讼属于侵权之诉可适用消除影响的责任方式

——北京水木天蓬医疗技术有限公司、江苏水木天蓬科技有限公司诉
北京速迈医疗科技有限公司确认不侵害专利权纠纷案

◎ **关键词**

确认不侵害专利权　　侵权责任　　消除影响

◎ **裁判要点**

确认不侵犯专利权诉讼起诉的条件不仅在于双方对于是否存在侵犯专利权的事实产生争议，而且是由于专利权人向被控侵权的一方及其潜在的客户发送带有指控侵权内容的函件，导致被控侵权一方的商誉受到损害。被控侵权一方提起诉讼的目的也不仅在于消极地确认不侵权的事实，而且希望通过诉讼正本清源，积极地使其受损的商誉得到恢复，商业安宁得到保护，潜在的商业利益损失得到弥补。因此，确认不侵害专利权诉讼从法律属性上属于侵权之诉，应当适用我国《侵权责任法》的规定。

◎ **相关法条**

《侵权责任法》第六条、第十五条

《最高人民法院关于审理侵犯专利权纠纷案件应用法律若干问题的解释》第十八条

◎ **案件索引**

一审：（2015）民初字第 2173 号（裁判日期：2016 年 7 月 29 日）

二审：（2017）京民终 9 号（裁判日期：2017 年 4 月 26 日）

◎ **基本案情**

原告北京水木天蓬医疗技术有限公司（简称"北京水木天蓬公司"）、江苏水木天蓬科技有限公司（简称"江苏水木天蓬公司"）诉称，2015 年 9 月，北京速迈医疗科技有限公司（简称"速迈公司"）向北京水木天蓬公司发送律师函，称北京水木天蓬公司制造和销售的"骨科超声手术仪"（简称"涉案产品"）侵犯了速迈公司名称

为"超声骨科精细手术系统及其复合超声振动手柄"的201220224265.6号实用新型专利（简称"涉案专利"）。速迈公司同时还向原告的若干客户发送了内容基本相同的律师函。两原告认为其制造和销售的涉案产品与涉案专利技术方案完全不同，速迈公司的专利侵权主张没有任何依据。经原告发催告函后，速迈公司既不确认原告不侵权又不向法院提起侵权诉讼。故请求法院判令：（1）确认两原告制造、销售、许诺销售的XD860A骨科超声手术仪产品，不侵犯速迈公司的201220224265.6号实用新型专利；（2）请求被告消除发出侵权警告行为所带来的影响，具体方式为在被告网站上作出说明，维持十五天，并向收到被告侵权警告函的原告客户发送诉讼说明函。

被告速迈公司辩称：速迈公司未向江苏水木天蓬科技公司发送律师函，江苏水木天蓬科技公司不是该案适格的原告；原告未证明其生产的"骨科超声手术仪"是否侵犯了涉案专利，请求法院判令驳回原告的诉讼请求。

◎ **法院经审理查明**

北京水木天蓬公司和江苏水木天蓬公司分别是涉案产品的销售商和生产商。速迈公司是涉案专利的专利权人。2015年9月11日，被告速迈公司向北京水木天蓬公司发送律师函，称北京水木天蓬公司生产销售的涉案产品侵犯涉案专利，给其造成重大经济损失，并要求北京水木天蓬公司停止涉案产品的生产和销售；采取措施消除因侵犯涉案专利造成的不良影响；致歉并赔偿经济损失。速迈公司发警告函的单位包括：北京协和医院、北京大学第三医院、积水潭医院、中国人民解放军总医院、中日友好医院、北京朝阳医院、北京世纪坛医院、保定第一中心医院、西安交通大学第一附属医院、第四军医大学西京医院、苏州大学附属第一医院、南方医科大学南方医院。2015年10月13日，北京水木天蓬公司回函称涉案产品未侵犯涉案专利。速迈公司向北京水木天蓬公司及其客户发出虚假侵权警告的行为已经严重侵害了北京水木天蓬公司的合法权益，要求速迈公司立即书面撤回律师函中的所有指控，或将相关侵权争议提交法院解决。速迈公司在接到回函后未起诉北京水木天蓬公司。北京水木天蓬公司于2015年12月3日提起该案确认不侵权诉讼。

涉案专利为实用新型专利，专利申请号为201220224265.6，专利名称为"超声骨科精细手术系统及其复合超声振动手柄"。专利申请日为2012年5月18日，授权公告日为2013年8月7日。

◎ **判决结果**

一审：（1）确认原告江苏水木天蓬公司、北京水木天蓬公司生产销售的XD860A

骨科超声手术仪不侵犯被告速迈公司第 201220224265.6 号实用新型专利。（2）本判决生效之日起十日内被告速迈公司在其官方网站上登载声明，声明内容需要表明原告江苏水木天蓬公司、北京水木天蓬公司生产销售的 XD860A 骨科超声手术仪不侵犯被告速迈公司第 201220224265.6 号实用新型专利权，声明持续登载十五日。逾期不登载或者登载时间不足十五日，原告江苏水木天蓬公司、北京水木天蓬公司可将本判决书主要内容及主文第一项在其选定的一份刊物上连续刊登十五日，费用由速迈公司承担

二审：驳回上诉，维持原判

◙ **裁判理由**

民事诉讼法上确认之诉的判决并不包括给付的内容，也不涉及责任承担。与民事诉讼法中规定的确认之诉有所不同，确认不侵犯专利权诉讼起诉的条件不仅在于双方对于是否存在侵犯专利权的事实产生争议，而且是由于专利权人向被控侵权的一方及其潜在的客户发送带有指控侵权内容的函件，导致被控侵权一方的商誉受到损害，商业安宁受到侵扰，潜在的商业利益受到损失，被控侵权一方提起诉讼的目的也不仅在于消极地确认不侵权的事实，而且希望通过诉讼正本清源，积极地使其受损的商誉得到恢复，商业安宁得到保护，潜在的商业利益损失得到弥补。因此，确认不侵犯专利权诉讼从法律属性上属于侵权之诉，应当适用我国《侵权责任法》的规定。《侵权责任法》第十五条规定承担侵权责任的方式主要有：停止侵害，排除妨碍，消除危险，返还财产，恢复原状，赔偿损失，赔礼道歉，消除影响，恢复名誉。其中消除影响是侵害公民、法人精神性人格权的责任方式，确认不侵犯专利权诉讼中，被警告方受到的损失主要是商业信誉的损害，消除影响的责任方式当然可以适用，并且与其他的责任方式相比，可以为当事人实现充分的救济。

涉案专利权利要求包括两项独立权利要求和六项从属权利要求，由于从属权利要求所确定的保护范围必然落入其引用的独立权利要求所确定的保护范围之内，因此，首先应当判定该涉案产品是否落入涉案专利独立权利要求的保护范围。《最高人民法院关于审理侵犯专利权纠纷案件应用法律若干问题的解释》第七条第二款规定，被诉侵权技术方案包含与权利要求记载的全部技术特征相同或者等同的技术特征的，人民法院应当认定其落入专利权的保护范围；被诉侵权技术方案的技术特征与权利要求记载的全部技术特征相比，缺少权利要求记载的一个以上的技术特征，或者有一个以上技术特征不相同也不等同的，人民法院应当认定其没有落入专利权的保护范围。该案中，涉案专利权利要求 1 和权利要求 8 分别是两项独立权利要求，权利要求 1 中包括"具有摆动功能超声手柄"以及"具有摆动结构的复合超声振动手柄"的技术特征，经现

场勘验，涉案产品中既不包括摆动结构，超声手柄也不具备摆动功能，没有落入涉案专利权利要求 1 的保护范围。涉案专利独立权利要求 8 包括"具有摆动结构的复合超声振动手柄""摆动机构，将旋转运动变为摆动，并带动换能器一起摆动""电机，产生旋转运动，驱动摆动机构运动""柔性密封部件，其内圈固定于换能器上，外圈固定与外壳上，在换能器摆动时实现密封作用"的技术特征，涉案产品的超声手柄不具有摆动机构，不具有摆动结构，内部没有"电机"不具有内圈固定于换能器上，外圈固定与外壳上，在换能器摆动时实现密封作用的柔性密封部件，没有落入涉案专利权利要求 8 的保护范围。因此，涉案产品并未包括涉案专利独立权利要求中的全部必要技术特征，未落入涉案专利的保护范围，不侵犯涉案专利权。

消除影响的具体适用，要根据侵害行为及造成影响所及的范围和商誉毁损的后果决定，加害人应当根据侵害商誉造成的不良影响的大小，采取程度不同的措施为受害人消除影响，并以达到足以消除影响的程度为限。该案中，速迈公司向原告及其潜在的客户发送律师函，指控原告生产、销售的涉案产品侵犯涉案专利权，该内容与事实不符，造成原告商誉的降低，现原告要求消除影响，应予支持。判决被告速迈公司在一定时期内，在其网站上登载说明即足以达到消除影响的效果，因此，对于原告主张的向收到被告侵权警告函的客户逐一发送诉讼说明函的请求超出了消除影响的必要限度，法院不予支持。

◎ 案例解析

一、对确认不侵犯专利权诉讼性质的现有认识

目前主流的观点是认为确认不侵犯专利权诉讼属于确认之诉，审理的对象是知识产权侵权法律关系。确认不侵犯专利权诉讼的目的在于对是否存在专利权侵权这一法律关系进行确认。以此为出发点，确认不侵犯专利权诉讼的审理重点在于对是否存在侵犯专利权的事实进行查明，通常是通过对被警告产品与警告函依据的专利权进行对比勘验实现。根据勘验比对的结果作出确认不侵犯专利权的判决或者驳回原告的诉讼请求。但是将确认不侵犯专利权诉讼定位为确认之诉，仅审理并确认是否存在侵犯知识产权法律关系是否恰当，是否可以满足实践需要，则缺少必要的分析和论证。

确认之诉是指原告请求法院确认其主张的民事法律关系（或民事权益）或者特定的法律事实是否存在或者是否合法有效之诉。提起确认之诉通常并不需要满足特定的前提条件，只要对法律关系或者特定事实是否存在或者是否合法有限产生了争议，就应当可以提起确认之诉。同样，对法律关系或者特定事实是否存在或者是否合法本身

的确认就足以解决当事人的争议。因此，确认之诉中并不能提出具有给付内容的诉讼请求。比如双方对房屋所有权产生了争议，占有房屋的一方就可以提出确认之诉，要求确认其对房屋的所有权。相反，另一方则不能仅通过确认之诉实现其目的，往往需要提起给付之诉，要求占有房屋的一方进行腾退。虽然在给付之诉中对于房屋的所有权需要进行确权，但是由于双方诉讼的目的之所在是不一样的，因此会分别选择提起确认之诉和给付之诉。由此，可以看出某项民事法律关系（或者民事权益），必须是构成民事纠纷的核心法律关系或者是原告诉讼目的之所在而不是该案判决的先决事项，才能对此提起独立的确认之诉。

根据司法解释明确的规定，提起确认不侵犯专利权诉讼至少需要满足三个前提条件：第一，权利人发出了侵权警告；第二，被警告方或其利害关系人发出了书面催告；第三，权利人在合理期限内未撤回警告，也未提起诉讼。上诉三个条件可以被认为是对是否存在侵权法律关系产生争议的具体化要求，也就是司法解释认为满足了上诉三个条件即表明双方对于是否就存在侵犯专利权法律关系产生了争议，因此，可以提起确认不侵权之诉。从司法解释的规定看，虽然对是否存在争议提出了较一般的确认之诉更高的证明要求，但是仍然是将确认不侵犯专利权之诉作为确认之诉来对待，没有超出确认之诉的范围。

二、对现有确认不侵犯专利权诉讼性质的反思

将确认不侵犯专利权诉讼定位为确认之诉是否合理，关键还要看是否可以有效地解决和回应司法实践中存在的问题。司法解释中并没有对发出侵权警告的范围作出明确的限定，如果侵权警告仅限于被警告人，是否侵犯专利权的争议仅存在与双方当事人之间，发送侵权警告函的影响也仅是表明对是否存在侵犯专利权法律关系双方产生了争议。那么，将确认不侵犯专利权诉讼定位为确认之诉，只要对是否存在侵犯专利权的法律关系作出确认，基本上就能够满足解决纠纷的需要。但是，司法实践中，通常警告方与被警告方之间存在着竞争关系，警告方发出警告函的范围往往不仅限于原告，而是同时包括了原告的客户或者潜在的客户。警告方发出警告函的目的也不仅是表明与原告之间对于是否存在侵犯专利权产生了争议，而是将发送侵犯专利权警告函作为诋毁商业信誉，争取客户资源的手段。在这种情况下，如果继续坚持将确认不侵犯专利权诉讼理解为确认之诉，仅作出确认判决，要求当事人在取得确认之诉后，另行提起反不正当竞争或者侵权之诉，则显得过于机械，也会造成司法资源的浪费。在这种情况下，坚持将确认不侵犯专利权诉讼理解为确权之诉，难以满足司法实践中的要求。

三、该案中对确认不侵犯专利权诉讼性质的认识

该案面对的情况就是发函方不仅将警告函发送了原告，同时发送给了原告的众多客户，使得原告的客户拒绝或者暂停购买原告的产品，甚至将原告从产品采购目录中删除，取消了原告参与投标的资格。在侵权警告函的范围扩大到原告之外的范围，是否还可以认为原告起诉的目的仅是对是否存在侵权的事实进行确认呢？是否还可以认为双方的纠纷核心仅限于对是否存在侵权事实产生了争议呢？正如判决书中所阐述的由于专利权人向被控侵权的一方及其潜在的客户发送带有指控侵权内容的函件，导致被控侵权一方的商誉受到损害，商业安宁受到侵扰，潜在的商业利益受到损失，被控侵权一方提起诉讼的目的也不仅在于消极的确认不侵权的事实，而且希望通过诉讼正本清源，积极地使其受损的商誉得到恢复，商业安宁得到保护，潜在的商业利益损失得到弥补。基于这样的认识，确认不侵犯专利权纠纷的功能也不应当仅限于对是否存在侵权事实作出确认，而是要起到正本清源的作用，实现对商誉的恢复和对商业利益损失的弥补，这都不是通过确认之诉可以实现的。因此，判决中进一步指出确认不侵害专利权诉讼从法律属性上属于侵权之诉，应当适用我国《侵权责任法》的规定。《侵权责任法》第十五条规定承担侵权责任的方式主要有停止侵害；排除妨碍；消除危险；返还财产；恢复原状；赔偿损失；赔礼道歉；消除影响；恢复名誉。其中消除影响是侵害公民、法人精神性人格权的责任方式，确认不侵害专利权诉讼中，被警告方受到的损失主要是商业信誉的损害，消除影响的责任方式当然可以适用，并且与其他的责任方式相比，可以为当事人实现充分的救济。实际上是将确认不侵犯专利权诉讼理解为了一般的民事侵权诉讼，审理的对象也不仅限于是否存在专利权侵权法律关系，进一步扩展到包括商誉和潜在商业利益侵权法律关系在内，可以一并通过确认不侵犯专利权诉讼一案进行解决，无须另行提起反不正当竞争或者侵权诉讼。

（撰稿人：高瞳辉）

商标权部分案例

2001 年《商标法》第十条第一款第（八）项和 2014 年《商标法》第十条第一款第（七）项的转换适用

——贵州卓霖名酒股份有限公司诉商标评审委员会商标驳回复审行政纠纷案

◎ 关键词

2001 年《商标法》第十条第一款第（八）项　2014 年《商标法》第十条第一款第（七）项

◎ 裁判要点

商标评审委员会将商标局决定中适用的 2001 年《商标法》第十条第一款第（八）项变更适用为 2014 年《商标法》第十条第一款第（七）项法律条文，未给予当事人陈述意见的机会情况下，因为以下两个原因，不构成违反法定程序：（1）当事人实质进行了陈述，即当事人针对"以'真品购'作为商标，易产生消费者的误认"的理由，进行了答辩；（2）将 2001 年《商标法》第十条第一款第（八）项变更适用为 2014 年《商标法》第十条第一款第（七）项，并不涉及事实的举证。

◎ 相关法条

2014 年《商标法》第十条第一款第（七）项
2001 年《商标法》第十条第一款第（八）项

◎ 案件索引

一审：（2015）京知行初字第 4721 号（裁判日期：2015 年 11 月 20 日）
二审：无，一审判决生效

◎ 基本案情

原告贵州卓霖名酒股份有限公司（简称"卓霖公司"）诉称：（1）申请商标所指定的"软件设计、开发咨询"等服务并不涉及是否"真品"的问题，申请商标的使用不会引起消费者对质量特点的误认。（2）申请商标为卓霖公司原创，具有较强的显著性，且经过长期使用已经形成了稳定的客户群体。并且卓霖公司通过搭建平台、实施防伪技术等方式能够确保商品的保真性。因此，卓霖公司并不存在"欺骗性"的问题，完全符合"真品"的要求。申请商标的注册申请没有违反 2014 年《商标法》第十条第一款第（七）项的规定。（3）国家工商行政管理总局商标局（简称"商标局"）驳回商标申请的法律依据是 2001 年《商标法》第十条第一款第（八）项，商标评审委员会作出被诉决定的依据是 2014 年《商标法》第十条第一款第（七）项，变更了法律依据，但没有给予卓霖公司陈述意见的机会，属于严重的程序违法。请求法院撤销被诉决定，并重新作出驳回复审决定。

被告商标评审委员会辩称：被诉决定认定事实清楚，适用法律正确，请求法院驳回原告诉讼请求。

回 法院经审理查明

申请商标系第 12954580 号"真品购"商标，由卓霖公司于 2013 年 7 月 22 日申请注册，指定使用在第 42 类"计算机程序设计、计算机软件设计、计算机硬件设计和开发咨询、计算机软件出租、计算机软件维护、计算机系统设计、计算机软件咨询、计算机系统远程监控、把有形的数据或文件转换成电子媒体、软件运营服务［SaaS］"服务上。2014 年 9 月 22 日，商标局针对申请商标作出《商标驳回通知书》，依据 2001 年《商标法》第十条第一款第（八）项、第三十条规定。以"真品购"作为商标，易产生消费者的误认，在社会中造成不良影响为由，驳回了申请商标的注册申请。

卓霖公司不服商标局驳回决定，于 2014 年 10 月 28 日向商标评审委员会提起驳回复审申请。主要理由为：（1）申请商标并未违反 2001 年《商标法》第十条第一款第（八）项的规定，应予注册。（2）申请商标由卓霖公司精心构思，具有独特的创意来源，有极强的显著性，不会造成消费者的误认。（3）卓霖公司在行业内具有极高的知名度和美誉度，且"真品购"商标经过宣传和使用，已经取得了很高的知名度，具有很强的显著性和识别性，申请商标的实际使用也并未造成消费者的误认，申请商标具有可注册性。（4）卓霖公司为宣传申请商标已经投入了大量的人力、物力、财力，申请商标经过长期使用已经占有大量的市场，并具有极大的经济价值，如果申请商标不予核准注册，卓霖公司将遭受巨大经济损失，不利于现有市场经济发展和消费者利益保护。（5）立足于我国商标法的基本原则，申请商标的注册并不与任何商标发生冲突，申请商标正常合法的注册应受到保护。因此，请求初步审定申请商标的注册申请。

卓霖公司为证明其主张，向商标评审委员会提交了以下主要证据：宣传资料、业务合作协议及经销合同、货物运输协议、网页摘录等。在该案审理过程中，卓霖公司为证明申请商标不具有欺骗性，不属于 2001 年《商标法》第十条第一款第（七）项规定的禁止作为商标使用的情形，不会引起消费者混淆误认，提交了卓霖公司签订的有关"真品购"网络平台的推广协议、授权书及对应发票；"真品购"平台宣传协定及发票、宣传册；产品图片、户外广告、门店及酒博会照片；新浪、网易、人民网等网站截图等证据。

另查，该案中卓霖公司在向商标评审委员会提交的《驳回商标注册申请复审申请书中》主张：申请商标并未违反 2001 年《商标法》第十条第一款第（八）项。该项理由载明：根据对申请商标的分析，申请商标"真品购"也并不属于容易误导公众的"容易使公众对商品或者服务的质量等特点产生误认"。

◎ **判决结果**

一审：判决驳回原告诉讼请求

◎ **裁判理由**

商标局驳回申请商标注册申请的决定中引用的法律依据虽然为 2001 年《商标法》第十条第一款第（八）项，但其论述的"以'真品购'作为商标，易产生消费者的误认"的理由，其实质指向了 2014 年《商标法》中第十条第一款第（七）项规定的情形。并且，卓霖公司虽然以 2001 年《商标法》第十条第一款第（八）项向商标评审委员会提起驳回复审申请，但是其复审申请书中载明：根据对申请商标的分析，申请商标"真品购"也并不属于容易误导公众的"容易使公众对商品或者服务的质量等特点产生误认"的情形。可见，在卓霖公司的驳回复审申请中已经就 2014 年《商标法》第十条第一款第（七）项的内容进行了实质上的意见陈述。而且，将 2001 年《商标法》第十条第一款第（八）项直接改为第（七）项，并不涉及事实的举证。因此，卓霖公司不会因商标评审委员会未给予其陈述意见的机会而产生错失举证进而导致实体权利丧失的后果。因此，商标评审委员会依据案件的具体情形，在 2014 年《商标法》第十条的项下修改了具体的款项的适用，依据 2014 年《商标法》第十条第一款第（七）项作出被诉决定，虽然程序上有瑕疵，但是，并未构成违反法定程序。

2014 年《商标法》第十条第一款第（七）项系关于内容欺骗性标志和产地欺骗性标志的禁注条款。根据该项规定，带有欺骗性，容易使公众对商品的质量等特点或者产地产生误认的标志不得作为商标使用。而内容欺骗性标志的认定，通常情况下至少应当满足以下三个要件：一是标志包含描述商品的质量、主要原料、功能、用途、重量、数量及其他特点的内容；二是相关公众容易将前述对商品特点的描述与标志指定使用商品本身的属性相联系，而该描述属于误导性描述；三是前述误导性描述足以影响相关公众的购买决定。

申请商标为"真品购"，从含义上消费者容易理解为"购买保真的产品、购买正品"，具有了描述商品质量的内容。申请商标指定使用的"计算机软件设计、计算机硬件设计和开发咨询"等服务虽不存在真品、假货的问题，但是相关公众容易认为卓霖公司提供的计算机软件设计等服务具有能够确保购买到的商品均能质量保真或确保购买到正品的功能。虽然卓霖公司主张该公司通过搭建网络平台、实施防伪技术等方式能够实现"消费者购买到有质量保证的名优产品"的目的，并提供了一定的证据予以证明，但是2014年《商标法》第十条第一款第（七）项规定的欺骗性是指具有欺骗公众的可能性。一旦该案申请商标获准注册，容易使得消费者认为卓霖公司的计算机软件设计服务具有确保消费者购买到真品的功能，进而使得消费者该项认知辐射到卓霖公司平台所提供的所有商品上，使消费者认为卓霖公司平台提供的商品均为质量保真的产品。因此，申请商标具有使消费者对商品的质量产生误认进而欺骗消费者的可能。并且，在消费者日益抵触假冒伪劣商品、追求商品的质量和保真度的情况下，前述误导性描述完全可能影响到消费者的购买决定。因此，商标评审委员会认定申请商标违反2014年《商标法》第十条第一款第（七）项规定结论正确。

回 案例解析

2014年《商标法实施细则》第五十二条规定，商标评审委员会审理不服商标局驳回商标注册申请决定的复审案件，发现申请注册的商标有违反《商标法》第十条规定情形，商标局未依据上述条款作出驳回决定的，可以依据上述条款作出驳回申请的复审决定。商标评审委员会作出复审决定前应当听取申请人的意见。

该案中，商标局依据2001年《商标法》第十条第一款第（八）项作出驳回决定，但是商标评审委员会作出复审决定的依据变更为2014年《商标法》第十条第一款第（七）项。因此，商标评审委员会作出被诉决定与商标局所作驳回决定的法律依据发生了变化。在此情况下，商标评审委员会应当给予卓霖公司陈述意见的机会。

该案中，无论是商标局的驳回决定还是卓霖公司的驳回复审请求，虽然所列法条皆为2001年《商标法》第十条第一款第（八）项，但实际指向的均为2014年《商标法》第十条第一款第（七）项。一方面，如若在行政程序中未给予当事人陈述意见的机会，则容易导致当事人的实体权利受到损害。另一方面，如果法条的变更适用中涉及事实认定的问题，则该部分事实必须查明，相关的证据必须经质证。故该案确定了在第十条第一款第（七）项和第（八）项中转换适用的两个条件，且缺一不可。

　　申请商标指定使用的"计算机软件设计、计算机硬件设计和开发咨询"等服务虽不存在真品、假货的问题，但是相关公众容易认为卓霖公司提供的计算机软件设计等服务具有能够确保购买到的商品均能质量保真或确保购买到正品的功能。虽然卓霖公司主张该公司通过搭建网络平台、实施防伪技术等方式能够实现"消费者购买到有质量保证的名优产品"的目的，并提供了一定的证据予以证明，但是 2014 年《商标法》第十条第一款第（七）项规定的欺骗性是指具有欺骗公众的可能性。一旦该案申请商标获准注册，容易使得消费者认为卓霖公司的计算机软件设计服务具有确保消费者购买到真品的功能，进而使得消费者该项认知辐射到卓霖公司平台所提供的所有商品上，使消费者认为卓霖公司平台提供的商品均为质量保真的产品。因此，申请商标具有使消费者对商品的质量产生误认进而欺骗消费者的可能。并且，在消费者日益抵触假冒伪劣商品，追求商品的质量和保真度的情况下，前述误导性描述完全可能影响到消费者的购买决定。因此，商标评审委员会认定申请商标违反 2014 年《商标法》第十条第一款第（七）项规定结论正确。

（撰稿人：宾岳成）

商标恶意抢注的判断

——株式会社资生堂诉商标评审委员会、第三人马某春商标无效宣告请求行政纠纷案

◎ 关键词

商标 恶意抢注

◎ 裁判要点

对于注册多枚知名标识作为商标，但并未构成数量巨大，因其所注册商标均为知名品牌或名称，恶意明显，应当视为恶意抢注，规制该行为。

◎ 相关法条

《商标法》第四十四条第一款

◎ 案件索引

一审：（2016）京73行初1163号（裁判日期：2016年6月22日）

二审：无，一审判决生效

◎ 基本案情

原告株式会社资生堂诉称：第三人马某春抢注包括争议商标在内的众多他人知名商标并售卖牟利，具有复制、抄袭他人高度知名商标的故意，违背了诚实信用原则，违反了2014年《商标法》第四十四条第一款的规定。被诉裁定认定事实不清，适用法律错误，请求法院依法予以撤销并判令被告重新作出裁定。

被告辩称：马某春注册商标的数量尚达不到巨大之程度，且无证据证明马某春系通过欺骗手段获得注册，故并未违反《商标法》第四十一条第一款的规定。被诉裁定认定事实清楚，适用法律正确，作出程序合法，请求法院予以维持。

◎ 法院经审理查明

争议商标系第 5086142 号"怡丽丝尔 YILISIER 及图"商标由马某春于 2005 年 12 月 27 日向国家工商行政管理总局商标局（简称"商标局"）提出注册申请，核定使用在第 26 类绣花饰品、发饰品、纽扣、假发、针、人造花、针线盒、拉链、帽饰品（非贵金属）、花边商品上。争议商标专用期限自 2009 年 6 月 21 日起至 2019 年 6 月 20 日止。株式会社资生堂在第 3 类化妆品等商品上注册有"怡丽丝尔""ELIXIR"商标，且注册申请日期早于争议商标注册申请日期，现为有效注册商标。第三人马某春除该案争议商标外，另注册有 50 枚商标，其中包括如"杜莎夫人""MeidiQi 美第奇"等商标。

◎ 判决结果

一审：撤销被诉裁定并责令商标评审委员会重新作出裁定，该案一审生效

◎ 裁判理由

第三人马某春所注册的争议商标与原告株式会社资生堂在先注册商标完全相同。此外，第三人还注册了近五十枚与他人在先知名商标或标识完全相同的商标，如杜莎夫人""MeidiQi 美第奇"，第三人注册争议商标具有明显的复制、抄袭原告商标的恶意，且第三人注册多枚他人知名商标标识的行为扰乱了正常的商标注册管理秩序，有损于公平竞争的市场秩序，应当予以禁止。

◎ 案例解析

该案涉及商标恶意抢注的判断问题，商标注册的目的在于使用，如何在案件中把握当事人多枚商标的注册是否为正常的使用目的，以及《商标法》第四十四条第一款以其他不正当手段取得注册的构成要件，为此类案件判断的要点与难点。

（1）对于"以其他不正当手段取得注册"的理解。《商标法》第四十四条第一款规定："已经注册的商标，违反本法第十条、第十一条、第十二条规定的，或者以欺骗手段或者其他不正当手段取得注册的"，其他单位或者个人可以请求宣告该注册商标无效。该条款是对前述《商标法》第十条、第十一条、第十二条规定性质相当的绝对禁止注册事由的兜底条款，通常理解为商标注册行为扰乱了正常的商标注册管理秩序，有损于公平竞争的市场秩序，有损于社会公共利益。如果仅抢注了特定主体的商标，虽然这种行为亦不符合一般的诚实信用原则，也只能通过商标法的其他条款予以保护，

仅损害了私权的行为不能通过《商标法》第四十四条第一款予以救济。

（2）对于《商标法》第四十四条第一款的扩大适用。虽然根据文义解释，该条款只能适用于已注册商标的撤销程序，而不适用于商标申请审查及核准程序。但是，对于在商标申请审查及核准程序中发现的以欺骗手段或者其他不正当手段申请商标注册的行为，若不适用该条款制止不正当注册的行为，等商标完成注册后再启动商标撤销程序，显然无法及时制止该行为，因此，该条立法精神应当贯彻在商标申请注册阶段以及核准程序阶段，在前述阶段若发现商标的注册违反了"以欺骗手段或者其他不正当手段申请注册商标的"规定的，应当参照《商标法》第四十四条第一款的规定及时制止该行为。当然，基于该条款是对于社会公共利益以及商标注册秩序的保护，只能在其他条款均无法规制该种行为时，才能适用此条款。

（3）"恶意抢注"行为为《商标法》第四十四条第一款规定的"以不正当手段取得注册"的最为典型的一种。"恶意抢注"的构成要件可以分为以下两个：根据《商标法》第四十四条第一款的立法精神，首先此种行为系为规制扰乱商标注册秩序的行为损害社会公共利益或公共秩序的行为，因此，在商标注册的数量上有一定的要求，通常需要注册有一定规模的商标，但是对于数量不应予以过于严格的限定。在考虑商标的数量时应当充分结合商标注册人的主观恶意以及注册多枚商标所可能产生的影响。其次，应当考察所注册商标是否为刻意复制、模仿在先的知名商标，如果仅注册了几枚商标，但均为在先知名的标识或商标，可以考虑适用该条款予以规制。若注册人注册有大量的商标，但这些商标均具有一定的独创性，不致与他人在先知名标识产生联想，即使注册了数量极其庞大的商标，也不应当适用该条款。最后，若在案证据可以证明，注册人在注册他人知名标识后，是否有贩卖商标的行为，以及商标注册人能否提供商标使用证据可以作为判断其主观恶意的重要依据之一作为参考。

（撰稿人：熊北辰）

"其他缺乏显著性特征"的认定

——四川付款宝网络科技有限公司诉 商标评审委员会商标驳回复审行政纠纷案

◎ **关键词**

商标注册　其他　显著性特征　兜底条款

◎ **裁判要点**

《商标法》在第十一条第一款第（三）项中增加"其他"兜底条款，从而解决了不具有通用性和叙述性标志之外的"其他不具有显著性"情况的法律适用问题。根据《商标法》的立法释义，除第十一条第一款第（一）项、第（二）项规定以外，依照社会通常观念其本身或者作为商标使用在指定使用商品或者服务上不具备表示产品或者服务来源作用的标志，归入第十一条第一款第（三）项的适用。针对申请商标"收款寶www.SKBao.com.cn"，从三个方面进行了阐述：属于过于复杂的文字、图形、数字、字母的组合；组成部分中含有不易被作为商标标志使用的域名；显著识别部分"收款寶"随着媒体与公众对类似商标的广泛使用，在没有使用证据的情形下，成为支付工具的代名词。

该案申请商标"收款寶www.SKBao.com.cn"指定的商品类别是第9类。两者相结合进行认定，相关公众并不会认为其为商标指定商品上的通用词汇或描述该商品内容等特点的词汇。且经过论证分析后可以认定申请商标"收款寶www.SKBao.com.cn"属于《商标法》第十一条第一款第（三）项"其他缺乏显著特征的"情形。

◎ **相关法条**

《商标法》第十一条第一款第（三）项、第二款、第三十条

◎ **案件索引**

一审：（2015）京知行初字第6204号（裁判日期：2016年3月21日）

二审：（2016）京行终3841号（裁判日期：2016年10月17日）

◎ **基本案情**

申请商标系第 13913683 号"收款寶 www.SKBao.com.cn"商标，由四川付款宝网络科技有限公司（简称"付款宝公司"）于 2014 年 1 月 14 日申请注册，指定使用在第 9 类"计算机、钱点数和分拣机、传真机、电子公告牌、可视电话、摄像机、照相机（摄影）、电源材料（电线、电缆）、芯片（集成电路）、工业遥控操作用电气设备"商品上。

2015 年 1 月 7 日，商标局作出《商标驳回通知书》，认为申请商标文字用于指定商品上缺乏显著特征，决定驳回申请商标的注册申请。付款宝公司不服商标局驳回决定，向商标评审委员会提起驳回复审申请。2015 年 10 月 15 日，商标评审委员会作出商评字〔2015〕第 72062 号《关于第 13913683 号"收款寶 www.SKBao.com.cn"商标驳回复审决定书》，决定申请商标不予注册。该决定认定：申请商标使用在计算机、钱点数和分拣机、传真机等商品上，消费者不易将其作为商标加以识别，难以起到区分服务来源的作用，因此申请商标缺乏作为商标应有的显著性，已构成《商标法》第十一条第一款第（三）项所指的情形。付款宝公司其他商标获准注册的事实与该案不具有关联性，不能成为该案申请商标获准注册的当然理由。此外，付款宝公司提交的证据材料不足以证明申请商标经过使用已经取得显著特征。

付款宝公司不服上述决定，向北京知识产权法院提起行政诉讼，提出申请商标"收款寶 www.SKBao.com.cn"由文字和域名组成，系付款宝公司臆造，不属于固有词汇，商标本身具有显著特征；付款宝公司已经在 35 类和 36 类服务上获准注册了"款寶 KuanBao.com"商标，与公司的商号形成对应关系，申请商标系对"款寶 KuanBao.com"商标的变动，同样具有显著性，也应当获准注册；申请商标经过使用和宣传进一步获得了显著性，已经获准注册的"款寶 KuanBao.com"商标的宣传和使用也加强了申请商标的显著性。

◎ **判决结果**

一审：驳回原告付款宝公司的诉讼请求
二审：驳回上诉，维持原判

◎ **裁判理由**

商标作为用来区分识别商品或者服务来源的标志，标志本身的显著性是商标的本质属性，该显著性主要体现为"识别性"。所谓识别性，是就标志与对象之间的关系而言的，它要求标志应当是简洁的、可记忆的。而商标的识别作用最终实现的是将具有共同来源的商品或者服务加以特定化。《商标法》要求商标标志具有显著特征，其中第十一条第一款第（一）项和第（二）项所规定的，仅有本商品的通用名称、图形、型号，或者仅直接表示商品的质量、主要原料、功能、用途、重量、数量及其他特点的，作为缺乏显著特征进行了例举。为了使逻辑上更周延，《商标法》在第十一条第一款第（三）项中增加"其他"兜底条款，从而解决了不具有通用性和叙述性标志之外的"其他不具有显著性"情况的法律适用问题。根据《商标法》的立法释义，除第十一条第一款第（一）项、第（二）项规定以外，依照社会通常观念其本身或者作为商标使用在指定使用商品上不具备表示商品来源作用的标志。一般认为，"其他不具有显著性"包括如下情形：过于简单的线条、普通几何图形，过于复杂的文字、图形、数字、字母或上述要素的组合，一个或者两个普通表现形式的字母，普通形式的阿拉伯数字指定使用于习惯以数字做型号或货号的商品上，指定使用商品的常用包装、容器或者装饰性图案，单一颜色，非独创的表示商品或者服务特点的短语或者句子，本行业或者相关行业常用的贸易场所名称，本行业或者相关行业通用的商贸用语或者标志，企业的组织形式、本行业名称或者简称等。

该案中，申请商标"收款寳 www.SKBao.com.cn"指定的商品类别是第9类。两者相结合进行认定，相关公众并不会认为其为商标指定商品上的通用词汇或描述该商品内容等特点的词汇。所以，申请商标是否属于"其他不具有显著性"的情形以及是否具有识别性仍需进行认定。

首先，申请商标中的"www.SKBao.com.cn"部分系域名，该标志不具有商标所通常具有的表现形式。网络域名作为在网络领域的企业名称（商号），其本身并不能承载商誉，只能用于传达经营者的主体信息，进而区别不同市场主体。此类主体性识别标志的识别作用最终实现的是对市场主体的特定化，而不具备商标直接发挥区分不同商品或者服务来源的功能。同时，"www"".com"与".cn"部分为中国广泛使用的网络域名组成要素，在一定程度上属于网络领域中的"公共资源"，其缺乏作为商标标志的显著性。

其次，从申请商标的构成特征与字体格式来看，申请商标"收款寳 www.SKBao.com.cn"由"收款寳"及"www.SKBao.com.cn"组合而成。"收款寳"为繁体隶书字体；而"www.SKBao.com.cn"可按照内在逻辑拆分为三个部分，"www"表示万维网；"SK"为"收款"的拼音首字母简写，"Bao"为"宝"字的拼音拼读，其中"SKB"均为大写英文字母，"ao"为小写英文字母；".com"系国际顶级域名，".cn"系中国顶级域名，是工商企业的互联网标识。由此可见，申请商标由诸多因素以多种格式组合而成，既包含有繁体隶书字体汉字，也有以大写英文字母、小写英文字母与标点符号结合而成的网络域名，其标志过于复杂，缺乏作为商标标志而存在的识别性，相关公众不易将标志作为商标进行识别。

最后，从申请商标的内在含义方面，针对"收款寶"部分，依照消费者对中文的认读习惯，"收款寶"中"收款"系"寶"的修饰词，"收款"在词义上表示接受、获得资金或利益，使用在申请商标指定商品上，容易被相关公众理解为一种理财工具、理财产品。而"宝"一字，较为普遍的字面含义表示"珍贵的东西"，随着媒体与公众对该字的广泛使用，如在淘宝购物网站上对商品以"宝贝"代称，生活中常见的充电工具"充电宝"，以及"阿里巴巴"使用在金融服务上"支付宝""余额宝"的大规模商业使用，"宝"字已衍伸为"商品"或"工具"的含义，从而使其在商标上的显著性逐渐弱化。因此，"收款"与"寶"均为常用词汇，本身缺乏显著特征。即使"收款"与"寶"二者结合在一起使用在指定商品上，亦未增加其显著特征，并具有商标法上的识别性。"收款"与"寶"的结合也属于常见的字词组合，并非独创性的标识。

综上所述，申请商标"收款寶 www.SKBao.com.cn"属于《商标法》第十一条第一款第（三）项"其他缺乏显著特征的"情形。

◎ 案例解析

商标本质上是一种标记，其功能为对商品或服务进行区分。而商标显著性则是这种标记必须具备之核心属性，其重要性在对商标的定义中已一目了然，故被称为"商标保护之灵魂"。对商标显著性之界定，大体存在"构成要素论"和"商标功能论"两种学说。前者侧重于商标本身，认为是其具有的特异性；后者侧重于商标作用，认为是将商品和服务区分开的功能。商标显著性可被定义为，能够表明其商品或服务出处并与市场上其他商品或服务相区别之属性，这种属性由可视、可听，甚至可嗅之要素形成或组成之标识所拥有。❶

根据商标法的基本原理，任何具有显著性的标识都可以被注册为商标，而显著性就体现为有关标识具备区分某种产品或服务不同提供者的能力，当某个标识先天缺乏这种区别能力时，通过使用而产生的实际显著性也可以被商标注册制度认可。显著性是市场公众对商标的一种认知评判，即为消费者的一种主观心理态度，而这种态度又随着主客观原因产生着变化。所以，对消费者心理产生影响的各种因素，也即对商标显著性产生影响的因素。《商标法》第十一条是关于禁止缺乏显著特征的标志作为商标注册以及商标经过使用取得显著特征的规定。根据《商标法》第九条规定，申请注册

---

❶ 赵析蔓. 商标显著性研究［J］. 公民与法，2016（7）.

的商标应当具有显著特征，便于识别。可识别性是商标的基本特征。生产经营者通过商标推介自己的商品和服务，消费者通过商标区别不同生产经营者的商品和服务。如果商标不具有显著特征，就无法实现商标的功能，也就无法作为商标申请注册。商标显著特征的判定应当综合考虑构成商标的标志本身（含义、呼叫和外观构成）、商标指定使用商品、商标指定使用商品的相关公众的认知习惯、商标指定使用商品所属行业的实际使用情况等因素。下列标志一般不具有显著特征，不得作为商标申请注册：

（1）仅有本商品的通用名称、图形、型号的。例如，将"苹果"的文字或者苹果的图形作为苹果这种水果的商标，将表示加大码的"XL"作为服装的商标。

（2）仅直接表示商品的质量、主要原料、功能、用途、重量、数量及其他特点的。例如，将"纯净"作为饮用水的商标，将"柴鸡"作为调味品的商标，将"安全"作为漏电保护器的商标，将"50kg"作为大米的商标，将"蜡染"作为布的商标等。

（3）其他缺乏显著特征的。例如，过于简单的线条、普通几何图形等。

另外，商标是经过使用取得显著特征的。商标显著特征的取得有两种途径：一是通过对商标构成要素的精心设计，使商标具有显著特征；二是通过使用得到公众认同，使商标产生显著特征。在实践中，确有一些原来没有显著特征的商标经过使用后，使消费者能够通过其识别商品或者服务的来源，即经过使用产生了显著特征，对于此类商标，国际通行做法是给予注册保护。世界贸易组织《与贸易有关的知识产权协定》第十五条第一款规定，即使有的标记本来不能区分有关商品或者服务，成员亦可依据其经过使用而获得识别性，确认其可否注册。因此，本条第二款规定，前款所列标志经过使用取得显著特征，并便于识别的，可以作为商标注册。

商标显著性是商标所具有的本质特征，最终以社会消费者的心理认知水平来体现。商标是否具有显著性，显著性程度的大小，除了由其本身的内容决定之外，后期对商标的管理经营，市场上其他商标对该商标的影响也成为判断其显著性所要考虑的重要因素。因而，在该案中，申请商标并不具有商标所通常具有的表现形，且标志过于复杂，缺乏作为商标标志而存在的识别性，相关公众不易将标志作为商标进行识别。另外，"收款"与"寶"二者结合在一起属于常见的字词组合，并非独创性的标识。最后，付款宝公司提交的网页打印件等材料，不能认定"收款寶 www.SKBao.com.cn"进行了商标法意义上的使用，并在相关公众中产生了识别作用，即公司后期对商标的管理经营并未增加市场对该商标的影响。因此，无法认定申请商标经过宣传和使用而使该标志取得了显著性。

（撰稿人：王曹翼）

立体商标申请的形式规范要求

——绝对有限公司诉商标局其他商标行政纠纷案

◙ **关键词**

   商标　立体商标　形式规范

◙ **裁判要点**

   商标申请的形式规范性要求，是从实现行政文件的标准化出发，通过统一的标准格式，确定申请商标专用权的范围、划清申请商标的权利保护边界，也便于相关公众知晓申请商标的权利内容和保护范围，鼓励正当竞争。该案中，商标局要求绝对有限公司补正的 10cm×10cm 商标图样能够清晰辨认每一个英文字母，但其经补正的商标图样仍不能做到清晰辨认，不符合规范化的要求。

◙ **相关法条**

   《商标法实施条例》第十三条第二款、第十八条第二款

◙ **案件索引**

   一审：（2016）京 73 行初 3263 号（裁判日期：2016 年 11 月 28 日）
   二审：无，一审判决生效

◙ **基本案情**

   原告绝对有限公司诉称，其已按商标局《补正通知书》的要求，在规定期限内向商标局提交了清晰的 10cm×10cm 商标图样，详细注明了申请商标中全部外文的规范写法和中文含义。由于客观上 10cm×10cm 商标图样确实无法精确地识别商标中每一个英文字母，为方便商标局在审查过程中能够更容易地看清楚申请商标的构成元素，绝对有限公司还另附了一张原始比例的商标图样 A4 纸打印件和一张原始比例的商标图样电子版刻录光盘。绝对有限公司已经尽最大努力提交了清晰的商标图样，商标局理应受理。

被告辩称：绝对有限公司在商标注册申请时报送的 10cm×10cm 商标图样不清晰，商标局要求其报送清晰图样，但其补正后的 10cm×10cm 商标图样仍不清晰、无法辨认，这将导致后续审查的困难和商标专用权保护的不明晰。绝对有限公司的行为属于不按照要求进行补正的情形，商标局不予受理并无不当。

◙ 法院经审理查明

申请商标系第 17108370 号"ABSOLUT MANDRIN 及图（立体标志）"商标，由绝对有限公司于 2015 年 6 月 3 日向商标局提出注册申请。

2015 年 11 月 11 日，商标局作出《补正通知书》，要求绝对有限公司：（1）应报送清晰的商标图样，图样中的每个英文字母均应清晰，尤其是酒瓶身上每个英文字母均应清晰。注意：不得改变原申报的商标图样，所加盖章戳不得覆盖补正内容（图样或文字）；（2）应在商标说明栏内注明全部外文的规范写法及中文含义。若有放弃专用权部分应说明。根据 2014 年《商标法实施条例》第十八条的规定，绝对有限公司应自收到通知书之日起 30 日内，按照指定内容补正并交回商标局。在规定期限内补正并交回商标局的，保留申请日期；期满未补正的或者不按照要求进行补正的，不予受理。

2015 年 12 月 17 日，绝对有限公司在《补正通知书》原件相应位置粘贴了补正后的 10cm×10cm 申请商标图样，同时附上一张申请商标的 A4 纸大图及一张含有申请商标电子版图样的光盘，并在《补正通知书》上填写如下商标说明，将其交回商标局："商标中的瓶身上的外文从上至下依次为：（1）图形徽章内的内容为：COUNTRY OF SWEDEN ABSOLUT。其中，'COUNTRY OF SWEDEN' 译为 '瑞典'，表明了申请人的所在国家；'ABSOLUT' 是申请人的商号，也是申请人的主要品牌，意为 '绝对伏特加'。（2）ABSOLUT 译为 '绝对伏特加'。（3）MANDRIN 译为 '柑橘味'。（4）A superb vodka with a taste of mandarin. This citrus twist is an Absolut classic, crafted in the village of Ahus, Sweden. Absolut since 1879. 整体意思是 '带有柑橘味的优质伏特加。此柑橘味产品为绝对伏特加的经典之作，在瑞典奥胡斯灌装。绝对伏特加，自 1879 年创立'。"

2015 年 12 月 29 日，商标局作出《不予受理通知书》，认为绝对有限公司补正后的商标图样仍不清晰，未按要求进行补正。根据 2014 年《商标法实施条例》第十八条的规定，此件申请商标局不予受理。

◙ 判决结果

一审：驳回原告诉讼请求，该案一审生效

◎ **裁判理由**

根据《商标法实施条例》第十三条第二款、第十八条第二款的规定，认定申请商标图样是否清晰的依据就是最大 10cm×10cm 的商标图样。该案中，商标局要求绝对有限公司补正的 10cm×10cm 商标图样能够清晰辨认每一个英文字母，但绝对有限公司提交的经过补正的 10cm×10cm 商标图样，仍不能做到清晰辨认，不符合规范化的要求，这将导致申请商标专用权保护不清晰、权利范围边界不明确等问题。因此，商标局据以认定绝对有限公司未按要求进行补正并对该商标注册申请不予受理，并无不妥。

◎ **案例解析**

该案涉及立体商标申请的形式规范要求问题，这是立体商标申请中比较突出的一个问题。

一、立体商标的概念

立体商标，是指由三维标志或者含有其他标志的三维标志构成的商标。立体商标可以是商品本身的形状、商品的包装物或者其他三维标志。《商标法》第八条规定，任何能够将自然人、法人或者其他组织的商品与他人的商品区别开的标志，包括文字、图形、字母、数字、三维标志、颜色组合和声音等，以及上述要素的组合，均可以作为商标申请注册。立体商标在世界多数国家均给予保护，但是相对于平面商标，各国对立体商标的审查均持谨慎态度，根源在于立体商标的申请注册涉及与外观设计或实用新型专利权的冲突与协调以及公共利益的影响等。

二、立体商标申请的形式规范性要求

在立体商标申请的形式审查方面，法律作出了明确的规定。《商标法实施条例》第十三条对立体商标申请的规范要求规定为：申请商标注册，应当按照公布的商品和服务分类表填报。每一件商标注册申请应当向商标局提交《商标注册申请书》一份、商标图样一份。商标图样应当清晰，便于粘贴，用光洁耐用的纸张印制或者用照片代替，长和宽应当不大于 10cm，不小于 5cm。以三维标志申请商标注册的，应当在申请书中予以声明，说明商标的使用方式，并提交能够确定三维形状的图样，提交的商标图样应当至少包含三面视图。商标为外文或者包含外文的，应当说明含义。而《商标法实施条例》第十八条第二款也对当事人申请商标所提交规范的不同情况的不同处理程序进行了明确：商标注册申请手续齐备、按照规定填写申请文件并缴纳费用的，商标局予以受理并书面通知申请人；申请手续不齐备、未按照规定填写申请文件或者未缴纳费用的，商标局不予受理，书面通知申请人并说明理由。申请手续基本齐备或者申请文件基本符合规定，但是需要补正的，商标局通知申请人予以补正，限其自收到通知之日起三十日内，按照指定内容补正并交回商标局。在规定期限内补正并交回商标局的，保留申请日期；期满未补正的或者不按照要求进行补正的，商标局不予受理并书面通知申请人。另一方面，《商标审理及审查标准》在"立体商标的形式审查"章节中对申请立体商标的形式规范要求作出了相应的规定：申请注册立体商标的，申请人应当在申请书中予以声明。未声明的，视为平面商标。申请注册立体商标的，申请人应当提交能够确定三维形状的商标图样。需要提交多视图的，应当放在同一张商标图样中，且最多不得超过 6 幅。商标图样的长或者宽不得大于 10cm，不小于 5cm。

　　该案从商标申请的规范性要求角度，阐述商标局要求确保提交的最大 10cm×10cm 范围内的商标图样清晰的法律意义。商标申请的形式规范性要求，是从实现行政文件的标准化出发，通过统一的标准格式，确定申请商标专用权的范围、划清申请商标的权利保护边界，也便于相关公众知晓申请商标的权利内容和保护范围，鼓励正当竞争。根据上述规定，商标申请人提交的申请商标图样最大不能超过 10cm×10cm，在这个范围内，商标图样应当保证清晰易辨认。该案中，认定申请商标"ABSOLUT MANDRIN 及图（立体标志）"是否清晰的依据是最大 10cm×10cm 的商标图样。申请商标的原始比例清晰大图以及电子版图样的光盘并不是审查商标图样清晰度的参照。在商标局《补正通知书》要求绝对有限公司补正的 10cm×10cm 商标图样能够清晰辨认每一个英文字母的情况下，绝对有限公司提交的经过补正的商标图样仍不能做到清晰辨认，不符合法律规定的规范化要求。因此，商标局据此对该商标注册申请不予受理并无不妥。

（撰稿人：杨振）

欺骗性的判断

——帕拉迪欧美容集团诉商标评审委员会商标申请驳回复审行政纠纷案

◎ **关键词**

商标　欺骗性

◎ **裁判要点**

《商标法》第十条第一款第（七）项是绝对性条款，只要申请商标中的一部分违反了该规定，则对于整个申请商标不予核准注册。

◎ **相关法条**

《商标法》第十条第一款第（七）项

◎ **案件索引**

一审：（2015）京知行初字第6072号（裁判日期：2016年7月28日）

二审：无，一审判决生效

◎ **基本案情**

原告帕拉迪欧美容集团诉称，"herbal & vitamin enriched cosmetics"部分并非是申请商标的显著识别部分，而且申请商标指定的第3类商品中确实含有"草药"和"维生素"成分，"herbal & vitamin enriched cosmetics"是对商品的客观描述，不会引发消费者对于商品原料等特点的误认，不应适用《商标法》第十条第一款第（七）项的规定。

被告商标评审委员会辩称：申请商标的"herbal & vitamin enriched cosmetics"部分可译为"富含草本和维他命的化妆品"，即使其占整个商标的比例较小，但仍然是其组成部分之一；只要申请商标具有欺骗性，易使消费者对商品的原料等特点产生误认，就符合《商标法》第十条第一款第（七）项的规定。

◎ **法院经审理查明**

申请商标系第 13119729 号 "PALLADIO herbal & vitamin enriched cosmetics" 商标，由帕拉迪欧集团于 2013 年 8 月 22 日向商标局提出注册申请，指定使用商品为第 3 类：化妆品；梳妆用品；香水；指甲油；口红；润唇膏；唇线笔；眼影膏；眼线笔；染睫毛油；腮红；定妆粉。

◎ **判决结果**

一审：驳回原告诉讼请求，该案一审生效

◎ **裁判理由**

"herbal & vitamin enriched cosmetics" 可译为 "富含草本和维他命的化妆品"，其使用 "富含" 一词，本身就带有欺骗性。加之申请商标指定使用的 "化妆品；梳妆用品；香水；指甲油；口红；润唇膏；唇线笔；眼影膏；眼线笔；染睫毛油；腮红；定妆粉" 等商品的相关公众主要为女性消费者，而女性消费者有出于健康考虑更青睐于购买纯天然的富含草本、维生素等成分的化妆品的消费倾向，且多数女性消费者对 "herbal" "vitamin" 等常用的与化妆品成分有关的英文单词有一定程度的熟识和辨认，也能够通过便捷的方式查询获知其具体含义。因此，当这些成分描述与其指定使用的 "化妆品" 等商品相结合时，申请商标则更加具有欺骗性，更容易使相关公众产生指定商品原料纯天然对皮肤伤害更小、更健康的误认，进而影响其购买决定。申请商标由两部分组成，虽然涉及适用《商标法》第十条第一款第（七）项的部分并非该申请商标最为显著识别的部分。但是，由于该条是绝对性条款，代表了公众的利益，只要申请商标含有违反该规定的部分，则对于整个申请商标不予核准注册。同时，欺骗性的认定并不以申请商标指定使用商品中的具体原料成分作为判断标准，而是指标志本身或者与指定产品结合后是否产生欺骗性，即申请商标指定使用的实际产品中是否真的富含草药和维生素的纯天然原料成分，与该条款所规定的欺骗性并无关联。

◎ **案例解析**

该案涉及商标欺骗性的判断问题。商标欺骗性判断是商标驳回案件中非常典型的一类案件。

一、商标欺骗性的概念

《商标法》第十条第一款第（七）项规定：带有欺骗性，容易使公众对商品的质量等特点或者产地产生误认的标志，不得作为商标使用。所谓欺骗性标志，是指标志本身或其构成要素具有欺骗性，容易使相关公众对商品的来源、产地、质量、质量、特点等产生错误的认识，误导消费。《巴黎公约》第六条之五明确规定，违反道德或公共秩序，尤其是具有欺骗性质的商标得拒绝注册或是使之无效。世界上大多数国家都把欺骗性作为拒绝注册的绝对理由之一。

二、欺骗性的判断

1. 欺骗性指的是对商品特点的误认

欺骗性指向的是对商品本身特点的误导和欺骗，即对商品本身的属性，包括产地、原料、内容、性质、功能、用途、特点的误认，而非商标识别功能所指向的商品提供主体的误认。

2. 欺骗性判断应当考虑商品类别

在判断是否具有欺骗性时，应当结合申请商标指定使用的商品进行考虑。因为除非有些质量、特点的描述一看就是虚假或具有误导性，其他的比如产地、商品的内容、功能、用途等，通常要考虑商品类别来具体判断，单纯的标志本身很难认定。在认定该案申请商标中 "herbal & vitamin enriched cosmetics" 这种描述是否具有欺骗性时，就需要考虑到其指定使用的 "化妆品" 等商品来判断。但是另一方面，欺骗性是指标志本身或者与指定产品结合后是否会产生欺骗性的问题，申请商标指定使用商品中是否真的含有这样的成分，并不是认定欺骗性的标准。如果申请商标指定使用的商品未含有其描述的成分，则该商标可能涉及欺骗性条款；如果其指定使用的商品含有这种描述的成分，则该商标标志还可能涉及缺乏显著性的问题。

3. 欺骗性判断要以相关公众为主体

在判断欺骗性时，应当以相关公众的普通认知水平及知识认知能力出发，对标志本身的具体内容进行相应的界定，即可以通过工具书或者公众已经形成固定含义的标志进行解释。该案中，申请商标指定使用的商品为 "化妆品" 等，这些商品的相关公众以女性消费者为主。通过分析女性消费者对化妆品的消费状况来看，她们的消费倾向当中确实存在购买纯天然的富含草本、维生素等成分化妆品的选择喜好。而且，"herbal" "vitamin" 虽然为英文，但是比较常用的英文单词，并且，通过英文词典、手机软件等很容易获得这些词汇的具体含义。因此，申请商标的 "富含草本和维他命的化妆品" 的这种描述就可能误导、影响女性消费者的选择和购买化妆品的决定。

4. 欺骗性判断是一种综合性的判断

认定欺骗性，前提是标志对商品的产地、原料、内容、性质、功能、用途、特点等具有一定描述性。这种描述性通常体现为地名、产区、原料名称、功能用途特点等描述性用语等。但是，是否具有欺骗性是一种综合性的判断，关键是看整体上相关公众是否会注意到这种描述性并被误导。由于欺骗性条款属于从公众利益出发的商标禁用禁注的绝对性条款，因此，即使申请商标只是部分含有这种描述，而且即便该部分并非商标的显著识别部分，也要对整个申请商标不予核准注册。该案申请商标的"herbal & vitamin enriched cosmetics"部分，虽然只占整个申请商标的很小一部分，但是"富含"一词的表述使得该标志本身就带有欺骗性，同时考虑到相关公众在指定商品上对该商标标志的认知，这一描述更加会误导公众的购买决定，如此一来，申请商标则更加具有欺骗性。

（撰稿人：杨振）

驰名商标认定的证据要求

——蔡某海诉商标评审委员会、第三人福特汽车公司商标异议复审行政纠纷案

◙ **关键词**

驰名商标跨类保护　域外证据　公证认证　互联网

◙ **裁判要点**

法律之所以赋予相关公众所熟知的商标，即驰名商标可以阻却跨商品或者服务类别的近似商标进行注册的效力，是为了更好地发挥驰名商标所承载的商誉及表彰功能，遏制对驰名商标进行非法抢注的不诚信行为。而驰名商标跨类延伸其效力应当与其知名度的程度相当，同时考虑驰名商标核定使用的商品与争议商标指定商品之间的关联程度。

互联网信息的快速传播和同步性使得对其真实性的甄别具有了一定的基础。针对来源于互联网的网页证据，机械地仅以境外形成未经公证认证就否认其真实性并不符合立法原意。该案中，"全球最佳品牌排行"网页打印件发布主体以及每年的排名情况均能从国内网站查询并获取相关信息，已具备甄别的基础。作为在网络上盛传的民间评价载体，在没有相反证据的情况下，可以认定其真实性。

◙ **相关法条**

《商标法》第十三条第三款、第十四条

《最高人民法院关于行政诉讼证据若干问题的规定》第十六条

◙ **案件索引**

一审：（2015）京知行初字第2709号（裁判日期：2016年4月28日）

二审：无，一审判决生效

回 **基本案情**

该案中，诉争商标系第 5403214 号"Ford 福特 Ford 及图"商标，由蔡某海于 2006 年 6 月 7 日申请注册，指定使用在第 7 类"木材加工机、制革机、风力动力设备、制笔机械、气动焊接设备、石油开采、石油精炼工业用机器设备"商品上，经商标局初步审定并公告。

引证商标一系第 676559 号"Ford 及图"商标，由福特汽车公司于 1992 年 12 月 11 日申请注册，核定使用在第 12 类"车辆、陆地、航空和水上运载器"商品上，于 1994 年 2 月 7 日获准注册，经续展专用权限至 2024 年 2 月 6 日。

引证商标二系第 75656 号"FORD"商标，由福特汽车公司申请注册，核定使用在第 12 类"汽车和发动机底盘"商品上，经续展专用权限至 2026 年 11 月 21 日。

引证商标三系第 959057 号"福特"商标，由福特汽车公司于 1995 年 6 月 29 日申请注册，核定使用在第 12 类"汽车、陆地、航空和水上机动运载器"商品上，于 1997 年 3 月 7 日获准注册，经续展专用权限至 2017 年 3 月 6 日。

2011 年 2 月 5 日，商标局作出（2011）商标异字第 47927 号《"福特 FORD"商标异议裁定书》，裁定诉争商标予以核准注册。福特汽车公司不服商标局裁定，向商标评审委员会提起异议复审程序。2015 年 3 月 16 日，商标评审委员会作出商评字〔2015〕第 23129 号《关于第 5403214 号"Ford 福特 Ford 及图"商标异议复审裁定书》，裁定诉争商标不予核准注册。该裁定认定：根据在案证据及查明的事实，福特汽车公司的引证商标在车辆、汽车商品上经长期、广泛的宣传和使用已具有较高的知名度，依据《商标法》第十四条第一款的规定可以认定引证商标一在车辆商品上、引证商标二在汽车商品上、引证商标三在汽车商品上为驰名商标。诉争商标"Ford 福特 Ford 及图"与具有较强独创性的引证商标一"Ford 及图"、引证商标二"FORD"、引证商标三"福特"文字构成相同，图形及文字设计极为相近，诉争商标已经构成对引证商标一、引证商标二、引证商标三的复制、摹仿。蔡某海将与福特汽车公司驰名商标近似的诉争商标申请注册在第 7 类木材加工机等商品上的行为，不正当地借用了他人驰名商标的市场声誉，可能会误导公众，且易导致福特汽车公司驰名商标显著性的淡化，从而损害福特汽车公司的合法权益。故诉争商标的申请注册已构成《商标法》第十三条第三款所禁止的复制、摹仿他人已注册驰名商标的情形。

蔡某海不服上述裁定，向北京知识产权法院提起行政诉讼，认为评审阶段福特汽车公司提交的证据中涉及引证商标知名度的很少，其中，《全国重点商标保护名录》并不意味着引证商标达到了驰名的程度，"全球最佳品牌排行"属于域外证据，也缺乏公信力，不足以证明三个引证商标满足了《商标法》第十四条关于驰名商标认定的规定；诉争商标指定使用的"木材加工机、制革机"等商品也与"汽车"商品缺乏关联性，具有显著差别，并不会误导公众，也不会使福特汽车公司利益受到损害。

◎ **判决结果**

一审：驳回原告蔡某海的诉讼请求

◎ **裁判理由**

《商标法》第十三条第三款规定："就不相同或者不相类似商品申请注册的商标是复制、摹仿或者翻译他人已经在中国注册的驰名商标，误导公众，致使该驰名商标注册人的利益可能受到损害的，不予注册并禁止使用"。之所以赋予相关公众所熟知的商标，即驰名商标可以阻却跨商品或者服务类别的近似商标进行注册的效力，是为了更好地发挥驰名商标所承载的商誉及表彰功能，遏制对驰名商标进行非法抢注的不诚信行为。

根据《商标法》第十四条第一款规定，根据当事人的请求，认定驰名商标通常考虑的因素包括：（1）相关公众对该商标的知晓程度；（2）该商标使用的持续时间；（3）该商标的任何宣传工作的持续时间、程度和地理范围；（4）作为驰名商标受保护的记录；（5）该商标驰名的其他因素。

该案福特汽车公司在行政程序中提交了大量证据。其中，使用在"汽车及零配件"商品上的"福特 FORD"商标入选 1999 年及 2000 年"全国重点商标保护名录"，可以作为引证商标驰名保护的记录。在案证据也显示《北京日报》《中国消费者报》《南方周末》《汽车之友》《汽车博览》等报刊在诉争商标申请日前已经对使用在汽车商品上的引证商标进行了长期、大量的宣传，"Ford 福特"品牌的汽车也多次参加中国境内举办的车展，福特汽车公司还设立了"福特汽车环保奖"。

蔡某海主张福特汽车公司复审阶段提交的"全球最佳品牌排行"证据属于域外证据，未经公证认证不应予以采纳。对此，法院认为：《最高人民法院关于行政诉讼证据若干问题的规定》第十六条规定，当事人提交在我国领域外形成的证据，应当说明来源，经所在国公证机关证明，并经中国驻该国使领馆认证。这一规定对境外形成的证据提出了严格的形式要件，即履行公证认证或者其他证明手续。其出发点在于人民法院对境外形成的证据难以进行调查核实，只有借助权威机构的公信力予以补强，通过对在境外形成的证据本身施加若干程序或手续上的限制，以增强证据的真实性。但是，互联网技术将全球互联互通，该特性使得虚拟世界中地理意义上的国界概念被打破，互联网信息的快速传播和同步性使得对其真实性的甄别具有了一定的基础，例如可以通过互联网信息发布主体等因素进行甄别。互联网信息本身的真实性更多地与发布的主体息息相关，现实生活中也积累了一批受众广泛、权威性较强的稳定的互联网信息发布主体，比如世界五百强排行等。因此，针对来源于互联网的网页证据，机械地仅以在境外形成未经公证认证就否认其真实性并不符合立法原意。该案中，"全球最佳品牌排行"系美国 Interbrand 品牌价值评估公司与《商业周刊》联合推出，其发布主体以及每年的排名情况均能从国内网站查询并获取相关信息。在案的其他证据也能佐证"Ford 及图"品牌的知名度，蔡某海亦未提供否定该排名真实性的证据。"全球最佳品牌排行"作为在网络上盛传的民间评价载体，可以认定其真实性。因此，"全球最佳品牌排行"与在案其他证据已经足以证明引证商标一在车辆商品上，引证商标二、引证商标三在汽车商品上具有极高的知名度，达到了驰名的程度，构成已在我国注册的驰名商标。对于已在我国注册的商标进行驰名商标的认定，根据处理案件的需要进行。因此，驰名商标跨类延伸其效力应当与其知名度的程度相当，同时考虑驰名商标核定使用的商品与争议商标指定商品之间的关联程度。

该案中，诉争商标完整包含了福特公司的三个引证商标，且系三个引证商标的简单组合，构成了对引证商标的复制、摹仿。基于三个引证商标的驰名程度及诉争商标与引证商标的高度近似，诉争商标在制革机、木材加工机、风力动力设备等商品上申请注册，不正当地利用了福特汽车公司驰名商标的市场声誉，容易使消费者将诉争商标与引证商标产生关联进而误导消费者，减弱驰名商标的显著性，使福特汽车公司的利益可能受到损害。因此，商标评审委员会认定诉争商标违反了《商标法》第十三条第三款的规定没有错误，法院予以确认。

◎ **案例解析**

驰名商标作为相关公众所熟知的商标，由于其知名度遍及全国，使用时间较长、使用规模较大，法律给予其特别保护。即使在非类似的商品上使用，也可能因为联想，出现对驰名商标的弱化、丑化或者"搭便车"的情况，故商标法依据其特殊性，赋予与其承载的商誉相匹配的扩大的保护范围。

按照《商标法》第十三条第三款的逻辑，已注册商标如果期望获得驰名商标的跨类保护，需分为驰名商标的认定、驰名商标保护范围的确定两个步骤。对于驰名商标的认定，《商标法》第十四条规定，需依照当事人的请求，作为处理涉及商标案件需要认定的事实进行认定。法院对上述事实的认定需要证据予以支撑，最高人民法院在

2009 年《关于审理涉及驰名商标保护的民事纠纷案件应用法律若干问题的解释》中对于证据问题在第四条、第五条、第七条、第八条都作出了规定，对证据的认定思路为：（1）当事人主张商标驰名的，应当根据案件具体情况，提供证据证明商标在指定期间内已属驰名；（2）根据案件具体情况，无需考虑《商标法》第十四条全部因素即足以认定驰名的，可以直接认定；（3）对于在中国境内为社会公众广为知晓的，只需提供商标驰名的基本证据（或被告无异议），可以直接认定；（4）曾被行政或司法认定驰名的，被告无异议，可以直接认定。

按照上述规定，在司法实践中，法官的总体思路仍是谁主张、谁举证的举证规则，但同时也要结合法官的一般社会常识进行自由心证，在一定程度上减轻原告的举证责任。

证据要具备真实性、合法性、关联性三性，其中真实性是证据最为基本的要求，一切证据材料必须经查证属实，才能作为定案的依据。在商标案件中，当时人提交的大部分证据材料为书证，而这类证据易被篡改和伪造，因此对书证真实性的审查，应从形成原因、取得方式等方面进行严格审查。该案中双方争议的证据是福特汽车公司复审阶段提交的"全球最佳品牌排行"，该证据的呈现形式是中文网页打印件。域外证据是指在域外形成的证据，我国《行政诉讼法》对域外证据并无形式要求，具体规定主要体现在司法解释、审判意见及地方高级人民法院的意见和解答中：（1）2002 年《最高人民法院关于行政诉讼证据若干问题的规定》第十六条中规定：当事人向人民法院提供的在中华人民共和国领域外形成的证据，需要办理相应的公证认证手续。（2）2007 年《最高人民法院关于全面加强知识产权审判工作为建设创新型国家提供司法保障的意见》第十五条规定：对于域外形成的公开出版物等可以直接初步确认其真实性的证据材料，除非对方当事人对其真实性能够提出有效质疑而举证方又不能有效反驳，无需办理公证认证等证明手续。（3）2007 年《北京市高级人民法院关于知识产权民事诉讼证据适用若干问题的解答》第十五条规定：当事人提交的域外证据应当经过公证、认证。对于能够从官方或公共管道获得的公开出版物、专利检索文献等证据材料，一般无需办理公证认证等证明手续，对方当事人仅以未办理公证认证等证明手续提出异议的，一般不予支持。

从上述规定可以看出，在知识产权行政诉讼中，对于域外证据应以公证认证为原则，不公证认证为例外，对于可以从官方或公共管道获得的证据材料，因为其权威性或公开性，故不需要对其真实性产生异议。法院在判决中也论述道，域外证据履行公证认证之手续，主要目的在于对于难以核实的证据通过权威机构予以补强真实性，实际上，这只是证明域外证据真实性的手段之一，而不是必要条件，对于在一般社会场景下公认具有真实性的证据，应当承认其真实。互联网上对于域外信息的传播就是一例，一些权威机构发布的评测、排名类信息，如世界五百强排名、Times 世界大学排名、福布斯全球富豪榜等，由于网络的快速传播，很容易在国内网站获取其中文翻译版本，其发布主体具有权威性，传播方式具有公开性。故对于此类证据，法院在实践中不必要求当事人必须进行公证认证，即使对方提出异议，但无法举出反证的情况下，可以直接认定其具有真实性。这也符合驰名商标认定的证据要求，法官在认定事实中具有主观能动性，可以根据案件事实、证据情况，按照自己的自由心证对证据、驰名商标进行认定。

（撰稿人：王曹翼）

到期未续展的商标获得"不得以不正当手段抢注"保护的判断要件

——晋城市天泽太行机械制造有限公司诉商标评审委员会、第三人李某进商标无效行政纠纷案

◨ **关键词**

未续展商标　不正当手段　抢注

◨ **裁判要旨**

注册商标到期未续展，但仍处于连续使用状态，只要其属于在先使用并有一定影响的商标，仍然可以按照"不得以不正当手段抢先注册他人已经使用并有一定影响的商标"获得保护。

◨ **相关法条**

《商标法》第三十二条

◨ **案件索引**

一审：（2014）京知行初字第 181 号行政判决（裁判日期：2015 年 4 月 29 日）
二审：（2015）高行（知）终字第 2551 号行政判决（裁判日期：2015 年 8 月 28 日）

◨ **基本案情**

原告晋城市天泽太行机械制造有限公司（简称"天泽太行公司"）诉称：原告与太行印刷机器厂、太行印刷机械公司存在承继性的相关证据，一直在对"太行牌"商标持续使用；太行印刷机械公司的破产程序，实质是破产重组，并未停止生产经营活动，一直在对"太行牌"商标持续宣传使用，有购销合同、客户证明、广告合同、广告费及参展费用发票等相关证据；"太行牌"印刷机获得过国家、省、市奖励及荣誉的相关证明。以上证据相互形成证据链条，足以证明原告天泽太行公司从未放弃使用"太行牌"商标，"太行牌"商标文字、图案原告已不间断使用了三十余年，"太行牌"

商标在我国印刷机行业具有很高的知名度。李某进曾为太行印刷机器厂的职工十年之久，曾有侵害太行印刷机器厂的名称权的行为，对原告一直在持续使用"太行牌"商标是明知的，主观恶意明显。综上，故请求法院依法撤销第 71485 号裁定，并判令被告重新作出裁定。

被告商标评审委员会辩称：第 71485 号裁定认定事实清楚，适用法律正确，作出程序合法，请求法院予以维持。

第三人述称：同意被告商标评审委员会的意见。第 186411 号"太行及图"核准使用期限届满后，太行印刷机械公司没有对商标进行续展，其已经放弃了该商标的专用权。太行印刷机械公司无法将该商标转让给该案原告天泽太行公司。在太行印刷机械公司放弃该商标一定期限后，任何人均有权去申请与该商标近似甚至完全相同的商标，诉争商标的注册不构成恶意抢注他人商标的行为，未违反 2001 年 12 月 1 日施行的《商标法》第三十一条后半段的规定。

◎ 法院经审理查明

第 186411 号"太行及图"商标由太行印刷机器厂于 1981 年 6 月 1 日向国家工商行政管理总局商标局（简称"商标局"）提出申请注册，指定使用商品为第 7 类：印刷机。1983 年 7 月 5 日获准注册，专用期限至 2003 年 7 月 4 日止。该商标专用期满后，商标权人未再进行续展，该商标现已因期满未续展被注销。太行印刷机器厂于 1996 年整体改制为晋城市太行印刷机械有限责任公司（简称"太行印刷机械公司"），2004 年该公司进入破产清算程序。后天脊集团晋城化工股份有限公司（后于 2006 年 11 月 1 日更名为山西天泽煤化工股份有限公司）对太行印刷机械公司进行了收购重组，成立晋城市天泽太行机械制造有限公司（即该案原告天泽太行公司）。第 4385749 号"太行 TAIHANG 及图"商标（即诉争商标）由李某进于 2004 年 11 月 29 日向商标局提出申请注册，指定使用商品为第 7 类：印刷机器等。2007 年 6 月 7 日获准注册，专用期限至 2017 年 6 月 6 日止。

2013 年 8 月 1 日天泽太行公司对诉争商标提出撤销注册申请。其主要理由为：自 1983 年取得注册以来，"太行牌"商标从未间断使用。李某进曾在太行印刷机械公司工作十年之久，在该公司清算期间，其恶意抢注"太行牌"商标，严重损害了天泽太行公司的合法权益。依据 2001 年 12 月 1 日施行的《商标法》第三十一条、第四十二条第二款的规定，请求撤销诉争商标的注册。商标评审委员会认为，天泽太行公司称其与太行印刷机器厂、太行印刷机械公司一直对"太行牌"商标持续使用，但其提交的荣誉证书主要形成于 1999 年以前。天泽太行公司提交的购销合同无其他相关证据佐证，不能证明实际履行。且根据公司法的相关规定，公司在清算期间不得开展与清算无关的经营活动，虽然清算组可以进行必要的民事活动，但该民事活动主要针对清算有关的民事活动及相关的民事诉讼活动。天泽太行公司向商标评审委员会提交的部分购销合同部分形成于清算期间，对该部分证据的真实性，商标评审委员会不予认可。此外，天泽太行公司还向商标评审委员会提交了部分宣传资料及协会证明，该部分证据或晚于争议商标注册申请日，或未显示形成日期。有关购买"太行牌"印刷机的客户证明因证言提供主体与天泽太行公司存在密切关系，其证明力不足。综上，天泽太行公司提交的证据不足以证明其"太行牌"商标在争议商标注册申请日前一直持续使用。在"太行牌"商标已停止使用五年之久，且专用期限届满又未续展的情形下，尚难以认定李某进申请注册争议商标具有抢注他人商标的主观恶意。据此，诉争商标的注册未构成 2001 年 12 月 1 日施行的《商标法》第三十一条所指"以不正当手段抢先注册他人已经使用并有一定影响的商标"之情形。综上，天泽太行公司撤销理由不成立。商标评审委员会裁定：诉争商标的注册予以维持。

◉ 判决结果

一审：撤销被诉裁定

二审：维持一审判决

◉ 裁判理由

法院认为，在先注册商标的使用可以视为在其失效后未注册商标的使用。商标使用是一个事实行为，在判断商标是否实际使用时，应以该商标在市场上的实际使用状况为依据进行判断。破产清算期间使用商标的经营行为是商标的使用行为。因此，原告天泽太行公司一直在持续使用"太行牌"商标。关于有一定影响的问题，原告天泽太行公司提交了在先未注册商标于 1999 年以前的部分荣誉证书，证明在先未注册商标在诉争商标申请日之前获得了一定的荣誉，在同行业内具有一定声誉；还提交了部分宣传数据及协会证明，以及广告费发票及参加行业展会展位费发票或付款凭证，证明了原告对在先未注册商标进行过持续的宣传及推广的事实。因此，原告天泽太行公司提交的证据在该案中能够证明其"太行牌"商标在诉争商标注册申请日前一直持续使用并有一定影响，具有一定知名度。关于主观恶意的判断，一般情况下，商标申请人明知他人在先使用并有一定影响的商标而申请注册，即可推定其具有利用他人商标商誉获利的意图。该案中，李某进明知在先存在"太行牌"商标，且之前存在使用"太行"字号的不正当竞争行为，因此，李某进申请注册诉争商标具有抢注他人商标的主观恶意。最终，法院一审判决撤销商标复审委员会的决定。商标复审委员会和李某进不服一审判决提起上诉，二审维持一审判决。

📖 案例评析

该案涉及的实体问题是 2001 年《商标法》第三十一条后半段"以不正当手段抢先注册他人已经使用并有一定影响的商标"的适用问题，鉴于 2014 年 5 月 1 日施行的《商标法》第三十二条与前述条款规定完全一致，因此，该案的审理思路及判断标准在现行商标法语境中依然适用。该案涉及注册商标到期后未续展，他人进行注册的行为是否构成"以不正当手段抢注"的判断问题。注册商标到期后未续展，如果实际使用并有一定影响的，在满足不正当手段要件的情况下，依然可以受到法律的保护。该案审理的焦点在于破产清算期间的经营性行为是否可以构成商标性使用行为，在诉争商标申请日较长时间之前的知名度证据是否可以作为有一定影响的判断因素，以及诉争商标申请人的特殊身份及过往纠纷对于不正当手段的判断影响。

一、商标性使用行为的判断

未注册商标在我国境内进行实际使用是指在一定时间和区域内的持续使用。商标的使用着眼于将商标标识在市场中作为区分商品来源的标识的使用，因此，在先注册商标的使用可以视为在其失效后未注册商标的使用。该案中，原告天泽太行公司在商标注册有效期内在印刷机等商品上持续使用该商标，在商标未续展失效后，依然将其作为商标在印刷机等商品上持续使用，其提交了大量的购销合同且大部分合同有相关付款凭证相佐证，能够证明其对"太行牌"商标印刷机商品进行了持续的销售行为。商标评审委员会根据公司法的相关规定，认为公司在清算期间不得开展与清算无关的经营活动，天泽太行公司向其提交的部分购销合同部分形成于清算期间，对该部分证据的真实性，商标评审委员会不予认可。对此，法院认为，商标使用是一个事实行为，在判断商标是否实际使用时，应以该商标在市场上的实际使用状况为依据进行判断。根据原告天泽太行公司提交的"太印破产清算组（04）破清字第 1 号会议纪要"等证据可知，在破产清算程序中，太行印刷机械公司破产清算组在不影响债权人利益的情况下，有七个分厂可以进行必要的生产经营活动且其提交的购销合同及客户付款凭证等可以证明 2003 年至 2005 年原告天泽太行公司持续销售印刷机械产品的事实，进而能够证明原告天泽太行公司一直在持续使用"太行牌"商标。

商标使用行为是一个事实查明和法律认定相结合的问题，在不违反国家强制性效力性规定的情况下，只要存在商标使用的事实且该商标已经在市场中发挥了区别商品来源的作用，可以认定为商标法意义上的使用。

二、是否具有一定影响的判断

关于未注册商标是否具有一定影响的问题，法院认为，对于是否有一定影响的判断应以一定范围的相关公众所知晓为判断的标准，通常需要有在先商标在一定范围内的销售量、广告宣传或者获奖等证据进行佐证。该案中，原告天泽太行公司提交了在先未注册商标于1999年以前的部分荣誉证书，证明在先未注册商标在诉争商标申请日之前获得了一定的荣誉，在同行业内具有一定声誉；还提交了部分宣传数据及协会证明，以及广告费发票及参加行业展会展位费发票或付款凭证，证明了原告对在先未注册商标进行过持续的宣传及推广的事实。因此，原告天泽太行公司提交的证据在该案中能够证明其"太行牌"商标在诉争商标注册申请日前一直持续使用并有一定影响，具有一定知名度。

三、不正当手段抢注的判断

关于不正当手段的认定通常按照申请人的主观状态进行判断。一般情况下，商标申请人明知他人在先使用并有一定影响的商标而申请注册，即可推定其具有利用他人商标商誉获利的意图。关于申请人的主观状态可以从诉争商标申请人与在先使用者的关系，申请人的主观意图等方面进行综合考虑。该案中，诉争商标申请人李某进曾为原告天泽太行公司的前身太行印刷机械公司工作长达十年，在其工作期间"太行及图"商标已作为原告天泽太行公司的注册商标使用多年，可见，尽管在先商标"太行牌"商标专用期限届满未续展已被注销，但是李某进对原告一直在持续使用"太行牌"商标是明知的，故李某进申请注册诉争商标具有抢注他人商标的主观恶意。

（撰稿人：张玲玲）

《商标法》第三十二条后半段的适用条件

——爱思美公司诉商标评审委员会、谷歌公司不予注册异议复审行政纠纷案

◎ **关键词**

第三十二条后半段

◎ **裁判要点**

如果标识本身不近似或者使用的商品和服务类别不类似，则被异议商标申请注册不至于对未注册商标通过使用而产生的商标权益产生危害，并无予以禁止的必要，因此，该条包含了商标近似性比对的要求。

《商标法》第三十二条后半段是为了阻止恶意抢注在先使用的有一定影响的商标的行为，如果爱思美公司先于谷歌公司在电子邮箱服务上使用了 gmail 商标，则爱思美公司申请注册不具有适用该条的余地。该案中爱思美公司虽然在谷歌公司使用 gmail 命名电子邮箱服务之前使用了含有前缀加 gmail 的域名，但是未使用 gmail 命名电子邮箱服务，并且在谷歌公司使用 gmail 命名电子邮箱服务并具有一定影响之后，爱思美公司将其使用的域名前缀删除，仅保留其中包含的与谷歌公司相同的 gmail 部分并申请注册，属于《商标法》第三十二条后半段约束的范围。

◎ **相关法条**

《商标法》第三十二条

◎ **案件索引**

一审：（2015）京知行初字第 6493 号（裁判日期：2016 年 12 月 29 日）

二审：无，一审判决生效

◎ **基本案情**

被异议商标"GMail"由爱思美公司于 2004 年 10 月 21 日向中华人民共和国国家工商行政管理总局商标局（简称"商标局"）提出注册申请，并经商标局初步审定，核准注册的服务类别为第 42 类：计算机程序设计，计算机软件设计，计算机软件更新，

计算机软件升级，计算机软件维护，计算机系统分析，计算机系统设计，计算机软件的安装，计算机程序复制，主持计算机站（网站）。谷歌公司对被异议商标提出异议申请，商标局裁定异议人所提异议理由成立，第4321936号"GMail"商标不予核准注册。2014年4月22日，爱思美公司向商标评审委员会提出复审申请，请求对被异议商标予以核准注册。商标评审委员会在被诉裁定中认定谷歌公司提交的证据可以证明2004年4月1日谷歌公司将"Gmail"使用在电子邮箱服务上，并在中国大陆相关网站以及《国际先驱导报》等报刊上进行了相关报道，使得"Gmail"标识在短时间内与谷歌公司之间建立了对应关系，并在电子邮箱服务项目上在相关公众中具有了较高知名度。爱思美公司在2004年10月21日将"GMail"商标注册在与谷歌公司据以知名的邮箱服务相关联的计算机程序设计等服务上，确易导致相关公众对于服务提供商的误认。爱思美公司称其域名注册在先等理由亦不能成为其在谷歌公司"Gmail"标识取得知名度后注册被异议商标的充分理由。依照2013年《商标法》第三十二条、第三十五条，2001年《商标法》第三十三条第一款的规定，商标评审委员会裁定：被异议商标不予核准注册。

爱思美公司不服被诉决定，向法院提起行政诉讼，认为：（1）爱思美公司对被异议商标在电子邮件服务上的实际使用时间早于第三人谷歌公司，因此被诉裁定认为爱思美公司注册被异议商标构成以不正当手段抢注错误。（2）谷歌公司提供电子邮件服务的服务器不在中国大陆境内，因此被诉决定认定谷歌公司在申请日前实际使用Gmail标识在中国提供电子邮件服务错误。（3）被异议商标注册指定使用的服务类别为第42类"计算机程序设计服务"，而谷歌公司只将Gmail标识使用在第38类"电子邮件服务"上，两者使用的服务类别不构成类似服务。因此，被异议商标注册的行为不属于以不正当手段抢先注册他人已经使用并有一定影响的商标。请求法院判决撤销被诉裁定，并责令商标评审委员会重新作出裁定。

◙ **判决结果**

驳回原告爱思美公司的诉讼请求

◙ **裁判理由**

该案中爱思美公司申请注册的"GMail"商标，即被异议商标，无论字母组成还是发音均与谷歌公司的"Gmail"商标一致。爱思美公司申请注册的服务类别为第42类计算机程序设计、计算机软件设计、计算机软件更新、计算机软件升级等虽然与第38类的电子邮件服务属于《类似商品和服务区分表》上的不同类别，但是由于两者同属于与互联网相关的服务类型，在服务的内容、对象、方式等方面具有较强关联性，容易使相关公众对于服务的提供者产生误认，或者认为两者之间存在关联。两者商标标识具有近似性，服务类别具有类似性，容易造成消费者混淆。2004 年 4 月 1 日谷歌公司将"Gmail"标识使用在电子邮件服务上，并在中国大陆相关网站及《国家先驱导报》《计算机世界》等报刊上进行较大范围的宣传报道，使得"Gmail"标识迅速在电子邮件服务项目上在相关公众中具有了较高的知名度。被异议商标的申请日是 2004 年10 月，因此，被诉裁定认定在爱思美公司申请注册 GMail 商标时，谷歌公司的 Gmail 标识属于已经使用并有一定影响的商标。现有证据不能证明爱思美公司在谷歌公司使用 Gmail 标识之前在电子邮件服务上对被异议商标 GMail 进行过持续的商标性使用。2004 年 4 月 1 日谷歌公司使用 gmail.com 域名提供电子邮件服务，以 Gmail 标识命名电子邮件服务并进行广泛宣传，使该商标在全国范围内迅速取得较高知名度后，爱思美公司于 2004 年 5 月 19 日将提供电子邮件服务的域名前缀删除仅保留其中包含的与谷歌公司相同的 gmail 部分，并于 2004 年 10 月 21 日在与电子邮件服务相类似的计算机程序设计、计算机软件设计等服务类别上申请注册 GMail 商标，已经不属于其在先使用的商标所保护的利益范围。因此，被诉裁定认为爱思美公司申请注册被异议商标构成了《商标法》第三十二条后半段规定的以不正当手段抢先注册他人已经使用并有一定影响的商标正确。

◨ **案例解析**

2013 年《商标法》第三十二条后半段规定，申请商标注册不得以不正当手段抢先注册他人已经使用并有一定影响的商标。该案中对于该条的具体适用要件进行了详细阐述。

一、关于商标近似性和服务类似性的判断

虽然 2013 年《商标法》第三十二条后半段的文意本身并没有明确包括商标标识近似性以及商品或者服务类似性的比对内容。但是，由于该规定作为商标先注册原则的例外，目的是保护未注册商标通过使用而产生的商标权益，如果标识本身不近似或者使用的商品和服务类别不类似，则被异议商标申请注册并不会对未注册商标通过使用积累的商誉产生影响。因此在适用该条时必然包含着对被异议商标与在先使用的商标是否构成近似，涉及的商品服务类别是否构成类似的判断。

二、关于"已经使用并有一定影响的商标"的认定

2013 年《商标法》第三十二条后半段的规定是为了弥补在先注册制度的缺陷，防止对已经使用并有一定影响的商标的抢注，充分体现了《商标法》第七条规定的申请商标和使用商标应当遵循诚实信用原则。因此，判断是否构成"在先使用并有一定影响"应当以被异议商标申请注册的时间作为节点。

三、爱思美公司是否在谷歌公司之前使用 Gmail 标识的认定

之所以禁止恶意抢注他人在先使用并有一定影响的商标，是因为在他人使用的商标具有一定影响的前提下，即便该商标未经注册，也是被公众所知晓，相关公众已经将其与特定的主体产生了联系，形成了相应的商誉，产生了商标意义上的权益。对未注册但是已经使用并具有一定影响的商标予以抢注，侵害了在先使用人的利益，破坏了诚信的市场秩序，体现了抢注人的恶意。对于被异议商标先于未注册商标进行使用，是否排除了被异议商标的注册属于恶意抢注，虽然没有明确规定，但是，如果被异议商标先于未注册商标进行了商标意义上的使用，被异议商标申请注册的行为无论从先申请还是从先使用的角度看均难以认定行为人具有恶意。因此，爱思美公司是否先于谷歌公司在电子邮件服务上使用了 GMail 标识的认定是判断行为人是否存在恶意不能缺少的环节。

爱思美公司提供的证据主要有四类，一是爱思美公司主张为推出 Gmail 电子邮件服务所做的准备，包括 2002 年爱思美公司对于 Global Email 进行了软件登记；2003 年 6 月 18 日爱思美公司多语言电子邮件地址转换方法专利申请数据。由于这些证据中均不直接涉及提供电子邮件服务，因此不能据此认定进行了商标性的使用。二是 2003 年 8 月 1 日爱思美公司注册 gmail. cn 域名后，爱思美公司提供电子邮件服务使用的域名均为 gmail. cn 域名前添加相应的前缀，如@ baby. gmail. cn；@ moon. gmail. cn；@ princess. gmail. cn 等，试图说明相关公众通过域名中包含的 gmail. cn 域名可以将 GMail 标识识别为电子邮件服务的名称。对此，法院认为域名系统是专为网络中计算机定位而设计的便于人们记忆 IP 地址的名称，是互联网上电子地址的一部分，大多数情况下对于网络用户而言当域名字符串与特定的固定名词一致时，可以认为该固定名词的主体就是域名注册人，域名注册人利用包含该域名的网页提供服务时，在互联网中建立了域名与所提供服务之间的对应关系。但是，爱思美公司虽然注册了 gmail. cn 域名，可其提供电子邮箱服务时使用的域名不是 gmail. cn 域名，而是根据不同类别分别加上前缀的域名，并且爱思美公司网页上显示的电子邮件服务名称是爱思美邮局，并非 gmail。因此，当电子邮件服务名称与提供电子邮件服务的网站域名不一致时，网站域名并不能起到标示电子邮件服务名称的功能。最高人民法院在（2013）民申字第 2357 号民事裁定书中也认定了在爱思美公司于被诉侵权行为发生之前在其网站上提供的电子邮箱服务名称并非 Gmail，一审法院亦赞同。因此，不能将爱思美公司注册 gmail. cn 域名及提供电子邮件服务的时间认定为爱思美公司在电子邮件服务上使用 GMail 商标的时间。三是爱思美公司提供公证书显示 2003 年 8 月在其提供邮件服务时，

均需要安装以 Gmail 命名的客户端插件，试图证明先于谷歌公司使用 Gmail 商标。但是，根据爱思美公司提供的公证书，在安装 gmail 插件的页面上显示的内容为"爱思美中文邮箱插件，正在安装 Gmail，感谢您使用 Gmail 插件"，可见相关公众在安装 gmail 插件时在网页上看到的是"爱思美中文邮箱插件"，邮箱名称为爱思美，插件名称为 gmail，并且二者同时显示在同一页面上，在此情况下，对于相关公众而言，会将中文邮箱的名称识别为爱思美，而将 gmail 识别为客户端插件的名称。因此，不能证明爱思美公司将 gmail 商标先使用在电子邮件服务上。四是爱思美公司在中国国情网大会宣传 gmail 邮件服务的证据，包括散发的宣传页和会议主办方员工付锐锋在与该案相关的案中所做的证人证言。该宣传页上显示爱思美多语言电邮（Gmail）是在……落款时间为 2003 年 8 月，试图证明先于谷歌公司在电子邮件服务上使用 Gmail 商标。但是，该宣传页为爱思美公司自制证据，没有其他书证或者物证予以佐证。在谷歌公司诉爱思美公司不正当竞争案、该案被异议商标申请、复审程序中均未出示过，仅为爱思美公司单方提供的证据，证人付锐锋虽然出庭并提供了证言，但是，由于其与爱思美公司存在业务上的往来，具有利害关系，并且宣传页单独作为证据也不能证明爱思美公司对 gmail 商标在申请日之前持续进行了使用，产生一定影响，产生了值得保护的商标利益，该份宣传册及证人证言同样不能证明爱思美公司先于谷歌公司在类似服务上使用了 GMail 商标。因此，现有证据不能证明爱思美公司在谷歌公司使用 Gmail 标识之前在电子邮件服务上对被异议商标 GMail 进行过持续的商标性使用。

四、是否构成恶意抢注的认定

爱思美公司先于谷歌公司在电子邮件服务上使用的域名是@ baby、@ moon、@ princess 等前缀加 gmail，并非单独使用 gmail 作为域名，并且爱思美公司没有以 gmail 命名其电子邮件服务，对于 gmail 标识并未没有形成商标利益。2004 年 4 月 1 日谷歌公司使用 gmail. com 域名提供电子邮件服务，以 Gmail 标识命名电子邮件服务并进行广泛宣传，使该商标在全国范围内迅速取得较高知名度后，爱思美公司于 2004 年 5 月 19 日将提供电子邮件服务的域名前缀删除仅保留其中包含的与谷歌公司相同的 gmail 部分，并于 2004 年 10 月 21 日在与电子邮件服务相类似的计算机程序设计、计算机软件设计等服务类别上申请注册 GMail 商标，已经不属于其在先使用的商标所保护的利益范围。因此，被诉裁定认为爱思美公司申请注册被异议商标构成了 2013 年《商标法》第三十二条后半段规定的以不正当手段抢先注册他人已经使用并有一定影响的商标正确。

（撰稿人：高瞳辉）

类似商品的司法判断

——内蒙古蒙牛乳业（集团）股份有限公司诉商标评审委员会、第三人保定龙飞投资有限公司商标无效宣告行政纠纷案

◙ **关键词**

商标　类似商品　类似商品和服务区分表

◙ **裁判要点**

《类似商品和服务区分表》可以作为判断商品是否类似的参考，但不是判断类似的唯一参考标准。对商品是否构成类似应从商品的功能、用途、生产部门、销售管道、消费对象等方面进行判断，以是否构成相关公众的混淆与误认为标准。

◙ **相关法条**

《商标法》第二十八条

◙ **案件索引**

一审：（2015）京知行初字第 3844 号（裁判日期：2016 年 8 月 30 日）

二审：（2017）京行终 2337 号（裁判日期：2017 年 5 月 26 日）

◙ **基本案情**

原告内蒙古蒙牛乳业（集团）股份有限公司（简称"蒙牛公司"）诉称，诉争商标核定使用的商品与引证商标二核定使用的商品不构成类似，二者共存不会导致相关公众的误认，不属于使用在类似商品上的近似商标。因此，被告作出的被诉裁定认定事实不清，适用法律错误，应予撤销。

被告商标评审委员会辩称：诉争商标核定使用的乳酒（牛奶饮料）、牛奶饮料（以牛奶为主的）、奶茶（以奶为主）、可可牛奶（以奶为主）、奶昔商品，与引证商标二核定使用的无酒精果汁等商品属于类似商品，诉争商标与引证商标二同由汉字"妙妙"构成，二者在上述类似商品上共同使用易使相关公众对商品来源产生混淆误认，二者

构成使用在类似商品上的近似商标。诉争商标核定使用的除上述类似商品外的其余商品与引证商标二核定使用的商品不构成类似商品，诉争商标在以上商品上的注册予以维持。

第三人保定龙飞投资有限公司（简称"龙飞公司"）述称：诉争商标与引证商标二所核定使用的商品属性相同，功能用途高度关联，具有相同的销售管道与消费对象，已经构成使用在类似商品上的近似商标，会造成相关公众的混淆与误认。因此，被诉裁定认定事实清楚，适用法律正确，程序合法，应予维持。

◎ **法院经审理查明**

诉争商标系第 6428708 号"妙妙"商标，由蒙牛公司于 2007 年 12 月 10 日向商标局提出注册申请，于 2011 年 11 月 28 日核准注册，核定使用商品为第 29 类：黄油；奶油（乳制品）；奶酪；牛奶；酸奶酪；乳酒（牛奶饮料）；牛奶饮料（以牛奶为主的）；牛乳制品；奶茶（以奶为主）；可可牛奶（以奶为主）；酸奶；奶粉；奶昔；牛奶酱；（已删商品）肉；鱼制食品；罐装水果；冷冻水果；速冻方便菜肴；乳清；果冻（截止）。该商标专用期限至 2021 年 11 月 27 日。引证商标二系第 1415139 号"妙妙"商标，由保定妙士乳业有限公司于 1999 年 1 月 14 日向商标局提出注册申请，于 2000 年 6 月 28 日核准注册，核定使用商品为第 32 类：无酒精果汁；乳酸饮料（果制品，非奶）；水（饮料）；水果饮料（不含酒精）；可乐；汽水；乳清饮料；果汁（截止）。该商标专用期限经续展至 2020 年 6 月 27 日。2014 年 3 月 4 日，龙飞公司以诉争商标与引证商标一、引证商标二构成在类似商品上的近似商标为由，提出对诉争商标的撤销申请。商标评审委员会经审理，于 2015 年 4 月 30 日作出被诉裁定，裁定诉争商标在乳酒（牛奶饮料）、牛奶饮料（以牛奶为主的）、奶茶（以奶为主）、可可牛奶（以奶为主）、奶昔商品上予以无效宣告，在其余商品上予以维持。

◎ **判决结果**

一审：驳回原告的诉讼请求
二审：维持

◎ **裁判理由**

《类似商品和服务区分表》可以作为判断商品是否类似的参考，但不是判断类似的唯一参考标准。当事人提出与《类似商品和服务区分表》的划分不一致的关于商品类似或者不类似的证据的，应当根据当事人提供的证据予以认定。判断商品是否类似应当考虑下列因素：商品在性质上的相关程度，在用途、用户、通常效用、销售管道及销售习惯等方面的一致性，在商品上使用相同或近似商标是否足以造成相关公众的混淆、误认。

◎ **案例解析**

该案涉及类似商品的判断问题，类似商品是认定商标近似的前提之一。类似商品的判断是商标授权确权案件中非常典型的一类案件。

一、类似商品的判断

类似商品，是指在功能、用途、生产部门、销售管道、消费对象等方面相同，或者相关公众一般认为其存在特定联系、容易造成混淆的商品。类似商品的判断应当综合考虑下列因素：（1）商品的功能、用途。两种商品在功能、用途上相同或相近，能够满足消费者相同需求；（2）原材料、成分。原材料、成分是决定商品功能、用途的重要因素；（3）销售管道、销售场所。销售管道与销售场所相同或越相近，消费者同时接触商品并发生混淆、误认的可能性越大；（4）生产者、消费者。生产者属于同一行业，消费群体相近；（5）消费习惯。消费者在习惯上可将两种商品相互替代的，则类似可能性较大❶。

该案中，判断诉争商标所核定使用商品"乳酒（牛奶饮料）、牛奶饮料（以牛奶为主的）、奶茶（以奶为主）、可可牛奶（以奶为主）、奶昔"，与引证商标二核定使用商品"乳酸饮料（果制品，非奶）、乳清饮料、果汁"等商品是否构成类似商品，应当以普通消费者在实际消费市场中的认知为准。原告虽然提供了乳酸饮料与乳酸菌饮料不同的定义及其界定方式以及相关国家标准，但是，在实际消费市场中上述商品的功能、用途方面均是饮料，原材料与成分相近，生产部门、销售管道和消费对象基本相同，消费者在习惯上也可以将诉争商标核定使用商品与引证商标二核定使用的商品相互替代，普通消费者基于一般常识和消费习惯极易将二者混淆或误认，或者基于二者商品的紧密联系而误认为其提供者之间存在特定联系，因此二者构成类似商品。

二、《类似商品和服务区分表》仅作为参考标准

关于原告提出的诉争商标注册时，其核定使用的商品与引证商标二核定使用的商品尚不属于类似群组，即使《类似商品和服务区分表》发生变动，仍不应影响诉争商标的注册有效性问题。该案认为，《类似商品和服务区分表》是商标局及商标评审委员

---

❶ 王太平. 商标法：原理与案例［M］. 北京：北京大学出版社，2015：296.

会在审理案件时所参照的商品和服务划分标准，可以作为判断商品是否类似的参考，但不是判断类似的唯一参考标准。主要原因有两点：一是商品类似与否影响的是商标的保护范围，标准是相关公众是否混淆，本就应以相关公众的认知为准；二是区分表最主要的作用在于商标注册时的分类管理，分类更多考虑商品自身的属性，并不一定反映相关公众的一般认识，无法动态反映市场实际。❶ 由于商品和服务项目在不断更新、发展，市场交易的状况也在不断变化，类似商品或服务的判定也会有所变化。对商品是否构成类似应从商品的功能、用途、生产部门、销售管道、消费对象等方面进行判断，以是否构成相关公众的混淆与误认为标准，《类似商品和服务区分表》仅仅是作出法律判断的参照，而非决定性标准。因此，即使在 2007 年版的《类似商品和服务区分表》中尚未将"乳酸饮料"与"乳酸菌饮料"列为类似商品，但并不影响二者在市场中已经构成类似商品的认定。

综上，诉争商标与引证商标二的汉字标识同为"妙妙"，文字组成完全一致，两商标的显著部分在构成要素、文字构成上相同，在整体外观与视觉效果等方面高度近似，使用在类似商品上，相关公众施以一般注意力的情况下易发生混淆与误认，诉争商标与引证商标二构成使用在相同或类似商品上的近似商标，违反了 2001 年《商标法》第二十八条的规定。

（撰稿人：田芬）

---

❶ 周云川. 商标授权确权诉讼：规则与判例 [M]. 北京：法律出版社，2014：262.

三维标志的显著性认定

——伟迪捷科技公司诉商标评审委员会商标
驳回复审行政纠纷案

◎ **关键词**

立体商标　显著性　三维标志　外观设计

◎ **裁判要点**

享有外观设计专利权的三维标志是否必然具有商标法上的显著性是该案的焦点问题。授予外观设计专利权的条件是具备新颖性，即与现有设计、在先申请不相同且不相近似。该新颖性与商标标志的显著性侧重点不同。不排除有的外观设计专利同时具备一定的显著特征，在消费者眼中，该外观设计的产品与商品的来源建立联系，进而该外观设计同时具有商标标志的显著性要求。该案中的申请商标三维标志虽然有凹凸的设计，但是与申请指定的商品相结合，整体上易被消费者作为商品或者包装的形状识别，不具有显著特征。

◎ **相关法条**

《商标法》第十一条第一款第（三）项、第二款

◎ **案件索引**

一审：（2015）京知行初字第 6554 号（裁判日期：2016 年 3 月 28 日）
二审：无，一审判决生效

◎ **基本案情**

申请商标系第 12707871 号三维标志商标，由伟迪捷科技公司于 2013 年 6 月 5 日申请注册，指定使用在第 1 类"工业化学品、胶溶剂、工业洗净剂"商品上。

2014 年 11 月 13 日，商标局作出《商标驳回通知书》，认为申请商标图形用作商标缺乏显著性，驳回了申请商标的注册申请。伟迪捷科技公司不服商标局驳回决定，向

商标评审委员会提起驳回复审申请程序。2015年9月2日，商标评审委员会作出商评字〔2015〕第59944号《关于第12707871号三维标志商标驳回复审决定书》，决定申请商标予以驳回。该决定认定：申请商标易被相关公众视为商品外形，而非作为商标识别，整体不具有显著性；伟迪捷科技公司提交的证据尚不足以证明申请商标经过使用产生了商标应有的显著性。

伟迪捷科技公司不服上述决定，向北京知识产权法院提起行政诉讼，认为申请商标系其独创，并取得了墨盒外观设计专利，具有了唯一的指向性，并非其指定使用商品"工业化学品、胶溶剂、工业洗净剂"的通用或常用外包装，具有内在显著性；其他核定使用在类似商品上的第11914528号三维标志商标、第7899943号三维标志商标、第6876750号"路航及三维标志"商标均已获准注册，按照审查标准一致性原则，申请商标亦应获准注册；申请商标经广泛宣传和使用，已经具有较高知名度，从而具有了更强的显著性。故请求法院撤销被诉决定，并重新作出驳回复审决定。

被告商标评审委员会则辩称，申请商标的立体形状容易被相关公众误认为系指定使用的"工业化学品、胶溶剂、工业洗净剂"的通用或常用外包装，不具有显著性，外观设计专利与该案不具有关联性；而伟迪捷科技公司提出的其他商标与该案申请商标不同，有的一般被视为平面商标，有的包含了其他显著识别部分，不能证明该案申请商标具有显著性；并且，伟迪捷科技公司提交的证据不足以证明申请商标经过使用获得了显著性。

◎ **判决结果**

一审：驳回原告伟迪捷科技公司的诉讼请求

◎ **裁判理由**

《商标法》第十一条是关于注册商标标志应当具有显著性的规定。其中第一款的第（一）项和第（二）项列举了不具有显著性的事项，第（三）项是未穷尽事项的兜底条款。之所以对注册商标的标志要求有显著性特征的要求，是因为商标的核心功能在于区分商品和服务的来源。因此，只有具有显著特征的标志才能更好地发挥商标的识别功能。申请的注册商标涉及三维立体图形标志的，如果该立体图形仅有指定使用商品通用或常用的形状或者是其包装的形状，则消费者通常不会将其作为商标，因此难以起到区分商品来源的作用，属于缺乏显著特征的情形。

该案中，申请商标由同一三维标志的四张图形组成，每张图形的区别在于观测的角度不同。三维标志呈类似长方体形状，其中三条边角呈弧形，一个边角呈直角形。

长方体较窄的一侧半面内凹，在另外的半面上有类似圆形瓶口的凸起。其他五面较为平整。申请商标指定使用在"工业化学品、胶溶剂、工业洗净剂"商品上，容易被消费者作为商品的包装容器识别，难以起到区分商品来源的作用。因此申请商标属于缺乏显著特征的标志，不得作为商标注册。

外观设计是指对产品的形状、图案或者其结合以及色彩与形状、图案的结合所作出的富有美感并适于工业应用的新设计。授予外观设计专利权的条件是不属于现有设计，也就是新颖性，即与现有设计、在先申请不相同且不相近似。该新颖性与商标标志的显著性，侧重点不同。不排除有的外观设计专利同时具备一定的显著特征，在消费者中，该外观设计的产品与商品的来源建立联系，进而该外观设计同时具有商标标志的显著性要求。但是，伟迪捷科技公司提交的外观设计专利证书显示的专利名称为"墨盒"，虽然三维标志有凹凸的设计，但是整体上仍然易被消费者作为商品或者包装的形状识别，不具有显著特征。

根据《商标法》第十一条第二款的规定，商标标志经过使用，可以克服商标标志本身所缺乏的显著特征，进而获得识别性。伟迪捷科技公司提交的大部分证据系对该公司及其产品的宣传，并未涉及申请商标的三维标志。即使宣传材料中，有产品的整体外观图片。但是，在消费者看来，该产品外观本身难以与商标的使用建立联系。外观设计专利证书证明了伟迪捷科技公司获得了专利权，由于缺乏相关专利产品的使用和宣传证据，特别是不能证明申请商标作为商标进行了使用，并在消费者中具有了识别商品来源的功能。故在案证据不足以证明申请商标经过伟迪捷科技公司的宣传和使用获得了显著特征。

该案申请商标易被消费者识别为商品或包装的形状，而伟迪捷科技公司提交的第11914528号图形商标由分离的两个立体图形组成、第7899943号图形商标为"TH"及类似投影的立体形状、第6876750号"路航及图"商标由文字"路航"及不规则的立体组成，以上三个商标核定使用在工业用洗净剂等商品上均不易被消费者作为商品的形状或包装形状识别。因此与该案的申请商标不具有可比性，不能作为该案申请商标应予核准注册的参考。因此，被诉决定认定申请商标违反了《商标法》第十一条第一款第（三）项正确，法院予以维持。

◉ 案例解析

商标和专利由不同的法律进行保护，其保护主旨与目的也各不相同，在 2008 年《专利法》第二十五条中，将对平面印刷品的图案、色彩或者二者的结合作出的主要起标识作用的设计列为不能授予专利的项目，那么，商标权与专利权之间的交叉问题便主要集中在立体商标和外观设计专利之间，具体而言，存在于三维的商品包装的外形和商品本身的外形这两种情形下。

外观设计专利是由图案、形状、颜色及其组合等构成要素，同时是具备美感特征并且能应用的工业新设计。作为专利的一种，其需要与专利的特点与保护主旨相符合，其必须具备以下特征：一是必须依附于产品，且该产品必须是可以重复生产制造的工业产品，区别于著作权；二是应当具有一定的美感，需关注产品外观给人的视觉感受，而不应该关注产品的功能特征或技术性能，区别于发明和实用新型专利；三是应当具备新颖性和创造性，符合专利的核心要求，对现有设计的显著性进步和实质性特点。

商品外形、商品包装正在成为商品销售过程中越来越重要的因素，企业自然会利用一切可以利用的机会来保护这些造型。只要造型独特新颖，著作权和外观设计专利显然是保护造型的首选，唯一的缺点是这两者的保护最终都是有期限的。保护期满后，如果外形、包装确实成为商品的一个重要标志乃至组成部分，企业就会寻求其他的法律手段加以保护，在这种情况下，立体商标就成为一个理想的选择。立体商标指由三维标志或者含有其他标志的三维标识构成的商标，在我国《商标法》中，以三维标志一词指代立体商标。2017年新公布的《商标审查审理标准》将立体商标分为商品外形（包括商品一部分的外形）、商品包装物及其他三维标志三类。

显著性之于商标，是其可以标示、区别商品来源的中心因素，在使用具体的商品和服务时，标注该标志能够让消费者根据其一般或特殊的消费体验认为它应该或者实际指向特定的商品或服务提供人，从而积累商誉，达到维护市场的公平竞争之目的。商标的显著性问题实际是一个程度强弱的问题，在注册时需达到最低标准，而在确定商标保护范围时，也需围绕显著性高低这一核心问题进行展开。按照显著性取得方式的不同，商标显著性可以划分为固有显著性和获得显著性，分别在《商标法》第十一条第一款和第二款予以规定。

立体商标的显著性问题在审查过程中一直受到质疑，对于立体商标的三种分类，与商品本身、商品包装无关联的普通三维标志的显著性是易于判断的，由于其与商品的区别性，臆造成分较大，建立的联系独一无二，故其显著性是显然的。对于商品外形、商品包装，与其期望标示的商品间关联度高，这种关联性往往是描述性的，则其天然具有较低的固有显著性。在《商标审查审理标准》中，专章对立体商标的审查进行了规定，对于显著性问题，基本思路还是从固有显著性和获得显著性两方面入手，并结合立体商标的特点判断：（1）基本的、装饰性的立体形状；商品外形为行业通用或常用商品的立体形状；商品包装物为基本的、装饰性的立体形状，或行业通用或常用包装物的立体形状，以上三种情况，不能起到区分商品来源作用的，缺乏显著特征。

有足够证据证明通过使用获得显著性的除外；（2）包装物非指定使用商品的通用或常用包装物的立体形状，具有显著特征；（3）对于三维标志和平面要素的结合：二者其一具有显著特征，结合后的立体商标具有显著特征，但对于不具显著特征的三维标志和具有显著特征的其他平面标志的组合，商标注册后的专用权保护范围仅限于具有显著特征的平面标志部分，需在初步审定公告和商标注册证上予以加注。

总体而言，在实践中，立体商标的显著性判断，仍然遵循着传统商标显著性判断中对商标与商品服务之间的关联度（任意、暗示、臆造等）、区分度的判断，结合相关公众的认识，整体进行认定。

将已经取得外观设计专利再进行立体商标的注册，是企业实现价值转移的需要，但商标注册的逻辑与外观设计具有内在的差异，外观设计需具备的区别于现有设计的新颖性、创造性，独特的设计美感，并不能与商标显著性的判断相关联。具体而言，该案伟迪捷科技公司希望在工业化学品、胶溶剂、工业洗净剂等商品上注册一个盒状立体商标，属商品包装，虽然其已经取得了"墨盒"的外观设计专利，只能表示它设计新颖，但仍未脱离盒装包装的常用包装物范畴，与其商品仍然具有密不可分的关系，从一开始就难以留下独特的商业印象，从而具备标志、区分商品的固有显著性。从消费者的一般认识来看，伟迪捷科技公司也未举出证据说明其具备获得显著性，将商品包装与商品来源建立起了一定联系，故立体商标的显著性判断，不应以其具备外观设计专利为前提，仍要从商标标示、区别商品来源的保护主旨进行认定。

（撰稿人：王曹翼）

以繁体字填写申请书的处理

——中国铜业集团股份有限公司诉商标局其他商标行政纠纷案

◎ **关键词**

商标　申请　繁体字

◎ **裁判要点**

对于确实不符合使用规范汉字的法律要求的申请书，但申请文件基本齐备或基本符合规定的，商标局应提示申请人就该瑕疵予以限时补正，而不应直接决定不予受理。

◎ **相关法条**

《商标法实施条例》第十八条第二款

◎ **案件索引**

一审：（2016）京73行初4469号（裁判日期：2016年12月27日）

二审：审理中

◎ **基本案情**

原告中国铜业集团股份有限公司（简称"铜业公司"）诉称：原告是经香港公司注册处合法登记注册的公司，该注册处颁发给原告的公司注册证明证书上载明的原告的合法公司名称即是繁体字的"中国铜业集团股份有限公司"。我国《商标法》并未强调香港、澳门、台湾地区的公司需要将公司名称转换成中文简体才能注册。原告在填写注册申请表时，严格按照《商标法实施条例》填写，将申请人名称处严谨地填写成与主体资质证明文件一致，并未违反法律法规的强制性规定。此外，商标局在被诉决定中及其在其他申请结果中颁发给原告的第8070047号"中铜"商标注册证上，均将原告的企业名称写成繁体的"中国铜业集团股份有限公司"，商标局对当事人采用了更为严格的审查标准，有违公平原则。综上，被诉决定缺乏事实与法律依据，请求法院撤销被诉决定并责令被告重新作出受理决定。

被告商标局辩称：我国《通用语言文字法》第九条规定："国家机关以普通话和规范汉字为公务用语用字"。第十四条第（四）项规定：企业事实组织名称应当以国家通用语言文字为基本的用语用字。同时第十七条规定企业名称不属于可以保留或者使用繁体字的情形。依照上述规定，企业名称应当以规范的汉字填写，繁体字并非国家规定的规范汉字。《商标法实施条例》也明确规定"申请商标注册或者办理其他商标事宜，应当使用中文。"依照《国家通用语言文字法》的规定，《商标法实施条例》规定的"中文"应为规范汉字。原告主张其名称采用繁体字符合《商标法实施条例》第十四条关于"商标注册申请人的名义与所提交的证明文件应当一致"的观点，违反了《商标法实施条例》第四条及《国家通用语言文字法》的相关规定。《商标法实施条例》第十八条中规定"申请手续不齐备，未按照规定填写申请文件或未缴纳费用的，商标局不予受理，书面通知申请人并说明理由。"该案中，商标局在商标网上申请"重要声明"中规定，"请各代理机构在'网上申请指南'中下载最新版本的《商标注册网上申请填写要求》，并按照要求正确申请。"《商标注册网上填写要求》在"重要要求"部分规定："申请人应当按规定填写各项内容。填写应使用国家公布的中文简化汉字……不得使用其他任何文字或字符。"上述申请指南及要求已在商标局官方网站公开发布，社会公众广为知晓，因此，商标局在该案中已尽到了相应的提示义务。铜业公司不使用规范简体字填写申请人名称，属于未按照规定填写申请文件，因此，依照《商标法实施条例》第十八条的规定，商标局作出了不予受理的决定。原告铜业公司的诉讼请求于法无据，请求法院予以驳回。

◎ **法院经审理查明**

2016 年 1 月 21 日，铜业公司通过网上申请委托昆明大泽经济信息咨询有限公司向商标局提交商标注册申请书，申请人名称填写为"中国铜业集团股份有限公司"。收到该申请后，商标局于 2016 年 2 月 29 日向铜业公司出具商标注册申请不予受理通知书，不予受理的原因为申请书未使用正确规范的简体字。

◎ **判决结果**

一审：撤销商标申请注册不予受理通知

该案已上诉，二审尚未结案

◉ **裁判理由**

虽然申请人提交的申请书在填写方面具有一定的瑕疵，商标局就填写申请书的填写方式也进行了明示，但对于符合基本符合规定但部分内容需要补正的，商标局直接决定不予受理。商标局直接作出不予受理决定的行为，违背了《商标法实施条例》的规定，应予撤销。

◉ **案例解析**

该案体现了在商标申请文件存在一定的瑕疵情况下，商标局能否直接不予受理。首先，对于铜业公司作为香港地区的企业使用繁体字填写商标申请表是否属于文件填写的瑕疵的问题，商标局引用了《通用语言文字法》第十四条的规定以及第十七条的规定，用于说明在中国大陆地区所发生的与使用文字有关的行为，应当使用国家所规定的简化汉字，除非法律有其他规定或经有权机关批准。铜业公司向商标局申请注册商标，不属于法律有特殊规定的情形，因此，其在填写申请文件时，亦应根据法律规定使用规范的简化字。况且，商标局在相关网站上亦明确要求申请人应使用简化字填写申请文件。

在明确铜业公司以繁体字填写企业名称确有瑕疵的情况下，进而讨论商标局能否以此为由直接不予受理。在当事人向相关行政机关提出相应申请时，根据我国行政程序法的相关规定，行政机关应以受理为原则，不予受理为例外。行政机关在行使行政职权时的基本原则之一即是比例原则，比例原则主要适用于行政自由裁量权领域，其基本含义是指行政机关在行使自由裁量权时，也应当在权衡公益与私益的基础上，适当选择对相对人侵害最小的适当方式进行，不能超过必要的限度。❶《商标法实施条例》的规定亦体现了此种精神，该条例第十八条第二款中规定："商标注册申请手续齐备、按照规定填写申请文件并缴纳费用的，商标局予以受理并书面通知申请人；申请手续不齐备、未按照规定填写申请文件或者未缴纳费用的，商标局不予受理，书面通知申请人并说明理由。申请手续基本齐备或者申请文件基本符合规定，但是需要补正的，商标局通知申请人予以补正，限其自收到通知之日起三十日内，按照指定内容补正并交回商标局。在规定期限内补正并交回商标局的，保留申请日期；期满未补正的或者不按照要求进行补正的，商标局不予受理并书面通知申请人。"

行政机关在审查相关申请文件时，需要对"基本符合规定"的要件作出相应的判

---

❶ 张树义. 行政法学［M］. 2版. 北京：北京大学出版社，2012：1.

断，但不应过于机械，通常认为如申请文件仅存在形式性瑕疵的，如不规范、不准确、用语不适当等，行政机关应对当事人进行指导并给予其一定期限进行补正。如申请文件存在其他实质性瑕疵的，如申请事项不属于被申请行政机关主管或管辖、超出了法定时限提出申请或根本性文件不齐备的，则行政机关可不予受理并向申请人说明理由。这样可以减小行政相对人的时间成本以及金钱成本，避免因为文件提交中小的瑕疵导致商标申请日错后等风险的产生，使得行政行为更加具有合理性。如该案的情形，铜业公司以繁体字填写企业名称固然违反了相关的规定，但是商标局可以将文件存在的瑕疵一次性告知当事人，并限期补正，若补正后符合法律要件的则予以受理，不符合的再不予受理，以减轻行政相对人可能承受的不利后果。

（撰稿人：熊北辰）

商标局对商标核准转让的实质性审查

——青岛长城巨龙电缆有限公司诉国家工商行政管理总局商标局商标行政纠纷案

◎ **关键词**

商标核准转让　审查

◎ **裁判要点**

商标局在商标核准转让中对核准转让的材料应当进行实质性审查。

◎ **相关法条**

《行政诉讼法》第二十五条

《商标法》第三十九条第二款

◎ **案件索引**

一审：（2016）京 73 行初 4002 号（裁判日期：2016 年 12 月 28 日）

二审：无，一审判决生效

◎ **基本案情**

原告青岛长城巨龙电缆有限公司（简称"长城巨龙公司"）诉称：（1）长城巨龙公司是被告国家工商行政管理总局商标局所作出的核准转让决定的利害关系人，具有提起行政复议申请的资格。行政法律关系上的利害关系人，并不仅仅局限于直接受行政行为影响的人，也包括间接受到影响的人。界定利害关系人的关键在于其与行政行为是否具有利害关系，而非与行政行为的对象是否存在直接关系。具体到该案中应是长城巨龙公司是否与核准转让行为的内容与后果具有利害关系，而非与涉案商标是否具有直接关系。该案中，由于青岛长城公司将涉案商标作为引证商标对原告长城巨龙公司第 9558863 号"青大长城线缆 QDCC 及图"商标提出无效宣告申请，因此，涉案商标已构成第 9558863 号"青大长城线缆 QDCC 及图"商标是否能够合法存续的法律障碍，而涉案商标系经被告商标局核准转让的，该核准行为是否存在瑕疵，则直接影响到涉案商标能否存续。故此，原告长城巨龙公司与被告国家工商行政管理总局商标局所作出的核准转让行为之间因涉案商标而发生了间接的利害关系。被告国家工商行政管理总局商标局在被诉决定中认定原告长城巨龙公司并非涉案核准转让行为的利害关系人，系人为缩小了行政法律关系上的利害关系人的范围，于法无据。（2）被告国家工商行政管理总局商标局在核准涉案商标转让的过程中，未严格审核转让方与受让方的资质文件，未尽到相应的注意义务，存在严重的实体错误。经原告长城巨龙公司向工商登记机关查询，涉案商标的转让方天津电缆厂已于 2001 年注销，其工商登记信息显示注销后该厂的公章及财务印章均上交至当地工商管理部门。在 2006 年被告工商局核准涉案商标转让时，天津电缆厂已注销达五年之久，不可能作出申请涉案商标转让的行为。而将转让申请书中的天津电缆厂的印章与其办理其他商标事宜时留存在被告国家工商行政管理总局商标局相关材料上的印章进行比对，两印章在字体、印章中间五角星和文字之间的间距、字形结构之间均存在肉眼可辨的区别。由此可见，涉案商标的转让申请书上的公章存在伪造嫌疑。被告国家工商行政管理总局商标局在核准转让时，显然未认真核查申请材料的真实性，存在实体错误。（3）对于存在实体错误的具体行政行为，行政机关应当自行纠正，原告作为利害关系人也可向行政机关指出，由行政机关审查确认后予以纠正。

▣ 法院经审理查明

涉案商标由天津市静海电缆厂于 1986 年 4 月 25 日向商标局提出注册申请，申请号为 280192。核定使用在第 9 类：电缆商品上。1990 年 7 月 25 日，涉案商标注册人名义变更为天津电缆厂。2006 年 5 月 22 日，天津电缆厂申请将涉案商标转让给仁和利公司，2006 年 10 月 14 日，商标局核准涉案商标转让。后又经转让，涉案商标现权利人为青岛长城公司，经续展，商标专用权期限自 2007 年 3 月 10 日起至 2017 年 3 月 9 日止。

2016 年 5 月 6 日，长城巨龙公司向国家工商行政管理总局提出复议申请。商标评审委员会曾针对青岛长城公司作出第 9558863 号"青大长城线缆 QDCC 及图"商标无效宣告裁定，在该裁定书中，商标评审委员会认为第 9558863 号商标与作为引证商标的涉案商标构成近似，且用在类似商品上，故第 9558863 号商标的注册和使用违反了 2001 年《商标法》第二十八条的规定，对该商标予以无效宣告。后长城巨龙公司就第 9558863 号裁定提起行政诉讼。天津电缆厂工商登记信息，显示该厂于 2001 年 6 月 25 日向工商管理部门提出注销登记，并经核准注销。企业营业执照的正副本及公章、财务章均已交给工商管理部门。在注销登记注册书中注销理由部分，显示该企业从 1996

年停业至今，经村委会研究，注销该企业。在人员安排、财产处理部分显示企业的人员、设备、设施、债权债务已转移至村委会处理。该处的村委会根据印章显示为静海县杨成庄乡双窑村村委会。

◎ **判决结果**

一审：裁定驳回起诉，该案一审生效

◎ **裁判理由**

行政诉讼的提起应当为行政相对人或利害关系人，其中，对于利害关系人的判断，法院认为仅具有一种预期的利害关系不属于行政诉讼中所指的利害关系人，尤其在该案中行政行为的发生远远早于与原告的商标被无效宣告的时间，原告据此提起行政诉讼应当驳回其诉讼请求。对于商标局在商标核准转让过程中是否应当进行实质性审查的问题。因商标核准转让行为与商标专用权的转移具有极为重要的关系，核准的行为在法律上的意义，与一般的登记备案具有一定的区别。因此，对于企业存续情况等信息，商标局应当在核准转让的过程中进行审查。

◎ **案例解析**

首先，原告是否为提起行政诉讼的利害关系人。原告系因其已经核准注册的商标，与在先注册的涉案商标构成相同或类似商品上的近似商标，导致其商标被宣告无效。原告在查询涉案商标转让材料中认为，涉案商标的其中一次转让身份材料存在瑕疵，因此，就此提起行政诉讼。

《行政诉讼法》第二十五条规定，行政行为的相对人以及其他与行政行为有利害关系的公民、法人或者其他组织，有权提起诉讼。法律一般要求原告应当有与该案直接的利害关系，仅仅与该案有间接的利害关系的，一般不承认其有原告的资格。[1] 该案中，第 9558863 号商标的申请注册时间，远远晚于商标局作出的核准转让行为，在商标局对涉案商标的转让行为进行核准时，原告长城巨龙公司与涉案商标并不存在任何法律上的利害关系。因此，该案采取驳回诉讼请求的方式处理。其次，该案也就商标局在商标核准转让过程中是否应当实质性审查的问题进行了探讨。商标局认为在进行商标转让的核准过程中，只需要对相关申请文件是否齐备、印章与申请人名义是否一致等形式审查即可。而经审查，申请人提交的申请文件均符合要求，故商标局的核准

---

[1] 马怀德. 行政诉讼法学 [M]. 3 版. 北京：北京大学出版社，2012：8.

行为不存在瑕疵。

商标转让通常理解为注册商标所有权人将商标权依照法定程序转让给他人的民事法律行为，注册商标的转让实质上市商标权主体的变更。依据《商标法》第四十二条的规定，转让注册商标的，转让人和受让人应当签订转让协议，并共同向商标局提出申请。转让注册商标经核准后，予以公告。受让人自公告之日起享有商标专用权。可见商标局的核准转让行为直接影响了商标权是否发生转移，其核准的行为在法律上的意义，与一般的登记备案具有一定的区别。因此，商标局在审核转让申请时，除应对相应的申请材料的完备性实行形式审查外，还应对其中的一部分申请内容进行实质审查，即应审查转让人是否有权转让、申请人提交的转让人的身份材料是否真实、所转让的商标是否仍在有效期、是否存在查封等不能转让的情形等，否则，对转让的核准即无存在的意义。其中，对身份材料的真实性审查，对自然人而言，应核对其身份证等证件的真实性，对企业而言，应核对其营业执照、印章的真实性。该案中，涉案商标的受让人在申请涉案商标转让时，向商标局提交了转让人天津电缆厂的授权委托书，其上有该厂的印章。对此，商标局只要将该印章与该厂在办理商标注册或其他事项时所留的印章进行比对即可发现其不同之处，而商标局未进行比对，应视为在法律上未尽到相应的注意义务。

（撰稿人：熊北辰）

商标性使用的判断

——阿迪达斯有限公司诉北京卜蜂莲花连锁超市有限公司、 北京卜蜂莲花连锁超市有限公司北苑路店侵害商标权民事纠纷案

◙ **关键词**

商标　商标性使用　侵权

◙ **裁判要点**

在商标侵权案件中判断某种标识是否属于商标性使用，应当判断在商业环境中使用一定的标识且该标识客观上能否起到指示来源的作用。

◙ **相关法条**

《商标法》第五十七条第（三）项

◙ **案件索引**

一审：（2015）朝民（知）初字第58806号（裁判日期：2015年11月6日）

二审：（2016）京73民终189号（裁判日期：2016年10月20日）

◙ **基本案情**

阿迪达斯有限公司上诉称：（1）一审判决中认定涉案商品在鞋帮位置使用"三条纹"标识系商品装饰性使用，而非商标性使用，不会对相关公众产生误导作用的判断是错误的。实际上，在鞋尤其是拖鞋商品上，在鞋帮或者鞋面位置使用商标是行业惯例，一审判决中的这一认定与行业惯例不符，故此涉案商品上的"三条纹"应系商标性使用。（2）在隔离状态下，以相关公众的一般注意力为准，涉案商品上的"三条纹"商标与上诉人阿迪达斯有限公司第G730835号商标在视觉上基本无差异，构成商标相同。一审法院认定其与第G730835号商标构成近似的判断属于事实认定错误。（3）即便涉案商品上的"三条纹"标识系商品装饰，且与第G730835号商标亦仅构成近似，但一审法院认为消费者能够根据售货环境、商品价格、商品标牌上写明的商家名称判断该鞋并非是来源于上诉人阿迪达斯有限公司，不会导致相关公众对涉案商品来源产

生误认，并进而认定涉案商品上的"三条纹"标识不构成对上诉人阿迪达斯有限公司第 G730835 号和第 1485570 号商标专用权的侵害的判断，亦属事实认定错误。

被上诉人北京卜蜂莲花连锁超市有限公司（简称"卜蜂莲花公司"）、北京卜蜂莲花连锁超市有限公司北苑路店（简称"卜蜂莲花公司北苑路店"）服从一审判决，并请求维持原判。

一审法院认为：在同一种或者类似商品上，将与他人注册商标相同或者近似的标志作为商品名称或者商品装潢使用，误导公众的，属于侵害注册商标专用权的行为。该案中，从涉案拖鞋实物来看，在鞋面及鞋跟两处均有"jiajiale"字样，其中鞋跟处的字样非常明显，一般公众施以一般注意力，即会将该字样与商品来源相联系，且该鞋标牌上注明了该鞋品名为"欣然 JJL-852 女塑拖"，JJL 系"jiajiale"的缩写，亦说明该鞋将"jiajiale"作为商标使用。该拖鞋鞋面左右两侧的图案虽然与涉案商标近似或相同，但其系造型简洁、常见的几何图案，且该鞋已突出使用"jiajiale"标识，故相关公众不会将上述三条白色斜杠视为区分商品来源或与特定生产商相联系的标识，其属于美化、装饰使用，应为该鞋的商品装饰。

涉案拖鞋将与阿迪达斯有限公司的涉案注册商标相同或近似的标识作为装饰使用，是否构成侵害注册商标专用权，关键在于该使用是否误导公众，使公众对商品的来源产生混淆。从涉案拖鞋的销售情形看，消费者完全能够根据售货环境、商品价格、商品标牌上写明的商家名称判断该拖鞋并非阿迪达斯有限公司制造销售的，故不会使相关公众对该鞋的来源产生混淆。虽然涉案拖鞋将与涉案商标相同或近似的标识作为商品装饰使用，但不可能使公众对商品的来源发生混淆，不会误导公众，所以不构成对阿迪达斯有限公司注册商标权的侵害。

◎ **法院经审理查明**

阿迪达斯有限公司在国家工商行政管理总局商标局注册了若干商标，包括以下涉案商标：（1）G730835 号 商标，核定使用的商品为第 25 类：鞋，包括运动鞋和休闲鞋，有效期为 2010 年 3 月 17 日至 2020 年 3 月 17 日；（2）第 1485570 号 商标，核定使用的商品为第 25 类：足球鞋、足球靴、体操鞋、滑雪靴、跑鞋（带金属钉），有效期为 2000 年 12 月 7 日至 2010 年 12 月 6 日，续展注册有效期自 2010 年 12 月 7 日至 2020 年 12 月 6 日。阿迪达斯有限公司提交了证据证明其商标使具有较高的知名度。

涉案商品鞋为塑料拖鞋，主色调为红色，在鞋跟和鞋面部位有少量白、黄两色的字母或几何图案。在鞋面左右两侧有对称的白色三条斜杠，其中左侧三条斜杠与阿迪

达斯有限公司 G730835 号 商标近似，右侧三条斜杠与阿迪达斯有限公司第

1485570 号 商标相同；在鞋面中间部位有黄色梯形线条，在梯形线条的侧边线部位有白色"jiajiale"字样；涉案拖鞋的正面鞋跟部位椭饼图案，图案中间有白色"jia-jiale"字样，拖鞋鞋底有"JJL-852"。拖鞋的标牌上写有：北京欣然恒通商贸有限公司（简称"欣然恒通公司"），品名：欣然 JJL-852 女塑拖。涉案拖鞋由欣然恒通公司向卜蜂莲花公司供货。

阿迪达斯有限公司亦在中国大陆地区销售带有"三条纹"商标的拖鞋商品。

◎ 判决结果

一审：驳回阿迪达斯有限公司的诉讼请求

二审：（1）撤销一审判决；（2）卜蜂莲花公司北苑路店、卜蜂莲花公司立即停止销售侵害阿迪达斯有限公司注册商标专用权的涉案拖鞋；（3）自判决生效之日起十日内，卜蜂莲花公司北苑路店、卜蜂莲花公司赔偿阿迪达斯有限公司经济损失及支出的合理费用合计人民币五万元；（4）驳回阿迪达斯有限公司其他上诉请求

◎ 裁判理由

涉案商品上的"三条纹"标识位于鞋帮部位，已覆盖鞋帮的主要部分，比较明显。在不施加特别注意的情况下，消费者在观察该拖鞋商品时，其注意力很容易首先被该标识所吸引。阿迪达斯有限公司的两注册商标在鞋类商品上具有很高的知名度，与阿迪达斯有限公司已建立起十分稳固的联系，在消费者施以一般注意力的情况下，很容易产生此拖鞋商品系由阿迪达斯有限公司提供的认识。据此，法院认为，涉案商品上的"三条纹"标识客观上可以起到指示商品来源的作用，应系商标性使用。

◎ 案例解析

判定行为是否构成商标侵权，在此处涉及两个问题，首先，要判断被控侵权方对该商标的使用是否构成商标性使用，然后，要判断该使用是否具有混淆可能性。

关于商标性使用的争议由来已久，该案的争议焦点之一，即在于如何判断行为是否属于商标性使用。《商标法》第四十八条规定："本法所称商标的使用，是指将商标用于商品、商品包装或者容器以及商品交易文书上，或者将商标用于广告宣传、展览以及其他商业活动中，用于识别商品来源的行为。"由此可见，商标性使用应满足三个条件：（1）必须将商业标识用于商业活动中；（2）使用的目的是为了说明商品或服务

的来源;(3)通过使用能够使相关公众区分商品或服务的来源。❶

在该案中,首先,涉案拖鞋将与阿迪达斯有限公司的涉案注册商标相同或近似的标识作为装饰使用,属于将商业标识用于商业活动中的情形;其次,涉案商品上的"三条纹"标识位于鞋帮部位,已覆盖鞋帮的主要部分,在鞋帮或者鞋面位置使用商标在鞋类商品上是较为普遍的做法,可以推定"三条纹"使用的目的是为了指示对商品的来源;最后,如前所述,相关公众普遍会根据鞋帮标识识别商品的来源,且阿迪达斯有限公司的两注册商标在鞋类商品上具有很高的知名度,涉案商品上的"三条纹"通过使用能够使相关公众区分商品的来源。

在探讨商标性使用的时候,还应当注意合理使用行为。商标的合理使用主要包括描述性使用与指示性使用,描述性使用是指非商标权人为了描述自己的商品或者服务,善意且以合理方式在非商标意义上使用他人商标标识的行为;指示性使用是指为说明自己商品或服务的用途和服务对象,使用他人商标标识的行为。如果一行为构成对注册商标的合理使用,则不构成商标侵权。作为商标侵权构成要件之一的商标性使用,应当是不包含合理使用行为的。该案中,在涉案商品使用"三条纹"标识,并非善意且合理地描述涉案商品,也不是为了指示涉案商品的用途和服务对象,因此不构成合理使用。

由上所述,我们可以看出,在涉案商品上使用"三条纹"标识的行为,构成商标侵权构成要件意义上的商标性使用。具体来讲,在商标性使用的判断中,还应当综合考虑以下因素:(1)被使用商标的独创性程度;(2)被使用商标的知名度;(3)使用商标的方式。❷以被使用商标的独创性程度,可以判定被控侵权方使用的正当理由是否成立;以被使用商标的知名度和使用商标的方式,可以间接判断被诉侵权方是否具有标识商品来源或者搭便车的主观意图,同时也可以判断该行为是否能发挥商标识别来源的功能。

对于混淆可能性的判断,二审裁判理由作出了充分的论述,在此不再赘述。《商标法》规定了商标使用行为,但没有对商标性使用作出进一步的规定。从商标法基本理论出发,结合现有的规定来看,在商标侵权案件中判断某种标识是否属于商标性使用,应当判断在商业环境中使用一定的标识且该标识客观上能否起到指示来源作用的。

(撰稿人:熊北辰)

---

❶ 祝建军. 判定商标侵权应以成立"商标性使用"为前提——苹果公司商标案引发的思考 [J]. 知识产权, 2014 (1):22-28.

❷ 李春芳,李淇. 商标性使用的判定 [J]. 知识产权, 2014 (8):32-36.

商标恶意抢注的认定规则

——武汉枭龙汽车技术有限公司诉国家工商行政管理总局商标评审委员会商标异议复审行政纠纷案

◎ 关键词

明知或应知　在先权利　恶意抢注

◎ 裁判要点

《商标法》第三十二条后半句规定：申请注册商标不得以不正当手段抢先注册他人已经使用并有一定影响的商标。从法条的文义解释，判断诉争商标是否违反该规定，应当审查两个要件：一是在先进行了商标性使用并使之有一定影响，二是以不正当手段抢注。商标使用的判断，应按照《商标法》第四十八条的规定，并非所有标识的使用都构成商标意义的使用，作为商标性使用的前提应当是在商业活动中，应当以产生区分来源的客观后果为依据，同时结合权利人是否存在商标使用意图。

◎ 相关法条

2014 年《商标法》第三十二条后半句、第四十八条
2001 年《商标法》第三十三条第一款

◎ 案件索引

一审：（2015）京知行初字第 818 号（裁判日期：2015 年 8 月 19 日）
二审：（2016）京行终 1669 号（裁判日期：2016 年 9 月 5 日）

◎ 基本案情

被异议商标系第 3718486 号"枭龙"商标，由武汉富诚实业有限公司于 2003 年 9 月 16 日申请注册，指定使用在第 12 类"汽车；卡车；汽车底盘；小型机动车；电动车辆；运输用军车；救护车；野营车；货车（车辆）；货车翻斗；炮兵弹药车（车辆）；运货车；越野车；（长途）公共汽车"的商品上，经商标局初步审定并公告。

2006 年 3 月 8 日，武汉富诚实业有限公司将该商标转让给武汉枭龙公司。

成都飞机公司在异议期内对该商标提出异议申请。2009 年 10 月 28 日，商标局作出裁定，裁定被异议商标不予核准注册。武汉枭龙公司不服商标局裁定，向商标评审委员会提起异议复审程序。2014 年 12 月 31 日，商标评审委员会作出的商评字〔2014〕第 117536 号《关于第 3718486 号"枭龙"商标异议复审裁定书》裁定。该裁定认定：

成都飞机公司提供的证据材料能够证明"枭龙"商标在 2003 年 9 月 3 日至被异议商标申请注册前的短时间内已在中国公众当中取得了较大的影响力。并且成都飞机公司作为"枭龙"战斗机的主要研发单位和生产者，与该使用在先的商标权存在利害关系。被异议商标指定使用的汽车、越野车等商品与在先使用"枭龙"商标的飞机商品在设计制造工艺等方面存在关联性，且武汉枭龙汽车公司在广告中重点宣传其产品具有军用越野等性能，易使相关公众将武汉枭龙汽车公司产品与成都飞机公司及其关联主体在先使用在战斗机上的"枭龙"商标相联系，导致相关公众对商品来源产生误认，或误认为被异议商标与成都飞机公司及其关联主体存在特定联系，从而对相关公众的选购行为造成误导。"枭龙"由"枭""龙"组合而成，该组合并非固有词汇，具有一定的独创性，被异议商标的申请注册难谓巧合。综上所述，被异议商标已构成《商标法》第三十二条"以不正当手段抢注他人已经使用并有一定影响力的商标"所指情形。

武汉枭龙公司不服上述裁定，向北京知识产权法院提起行政诉讼，认为被异议商标未构成《商标法》第三十二条"以不正当手段抢先注册他人已经使用并有一定影响力的商标"所指情形。该条款适用的前提是"已经使用并有一定影响"，而成都飞机公司在被异议商标申请日前没有对"枭龙"进行主动使用，媒体的报道也不属于商标法意义上的使用。被异议商标申请日仅晚于枭龙战斗机首飞成功 13 天，在如此短的时间内，"枭龙"不可能成为"有一定影响力的商标"。并且，被异议商标指定使用的汽车商品与成都飞机公司的战斗机既不是类似商品也不具有任何关联性，没有证据证明枭龙公司的申请具有恶意。

▣ 判决结果

一审：驳回原告武汉枭龙汽车技术有限公司的诉讼请求

二审：驳回上诉，维持原判

▣ 裁判理由

商标的主要功能在于识别和区分商品来源。《商标法》第四十八条规定："本法所称商标的使用，是指将商标用于商品、商品包装或者容器以及商品交易文书上，或者将商标用于广告宣传、展览以及其他商业活动中，用于识别商品来源的行为"。因此，商标的使用行为不应局限于某种特定的具体使用方式，只要相关标志能够起到识别和区分商品来源的作用，使相关公众能够将该标志与特定来源的商品建立起稳定的对应关系，就应当认定该使用行为属于商标使用行为。

该案中，成都飞机公司提交的相关证据能够证明，在被异议商标申请注册日之前，其生产的"枭龙"战斗机通过包括《人民日报》在内的国内众多媒体的广泛报道已具有了较高的知名度，"枭龙"在客观上已经起到了识别和区分商品来源的作用，因此，应当认定"枭龙"是成都飞机公司在"飞机"尤其是"战斗机"商品上的在先使用并有一定影响的商标。被异议商标指定使用在"汽车；卡车；汽车底盘；小型机动车；电动车辆；运输用军车；救护车；野营车；货车（车辆）；货车翻斗；炮兵弹药车（车辆）；运货车；越野车；（长途）公共汽车"等商品上，其中的"运输用军车、炮兵弹药车（车辆）"等商品与成都飞机公司使用"枭龙"商标的"战斗机"商品，都属于军用装备或者具有密切的关联关系；"汽车、卡车"等商品亦属于交通运输工具，与作为空中运输工具的"飞机"存在一定的关联关系。因此，在"枭龙"商标在"飞机"尤其是"战斗机"商品上具有一定知名度的情况下，被异议商标在复审商品上的使用容易导致相关公众的混淆误认，认为其与使用"枭龙"商标的"战斗机"商品来源于同一经营者或者彼此之间存在特定联系。"枭龙"并非中文固有词汇，在成都飞机公司的"枭龙"战斗机商品具有较高知名度的情况下，武汉富诚实业有限公司在"枭龙"战斗机首飞成功后十余日即提出被异议商标的注册申请并随后将该商标转让给武汉枭龙公司，难谓巧合。因此，综合以上因素，应当认定被异议商标的申请注册违反了《商标法》第三十二条有关"不得以不正当手段抢先注册他人已经使用并有一定影响的商标"的规定，依法不应予以核准注册。

◎ 案例解析

该案的焦点问题有三，本文主要针对该案涉及的《商标法》第三十二条后半句规定：申请注册商标不得以不正当手段抢先注册他人已经使用并有一定影响的商标，即商标恶意抢注的判定规则这一争议焦点进行解析。

《商标法》第三十二条是关于保护在先权利和禁止恶意抢注的规定。其后半句要求申请商标注册，不得以不正当手段抢注他人已经使用并有一定影响的商标，主要针对社会上抢注他人使用在先并有一定影响的商标的行为。抢注他人商标，是将他人已经使用，并在消费者中已产生一定影响但未申请注册的商标抢先以自己的名义申请注册。这种行为违反了诚实信用原则，扰乱了社会经济秩序，应当予以制止。需要注意的是，本法规定的是，第一，"不得以不正当手段"抢先注册他人使用在先的商标，即抢注行为是一种恶意行为；第二，本条规定并不涉及所有使用在先的商标，仅仅涉及"有一定影响的商标"，即不得抢注他人使用在先并有一定影响的商标。这一规定是诚实信用原则在商标法领域的体现，一方面，按照申请在先原则，如果想注册商标享有商标专用权，应当尽早向商标局提出注册申请。另一方面，申请注册的商标不应当将别人已经使用且有一定影响但未注册的商标以自己的名义进行注册。

根据该案的裁判理由来看，一审法院认为根据证据不能证明认定"枭龙"作为未注册商标在被异议商标申请日前已经使用并有一定影响，且飞机与汽车不属于类似商品。因此认定在被异议商标不构成"在先使用并有一定影响"且商品不类似的情况下，难以推断出武汉枭龙公司具有不劳而获的"搭便车"的恶意，不能认定武汉枭龙公司采取了不正当手段进行抢注。但在该案二审中，法院认为成都飞机公司提交的相关证据能够证明，在被异议商标申请注册日之前，其生产的"枭龙"战斗机通过包括《人民日报》在内的国内众多媒体的广泛报道已具有了较高的知名度，"枭龙"在客观上已经起到了识别和区分商品来源的作用，因此，应当认定"枭龙"是成都飞机公司在"飞机"尤其是"战斗机"商品上的在先使用并有一定影响的商标。被异议商标指定使用在"汽车；卡车；汽车底盘；小型机动车；电动车辆；运输用军车；救护车；野营车；货车（车辆）；货车翻斗；炮兵弹药车（车辆）；运货车；越野车；（长途）公共汽车"等商品上，其中的"运输用军车、炮兵弹药车（车辆）"等商品与成都飞机公司使用"枭龙"商标的"战斗机"商品，都属于军用装备或者具有密切的关联关系；"汽车、卡车"等商品亦属于交通运输工具，与作为空中运输工具的"飞机"存在一定的关联关系。因此，在"枭龙"商标在"飞机"尤其是"战斗机"商品上具有一定知名度的情况下，被异议商标在复审商品上的使用容易导致相关公众的混淆误认，认为其与使用"枭龙"商标的"战斗机"商品来源于同一经营者或者彼此之间存在特定联系。"枭龙"并非中文固有词汇，在成都飞机公司的"枭龙"战斗机商品具有较高知名度的情况下，武汉富诚实业有限公司在"枭龙"战斗机首飞成功后十余日即提出被异议商标的注册申请并随后将该商标转让给武汉枭龙公司，难谓巧合。因此，综合以上因素，应当认定被异议商标的申请注册违反了《商标法》第三十二条有关"不得以不正当手段抢先注册他人已经使用并有一定影响的商标"的规定，依法不应予以核准注册。认定原审判决的相关认定错误。

根据对一审、二审判决针对此问题的裁判理由的对比分析可看出，针对《商标法》第三十二条"恶意抢注"条款，对于该条款构成要件的解读，应当以主观要件为核心，确定该条款的适用规则。"有一定影响"的判定应当根据个案情况具体把握，达到可以推定主观"明知或应知"的程度即可。显然该案中武汉富诚实业有限公司在"枭龙"战斗机首飞成功后十余日即提出被异议商标的注册申请并随后将该商标转让给武汉枭龙公司的行为达到了"明知或应知"的主观状态。并且，鉴于恶意抢注情形的多样性，不宜为"有一定影响"设置过于统一、客观的标准，对其把握应当更为宽泛和灵活，否则，该条款将难以发挥制止恶意抢注的作用，不利于我国商标注册质量的提高和竞争秩序的稳定，亦可能影响国际上对我国经营者普遍诚信评价的高低。❶

《商标法》第三十二条后半段是遏制商标恶意抢注的重要条款，司法机关对恶意抢注的遏制力度大小，体现了对于商标注册人诚实信用要求的高低。在实践中应当结合该条款的立法目的和具体案情，以主观状态为核心，把握各要件的判定标准：首先，对在先使用商标的知名度不宜划定客观统一的标准；其次，知名度只是推定注册人对在先商标"明知或应知"的主观状态，从而认定恶意的重要因素之一；最后，还可以通过在先商标的独创性、双方所处地域和行业以及注册后的行为等多种因素推定注册人的主观状态。

（撰稿人：王曹翼）

---

❶ 穆颖. 商标恶意抢注的判定规则——以"明知或应知"的主观状态为核心 [J]. 中华商标，2017（1）.

商标混淆的司法判断

——江西战圣房地产开发有限公司诉包头龙驹奶酒有限公司、北京瓷力门窗进出口贸易有限公司侵害注册商标专用权纠纷案

◉ 关键词

商标　混淆

◉ 裁判要点

在商标侵权纠纷案件中，认定被诉侵权标识与主张权利的注册商标是否近似，应当视所涉商标或其构成要素的显著程度、市场知名度等具体情况，在考虑和对比文字的字形、读音和含义，图形的构图和颜色，或者各构成要素的组合结构等基础上，对其整体或者主要部分是否具有市场混淆的可能性进行综合分析判断。

◉ 相关法条

《商标法》第五十六条、第五十七条第（二）项

《最高人民法院关于审理注册商标、企业名称与在先权利冲突的民事纠纷案件若干问题的规定》第一条

《最高人民法院关于审理商标民事纠纷案件适用法律若干问题的解释》第九条第二款、第十条，第十一条第一款、第十二条

◉ 案件索引

一审：（2014）朝民初字第 12296 号民事判决（裁判日期：2014 年 6 月 18 日）

二审：（2014）京知民终字第 108 号（裁判日期：2015 年 3 月 2 日）

◉ 基本案情

原告江西战圣房地产开发有限公司（简称"战圣公司"）诉称，包头龙驹奶酒有限公司（简称"龙驹奶酒公司"）未经原告许可，在龙驹奶酒公司生产的龙驹奶酒上

使用了与原告该商标近似的"LONGJU 龙驹及图"商标，侵犯了原告的商标权。北京瓷力门窗进出口贸易有限公司（简称"瓷力门窗公司"）销售了龙驹奶酒公司生产的龙驹奶酒，与龙驹奶酒公司构成了共同侵权。故原告要求龙驹奶酒公司与瓷力门窗公司停止侵犯原告商标权的生产及销售行为，共同赔偿原告经济损失一万元。

被告龙驹奶酒公司辩称：（1）其在龙驹奶酒上使用的被控侵权商标是内蒙古龙驹乳业股份有限公司（简称"龙驹乳业股份公司"）注册的第 1782079 号"LONGJU 龙驹及图"商标。经龙驹乳业股份公司授权，其有权使用该商标；（2）该 1782079 号"LONGJU 龙驹及图"商标核定使用的商品为第 29 类乳酒、马或骆驼乳酒等。其生产的龙驹奶酒即为乳酒，故其对第 1782079 号商标的使用未超出核定商品的范围。战圣公司主张权利的商标核定使用的商品为第 33 类，与其生产的龙驹奶酒不属于相同、类似商品；（3）其使用的该商标注册在先，并持续不断地使用，但战圣公司并未使用其商标。而且，其使用的"LONGJU 龙驹及图"商标与战圣公司的"龙驹及图"商标区别较为明显。故其使用"LONGJU 龙驹及图"商标不会造成相关公众的混淆、误认；（4）其使用的"LONGJU 龙驹及图"商标曾被认定为驰名商标，应当予以重点保护。综上，被告未侵犯战圣公司的商标权，请求法院驳回其诉讼请求。

被告瓷力门窗公司未出庭应诉，亦未提交书面答辩状。

◙ **法院经审理查明**

1998 年 10 月 26 日，陕西省丹凤县饮料酒厂申请在第 33 类商品葡萄酒、果酒（含酒精）、酒精饮料（啤酒除外）、酒（饮料）、黄酒、蒸馏饮料上注册第 1390771 号"龙驹及图"商标。2000 年 4 月 28 日，该商标获得注册，有效期限至 2010 年 4 月 27 日。后经核准，该商标有效期续展至 2020 年 4 月 27 日。2011 年 3 月 27 日，战圣公司受让了该商标。经原审法院多次释明，战圣公司拒不向法庭提供证据证明其使用过该商标，也未举证证明其受让前该商标被使用过。2014 年 4 月 27 日，国家工商行政管理总局商标局作出决定，以连续三年停止使用为由，撤销了该商标在酒精饮料（啤酒除外）、酒（饮料）、蒸馏饮料商品上的注册。战圣公司已就该决定提出复审，现商标评审委员会尚未作出决定。

1998 年 1 月 21 日，龙驹乳业股份公司（名称变更前为内蒙古包头市龙驹乳业有限责任公司）注册了第 1144971 号"龙驹 LONGJU 及图"商标，核定使用商品为第 29 类乳酒（饮料）。注册有效期限自 1998 年 1 月 21 日至 2008 年 1 月 20 日。该商标到期后未续展。

2002 年 6 月 7 日，龙驹乳业股份公司注册了第 1782079 号"LONGJU 龙驹及图"

商标,核定使用商品为第 29 类:黄油、马或骆驼乳酒(牛奶饮料)、奶茶(以奶为主)、奶油(乳制品)、牛奶、牛奶饮料、牛乳制品、乳酒、乳清、酸奶。注册有效期限自 2002 年 6 月 7 日至 2012 年 6 月 6 日。后经核准,该商标有效期续展至 2022 年 6 月 6 日。2012 年 7 月 18 日,龙驹乳业股份公司出具一份《商标使用许可证明》,称将其持有的"龙驹"商标许可龙驹奶酒公司使用,授权龙驹奶酒公司为"龙驹"商标在中国区域内唯一合法使用人。诉讼中,龙驹奶酒公司又补充提交一份龙驹乳业股份公司出具的《商标使用许可证明》,称其授权龙驹酒业公司使用第 1782079 号商标的期限自 2006 年 6 月至 2022 年 6 月。

2012 年 6 月 6 日,战圣公司在瓷力门窗公司以 56 元的价格购买了一瓶龙驹奶酒。在该酒瓶及外包装上均标示有上述第 1782079 号"LONGJU 龙驹及图"商标。该酒外包装盒显示有该商品的以下信息:香型为乳香型;配料包括蒸馏酒、发酵酒、牛奶乳清、乙酸乙酯、乳酸乙酯;制造商为龙驹乳业股份公司;生产商为龙驹奶酒公司;净含量为 500ml;酒精度为 52%vol。在该酒瓶上显示的生产日期为 2008 年 10 月 6 日。

龙驹奶酒公司认可瓷力门窗公司销售的上述龙驹奶酒为其生产并供货的,但龙驹奶酒公司与瓷力门窗公司均未提供证据证明具体的供货时间。

◎ 判决结果

一审:(1)龙驹奶酒公司于判决生效之日起立即停止在其生产的涉案商品龙驹奶酒上使用涉案被控侵权商标;(2)瓷力门窗公司于判决生效之日起立即停止销售涉案侵权商品龙驹奶酒;(3)驳回战圣公司的其他诉讼请求

二审:撤销一审判决,驳回原告原审全部诉讼请求

◎ 裁判理由

该案中,上诉人龙驹奶酒公司将"LONGJU 龙驹及图"使用在"52°奶酒"商品上超出了该商标核定使用商品的范围,其属于在该商品上使用未注册商标的行为。被诉商标"LONGJU 龙驹及图"从 1997 年开始在奶酒上进行商标性使用,经过多年的持续经营已经形成稳定的市场秩序,在相关公众中具有较高的认知程度,实际上已经能够起到标识产品来源自龙驹乳业股份公司及其关联公司的作用。从被诉商标的使用历史来看,该使用是出于善意,并非具有攀附被上诉人圣战公司注册商标的恶意。"龙驹 LONGJU 及图"商标及"LONGJU 龙驹及图"商标一直被使用在"奶酒"商品上,持续时间已经长达十几年,经过使用已经形成稳定的市场秩序,拥有稳定的消费群体和较为固定的销售区域。虽然上诉人龙驹奶酒公司将"LONGJU 龙驹及图"商标使用在

"52°奶酒"这种商品与被上诉人战圣公司注册商标"龙驹及图"核定使用的商品相同或类似，被诉侵权商标与注册商标存在某些相同元素，但综合考虑上诉人龙驹奶酒公司"LONGJU 龙驹及图"商标的形成和发展过程及主观意图，其因在先、诚信使用商业标识所形成的稳定的市场格局，以及请求保护的注册商标本身知名度所决定的保护范围等情况，二审法院认为，现有证据不足以认定相关公众对上诉人龙驹奶酒公司使用的"LONGJU 龙驹及图"商标与被上诉人战圣公司的"龙驹及图"商标会产生混淆、误认。

回 案例解析

司法实践中，商标侵权的判定一般是按照商品类似商标近似以及容易导致混淆作为判断依据。该案是在判断商品类似、商标近似以及混淆三个方面均非常典型的案件。

一、商品是否类似的判断

《商标法》第五十六条规定，注册商标的专用权，以核定注册的商标和核定使用的商品为限。该案中，根据现已查明的事实可知，被上诉人战圣公司在第 33 类酒精饮料（啤酒除外）等商品上享有"龙驹及图"注册商标专用权，上诉人龙驹奶酒公司在第 29 类马或骆驼乳酒等商品上享有"LONGJU 龙驹及图"注册商标专用权。故，该案是否属于人民法院受理范围的问题关键在于判断涉案商品"52°奶酒"是否超出了上诉人龙驹奶酒公司注册商标核定使用的商品范围，即是否超出了《类似商品和服务区分表》中的第 29 类商品的范围。

根据《商标法》第二十二条、第二十三条及第五十六条的规定可知，《类似商品和服务区分表》中商标核准注册的类别直接决定了注册商标的使用范围。就目前《类似商品和服务区分表》中第 29 类商品的范围来看，其主要包括动物类食品以及日用或贮藏用的蔬菜及其他可食用的园艺产品，本类尤其包括奶饮料（以奶为主），其中类似群组 2907 奶及乳制品中包括有马奶酒（奶饮料）和乳酒（奶饮料）。而第 33 类商品为含酒精的饮料（啤酒除外）。鉴于《类似商品和服务区分表》中的第 29 类中的马奶酒（奶饮料）和乳酒（奶饮料）中是否含有酒精以及酒精度数的高低均未作出明确的规定，因此，在判断 52°奶酒是否属于第 29 类商品的范围，应当考虑《类似商品和服务区分表》关于商品分类的原则来进行判断。对于制成品，一般遵循按其功能、主要用途分类的原则，如果分类表没有规定分类的标准，该制成品即按字母排列的分类表同类似的其他制成品分在一类，也可以根据辅助的分类标准，即根据这些制成品的材料或其操作方式进行分类。从功能和主要用途来讲，52°奶酒对于消费者来讲已经超出了奶饮料的范畴，更多的是一种口味独特的高度酒。同时，《类似商品和服务区分表》中又明确规定"乳酒（牛奶饮料）、马或骆驼乳酒（奶饮料）与3202商品类似"，而3202类似群组商品为"不含酒精饮料"。由此可见，第29类商品中的乳酒及其他商品应当区别于第33类"含酒精的饮料（啤酒除外）"中的商品，即第29类商品中的"乳酒"不属于"含酒精的饮料"这一范畴。此外，根据《中华人民共和国国家标准饮料酒分类GB/T 17204—1998》可知，酒精度在0.5%vol以上的酒精饮料，包括各种发酵酒、蒸馏酒及配制酒。酒精度在0.5%vol以下的属于饮料酒。具体到该案中，涉案商品"52°奶酒"的酒精度数已高达52度，显然属于酒精饮料，属于第33类"含酒精的饮料（啤酒除外）"商品范畴，而不属于第29类商品中的乳酒范畴，超出了第1782079号注册商标核定使用的商品范围。上诉人龙驹奶酒公司虽主张涉案商品"52°奶酒"属于第1782079号注册商标核定使用的第29类"乳酒"商品，但仅依据涉案商品的配料中包含牛奶乳清等成分，并不足以说明其属于"乳酒"的范畴，且龙驹公司在原审提交的相关检验报告及国家标准也只能说明龙驹公司的涉案产品符合奶酒的生产标准，与商标使用是否超出核定商品的范围无关。

该案中，经上述分析可知，"52°奶酒"属于《类似商品和服务区分表》中第33类酒精饮料（啤酒除外），而被上诉人战圣公司的涉案商标核定使用商品为葡萄酒、果酒（含酒精）、酒精饮料（啤酒除外）、酒（饮料）、黄酒、蒸馏饮料。根据《最高人民法院关于审理商标民事纠纷案件适用法律若干问题的解释》第十一条第一款可知，类似商品是指在功能、用途、生产部门、销售管道、消费对象等方面相同，或者相关公众一般认为其存在特定联系、容易造成混淆的商品。该解释第十二条规定，人民法院认定商品或服务是否类似，应当以相关公众对商品或者服务的一般认识综合判断，《商标注册用商品和服务国际分类表》《类似商品和服务区分表》可以作为判断类似商品或者服务的参考。从功能、用途、消费对象等方面来看，"52°奶酒"与酒精饮料（啤酒除外）属于相同商品，与葡萄酒、果酒（含酒精）、酒（饮料）、黄酒、蒸馏饮料构成类似商品。

二、商标标识本身是否近似的判断

根据《最高人民法院关于审理商标民事纠纷案件适用法律若干问题的解释》第九条和第十条的规定，在商标侵权纠纷案件中，认定被诉侵权标识与主张权利的注册商标是否近似，应当视所涉商标或其构成要素的显著程度、市场知名度等具体情况，在考虑和对比文字的字形、读音和含义，图形的构图和颜色，或者各构成要素的组合结构等基础上，对其整体或者主要部分是否具有市场混淆的可能性进行综合分析判断。

该案中，涉案两商标标识均为图形文字组合商标，被上诉人圣战公司主张权利的第1390771号"龙驹及图"注册商标是在一个圆圈内有一骏马的图像，在骏马头像的右下角处有"龙驹"两字。而上诉人龙驹奶酒公司使用的标识"LONGJU 龙驹及图"是由一个抽象的龙的形象和"LONGJU"拼音字母及"龙驹"文字组成。经比对，两者从整体视觉效果上看明显不同，"龙驹"及"龙驹"文字在视觉上亦存在区别，呼叫上相同。法院认为，在判断商标近似时应当以对相关商品具有一般性的知识、经验的相关公众在选购商品时所施加的普通注意程度为标准。足以造成相关公众的混淆、误认是构成商标近似的必要条件，仅商标文字、图案近似，但不足以造成相关公众混淆、误认的，不构成商标近似。

根据被上诉人龙驹奶酒公司提供的证据可知，1997年龙驹牌奶酒曾被确定为内蒙古自治区五十周年大庆指定产品，1997年龙驹乳业股份公司被评为奶酒行业内蒙古唯一上榜名牌、最佳销量。1998年1月21日，龙驹乳业股份公司（名称变更前为内蒙古包头市龙驹乳业有限责任公司）注册了第1144971号"龙驹 LONGJU 及图"商标，核定使用商品为第29类乳酒（饮料）。注册有效期限自1998年1月21日至2008年1月20日。该商标到期后未续展。2002年6月7日，龙驹乳业股份公司注册了第1782079号"LONGJU 龙驹及图"商标，核定使用商品为第29类：黄油、马或骆驼乳酒（牛奶饮料）、奶茶（以奶为主）、奶油（乳制品）、牛奶、牛奶饮料、牛乳制品、乳酒、乳清、酸奶，注册有效期限自2002年6月7日至2012年6月6日。后经核准，该商标有效期续展至2022年6月6日。由此可见，龙驹乳业股份公司的"龙驹 LONGJU 及图"商标经过使用已经获得一定知名度，从而导致相关公众将其在奶酒上在后申请注册的近似商标"LONGJU 龙驹及图"联系在一起，并认为使用两商标的商品均来自该商标注册人龙驹乳业股份公司或与其存在特定联系，在前的注册商标的商誉可以在在后申请注册的商标上延续，即"龙驹 LONGJU 及图"商标的商誉应始自"LONGJU 龙驹及图"商标开始投入使用时。

2012年7月18日，龙驹乳业股份公司出具一份《商标使用许可证明》，称将其持有的"龙驹"商标许可龙驹奶酒公司使用，授权龙驹奶酒公司为"龙驹"商标在中国区域内唯一合法使用人。原审诉讼中，龙驹奶酒公司又补充提交一份龙驹乳业股份公司出具的"商标使用许可证明"，称其授权龙驹酒业公司使用第1782079号商标的期限自2006年6月至2022年6月。2006年龙驹乳业股份公司的"LONGJU 龙驹及图"商标被认定为内蒙古自治区著名商标；2006年内蒙古自治区包头市中级人民法院（2006）

包民四初字第 15 号民事判决认定龙驹乳业股份公司拥有的 1782079 号 "LONGJU 龙驹及图" 商标为驰名商标。

在考虑到两商标标识各构成要素以及整体之间的差别，特别是考虑到上诉人使用商标的历史及所获得的知名度，认定两商标不构成近似商标。

三、混淆及混淆可能的判断

混淆及混淆的可能必须基于市场的真实情况进行认定，又与商标在市场上或相关公众中的认知程度有关。

该案中，被上诉人战圣公司在一审及二审期间均未就其主张权利的 "龙驹及图" 商标自注册以来实际投入使用提供任何证据进行证明，在法庭的释明下亦未提供该商标的使用证据。虽然注册但未使用的商标依然应该受到法律的保护，但未使用的注册商标因不具有经过使用而获得的显著性和知名度必将导致其受保护程度的减弱。商标的价值源于权利人对商标的持续使用，商标专用权并不是垄断使用商标文字或符号的权利，而是禁止他人利用商标权人的商业信誉牟利的权利。法律保护商标权的目的是保护商标所承载的商标权人的商业信誉，防止他人非法侵占商誉，防止混淆误认，保护消费者的合法权益。一般情况下，没有被真实持续使用的注册商标，没有实际发挥识别作用，没有承载商业信誉，他人也就不可能利用该商标信誉进行牟利。

该案中，上诉人龙驹奶酒公司将 "LONGJU 龙驹及图" 使用在 "52°奶酒" 商品上超出了该商标核定使用商品的范围，其属于在该商品上使用未注册商标的行为。被诉商标 "LONGJU 龙驹及图" 从 1997 年开始在奶酒上进行商标性使用，经过多年的持续经营已经形成稳定的市场秩序，在相关公众中具有较高的认知程度，实际上已经能够起到标识产品来源自龙驹乳业股份公司及其关联公司的作用。从被诉商标的使用历史来看，该使用是出于善意，并不具有攀附被上诉人圣战公司注册商标的恶意。"龙驹 LONGJU 及图" 商标及 "LONGJU 龙驹及图" 商标一直被使用在 "奶酒" 商品上，持续时间已经长达十几年，经过使用已经形成稳定的市场秩序、拥有稳定的消费群体和较为固定的销售区域。虽然上诉人龙驹奶酒公司将 "LONGJU 龙驹及图" 商标使用在 "52°奶酒" 这种商品与被上诉人战圣公司注册商标 "龙驹及图" 核定使用的商品相同或类似，被诉侵权商标与注册商标存在某些相同元素，但综合考虑上诉人龙驹奶酒公司 "LONGJU 龙驹及图" 商标的形成和发展过程及主观意图，其因在先、诚信使用商业标识所形成的稳定的市场格局，以及请求保护的注册商标本身知名度所决定的保护范围等情况，法院认为，现有证据不足以认定相关公众对上诉人龙驹奶酒公司使用的 "LONGJU 龙驹及图" 商标与被上诉人战圣公司的 "龙驹及图" 商标会产生混淆、误认。

在判断商标侵权时还应考虑，涉案两商标的共存是特殊条件下形成的，认定商标近似还应根据两者的实际使用状况、使用历史、相关公众的认知状态、使用者的主观状态等因素综合判定，尊重已经客观形成的市场格局，防止简单地把商标构成要素近似等同于商标近似，实现经营者之间的包容性发展。

（撰稿人：张玲玲）

商标近似的司法判断

——哈尔滨马迭尔集团股份有限公司诉马达尔（北京）食品有限公司等侵害商标权及不正当竞争纠纷案

◙ 关键词

商标　商标近似　不正当竞争

◙ 裁判要点

未经商标注册人的许可，在同一种商品上使用与其注册商标近似的商标，容易导致混淆的，构成侵犯注册商标专用权。擅自使用与知名商品近似的包装，造成和他人的知名商品相混淆，使购买者误认为是该知名商品的，构成不正当竞争。

◙ 相关法条

《商标法》第五十七条第（二）项、第（六）项

《最高人民法院关于审理商标民事纠纷案件适用法律若干问题的解释》第九条第二款、第十条

《反不正当竞争法》第五条第（二）项

《最高人民法院关于审理不正当竞争民事案件应用法律若干问题的解释》第一条、第四条

《民事诉讼法》第一百四十四条、第一百六十八条、第一百七十四条、第一百七十条第一款第（二）项

◙ 案件索引

一审：（2015）朝民（知）初字第 23363 号（裁判日期：2016 年 1 月 14 日）
二审：（2016）京 73 民初 93 号（裁判日期：2016 年 12 月 30 日）

◙ 基本案情

原告诉称，哈尔滨马迭尔集团股份有限公司（简称"马迭尔公司"）系第

1227321 号、第 6842863 号、第 7321452 号、第 10609537 号、第 12593309 号"马迭尔"系列商标的商标专用权人及第 14473813 号、第 14473839 号、第 14473818 号、第 14473838 号"马迭尔"系列商标的合法使用权人，上述商标注册的商品类别均包含棒冰、冰糕商品，均处于权利存续期间且正在使用。马迭尔公司自 1906 年起使用特有的商品名称"马迭尔"，自 2014 年 1 月开始使用现有的包装装潢，产品营销范围遍布全国大部分省市，知名度极高。2015 年 2 月，马迭尔公司发现马达尔（北京）食品有限公司（简称"马达尔公司"）出品、深州市得利成冷饮有限公司（简称"得利成公司"）生产的冰淇淋产品上恶意使用与上述商标近似的"马达尔"标识，并使用与马迭尔公司产品近似的包装装潢，在全国多省市销售。马迭尔公司从北京超市发连锁股份有限公司（简称"超市发公司"）下属的北京华亿天成商贸有限公司（简称"华亿天成公司"）购买到侵权产品之后，曾函告超市发公司停止侵权，但超市发公司置之不理。马迭尔公司认为四被告生产、销售"马达尔"棒冰的行为侵害了马迭尔公司对"马迭尔"系列商标的合法权利，并构成了擅自使用知名商品特有的名称、包装、装潢的不正当竞争行为，导致消费者混淆了商品来源，给马迭尔公司造成了严重的经济损失和商誉损失。故诉请法院：（1）判令马达尔公司、得利成公司停止生产、销售侵权产品，超市发公司、华亿天成公司停止销售侵权产品；（2）判令四被告共同赔偿马迭尔公司经济损失3 000 000元及合理支出206 020元。

被告马达尔公司辩称：（1）马达尔公司并未侵犯马迭尔公司的商标专用权。马达尔公司授权得利成公司生产棒冰的商标为"马达尔"，与"马迭尔"有很大差别。马达尔公司已于 2015 年初向商标局提出注册"马达尔"商标的申请，不存在侵犯马迭尔公司商标权的故意。（2）"马达尔"棒冰并非知名商品，且"马达尔"棒冰包装享有外观设计专利，与马迭尔公司产品的外包装有重大差异，不构成不正当竞争。（3）根据马迭尔公司提供的证据可以看出 2015 年度其销售额不降反升，不存在经济损失。综上，马达尔公司不同意马迭尔公司的诉讼请求。

被告得利成公司辩称：得利成公司只是接受马达尔公司的委托生产加工相关产品，并且马达尔公司向得利成公司提供了相应的商标授权。因此得利成公司受委托加工的行为不存在任何过错，不承担侵权赔偿责任。

被告超市发公司辩称：（1）超市发公司并没有销售"马达尔"棒冰，也不知道相关产品涉嫌侵权。马迭尔公司发函时未说明有关商标主管机关对涉案商标是否侵权作出的认定，在这种情况下，超市发公司没有理由相信相关产品侵权。（2）超市发公司与华亿天成公司是加盟关系，华亿天成公司销售的产品本身是有合法的进货管道，超市发公司不应承担赔偿责任。（3）马迭尔公司主张的 300 万元经济损失过高，即便是因为华亿天成公司销售了相关产品，也不应将可能涉嫌侵权的损失全都归于超市发公司。综上，超市发公司不同意马迭尔公司的诉讼请求。

被告华亿天成公司辩称：华亿天成公司销售的涉案产品是马迭尔公司直接供应的，属于合法的进货来源。马迭尔公司与华亿天成公司签订了授权书，并提供了营业执照、商标等相关证件。在接到法院传票之后，华亿天成公司已经将相关产品下架处理。综上，华亿天成公司不同意马迭尔公司的诉讼请求。

◎ 法院经审理查明

1998 年 11 月 28 日，哈尔滨马迭尔宾馆冷食厅经核准在第 30 类食用冰、棒冰、冰点、冰淇淋、冰糕、糕点、面包、食用面粉、汉堡包等商品上注册第 1227321 号"马迭尔"商标（简称"第 1227321 号商标"），其有效期经续展至 2018 年 11 月 27 日。2008 年 12 月 7 日，马迭尔公司经核准受让第 1227321 号商标。此外，马迭尔公司还享有第 6842863 号"MADIEER 及图形"商标、第 7321452 号"马迭尔冰雪大世界"商标、第 10609537 号"马迭尔冰雪霓裳"商标及第 12593309 号"MADIEER 马迭尔集团及图形"商标的商标专用权，上述商标经核准的类别均属第 30 类，包括冰糕、棒冰等商品，且目前均在有效期内。

2014 年以来，"马迭尔"棒冰在全国范围内广泛销售，棒冰本体上刻有"马迭尔"字样，每支售价为 10 元至 20 元。中央电视台中文国际频道等报刊、电视、网站媒体均对马迭尔公司及"马迭尔"棒冰进行过宣传报道。马迭尔公司及"马迭尔"品牌的产品获得过"中华老字号"等多项荣誉。

2014 年初，"马迭尔"棒冰开始使用该案中主张的外包装。该包装袋为长方形，两端均为墨绿色封边，包装主体为暗黄色，正面的上半部分为由金色圆圈内有墨绿底色及金色白色相互缠绕的图案、"MODERN"及"·1906·"从上到下依次的组合，正中为较大字体的"马迭尔"文字商标，下方显示棒冰的具体口味（中英文）及净含量 85 克，最下方标注了"中华老字号"及标识；包装背面的上半部分为拱顶建筑群的素描画，下半部分的左侧显示产品名称、配料、生产许可、制造商、生产日期等详细信息，右侧为"经典 1906"的菱形图案与"百年味道 百年传承"宣传语的组合、"营养成分表"以及条形码等。

马迭尔公司成立于 2014 年 11 月 20 日，原名和信美食品（北京）有限公司，2015 年 12 月 7 日经核准变更为现名称，法定代表人王志民同时也是该公司股东之一。王志民作为法定代表人及股东之一另设立有"和信美（北京）品牌顾问有限公司"（简称"和信美公司"）。得利成公司成立于 2007 年 4 月 29 日，经营范围为冷冻饮品生产、销售。

2014 年 12 月 11 日，马达尔公司与得利成公司签订《委托加工生产协议书》，约定马达尔公司委托得利成公司生产加工"马达尔"牌系列雪糕。庭审中，马达尔公司确认得利成公司系其"马达尔"棒冰的唯一加工方。同日，和信美公司向得利成公司出具《商标标识许可用户许可证书》，约定和信美公司授权得利成公司在其生产的产品上使用和信美公司在第 30 类商品上注册的第 15914733 号"马达尔"商标，授权期限自 2014 年 12 月 12 日至 2015 年 12 月 12 日止。第 15914733 号商标系和信美公司于 2014 年 12 月 11 日向商标局申请注册，目前尚未取得商标注册。该商标由圆形图案、MADAER、·1956·、马达尔四部分从上到下依次组合而成，其中圆形图案中有深色阴影和白色与灰色组成的白胡子老人头像。另，2014 年 11 月 26 日，和信美公司向商标局申请在第 30 类商品注册"马达尔 MADAER"文字与字母组合商标，目前亦未取得商标注册。

2015 年 2 月，得利成公司开始生产"马达尔"棒冰。"马达尔"棒冰本体上均刻有"马达尔"字样，售价每支 3 元至 8 元不等。该棒冰的外包装为长方形，两端均为深绿色封边，包装主体为土黄色，正面的上半部分为和信美公司正在申请注册的第 15914733 号商标图案，其中的"马达尔"文字部分处于整个包装的正中部且字体较大，下方显示棒冰的具体口味（中英文）及净含量 85 克；包装背面的上半部分为拱顶建筑群的简笔画，下半部分的左侧显示产品名称、配料、生产许可，生产者：深州市得利成冷饮有限公司，出品商：和信美食品（北京）有限公司等详细信息，右侧从上至下依次为"和信美"二维码、"营养成分表"及条形码等。

庭审中，马达尔公司主张"马达尔"棒冰的外包装享有外观设计专利，并提交了专利号为 ZL201430534829.0、专利权人为高巍的包装袋外观设计专利证书，其专利申请日 2014 年 12 月 18 日，授权公告日 2015 年 7 月 15 日。马达尔公司称高巍系和信美公司的员工，其代表公司申请上述外观专利，但未提交劳动合同、纳税证明等相关材料。

关于"马达尔"棒冰的销售范围及推广情况，和信美集团的网站（网址为 http：// hexinmei. cn）中显示其产品营销网络涵盖北京、黑龙江等全国 24 个省、直辖市、自治区。

◎ **判决结果**

一审：（1）马达尔（北京）食品有限公司与深州市得利成冷饮有限公司于本判决生效之日起停止生产、销售涉案"马达尔"棒冰；（2）马达尔（北京）食品有限公司与深州市得利成冷饮有限公司于本判决生效之日起十日内共同赔偿哈尔滨马迏尔集团股份有限公司经济损失五十万元；（3）马达尔（北京）食品有限公司与深州市得利成冷饮有限公司于本判决生效之日起十日内共同赔偿哈尔滨马迭尔集团股份有限公司合理支出五万元；（4）驳回哈尔滨马迭尔集团股份有限公司的其他诉讼请求

二审：（1）维持北京市朝阳区人民法院（2015）朝民（知）初字第 23363 号民事判决第一项、第二项；（2）撤销北京市朝阳区人民法院（2015）朝民（知）初字第 23363 号民事判决第三项、第四项；（3）判决马达尔（北京）食品有限公司与深州市得利成冷饮有限公司于本判决生效之日起十日内共同赔偿哈尔滨马迭尔集团股份有限公司合理支出十万六千零四十三元；（4）驳回哈尔滨马迭尔集团股份有限公司的其他上诉请求；（5）驳回马达尔（北京）食品有限公司、深州市得利成冷饮有限公司的上诉请求；（6）驳回哈尔滨马迭尔集团股份有限公司的其他诉讼请求

回 裁判理由

未经商标注册人的许可，在同一种商品上使用与其注册商标近似的商标，容易导致混淆的，构成侵犯注册商标专用权。该案中，"马迭尔"与"马达尔"在读音呼叫、文字字形、整体结构及视觉效果上相似，且均使用在第 30 类棒冰商品上，消费者施以一般注意很有可能对商品的来源发生混淆误认。结合考虑"马迭尔"的显著性和知名度情况，可以认定涉案侵权产品使用"马达尔"属于在相同商品上使用与马迭尔公司相近似的商标，违反了《商标法》第五十七条第（二）项的规定，侵犯了马迭尔公司的第 1227321 号"马迭尔"商标的注册商标专用权。擅自使用与知名商品近似的包装，造成和他人的知名商品相混淆，使购买者误认为是该知名商品的，构成不正当竞争。该案中，马迭尔公司提供的在案证据能够证明其生产、销售的"马迭尔"棒冰为《反不正当竞争法》第五条第（二）项规定的"知名商品"，"马迭尔"棒冰的外包装及其装潢体现了独有的设计要素，属于《反不正当竞争法》第五条第（二）项所保护的知名商品特有包装装潢。涉案"马达尔"棒冰上使用的包装装潢与该包装装潢近似，足以使相关公众对商品的来源产生误认，该使用行为构成不正当竞争。

回 案例解析

一、未经商标注册人的许可，在同一种商品上使用与其注册商标近似的商标，容易导致混淆的，构成侵犯注册商标专用权

商标近似，是指被控侵权的商标与原告的注册商标相比较，其文字的字形、读音、含义或者图形的构图及颜色，或者其各要素组合后的整体结构相似，或者其立体形状、颜色组合近似，易使相关公众对商品的来源产生误认或者认为其来源与原告注册商标

的商品有特定的联系。法院认定商标近似按照以下原则进行：（1）以相关公众的一般注意力为标准；（2）既要进行对商标的整体比对，又要进行对商标主要部分的比对，比对应当在比对对象隔离的状态下分别进行；（3）判断商标是否近似，应当考虑请求保护注册商标的显著性和知名度。在商标侵权纠纷案件中，认定诉争商标与引证商标是否构成近似，应当视诉争商标与引证商标或其构成要素的显著程度、市场知名度等具体情况，在考虑和对比文字字形、读音和含义，图形的构图和颜色，或者各构成要素的组合结构的基础上，对其整体或者主要部分是否具有市场混淆的可能性进行综合分析判断。商标的主要部分是指最具商品来源识别性、最易于使相关公众将其与使用该商标的商标联系起来的商标构成要素。因此来源混淆是认定商标近似的核心要件。

该案中，马迭尔公司的第1227321号"馬迭爾"商标为繁体字，棒冰本体上刻有"马迭尔"，棒冰外包装上使用的是"马迭尔"，"馬迭爾""马迭尔"与"马迭尔"虽有繁简差异，但读音相同，根据消费者的一般认知能够将"馬迭爾""马迭尔"与"马迭尔"进行对应。和信美公司于2014年12月11日向商标局申请注册第15914733号"马达尔"商标，目前虽然尚未核准注册，但涉案侵权产品"马达尔"棒冰外包装的显著位置显示"马达尔"文字，并在棒冰本体上刻有"马达尔"字样，起到了区分商品来源的作用，属于商标性使用。

"马迭尔"与"马达尔"在读音呼叫、文字字形、整体结构及视觉效果上相似，且均使用在第30类棒冰商品上，消费者施以一般注意很有可能对商品的来源发生混淆误认。此外，马迭尔公司在全国范围内广泛销售"马迭尔"棒冰，中央电视台中文国际频道等报刊、电视、网站媒体均对马迭尔公司及"马迭尔"棒冰进行过宣传报道。马迭尔公司及"马迭尔"品牌的产品获得过"中华老字号"等多项荣誉。结合"马迭尔"的显著性和知名度，可以认定涉案侵权产品使用"马达尔"属于在相同商品上使用与马迭尔公司相近似的商标，违反了《商标法》第五十七条第二项"未经商标注册人的许可，在同一种商品上使用与其注册商标近似的商标，或者在类似商品上使用与其注册商标相同或者近似的商标，容易导致混淆"的规定，侵犯了马迭尔公司的第1227321号"馬迭爾"商标的注册商标专用权。

二、擅自使用与知名商品近似的包装，造成和他人的知名商品相混淆，使购买者误认为是该知名商品的，构成不正当竞争

《最高人民法院关于审理不正当竞争民事案件应用法律若干问题的解释》第一条规定，在中国境内具有一定的市场知名度，为相关公众所知悉的商品，应当认定为《反不正当竞争法》第五条第（二）项规定的"知名商品"。人民法院认定知名商品，应当考虑该商品的销售时间、销售区域、销售额和销售对象，进行任何宣传的持续时间、程度和地域范围，作为知名商品受保护的情况等因素，进行综合判断。原告应当对其商品的市场知名度负举证责任。该解释第二条规定，具有区别商品来源的显著特征的商品的名称、包装、装潢，应当认定为《反不正当竞争法》第五条第（二）项规定的"特有的名称、包装、装潢"。根据上述规定，知名商品是指在特定市场上具有一定知名度、为相关公众所知悉的商品；其特有的包装装潢则是该商品独有的，能够与其他经营者的同类商品相区别的包装装潢。

该案中，马迭尔公司在哈尔滨、北京、上海、杭州、广州等全国范围内广泛销售"马迭尔"棒冰。2014年，仅北京马迭尔食品有限公司经授权在北京地区生产销售"马迭尔"棒冰的年销售量达449万多支。马迭尔公司采取与新华网、大众点评网等合作发布广告，参加展会等多种方式宣传推广"马迭尔"棒冰。中央电视台中文国际频道等报刊、电视、网站媒体均对马迭尔公司及"马迭尔"棒冰进行过宣传报道。马迭尔公司及"马迭尔"品牌的产品先后获得"中华老字号""2014—2015年度中华老字号传承创新先进单位"等多项荣誉。马迭尔公司提供的在案证据能够证明其生产、销售的"马迭尔"棒冰具有一定的知名度，"马迭尔"棒冰可以认定为《反不正当竞争法》第五条第（二）项规定的"知名商品"。

"马迭尔"棒冰的外包装及其装潢体现了独有的设计要素，其色彩、文字、图案及其组合，形成了独特的视觉效果，并经过大量使用，使该包装装潢已经与"马迭尔"品牌形成稳定的联系，具有显著特征和特定性，属于《反不正当竞争法》第五条第（二）项所保护的知名商品特有包装装潢。涉案"马迭尔"棒冰上使用的包装装潢与该包装装潢近似，足以使相关公众对商品的来源产生误认，根据《最高人民法院关于审理不正当竞争民事案件应用法律若干问题的解释》第四条规定，在相同商品上使用相同或者视觉上基本无差别的商品名称、包装、装潢，应当视为足以造成和他人知名商品相混淆。因此使用"马迭尔"的行为属于《反不正当竞争法》第五条第（二）项的规定，构成不正当竞争。

（撰稿人：田芬）

商标描述性使用的司法判断

——李某飞、韩某明诉北京新浪互联信息服务有限公司
侵犯注册商标专用权纠纷

◎ **关键词**

商标　APP 软件　描述性使用　通用名称

◎ **裁判要点**

判断是否属于商标性使用，应以商标标识是否用于识别商品来源为标准。APP 软件名称当仅用来描述功能、用途或表征特定用户群体时，并没有发挥区分商品来源的作用，这种使用方式属于描述性使用，不受商标专用权的规制。

◎ **相关法条**

《商标法》第四十八条、第五十七条第（一）项

◎ **案件索引**

一审：（2014）海民初字第 14715 号（裁判日期：2014 年 11 月 28 日）
二审：（2015）京知民终第 00114 号（裁判日期：2015 年 4 月 15 日）

◎ **基本案情**

原告李某飞、韩某明诉称：原告二人于 2007 年 9 月 7 日获得了国家商标局批准注册的第 9 类"拍客"商标专用权，商标专有权内容包括计算机软件等相关类别。从 2012 年底开始，新浪公司在其运营的新浪网（www. sina. com. cn）、新浪微博（www. weibo. com）上推出拍客客户端、拍客小助手等程序软件，这些软件可以在新浪网、新浪微博上点击下载，也可以将这些软件安装到用户使用的智能手机上，并与新浪微博直接互通。李某飞、韩某明得知新浪公司的侵权行为后，立即与新浪公司联系，要求其停止上述侵权行为，但截至目前，新浪公司仍然在侵权使用李某飞、韩某明拥有的"拍客"商标，故请求法院判令新浪公司：（1）停止侵权使用李某飞、韩某明在

先注册的"拍客"商标,包括停止提供拍客客户端在新浪网、新浪微博上的下载行为;(2)赔偿侵权使用商标费用三百六十万元;(3)赔偿合理支出公证费一千元。

被告辩称:不同意李某飞、韩某明的诉讼请求,新浪公司有权使用涉案商标。第一,"拍客"为广泛使用的通用词汇,新浪公司系合理使用,属描述性的合理使用,经营者为了更准确地描述商品特征,使用商品的通用名称,直接表示商品的功能用途。"拍客"是对特定人群和行为的描述性词汇,是指在互联网时代下,将自己拍摄的图片或视频上传至网络平台与他人共享的一群人,也指他们的这种行为方式。在2005年就已经有拍客网等网站出现,还有公司推出了"拍客"服务,2006年优酷网等各大网站就使用了"拍客"这样的词汇,组织相关活动。2010年中央电视台还与新浪网举办了"中国榜样拍客"选拔评奖活动。发展到现在,拍客已经是一个通用的词汇。李某飞、韩某明2007年9月7日所核准注册的第4441141号"拍客"商标仅为普通的文字商标,为特定商品/服务的描述性词汇,该词汇本身已进入公共领域,李某飞、韩某明无权垄断该词,禁止他人的合理使用。第二,我方系善意使用。我方是知名网站,是在自己的网站上描述性使用"拍客",主观上没有"搭便车"的目的和必要,不存在攀附他人商誉的侵权意图。第三,新浪公司不是作为自己商品的商标使用,拍客是在新浪公司网站中使用,网站本身大量存在自身商标"新浪"图形、文字,具体使用"拍客"中也显著标明新浪公司拥有权利的商标、新浪文字、图形等,图形和文字等相比"拍客"更具有突出性和显著性。第四,新浪公司使用"拍客"不具有混淆可能性。新浪公司为描述性使用,不存在混淆。新浪公司在自己的网站上使用,并更突出使用自身图形和文字,李某飞、韩某明的"拍客"商标显著性弱,且李某飞、韩某明商标不具有知名度,对于"拍客"二字的使用也不构成近似。李某飞、韩某明商标为普通黑色宋体文字,新浪公司使用多为描述性语句,具体使用中字体不同、多为文字加图形,并更突出标注李某飞、韩某明拥有权利的蓝色、彩色"图形"、文字等,且李某飞、韩某明为自然人,未提供商标使用事实及举证,不会造成相关公众对商品来源产生实际误认、混淆;第五,新浪公司不存在侵权,李某飞、韩某明未使用注册商标,也不应承担相应赔偿责任。

▣ 法院经审理查明

2004年12月29日,李某飞向国家工商行政管理总局商标局申请注册第4441141号"拍客"商标。2007年9月7日,李某飞、韩某明作为商标共有人经核准注册了该商标,商标核定使用类别为第9类,包括电子出版物(可下载);计算机程序(可下载软件)等。商标注册有效期至2017年9月6日。从2012年底开始,北京新浪互联信息服务有限公司（下称新浪公司）在新浪网、新浪微博上推出"新浪拍客"Android 版、"新浪拍客"iPhone 正式版等客户端软件（简称"APP"），供用户免费下载。点击"新浪拍客"iPhone 正式版，进入的页面显示"拍客，开发商：Sina. Com Technology（China）Co. Ltd，内容提要：新浪拍客客户端是专为新浪拍客及所有视频拍摄、分享爱好者而生的视频服务产品，依托新浪网强大的视频技术优势……"再点击其中的"Sina. Com Technology（China）Co. Ltd 网站"，进入的页面有拍客软件的新浪标识图示、名称，并写明"拍客：微博视频上传客户端，拍客是一款视频上传分享应用，我们提供给您多种特效，轻松美化视频，更可一键分享到新浪微博、腾讯微博、人人网等大型社交平台……"该软件下载之前，客户端上标识为"新浪拍客"及新浪图示；下载之后，客户端上标识仅有"拍客"二字及新浪图示。李某飞、韩某明明确其主张新浪公司的侵权行为指向的是新浪拍客客户端即 APP，包括 Android 版、iPhone 版、iPad 版。

◎ 判决结果

一审：驳回原告李某飞、韩某明的全部诉讼请求

二审：维持

◎ 裁判理由

无论从法定还是约定俗成的角度米看，"拍客"一词均不能被认定在计算机软件产品（手机客服端 APP）上已成为通用名称。但随着"拍客"一词的使用与普及，使得"拍客"商标在涉案拍客使用的 APP 软件上作为商标的显著性程度大大减弱，其发挥商品来源功能的效果明显低于其第一含义的指代作用。实际上，消费者在该款 APP 软件上看到"拍客"二字更可能想到的是该款软件的用途或者适用的人群，而非商品的提供者，且其使用均与该公司的"新浪"或相应图示结合使用，能够使得用户清晰地认识到软件产品或服务来源于新浪公司，"拍客"本身并没有发挥区分商品来源的商标性作用，且其并无故意误导公众的主观意图，客观上也不会导致消费者混淆和误认，因此，不构成侵权。

◎ 案例解析

互联网技术不断发展带来了新鲜的用户体验模式和多样的商业经营模式，而使用多样化、个性化的 APP 应用软件成为智能手机普及带来的必然结果。APP 名称更是五花八门，不拘一格，但存在的风险是其名称与相关商标可能存在冲突。该案涉及手机

客户端 APP 名称是否侵犯商标权的问题,而判断是否侵权的前提首先要判断该 APP 名称的使用否构成商标性使用。因此,该案在当今互联网环境下具有一定的典型意义,同时,该案的判断原则和理念亦涉及商标法中关于正当使用的判断,在理论上亦具有一定的研究意义。

一、手机客户端 APP 名称是否为商标性使用的判断

商标民事侵权所依据的法律是《商标法》第五十七条的规定,对于该条的适用应把握的标准是在判断商标侵权时,以造成混淆为最终的判断要件,以构成商标性使用为判断前提。

关于商标性使用的判断,《商标法》第四十八条规定,商标的使用是指用于商品、商品包装或者容器以及商品交易文书上,或者将商标用于广告宣传、展览以及其他商业活动中,用于识别商品来源的行为。由此可见,商标性使用的关键在于该标识是否发挥了识别商品来源的作用。

该案中涉及的问题是如何判断手机客户端 APP 名称是否为商标性使用。早在 2006 年北京市高级人民法院曾在《关于审理商标民事纠纷案件若干问题的解答》中规定,如何界定计算机软件商品商标的使用,除本解答第二条所述商标使用方式外,在安装、运行计算机软件时,显示器显示出的对话框、标题栏、图标及版权页等接口上出现注册商标,表明其所标示的商品区别于其他同类商品的来源的,亦为商标的使用方式。计算机软件名称的商标性使用依然需要发挥区别其他同类商品的来源的作用。

该案中,新浪公司将"拍客"一词使用在其开发的一款 APP 软件上,在该软件下载之前以及下载之后的客户端上均有"拍客"二字。对于"拍客"的使用,目前在酷 6 网(www.ku6.com)、爱奇艺(www.iqiyi.com)、第一视频(www.v1.cn)、搜狐网(www.sohu.com)、网易视频(v.163.com)、央视网(www.cntv.cn)、56 网(www.56.com)、优酷网(www.youku.com)、土豆网(www.tudou.com)、拍客网(www.paikew.com)、鹤壁网视(video.hebiw.com)、腾讯网(www.qq.com)及众多网站等上均有作为服务名称来使用的情况。同时,将"拍客"作为关键词,在谷歌网(www.google.com.hk)、百度网(www.baidu.com)、搜狗网(www.sogou.com)进行搜索,其中百度网显示找到相关结果 100 000 000 个,显示包括拍客网、优酷拍客频道、人民拍客、搜狐拍客、新华拍客等;谷歌网显示找到 31 800 000 条结果,包括优酷拍客、腾讯拍客、拍客—新浪视频—新浪网、拍客网等;搜狗网显示找到 1 659 177 条结果,包括拍客网、腾讯拍客、优酷拍客、拍客、网易拍客、新华拍客等。从目前网络上关于"拍客"一词的使用情况来看,其绝大多数为直接使用了"拍客"一词的第一含义，即指代特定的人群或为特定人群提供专门服务等。即便在 APP 软件这一具体的产品上，通过百度手机助手以"拍客"作为关键词进行搜索，可以搜到除涉案的拍客软件外，还有优酷拍客、搜狐拍客、央视网微拍客、拍客视频、3G 拍客、新拍客、移动拍客、课堂拍客、CNTV 拍客等，显示一共有 7 页搜索结果。在手机端通过苹果应用市场 APP STORE 使用"拍客"为关键词进行搜索，搜索结果显示在苹果的手机端应用也存在使用"拍客"作为软件名称的现象，如优酷拍客、云拍客、央视网微拍客、青岛拍客、新拍客、CNTV 拍客、盛京拍客、沃拍客、齐鲁拍客团、小马拍客、彤拍客、齐鲁锐拍客等。该案中，涉案 APP 软件下载之前有新浪的图示、新浪的商标和拍客文字组成，点击下载后在客户端呈现的状态中有新浪的图标和拍客文字。从发挥商品来源识别作用的角度讲，新浪的图示已然表明了商品来源于新浪，那么，APP 名称"拍客"的作用是什么，这就需要结合 APP 具体的应用来进行判断。涉案 APP 移动应用程序系为提供"拍客"用途的专用软件，其针对的目标消费者为"拍客"，实现的功能亦是拍摄照片或视频上传至网络。鉴于该款软件与"拍客"第一含义所指代的特定人群具有天然的紧密联系，此时"拍客"一词在该软件上起到的作用是表明该款软件的用途，其目的是直接告知消费者该款 APP 移动应用程序的用途及适用人群，该种使用方式属于对"拍客"一词第一含义的使用，而并非发挥表彰和区分其商品及服务来源作用的商标性使用。

二、混淆的判断

混淆一直以来均为司法实践中判断商标侵权时考虑的重要因素，甚至是根本性要素。随着新《商标法》的实施，在第五十七条中明确规定了混淆作为判断商标侵权的要件，商标混淆问题更成为理论界和司法实践中研讨的重要课题，因为该案并不直接涉及混淆的判断问题，本文在此不做详细论述。但该案涉及的两个问题是和混淆相关联，需要在此进行讨论。

第一个问题是在判断标志是否构成商标性使用时是否应该考虑混淆的因素。换言之，混淆是贯彻整个商标侵权判断时的判断要件还是在确定了商标性使用的前提下进行侵权判断的要件？目前鲜有论述，且存在论述完不构成商标性使用的情况下又论述不构成混淆的案例，例如在定牌加工类案件中的论述；同时，亦存在因为不构成混淆所以不作为商标性使用等论述。关于这个问题，笔者认为混淆是以商标性使用为前提的，如果不作为商标性使用则没有判断混淆之必要。因此，在该案中并没有探讨混淆的问题。第二个问题是在相同商品上使用相同商标是否需要考虑混淆的问题。对于第二个问题已然有些讨论，多数的观点认为在相同商品上使用相同商标应推定为构成混淆。但是，对于这种推定能否通过反证的形式予以推翻则存在不同的认识。有观点认为，根据 Trips 第十六条第一款规定，在相同商品或者服务上使用相同标志的，推定存在混淆之虞。这里的混淆之虞是一种不可推翻的绝对推定，即不允许被告提供反证予以推翻。其深层次的理由是，既然注册商标专用权因注册而获得，他人在相同商品上使用相同商标，就使商标法为商标权人预留的使用空间受到侵害，此时虽然不存在现实的市场混淆，但并不妨碍构成侵犯注册商标专用权。《最高人民法院关于当前经济形势下知识产权审判服务大局若干问题的意见》第 6 条规定，未经商标注册人许可，在同一种商品上使用与其注册商标相同的商标的，除构成正当合理使用的情形外，认定侵权行为时不需要考虑混淆因素。另一种观点认为，从 Trips 的制定过程和解释来看，给予相同商品上使用相同商标绝对的保护，不允许提供反证推翻混淆的推定似乎并不符合该协议的立法本意。此时，被告可以提供反证证明即便在相同商品上使用相同商标依然不构成混淆。例如，在该案中即便 APP 的名称拍客作为商标，因为与其结合使用的图示已经发挥了商品来源的识别作用，其第一含义又具有较强的认知度，因此，使用在同样的商品上也并不能导致混淆。虽然这种论述是作为预备诉讼的一种抗辩理由，但其中隐含的问题却值得我们进一步研究以明确判断的标准。

三、正当使用、商业自由表达与注册商标专用权范围

该案涉及的深层次问题是如何界定商标的正当使用，如何划分商业自由表达与注册商标专用权范围的边界。

不可否认，"拍客"一词在 2004 年李某飞、韩某明申请注册商标之时在核准注册的商品上具有较强的显著性，但随着"拍客"一词的使用与普及，使得"拍客"商标在涉案拍客使用的 APP 软件上作为商标的显著性程度大大减弱，其发挥商品来源功能的效果明显低于其第一含义的指代作用。实际上，消费者在该款 APP 软件上看到"拍客"二字更可能想到的是该款软件的用途或者适用的人群，而非商品的提供者。在这种情况下，从社会公众对于语言文字正常使用的角度亦不宜认为该词汇在涉案拍客使用的 APP 软件上的使用归属于商标权人独占享有，其他主体就不能在该词汇的原有含义上使用。商标本身具有的第一含义属于社会公共资源，商标专用权的保护仅限于商标性使用而不应当作扩张性解释，否则将会导致商标权利人不当的侵占公共资源。考虑到该款 APP 软件系为提供"拍客"用途的专用软件，其针对的目标消费者为"拍客"，实现的功能亦是拍摄照片或视频上传至网络，鉴于该款软件与"拍客"第一含义所指代的特定人群具有天然的紧密联系，此时"拍客"一词在该软件上起到的作用是表明该款软件的用途，其目的是直接告知消费者该款 APP 软件的用途及适用人群，该

种使用方式属于对"拍客"一词第一含义的使用,而并非发挥表彰和区分其服务来源作用的商标性使用。新浪公司在专门服务拍客的软件上使用"拍客"二字是直接借助了该词的第一含义,这种使用方式应视为商业上的自由表达,属于商业活动允许的正常范围。

四、其他需要探讨的问题

1. 关于"拍客"一词是否系涉案计算机软件产品(手机客服端)的通用名称的问题

首先,通用词汇并非商标法上的专业名词亦非法律上的专有名词,一审法院在判决中使用该种表述容易使人误解为在通用名称之外又创设另一种新名词,为此,二审法院予以纠正。按照《现代汉语词典》的解释,"通用"是指在一定范围内普遍使用。因此,通用词汇为在一定范围内普遍使用的词汇。实践中,在一定范围内普遍使用的词汇可以在其非普遍使用的范围内因具有显著性而可以被注册为商标。鉴于"拍客"一词为臆造词汇,一审法院通过该词的产生演变过程的查实证明目前"拍客"一词已经具有了社会公众普遍接受的通用含义。双方当事人虽然对该词的具体含义存在分歧,但都一致认可"拍客"可以指代热爱拍照、拍摄的特定人群。关于"拍客"一词是否构成涉案计算机软件产品(手机客服端)的通用名称的问题,法院认为,人民法院在判断诉争商标是否为通用名称时,应当审查其是否属于法定的或者约定俗成的商品名称。依据法律规定或者国家标准、行业标准属于商品通用名称的,应当认定为通用名称。相关公众普遍认为某一名称能够指代一类商品的,应当认定该名称为约定俗成的通用名称。被专业工具书、辞典列为商品名称的,可以作为认定约定俗成的通用名称的参考。约定俗成的通用名称一般以全国范围内相关公众的通常认识为判断标准。对于由于历史传统、风土人情、地理环境等原因形成的相关市场较为固定的商品,在该相关市场内通用的称谓,可以认定为通用名称。申请人明知或者应知其申请注册的商标为部分区域内约定俗成的商品名称的,应视其申请注册的商标为通用名称。该案中,"拍客"一词可以指代互联网时代下,将自己所拍的图片或者视频上传到网络平台与他人共享的一群人以及该类人的这种行为方式。可见,"拍客"一词仅指代特定人群及其特定行为,显然并非涉案手机客服端的商品名称,由此,亦并非涉案手机客服端产品上的通用名称。综上,无论从法定还是约定俗成的角度来看,"拍客"一词均不能被认定在计算机软件产品(手机客服端)上已成为通用名称。一审法院认为"拍客"可以指称一类技术工具,没有事实依据。但是,一审法院关于涉案商标不属于涉案商品的通用名称的认定正确,二审法院予以维持。

2. 关于"正当使用"的认定

商标的正当使用一直是知识产权审判中的热点问题，亦是被诉行为不侵权的重要抗辩事由。

我国从 20 世纪 90 年代开始，逐步建立"描述性商标正当使用原则"的法律框架。1999 年 3 月 30 日国家工商行政管理局商标局《关于保护服务商标若干问题的意见》第七条第二款提出了服务商标正当使用不构成商标侵权："他人正常使用服务行业惯用的标志以及以正常方式使用商号（字号）、姓名、地名、服务场所名称，表示服务特点，对服务事项进行说明等，不构成侵犯服务商标专用权行为，但具有明显不正当竞争意图的除外。"1999 年 12 月 29 日，国家工商行政管理局颁布的《关于商标执法中若干问题的意见》将正当使用的范围从服务商标扩展到包括商品商标在内的全部商标。2002 年颁布的《商标法实施条例》将商标正当使用作出明确规定。2006 年《北京市高级人民法院关于审理商标民事纠纷案件若干问题的解答》中规定了判断商标正当使用的构成要件为，使用出于善意，不是作为自己商品的商标使用，使用只是为了说明或者描述自己的商品。直至 2013 年修正的现行《商标法》将商标的正当使用规定在法律中。根据《商标法》第五十九条规定，注册商标中含有的本商品的通用名称、图形、型号，或者直接表示商品的质量、主要原料、功能、用途、重量、数量及其特点，或者含有的地名，注册商标专用权人无权禁止他人正当使用。从该条的规定来看，如果具有一定描述功能的标志被注册为商标，商标权人并不能禁止他人对其进行正当使用，即法律允许对显著性弱的注册商标进行正当使用。

首先，商标的正当性使用是不是商标性使用的问题。从法律规定的文意解释以及立法解释来看，商标的正当性使用并非商标性使用。因此，正当性抗辩某种程度上就是非商标性使用的抗辩，这是商标侵权判断的前提要件，而并非商标侵权的免除责任要件。

其次，商标的正当性使用的范围如何确定的问题。从《商标法》第五十九条第一款的规定来看，注册商标中含有本商品的通用名称、图形、型号，或者直接表示商品的质量、主要原料、功能、用途、重量、数量及其他特点，或者含有的地名，对上述内容的描述属于正当使用的范围。正当使用的范围在法律中是通过明确列举的方式规定的，其中"其他特点"也仅是对于商品的特点做了兜底性的规定，而并非对标志所描述内容的兜底性规定。那么，在该案中，"拍客"到底是描述了 APP 软件的哪个方面？是特点还是其他？如果单纯从字面理解，"拍客"仅指代一类人或一种行为方式，其并没有描述 APP 软件的直接特点或者用途。实际上，"拍客"描述的是 APP 软件的目标用户及目标用户应用该款软件时的行为方式。对于商品目标用户的描述及其行为方式的描述能否构成对于商品本身特点的描述，这需要进行具体分析。笔者认为，词汇与其描述对象的关联度是需要重要考虑的。该案中，"拍客"并非单独存在，其与具有显著识别性的新浪图标结合使用，在图形已经发挥了商品来源识别作用的前提下，"拍客"的第一含义作用凸显，其与目标用户的对应性得到彰显，此时，更倾向于认定其为描述性使用。这并非意味着凡是对商品目标用户相关特征的描述均可视为是对商品本身特征的描述。

最后，商标正当性使用的判断问题。根据 2006 年《北京市高级人民法院关于审理商标民事纠纷案件若干问题的解答》中规定的判断商标正当使用的构成要件可知，商标正当性使用必须出于善意，不是作为自己商品的商标使用，使用只是为了说明或者描述自己的商品。在此需要着重说明的是善意的问题，在《商标法》中并没有规定商标正当使用需要考察使用人的主观状态，但是，综观整个商标法，特别是现行《商标法》第七条中明确规定了诚实信用原则可知，诚实信用原则一直是商标使用的基本原则，因此，在判断商标正当性使用时依然需要考虑使用人的主观状态。该案中，新浪公司在涉案 APP 软件上使用"拍客"时，主观上没有故意攀附"拍客"商标商誉的主观恶意，其真实的使用意图是借助该词汇第一含义在目标用户中的影响，实际是在使用"拍客"作为一般词汇的本身含义，这理应属于商标正当使用的内涵。

综上所述，新浪公司在涉案 APP 软件上使用"拍客"一词属于对该词汇第一含义的使用，并非商标性使用，且其使用均为该公司的"新浪"或相应图示结合使用，能够使用户清晰地认识到软件产品或服务来源于新浪，因此，不构成商标侵权。

（撰稿人：张玲玲）

商标三年不使用撤销裁判规则

——麦瑞斯研发有限责任公司诉商标评审委员会、第三人鲁南制药集团股份有限公司商标撤销复审行政纠纷案

◙ **关键词**

商标撤销　三年不使用　援引在先案例

◙ **裁判要点**

在撤销三年不使用商标行政纠纷案件中，只在与其实际使用商品相同或类似的核定使用商品上保留诉争商标，对与实际使用商品不相同且不类似的核定使用商品则不予保留。

判决书援引在先案例的目的在于增强裁判文书的说理性，明确在撤销三年不使用案件中复审商标的维持注册以核定使用的商品中与实际使用的商品相同或类似的商品为限，该在先案例并非法院作出裁判的法律依据，判决书对其的援引亦未违反相关法律的禁止性规定。

◙ **相关法条**

2001 年《商标法》第四十四条第（四）项

◙ **案件索引**

一审：（2015）京知行初字第 4672 号（裁判日期：2015 年 11 月 20 日）
二审：（2016）京行终字第 3403 号（裁判日期：2016 年 8 月 19 日）

◙ **基本案情**

诉争商标系第 3565059 号"麦瑞 MERRY"商标，由鲁南公司于 2003 年 5 月 23 日申请注册，核定使用在第 5 类"人用药；原料药；中药成药；医药制剂；培养细菌用的溶剂；医用饲料添加剂；牙用光洁剂"商品上。于 2005 年 9 月 28 日获准注册，经续展专用权限至 2025 年 9 月 27 日。

2011 年 9 月 28 日，麦瑞斯公司向商标局对诉争商标提出撤销三年未使用商标申请。2013 年 9 月 29 日，商标局作出撤 201104760 号《关于第 3565059 号 "麦瑞 MER-RY" 注册商标连续三年停止使用撤销申请的决定》，决定撤销诉争商标。鲁南公司不服商标局决定，向商标评审委员会提起撤销注册复审程序。2015 年 1 月 21 日，商标评审委员会作出商评字〔2015〕第 8663 号《关于第 3565059 号 "麦瑞 MERRY" 商标撤销复审决定书》，决定诉争商标予以维持。该决定认定：

该案证据 1 为商标使用许可合同，该合同能够证明鲁南公司将诉争商标许可给鲁南贝特制药有限公司使用，使用期限是 2008 年 12 月 26 日至 2015 年 9 月 27 日。证据 2 为附有诉争商标的买卖合同及相应发货单，结合证据 3 药品包装盒及说明书及证据 1 许可合同，可以证明被许可人鲁南贝特制药有限公司生产的麦瑞 MERRY 牌盐酸阿夫唑嗪缓释片在指定期间内市场中进行实际销售。诉争商标核定使用的人用药、医用饲料添加剂等商品与鲁南公司实际经营的药品商品在功能用途、销售管道等方面相近，属于相同或类似商品。鲁南公司提交的证据可以证明诉争商标在人用药、医用饲料添加剂等七项产品上在指定期间内进行了真实、有效的商业使用，诉争商标在上述商品的注册予以维持。

麦瑞斯公司不服上述决定，向北京知识产权法院提起行政诉讼，认为鲁南公司在复审阶段提交的证据材料的真实性存在问题，且未提交证据证明诉争商标在 "培养细菌用的溶剂；医用饲料添加剂；牙用光洁剂" 等商品上进行了真实、有效和合法的商业使用，这三项商品与诉争商标其余核定使用商品 "人用药，原料药，中药成药，医药制剂" 等商品不属于相同的类似群，并在功能用途、销售管道和原料等方面存在较大区别，不构成类似商品，不能因此认定诉争商标在这些商品上进行了使用。

第三人鲁南公司则陈述称，其提交的证据包括买卖合同、药品包装盒、发货单均有原件，可以进行核实，能够证明诉争商标不存在连续三年不使用的事实；诉争商标核准的商品类别都是第五类，鲁南公司有证据证明在人用药等商品上的使用，已经足以导致诉争商标不符合撤销三年不使用的情形，整体上应当予以保留。

◉ **判决结果**

一审：（1）撤销商评字〔2015〕第 8663 号《关于第 3565059 号 "麦瑞 MERRY" 商标撤销复审决定书》；（2）责令商标评审委员会针对鲁南制药集团股份有限公司就第 3565059 号 "麦瑞 MERRY" 商标撤销复审申请重新作出决定

二审：驳回上诉，维持原判

◙ 裁判理由

2011 年 9 月 28 日，麦瑞斯公司向国家工商行政管理总局商标局对诉争商标提出撤销三年未使用申请，故涉及使用的证据以 2008 年 9 月 28 日至 2011 年 9 月 27 日期间为限。

商标权人自行使用、许可他人使用以及其他不违背商标权人意志的使用，均可认定属于实际使用行为。该案中，鲁南公司提供的商标许可使用合同、买卖合同、药品包装盒等证据均显示了诉争商标。上述证据经核对，原件与复印件一致，在麦瑞斯公司不能提供相反证据的情况下应当认定上述证据的真实性。《买卖合同》和发货单显示的药品名称、数量、签订单位一致，虽然合同号没有一一对应，但是，难以据此得出该证据是伪造之结论；鲁南新时代医药有限公司接受鲁南公司的委托进行销售，符合商业惯例。由于《买卖合同》和《发货单》载明的时间在指定期间限定的范围内，与提供的药品包装盒能够形成一个证据的链条，证明鲁南公司在盐酸阿夫唑嗪缓释片药品上实际使用了争议商标。决定网络检索结论的排序有很多因素，麦瑞斯公司以诉讼阶段未能检索出争议商标的任何使用信息之理由，不能得出指定期间诉争商标没有使用的结论。

在已生效的北京市高级人民法院（2014）高行（知）终字第 3737 号上诉人商标评审委员会、被上诉人山东欧亚投资有限公司、原审第三人西安欧亚学院商标撤销复审行政诉讼案中，复审商标为欧亚公司的第 3721754 号 "EURASIA" 商标，核定使用在第 41 类 "节目制作；安排和组织会议；组织表演（演出）；俱乐部服务（娱乐或教育）；夜总会；提供娱乐场所；学校（教育）；教育；幼儿园" 服务上。因西安欧亚学院以复审商标三年停止使用为由向商标局提起撤销申请，商标评审委员会作出认定 "复审商标在学校（教育）；教育；幼儿园服务上进行了使用，应予保留。在其他商品上因三年停止使用应当撤销。" 北京市第一中级人民法院、北京市高级人民法院经审理，虽然对复审商标实际使用商品的范围作出了与商标评审委员会不同的认定，进而导致了判决撤销商标评审委员会决定的结果。但是，该案中商标评审委员会的决定以及一审、二审法院的判决均遵循着一个共同的裁判规则：在撤销三年不使用商标行政纠纷案件中，只在与其实际使用商品相同或类似的核定使用商品上保留诉争商标，对与实际使用商品不相同且不类似的核定使用商品则不予保留。

该案中，诉争商标核定使用的商品中，"人用药、原料药、中药成药、医药制剂、培养细菌用的溶剂" 属于同一类似群组，"医用饲料添加剂" 与 "牙用光洁剂" 则分别属于其他不同群组。并且，"人用药、原料药、中药成药、医药制剂、培养细菌用的溶剂"商品与"医用饲料添加剂、牙用光洁剂"商品从功能、用途、消费对象等方面有明显区别，不构成类似商品。盐酸阿夫唑嗪缓释片作为一种人用药，鲁南制药公司在该药品上进行的商标使用产生的法律效果可以及于"人用药、原料药、中药成药、医药制剂、培养细菌用的溶剂"五种商品，但是不能及于不相类似的"医用饲料添加剂、牙用光洁剂"两种商品上。因此，诉争商标在"人用药、原料药、中药成药、医药制剂、培养细菌用的溶剂"五种商品上应予维持，在"医用饲料添加剂、牙用光洁剂"两种商品上却没有证据证明进行过使用，因此，商标评审委员会对诉争商标在全部商品上予以维持的结论错误，本院予以纠正。

◎ **案例解析**

商标的生命在于使用，消费者只有在市场上实际接触过带有商标的产品，才可能建立商品与商标之间的感性和直观的联系，在今后的继续消费中才可能依靠该商标进行选购。仅仅就一定的商品在注册簿上注册一个商标，只能在理论上为想知道商标归属的人提供一种快捷方便的查询手段，对于从来不去查询商标注册簿或商标公告的普通消费者，只有实际使用才有现实意义，离开使用的注册最后只能成为无源之水或无本之木。

2001年《商标法》第四十四条第四项（现《商标法》第四十九条第二款）规定，使用注册商标，连续三年停止使用的，由商标局责令限期改正或者撤销其注册商标。该条旨在清理闲置商标，促使商标真实地投入商业使用，发挥商标应有的功能与作用，实现商标的市场价值。商标的使用，是指将商标用于商品、商品包装或者容器以及商品交易文书上，或者将商标用于广告宣传、展览以及其他商业活动中，用于识别商品来源的行为。商标权人自行使用、许可他人使用以及其他不违背商标权人意志的使用，均可认定属于实际使用的行为。在实行联合商标和防御商标制度的国家，对主商标的使用则视为对联合商标和防御商标的使用，这是实行这两种特殊商标制度的内在要求。

某一商标在注册时，在多种核定商品上进行了确认，由于我国不存在联合商标或防御商标制度，故对于不同核定商品上的商标使用的判断是完全独立的，每一核定商品范围内注册商标的维持，仅以该范围内是否存在商标使用认定。故实际上，对于同一商标的若干个核定商品是可分的，在对撤销三年不使用案件进行审查或裁判时，商标注册人在核定使用的一种商品上使用注册商标的，在与该商品相类似的其他核定商品上的注册可予以维持，不相同亦不相类似的商品上予以撤销。

在一审判决的法院认为部分，一审法院援引了北京市高级人民法院（2014）高行

（知）终字第 3737 号案判决辅助进行说理，在创新裁判文书体例、改善释法说理方式方面进行了积极探索。在积极推行建立知识产权示范案例指导制度的当下，鼓励法官在案件审理中主动检索、审慎对比、积极援引包括示范案例在内的在先生效裁判，有助于增强裁判文书的说理性，规范和限制法官的自由裁量权。在基本案情与法律适用方面与最高院指导性案例相类似的，应当参照裁判要点作出裁判，而（2014）高行（知）终字第 3737 号案并不属于最高人民法院发布的指导性案例，故并不具有强制参照效力，法院在裁判理由中援引其内涵的具体裁判规则，具有主观能动性，目的在于阐述相关学术观点、解答法律问题，与引用学术著作、文献增强说理并无区别，具有其积极意义。

（撰稿人：王曹翼）

商标是否具有其他不良影响的判断

——陕西法门寺纸业有限责任公司诉商标评审委员会、第三人陕西省扶风县法门寺商标无效宣告行政纠纷案

◎ 关键词

商标　不良影响

◎ 裁判要点

在判断涉及宗教的商标标志是否属于"其他不良影响"时，应当从标志本身的含义及其可能造成的危害后果两方面进行分析，从而认定是否违背了公序良俗的基本原则。而可能造成的危害后果则需要结合商标的具体使用行为是否会产生不良的社会效果来进行判断。

◎ 相关法条

《商标法》第十条第一款第（八）项

◎ 案件索引

一审：（2015）京知行初字第 3649 号（裁判日期：2016 年 5 月 16 日）
二审：无，一审判决生效

◎ 基本案情

原告陕西法门寺纸业有限责任公司（简称"法门寺公司"）诉称，诉争商标于 1986 年开始实际使用，原告于 1989 年 3 月 24 日申请注册该商标，并一直使用至今，已具有较高的知名度，依法应认为驰名商标，该知名度不仅对佛教僧人无不良影响，而且对法门寺和佛教僧人来讲是一种荣耀及宣传推广。诉争商标已经形成与"法门寺"不同的含义，体现的是该卫生纸的生产地和独特的祥云设计，与法门寺作为佛教圣地和僧人的情感无任何关联性。原告在卫生纸上使用该商标不构成对佛教形象和佛教僧

人的损害和伤害。在卫生纸商品上注册和使用没有违反 2001 年《商标法》第十条第一款第（八）项的规定。综上，请求法院依法撤销被诉裁定。

被告辩称：被诉裁定认定事实清楚，适用法律正确，作出程序合法，请求法院予以维持。

第三人述称：法门寺历史悠久，作为佛教圣地在全国乃至全世界佛教信徒中具有重要地位，诉争商标将闻名世界的宗教名寺"法门寺"注册并使用在卫生纸上，损害了宗教信徒的信仰感情，构成了不良影响。"法门寺"为特定的寺院名称，指向是明确特定的第三人，并不是地名。原告所在地为法门镇，与法门寺并不属于同一概念，其所称"法门寺"商标属于地理名称是偷换概念。原告将"法门寺"作为商标注册并使用在卫生纸商品上，严重损害了广大佛教信徒的感情，在宗教界造成了恶劣影响，既违背了《商标法》第十条的相关规定，也违背了现阶段国家宗教政策，法门寺是在世界范围内受广大信徒顶礼膜拜的朝圣之地，该行为损害的不是特定民事权益，损害的是法门寺本身的僧人的宗教精神或物质利益。

◎ 法院经审理查明

诉争商标系第 511111 号"法门寺 FamensI 及图"商标，由法门寺公司于 1989 年 3 月 24 日向商标局提出注册申请，于 1990 年 1 月 30 日核准注册，核定使用商品为第 16 类：印刷用纸；有光纸；卫生纸。该商标专用期限至 2020 年 1 月 29 日。

◎ 判决结果

一审：驳回原告诉讼请求，该案一审判决生效

◎ 裁判理由

在判断涉及宗教的商标标志是否属于"其他不良影响"时，应当从标志本身的含义及其可能造成的危害后果两方面进行分析，从而认定是否违背了公序良俗的基本原则。而可能造成的危害后果则需要结合商标的具体使用行为是否会产生不良的社会效果来进行判断。因此，判定某标志是否具有"其他不良影响"时，不仅要考虑商标本身是否具有不良影响，同时还应考虑该商标指定使用的商品、服务的特点及其使用的效果。

该案中，诉争商标为"法门寺"，法门寺为佛教寺庙，始建于东汉末年，在 1987 年出土四枚佛指舍利和大量文物之后而闻名，寺内拥有六百多位常驻僧人、上万名俗家弟子，在每年的四月初八、七月十五、腊月初一会举行较大的佛事活动，具有广泛影响力。寺院于 2004 年成立了法门寺佛学院，致力于对佛学的传播，目前是我国西北

地区唯一一所汉传佛教高等学府，在佛学界以及全国拥有较高知名度。我国坚持并尊重宗教信仰的自由，法门寺作为在全国具有广泛影响力的寺院，不仅在广大佛教信徒中具有崇高的地位，在普通群众中也具有十足的影响力。佛教在中国具有悠久的历史，拥有数量庞大的群众基础。"法门寺"已经与宗教产生了必然的联系，具有了宗教含义。考虑到诉争商标指定使用的是卫生纸，而卫生纸的主要作用亦为清洁污秽之物，是人们日常如厕的生活用品，如果将"法门寺"商标使用在卫生纸上，可能会对宗教信仰、宗教感情造成伤害，从而造成不良社会影响。

◎ **案例解析**

《商标法》第十条第一款第（八）项规定：有害于社会主义道德风尚或者有其他不良影响的禁止商标予以注册，体现的是对公序良俗原则的维护，适用较为严苛。但近年来，不论是商标评审委员会还是法院对商标确权授权的行政案件中，均呈现对《商标法》第十条第一款第（八）项频繁适用的趋势。2017年1月10日最高人民法院发布的《关于审理商标授权确权行政案件若干问题的规定》中对于如何判断"不良影响"进行了具体的规定："商标标志或者其构成要素可能对我国社会公共利益和公共秩序产生消极、负面影响的，人民法院可以认定其属于商标法第十条第一款第（八）项规定的'其他不良影响'。将政治、经济、文化、宗教、民族等领域公众人物姓名等申请注册未商标，属于前款所指的'其他不良影响'"。前述规定貌似将标志的审查限定在标志或者其构成要素，但第二款又规定将在特定领域的公众人物姓名申请为商标属于不良影响，似乎对标志的审查又不仅局限在标志本身或其构成要素。随着《最高人民法院关于审理商标授权确权行政案件若干问题的规定》的生效，在审查有关标志是否构成具有其他不良影响的情形时如何进行考虑，本文拟分析如下。

一、"其他不良影响"的学界之争

对是否构成不良影响的判断，学术探讨从未停歇，笔者经梳理总结大致存在两种观点：一种观点认为"其他不良影响"仅仅对商标的构成要素或其组合进行判断，主要理由是对现有法律规定进行文义解释。现行《商标法》的立法原意就是对含有消极影响构成要素商标的立法否定，法定效果是禁止任何人对该标志的注册，从体系解释上讲，《商标法》第十条第一款的其他内容也均是对商标标志本身要素的判断。第二种观点认为对"其他不良影响"的判断，应结合商标的使用及商标所核定使用的商品或服务，不限于对构成要素或其组合的判断。例如江户川碎步认为"不良影响"的判断不仅限于符号本身，而且还及于使用符号带来的负面影响，"不良影响"条款不仅适用禁止全部市场主体使用的标识，某些标识完全可能因为申请主体的不同而导致适用"不良影响"条款结论的差异。李扬认为如果某一标志本身具有"不良影响"，其使用当然具有不良影响，该标志理所当然不能作为商标申请注册和使用。但如果标志本身虽没有不良影响，但如果其使用将产生不良影响，该标志也不得作为商标申请注册和使用。李琛认为"不良影响"条款是对商标传递的文化信息违反共享性的概括性规定，商标传递的信息，是通过人的解读来确定的，解读与语境有关，因此，对不良影响的解释不得理解为不考虑商品或服务，只考虑符号构成。

二、"其他不良影响"的司法实践

对"其他不良影响"的司法适用，在司法实务界也一直存在争议。在中国嵩山少林寺诉商标评审委员会商标行政上诉案中，北京市高级人民法院认为"其他不良影响"是标志本身的不良影响，而非该标志使用在其指定商用商品上是否会造成不良影响，将商标"少林药局"用于其指定使用的茶、咖啡等商品上，并不会当然导致消费者误认这些商品含有药用成分，判决商标评审委员会重新作出驳回复审决定。同样的，在傲海军（国际商标）公司诉商标评审委员会商标行政纠纷案中，北京市高级人民法院认为"不良影响"仅指商标本身的不良影响，不包括将标识使用在指定商品上可能导致的不良影响，商标"老海军"其本身含义并无任何对我国政治、军事、宗教等公共秩序和公共利益存在消极、负面影响的可能，即使扩大不良影响的认定范围，考虑其指定使用的商品，也不存在违反公序良俗的原则。以上两个案例似乎都确认判断是否构成"不良影响"时，应当以该商标标志的构成要素或整体构成要素为审查对象，不考虑商品或服务的原则。对此，本文认为：

首先，商标法确认以"其他不良影响"为标志禁止使用的绝对理由，实则体现的是对商标注册秩序的绝对法律保护，即在个案中，如果某一标志的要素或要素组合产生消极影响，则完全不考虑其他因素，对该标志施以绝对禁止注册并使用的法律效果，继而排斥了对该标志含义难以界定是否存在不良影响的前提下，结合商品或服务将予以注册的任何可能性，比如将"少林寺"确定为禁注标志，而对其注册在焚香上的行为也不予核准。这种"一刀切"的判断方式相较于将商标与商品或服务相联系进行判断的更为严格，实质上是给予禁注标志更为严苛的法律判断。但随着市场经济的发展，商标注册的情形越来越复杂，私权性质的商标专用权在当下的市场竞争中发挥着重要作用，商家也越发愿意在法律规制模糊的边缘词语上寻求商标注册以博人眼球，例如对"白富美""真实信仰"等商标的注册，因此，按照司法解释所规定的仅考虑标志本身并不能完全满足现实的需求。

其次，法院的判决毕竟是针对个案作出的，对其进行解读时不应完全隔离案情，对文字进行断章取义。在"少林药局"案中，判决作出的"不结合商品或服务"是针对商标评审委员会"以在指定商品上使用'少林药局'会使消费者对商品性能产生误认"为由而对申请商标予以驳回的情形，这就使得法院需要在判决中就"少林药局"这一标志是否构成"不良影响"的判断是否应结合具体商品作为对其的响应。在"老海军"案中，北京市高级人民法院也并没有完全排斥在判断"不良影响"时应考虑相关商品或服务，而且对"老海军"这样的中性词汇并没有驳回其注册申请。因此，以上两个案例并不是对在判断某一标志是否具有不良影响时仅考虑该标志的构成要素或要素的组合，而不应结合商品或服务的原则的确认。

但是，在司法实践操作中，这样的案例很容易被片面理解，变成支持禁注标识核准注册的事由。某一标志在一般情况下并不是单一地注册在某一类商品或服务上，其往往同时注册在不同的商品或服务上，且所申请注册或核准注册的商品或服务类别存在较大差别。如若申请人申请对某一类别商品或服务的商标被驳回、异议、无效或撤销，在实际中则会因"审查标准一致原则"出现对其他类别上的商标如何取舍的尴尬场面。因此，以该标志的构成要素或其要素的组合为判断依据，仅仅是判断该标志是否构成"不良影响"的充分不必要条件。

三、"其他不良影响条款"的再思考

商标法本来就是出于鼓励商标使用、以成就商标商誉价值、促进市场竞争秩序化的目的而设立，其中，促进自由竞争和经济发展是商标法重要的终极目标，因此，就应以这样的立法目的或立法宗旨为参照，充分发挥商标法的作用。在一定程度上，商标注册制度并不应对商标市场运行秩序有太多介入，在保证公共秩序与公共利益的前提之下，由市场及相关公众对商标命运进行选择，这也符合《商标法》第一条所确立的保护商标权人的商标专用权、商标信誉以及保护消费者、生产者、经营者、相关公众利益的两个法益。商标的作用就是通过使用来指代商品或服务，使商标与商品之间形成固定的联系，从而令消费者产生区分其来源的心理印记。所以，在判断某标志是否具有不良影响时不能脱离商标使用的实践，应具体结合商标指定使用的商品或服务灵活地进行个案分析。

1. 判断标志的要素或其组合是否具有"其他不良影响"

对于该标志本身是否构成"其他不良影响"，应区分词性与含义进行判断。首先，在对词性进行区分后，一般褒义词并不具有不良影响，如上文中提到的"老海军"以及"老乡长"，其中对"老"字的理解可以视为是对一定辈分人的尊称，在此类型案

件中就需要异议人对该类标志产生不良影响进行举证，如若难以举证，就认为这类标志不具有不良影响。而对于中性词与贬义词而言，争议较多，如上文中提到的"白富美"案，对于该类现代社会的流行词语，会因主体的不同理解而具有不同的内涵，一二审的不同判决结果也在一定程度上反映了法官对该词汇有着不同的理解。不仅如此，对于同一个词语，其词语内涵也会随着社会的发展而有所变化，在"乡巴佬"案中，一审法院就认为该词语已经被赋予了新的淳朴含义和幽默意味，成为中性词汇而予以核准注册。而对于具有贬义含义的标志，法院也并不是一概的予以否定。在"VANITY FAIR"案中，一审法院认为对该词组的翻译为"虚荣无聊的社会、浮华的世界、名利场"，会对中国消费者产生不良影响，二审法院则采取了"名利场"的翻译，并认为其仅仅是对社会现象的客观描述，是中性词汇，不会产生不良影响。这也就说明在司法实践中，以词性出发对标志是否具有不良影响进行判断较有较大的主观裁量性质。本文认为在对标志的词性进行分析时，可以采取适当宽泛的原则，将对某一词语的内涵判断设置在不同的情境下考虑，与时俱进地对待随着时代发展而内涵不断发生变化的词语。

其次，以词语不同含义为视角进行分析：第一，对于臆造词汇而言，除非有特别明显的对社会公共利益的侵犯外，不应对其有严格的审查标准，也不应以"事后诸葛亮"的方式对其词语内涵进行理解。如在"ZENPEP"案中，一审法院就将"ZEN"译为"禅宗"，视为佛教用语，最后作出将其指定使用在药品上具有不良影响而不予核准注册的决定，而二审法院认为相关公众在看到该臆造词汇后，并不会必然的与禅宗产生联系而予以核准注册。第二，对于某些具有多个含义，且包括具有不良影响的含义时，对该标志是否核准注册应分不同的情况进行考虑，如上文中的"VANITY FAIR"案中，二审法院就仅确认了某一含义进行分析。又如在"少年领袖"案中，法院确认虽然领袖具有政治等最高领导人的意思，但公众更多地对其理解为起表率作用的佼佼者，因此也并不会产生不良影响。第三，对于虽具有不良影响，但其含义随着社会发展或者与其他要素结合后，产生了并不具有不良影响的新含义的词语，例如"酒鬼酒"案以及"植物大战僵尸"案。

综上，在对某一标志的具体内涵进行判断时，应结合不同的情形具体分析，在涉及政治、宗教、民族等较为敏感的话题时，应对该标志进行谨慎考虑；对涉及经济、文化等领域时，则应充分考虑不同的时代背景与情形，灵活处理。

2. 以相关公众为视角判断"其他不良影响"需要考虑商品或服务

判断是否具有"其他不良影响"要确定该商品或服务的领域以及对象，以其对应的特定领域的特定群体为准，只要该特定群体认为争议商标标志或其构成要素在具体的商品或服务上具有不良影响，就可以认定该商标标志具有不良影响。例如与宗教相关的"城隍庙"之类的词语，其判定主体是"信奉道教的相关公众"，即特定公众（该案中的宗教信众）与相关公众（该案争议商标核定使用商品涉及的消费者、经销商）交叉重叠的部分。继而认为将"城隍庙"作为商标在宝石等商品上加以使用，将对信奉道教的相关公众的宗教感情产生伤害，并对社会公共利益和公共秩序产生消极、负面的影响。同理，将"法门寺"注册在卫生纸上，会对信徒的情感产生亵渎，因此判断其具有不良影响。但如若这两个标志注册在焚香等商品上，并不必然发生不良影响的后果。

3. "其他不良影响"还应考虑商标申请主体与申请商标产生指代联系能否造成不良影响

《最高人民法院关于审理商标授权确权行政案件若干问题的规定》第五条第二款规定，将政治、经济、文化、宗教、民族等领域公众人物姓名等申请注册为商标，属于"其他不良影响"。这里的商标申请主体应该指除公众人物本人以外的其他人。那么，公众人物本人将其姓名作为商标申请注册是否还可以适用本条款而认定具有"其他不良影响"呢？本文认为，从该条款可以解读出在判断"其他不良影响"时应考虑商标申请主体与申请商标产生指代联系是否造成不良影响。如果商标申请主体与申请商标指代联系真实，并不必然产生不良影响。倘若不做这样的解读，之前获准注册的"特朗普"商标是否均可依据"其他不良影响"条款而予以宣告无效，尽管其申请人均为美国总统本人或其公司。莫言本人申请注册"莫言"商标是否还适用"其他不良影响"条款而予以驳回商标注册申请。结合商标法的立法目的以及"其他不良影响"条款的立法作用，本文认为，在判断标志是否具有"其他不良影响"时应考虑商标申请主体与申请商标产生指代联系是否造成不良影响。

（撰稿人：张玲玲）

商标显著性的判断

——重庆喜马拉雅科技有限公司诉商标评审委员会
商标申请驳回复审行政纠纷案

◎ **关键词**

商标 显著性

◎ **裁判要点**

直接表明了相关服务的特点，难以起到区分服务来源作用的标识，缺乏商标应有的显著特征，不得作为商标给予注册。

◎ **相关法条**

《商标法》第十一条

◎ **案件索引**

一审：（2015）京知行初字第00865号（裁判日期：2015年4月30日）
二审：无，一审判决生效

◎ **基本案情**

原告重庆喜马拉雅科技有限公司诉称：诉称商标排列独特，具有很强的显著性和区别性，符合《商标法》的规定，应该获得注册。

被告商标评审委员会辩称：诉争商标由"AA拼车"和对应拼音"aapinche"组成，其作为商标指定使用在计算机软件设计等服务上，仅直接表示了服务的内容等特点，难以起到区分服务来源的作用，缺乏商标应有的显著特征，已构成不得作为商标注册的标志。

◎ **法院经审理查明**

诉争商标系第12253359号"AA拼车aapinche"商标，由重庆喜马拉雅科技有限公司于 2013 年 3 月 12 日向商标局提出注册申请。指定使用服务项目为第 42 类：计算机软件设计；计算机硬件设计和开发咨询；计算机程序和数据的数据转换（非有形转换）；提供互联网搜索引擎；艺术品鉴定；技术研究；化学分析；计算机程序设计；室内装饰设计；服装设计。

◎ **判决结果**

一审：维持被诉决定，该案一审生效

◎ **裁判理由**

诉争商标"AA 拼车 aapinche"指定使用在"计算机软件设计"等服务项目上，直接表明了相关服务的特点，难以起到区分服务来源的作用，缺乏商标应有的显著特征，已构成不得作为商标注册的标志。此外，如果该标志经过使用取得显著特征并便于识别的，可以作为商标注册。

◎ **案例解析**

该案涉及商标显著性的判断问题，商标显著性是商标的基本功能和要求，商标显著性判断是商标授权确权案件中非常典型的一类案件。

一、商标显著性的概念

显著性又称为识别性，即商标就一种商品或服务将某个提供者与其他提供者相区分的功能，即指示来源的功能。显著性是商标的基本功能，在商标注册取得制度下，显著性是一个标识可以被核准注册从而作为商标予以保护的根本条件。只有具有识别能力的标识才能成为注册商标，这是商标区别于一般语言文字、图形等标识的根本特点。作为商标的核心要件，显著性在商标法中是非常重要的，被誉为"显著性概念是商标法运转的枢纽"❶，同时，"商标显著性之有无，以及显著性之强弱，将影响及商标之可注册性以及其受保护之范围"❷。显著性在其作为区分可受保护的商标和不可受保护的其他事物的基础的权利中具有明显的原理重要性，显著性是商标理论的基石。

商标显著性包括固有显著性和获得显著性，申请商标只要具有固有显著性或者获得显著性中的一种，就可以被核准注册。司法实践中，商标显著性的判断是商标授权确权案件中的经典问题。在 AA 拼车案中涉及商标固有显著性的判断，现本文仅就固有

---

❶ Barton Beebe，"The Semiotic Analysis of Trademark Law"，51UCLA L. Rev. 625（2004）.

❷ 曾陈明汝. 商标法原理［M］. 北京：中国人民大学出版社，2003：131.

显著性进行分析。

固有显著性商标是指其标志最初就是被用来向消费者传递产品的来源而不是被合理地理解成是标志使用于其上的产品的描述或装饰的商标。具有固有显著性的标志或者原先在普通语言或符号中本就不存在，人为创造出这些标志的目的就是用这一标志作为其产品或者服务的指称；或者虽然在普通语言或者符号中是存在的，但却和其使用或者欲使用的产品或服务没有任何联系。根据固有显著性的强弱从高到低可以将标志分为臆造标志、任意标志、暗示性标志、描述性标志和通用标志。臆造标志是指为了作为商标而产生的标志，其最适合被选定作为商标，显著性亦最强。任意标志的显著性仅次于臆造标志，具有商品或服务的相对性。暗示性标志一般会象征使用它的产品或服务的性质、质量或特点，但却并不描述这种特点且为识别这种特点消费者需要部分想象力。暗示性标志具有一定的显著性。描述性标志由于其描述产品的质量等特点而不具有显著性，当然如果经过使用获得了显著性后亦可以受到商标法保护。通用标志时产品或服务的通用名称，不能作为商标使用，不管它是否获得第二含义均不能作为商标注册。

二、商标显著性的判断

我国《商标法》第九条规定，申请注册的商标，应当具有显著特征，便于识别。这里的"显著特征"和"便于识别"就是对于申请商标的显著性要求。但如何判断显著性，《商标法》并未直接给出规定。《商标法》第十一条从相反方向，即从不具有显著性的角度给予规定，仅有本商品的通用名称、图形、型号的或者仅仅直接表示商品的质量、主要原料、功能、用途、重量、数量及其他特点的标志不具有显著性，不得作为商品注册。结合 AA 拼车案，本文总结商标固有显著性的判断如下。

1. 商标固有显著性的判断主体

从商标民事侵权的角度判断混淆是以相关公众的视角为标准，同理，在判断某一标志是否具有显著性时亦应从相关公众的视角进行判断。这主要是因为商标的功能在于消除经营者与消费者之间关于商品信息的不对称，减少消费者的搜寻成本。经营者选择某标志作为商标，目的是发挥该标志区分商品来源的作用，是否能够实现这一目的取决于消费者是否能将该标志作为商标予以识别。因此，无论是在商标申请审查阶段还是司法审查阶段，审理者均应从相关消费者的视角进行审查。这里的相关消费者是指与商标所标识的某类商品或者服务有关的消费者和与前述商品或者服务的营销有密切关系的其他经营者。

2. 商标显著性应把握整体判断原则

司法实践中能够达成共识的是对于标识本身是否具备显著性应从整体上加以把握，而不能将标志整体加以割裂而对其各组成部分进行简单叠加，认为只要其中的某一部分具有显著性，该标志整体就必然具有显著性，或者认为某一组成部分不具有显著性，其作为整体也必然不具有显著性。商标显著性应把握整体判断原则。

3. 商标主要识别部分具有突出的意义

虽然强调商标显著性应把握整体判断原则，但由于标志本身由多种要素或部分组成，各个要素或者部分之间对于商标整体识别性的贡献是不同的。因此，判断标志是否具有显著性，应从主要识别部分入手进行判断。

4. 固有显著性判断要结合所用于的商品或服务

鉴于固有显著性一般根据商标标识与所用于的商品或服务之间的关联关系角度来评价，关联程度越低则显著性越高，因此，在判断标志是否具有显著性时应结合其所用于的商品或服务。

（撰稿人：张玲玲）

商标注册规则中欺骗性和误认之间的关系认定

——琼森公司诉商标评审委员会商标驳回复审行政纠纷案

◎ **关键词**

商标注册　欺骗性　误认

◎ **裁判要点**

《商标法》第十条第一款第（七）项的适用不能回避欺骗性和误认之间的关系认定。该案区分两种情形进行了阐述：有的标识本身带有欺骗性，如含有夸大宣传的成分，而该欺骗性与实际生产的产品的优劣无关，对此可以直接推定必然导致公众的误认；而有的标识本身欺骗性难以认定，但是，由于申请注册商标，必然要指定商品，当与指定商品相结合时，产生了欺骗性，导致公众的误认。

该案申请商标"三重肌肤守护　安全·温和·有效"，本身就具有欺骗性，与指定使用的商品"化妆品、梳妆用品、洗发剂"等相结合，更容易使消费者认为申请商标所使用的商品具有所申请商标标识上所记载的功能和特性，导致误认。

◎ **相关法条**

《商标法》第十条第一款第（七）项、第三十条

◎ **案件索引**

一审：（2015）京知行初字第 6564 号（裁判日期：2016 年 3 月 17 日）
二审：（2016）京行终 3459 号（裁判日期：2017 年 1 月 19 日）

◎ **基本案情**

申请商标系第 13616861 号"三重肌肤守护　安全·温和·有效及图"商标，由琼森公司于 2013 年 11 月 27 日申请注册，指定使用在第 3 类"梳妆用品、化妆品、护肤用化妆剂、皮肤清洁剂、护发剂、洗发剂、防晒剂、爽身粉、润肤油、棉签（梳妆用品）、婴儿清洁用浸化妆水的薄纸、婴儿用科隆香水、尿布疹霜"商品上。

2014 年 11 月 20 日，商标局作出"商标驳回通知书"，驳回申请商标的注册申请。琼森公司不服商标局驳回决定，向商标评审委员会提起驳回复审申请。2015 年 8 月 18 日，商标评审委员会作出商评字〔2015〕第 56241 号"关于第 13616861 号'三重肌肤守护 安全·温和·有效及图'商标驳回复审决定书"，决定申请商标不予注册。该决定认定：

申请商标中"安全·温和·有效"以及"三重肌肤守护"两短语对其指定使用的化妆品等商品的功能、质量特点具有描述性，易使消费者认为其提供的商品符合上述标准，从而对商品本身的质量、功效等特点产生误认，已构成《商标法》第十条第一款第（七）项规定的情形，不应予以注册并禁止使用。琼森公司提交的在案证据不能证明申请商标经过使用已经取得可注册性。申请商标与第 11003874 号"熹源堂 fit source hall 及图"商标在外观、视觉效果、呼叫读音等方面有较大差异，未构成近似商标。

琼森公司不服被诉决定，向北京知识产权法院提起行政诉讼，认为《商标法》第十条第一款第（七）项规定的"误认"是指"对商品的质量特点进行了欺骗性描述"，而非"指明商品质量特征"。申请商标的文字部分对产品质量未进行任何夸大或者带有欺骗性的描述，其注册适用不会误导公众；琼森公司生产、制造、销售的"皮肤清洁剂"等化妆品和皮肤护理产品经过严格的质量检测，已经达到了申请商标中"安全·温和·有效"以及"三重肌肤守护"的效果；申请商标由图形、文字组合而成，图形部分设计特色鲜明、显著性强，且琼森公司已经放弃其中文字部分的专用权，申请商标整体完全具备区别商品来源的作用，而不会导致消费者产生误认。

被告商标评审委员会则认为，"安全·温和·有效"以及"三重肌肤守护"使用在"化妆品"等商品上，容易被消费者认为其提供的商品符合上述功能，进而产生误认。

◙ 判决结果

一审：驳回原告琼森公司的诉讼请求
二审：驳回上诉，维持原判

◙ 裁判理由

2013 年《商标法》针对 2001 年《商标法》第十条第一款第（七）规定的夸大宣传和欺骗性之间并用关系而导致的法律适用出现空白的情况进行了修订，解决了没有夸大宣传、但带有欺骗性的标识的认定问题。但是，该条的适用仍然不能回避欺骗性和误认之间的关系问题。有的标识本身带有欺骗性，如含有夸大宣传的成分。当标识本身具有夸大宣传的成分时，其欺骗性的有无并不以实际商品的优劣而有所变化。一旦标识本身具有欺骗性，必然导致公众的误认；而有的标识本身欺骗性难以认定。但是，与指定的商品结合，产生了欺骗性，导致公众的误认。

该案中，申请商标为图文组合商标，其中文字部分"三重肌肤守护""安全·温和·有效"所占比重较大，容易被消费者识别。该文字的描述直接指向商品的功能和特性，即"三重肌肤守护 安全·温和·有效"，本身就带有欺骗性，而该欺骗性与实际生产的产品的优劣无关。特别是申请商标指定使用的商品是"化妆品、梳妆用品、洗发剂"等，更容易使消费者认为指定的商品具有"三重肌肤守护""安全·温和·有效"的功能和特性，导致误认，影响消费者的购买决定。

综上所述，基于以下理由：（1）申请商标中文字部分在商标整体中所占比重较大，容易被消费者注意；（2）"安全·温和·有效"以及"三重肌肤守护"使用在"化妆品"等商品上，容易被消费者认为其提供的商品符合上述功能，进而产生误认；（3）琼森公司提交的证据不足以证明申请商标经过使用不会产生误认可能进而获得可注册性。因此，被诉决定认为申请商标违反了2014年《商标法》第十条第一款第（七）项的规定是正确的，进而裁判驳回原告诉讼请求。

◎ **案例解析**

该案的焦点问题是申请商标是否违反《商标法》第十条第一款第（七）项之规定。根据《商标法》第十条第一款第（七）项的规定，"带有欺骗性，容易使公众对商品的质量等特点或者产地产生误认的，不得作为商标使用"。该条款适用于商标使用在指定的商品上，可能使公众对商品的质量等特点或者产地产生错误的认识，造成欺骗性后果的情形。具体到该案中，申请商标所含"三重肌肤守护 安全·温和·有效"等文字不宜作为商标注册并为申请人独占使用，且上述文字、图形使用在指定商品上，易使相关公众对商品质量等特点产生误认。综合考虑，商标评审委员会认为申请商标违反了《商标法》第十条第一款第（七）项之规定。

《商标法》第十条是关于不得作为商标使用的标志及使用地名作商标的管理的规定。该条第一款第（七）项在修改中将"夸大宣传并带有欺骗性的"修改为"带有欺骗性，容易使公众对商品的质量等特点或者产地产生误认的"。即所使用的商标故意夸大商品和服务的功能、作用，欺骗消费者，容易使公众对商品的质量等特点或者产地产生误认的行为，例如用"健康""长寿"作香烟商标，用"万能"做药品商标，等等。为保护消费者的权益，对于夸大宣传并带有欺骗性的标志，禁止作为商标使用。

本条规定既适用于注册商标，也适用于非注册商标。对正在申请注册的商标违反该条规定的，将依法驳回申请；对已经注册的，将依法宣告无效。未注册商标违反该条规定的，由工商行政管理部门予以制止，限期改正，并可以予以通报或处以罚款。

商标不得注册和使用事由，即绝对理由的规定，对于保持商标注册管理秩序的正常运行、维护公共秩序、公共利益和社会公序良俗至关重要。相较于根据 2001 年 10 月 27 日第九届全国人民代表大会常务委员会第二十四次会议《关于修改〈中华人民共和国商标法〉的决定》第二次修正的商标法，我国现行《商标法》对于绝对理由条款作了几处修改，其中最为显著、对确权实践影响最大的当属第十条第一款第（七）项的修改，即将"夸大宣传并带有欺骗性"的规定修改为"带有欺骗性，容易使公众对商品的质量等特点或者产地产生误认的"。从语义和逻辑来进行分析，"欺骗"是指用虚假的言语或行动来掩盖事实真相，使人上当；"误认"是指产生错误的认识。而"欺骗性"和"误认"之间应该是一种什么逻辑关系？不同的界定对于该条款适用要件的确定至关重要：一种理解是"欺骗性"和"误认"是并列关系，"欺骗性"是现行《商标法》第十条第一款第（七）项规定的核心所在，"容易使公众对商品的质量等特点或者产地产生误认"是"欺骗性"的后果，也是对"欺骗性"的进一步说明，是具体的现象和情形；另一种理解为"欺骗性"和"误认"是递进关系，仅有"欺骗性"不足以适用该条款规定，这种"欺骗性"还应导致"误认"，才能适用该条款。按照第一种理解，现行《商标法》第十条第一款第（七）项规定的核心在于"欺骗性"，在因果关系上，"欺骗性"是因，"误认"是果。"欺骗性"的来源不是公众的错误认识，而是"名"（商标所表现出来的形态）与"实"（事物本来的状态）的不一致，这种不一致是客观存在的，所以推定公众会产生误认，即使公众认识不到（或者暂时认识不到），也不影响"欺骗性"的存在。按照第二种理解，"误认"是该条款的核心，商标所具有的"欺骗性"，其欺骗的对象指向相关公众，即商标所指定使用商品或服务的经营者、消费者，按照拟制的"理性人"（即具有一般知识、经验、能力的人）的判断标准，只有在相关公众产生错误认识并影响其消费行为的时候，这种"欺骗性"才受到法律的制止。❶

而关于误认的具体情形，现行《商标法》第十条第一款第（七）项采取了列举的方式，即特点和产地。其中，对于商品特点的描述又是采取了例示性列举加概括的方式，即列举了质量一项，其他商品特点用"等"字概括。由于商品特点内容丰富，该条款规定形式上看采取列举方式，实际上仍是一个相当具有开放性的条款。对商品特

---

❶ 臧宝清. 商标的"欺骗性"与"误认"情形［N］. 中国知识产权报，2015-06-12（007）.

点的误认包括：对商品（包括服务）性质、商品质量、商品原料、成分、商品的功能用途、商品的工艺、技术特点、商品价格、规格重量、数量、产制时间的误认等。对商品产地的误认，是指商标中包含有国名、地名或者其他表示地理来源的因素，但商标申请人并非来自于该地理来源，容易导致公众误认的。明确排除标志属于国名、县级以上行政区划、名称、公众知晓的外国地名、地理标志以后，或者显然不适用上述条款，在考察地理名称的使用是否具有欺骗性导致误认从而应予制止时，应否考虑地理名称的知名度、地理名称与商品之间的特定联系，也是实践中存在争议的问题。如果不具备一定的知名度或者特定联系，则即使非来自某区域的申请人申请注册商标，即使表面上带有"欺骗性"，但不会误导公众，从而不适用现行《商标法》第十条第一款第（七）项规定。

总的来说，修改后的《商标法》第十条第一款第（七）项对商品的质量等特点及产地产生误认的情形作出了明确规定，对消除商标审查机关与司法机关在"误认"问题上的纷争、保持商标注册管理秩序的正常运行发挥了重要作用。

（撰稿人：王曹翼）

申请商标和引证商标的相同文字部分并非显著识别部分不能认为构成近似商标

——绵阳万佳商贸有限公司诉商标评审委员会驳回复审行政纠纷

◎ **关键词**

非显著识别部分　商标近似

◎ **裁判要点**

《商标审查及审理标准》规定，两商标或其中之一由两个或者两个以上相对独立的部分构成，其中显著部分近似，易使相关公众对商品或者服务的来源产生误认的，判定为近似商标。之所以认为文字出现完全包含的情形即构成近似，是因为相同的显著识别部分不仅使两商标在整体上近似，更容易导致公众在识别两商标时对商品或服务的来源产生混淆误认，因此，判定申请商标和引证商标构成近似商标。但是，并非所有申请商标包含在先引证商标的情形均认定为近似商标。根据北京市高级人民法院（2015）高行（知）终字第 841 号"孟良崮"商标争议行政纠纷一案确认的规则，在商标近似性的审查中，若申请商标和引证商标的相同文字部分并非显著识别部分的前提下，不能得出两者近似的结论。该案申请商标"锦汇尚席"完全包含了引证商标"尚席"，"尚席"并非显著识别部分，因此，不能得出申请商标与引证商标近似的结论。

◎ **相关法条**

《商标法》第三十条

◎ **案件索引**

一审：（2016）京 73 行初 304 号（裁判日期：2016 年 5 月 31 日）

◎ **基本案情**

被诉决定系被告商标评审委员会依原告万佳公司针对其申请注册的第 13114261 号"锦汇尚席 jinhuishangxi"商标（简称"申请商标"）所提复审申请作出的，该决定认定：申请商标中的文字"锦汇尚席"完整包含了引证商标"尚席"，在文字构成、呼叫、含义等方面均构成近似。两者均指定使用在咖啡馆等同一种或类似服务上，容易引起相关消费者的混淆或误认为二者之间存在某种特定关联，已构成《商标法》第三十条所指的使用在同一种或类似服务上的近似商标。商标评审案件遵循个案审查原则，申请人所述其他商标获准注册的情形与该案事实情况不同，不能成为该案申请商标获准注册的当然理由或当然依据。申请人提交的证据不足以证明申请商标经使用已产生可与引证商标相区分的显著性。综上，商标评审委员会依据《商标法》第三十条和第三十四条的规定，决定对申请商标在复审服务上的注册申请予以驳回。

原告万佳公司起诉称：（1）申请商标与引证商标在文字构成、读音、含义以及整体外观方面存在极大的差别，因此，两商标不构成近似商标。（2）申请商标与原告之间已经具有对应性，经过使用已经能够使相关公众明确知晓商品的来源为原告或其关联公司，申请商标已经形成稳定的市场实际，申请商标与引证商标共存于市场不会使相关公众产生混淆和误认。（3）在先类似情况的商标已经核准注册，例如原告已经在第 21 类商品上第 13153173 号"锦汇尚席 jinhuishangxi 及图"，以及已经在第 43 类服务上核准注册的"席尚席""九品尚席""六朝尚席""热辣尚席"等商标，与申请商标情形类似，依据审查一致原则，应当予以初步审定并公告。综上，请求法院撤销被诉决定，判令被告重新作出决定。

◎ **判决结果**

（1）撤销国家工商行政管理总局商标评审委员会作出的商评字〔2015〕第 90813 号《关于第 13114261 号"锦汇尚席 jinhuishangxi"商标驳回复审决定书》；

（2）国家工商行政管理总局商标评审委员会针对绵阳万佳商贸有限公司就第 13114261 号"锦汇尚席 jinhuishangxi"商标所提出的复审请求重新作出决定。

◎ **裁判理由**

该案中，"尚席"的含义是掌管宴席的古代官名，"席"也可单独理解为与酒席相关，可见"尚席"被用在餐饮行业实属寻常，在案证据亦显示含"尚席"二字的商标已大量注册在餐饮服务类别上，表明其具有广泛的使用基础，与普遍用于餐饮行业的"轩""斋""坊"等表示服务场所的文字十分类似。基于"尚席"的特殊含义，导致其作为商标使用在指定服务类别上，不能起到区分不同生产者和经营者的作用。而且，结合相关公众的注意力与习惯进行认定。餐饮行业消费者面对"锦汇尚席 jinhuishangxi"广告牌标志时，基于文字识读习惯，消费者更易将申请商标直呼为"锦汇"。即使呼叫全名也是"锦汇尚席"，与引证商标的"尚席"在呼叫上存在明显不同。再者，"锦汇"不属于固有词汇，"锦"表示鲜明美丽，"锦汇"则有美好、美丽事物的汇合之意，故使用在餐馆等服务上具有较强显著性。因此，"锦汇尚席"与"尚席"与《商标审查及审理标准》第十五条中的例证并不一样，反而更加符合北京市高级人民法院（2015）高行（知）终字第841号判决确认的规则，即在商标近似性的审查中，若在申请商标和引证商标的相同文字部分并非显著识别部分的前提下，不能得出两者近似的结论。

◙ **案例解析**

该案申请商标文字部分"锦汇尚席"和引证商标"尚席"均含有"尚席"一词，而且"锦汇尚席"完全包含了"尚席"。与该案类似申请商标包含在先的引证商标的情形，在实务中并不少见。商标局和商标评审委员会制定的《商标审查及审理标准》对文字商标的近似审查进行细致归类，其中第十五条规定，两商标或其中之一由两个或者两个以上相对独立的部分构成，其中显著部分近似，易使相关公众对商品或者服务的来源产生误认的，判定为近似商标，作为例证，举例"精彩生活爱丽斯"与"爱丽斯"构成近似。之所以认为"精彩生活爱丽斯"与"爱丽斯"构成近似是因为两个都包含显著识别部分"爱丽斯"，不仅使两商标在整体上近似，更容易导致公众在识别两商标时对商品或服务的来源产生混淆、误认，因此，判定申请商标和引证商标构成近似商标。但是，并非所有申请商标包含在先引证商标的情形均认定为近似商标，如北京市高级人民法院（2015）高行（知）终字第841号"孟良崮"商标争议行政纠纷一案中，争议商标和引证商标文字部分分别为"孟良崮六姐妹"和"孟良崮"。在该判决的判理部分记载："孟良崮系山东省中南部沂蒙山区的一座石质小山，因解放战争时期的'孟良崮战役'而闻名中外，孟良崮作为商标使用只能标识商品产源，并不能起到区分不同生产者和经营者的作用，故其显著性较弱，而争议商标除包含孟良崮这一山名外，亦包括六姐妹，因六姐妹指定使用在煎饼等商品上显著性较强，所以争议商标与引证商标标识不近似，即使两商标共同使用在相同或类似商品上亦不会使消费者产生混淆误认。对于文字商标而言，通常如果存在完全包含的关系会被认为是近似商标，但是如果完全相同的部分不属于显著识别部分，根据在先判决中的规则在商标近似性的审查中，若申请商标和引证商标的相同文字部分并非显著识别部分的前提下，不能得出两者近似的结论。该案中需要进一步考虑的是依据这种裁判逻辑，引证商标"尚席"是否缺乏显著性。

（撰稿人：王曹翼）

著作权部分案例

作品独创性的判断标准问题

——北大方正公司诉跃兴旺公司侵犯著作权案

◎ **关键词**

中文字库字体单字　独创性　美术作品　利益平衡

◎ **裁判要点**

根据"思想—表达二分法"和有关著作权法方面的国际和国内相关法律规定，中文字库字体单字属于思想表达的智力成果，具有可版权性，在达到独创性的要求下应该作为美术作品得到著作权的保护。对中文字库字体单字给予著作权保护符合我国目前国情和产业政策的需求，在实现公众利益和知识创新的利益平衡的同时，并不会对公众造成利益损害。

◎ **相关法条**

《著作权法》第一条、第三条、第四条、第五条

《著作权法实施条例》第二条、第三条第一款、第四条第（八）项

◎ **案件索引**

一审：（2014）三中民（知）初字第 09233 号（裁判日期：2014 年 12 月 19 日）

二审：无，一审判决生效

◎ **基本案情**

原告北大方正公司起诉称：北大方正公司以合同约定形式，委托贝威扬进行初步字稿创作。随后，由北大方正公司的字体设计人员利用计算机软件将文字进行数字化处理，并以审美的眼光反复调整和修改，最终创作完成了方正平和体。北大方正公司发现跃兴旺公司未经许可在其生产的多款产品外包装上最显著的位置，使用大号字体突出使用方正平和体的"自""然""之""子"四个字形，家乐福公司销售了上述产品。跃兴旺公司和家乐福公司的上述行为侵犯了北大方正公司就方正平和体"自"

"然""之""子"四个单字所享有的相应著作权,具体包括修改权、保护作品完整权、复制权、发行权和展览权,依法应当承担相应的法律责任。故诉至法院,请求判令:(1)跃兴旺公司立即停止复制、发行印有方正平和体单字"自""然""之""子"包装的产品;(2)跃兴旺公司赔偿原告经济损失及诉讼合理支出共计二十万元;(3)在《中国知识产权报》和《北京晚报》上公开赔礼道歉,以消除影响;(4)家乐福公司立即停止销售印有方正平和体字库单字"自""然""之""子"包装的产品。

被告跃兴旺公司答辩称:方正平和体单字不具有独创性,同时也并非书法作品,根本不属于著作权法意义上的美术作品。由于字体设计不是书法创作,故字体本形的设计根本不属于书法创作的范畴,涉案四个单字不属于书法作品。跃兴旺公司生产的"自然之子"绿豆、小米、黑米、小豆产品中的"自然之子"四个字与北大方正公司提供的方正平和体中的四个单字"自""然""之""子"并不相同,尤其是"之"与北大方正公司提供的方正平和体中的"之"字差异非常大,外观形状完全不一样。跃兴旺公司使用"自然之子"四个字是看重这四个字本身的含义,而非"自然之子"美术作品,跃兴旺公司已经更换包装,仍然是"自然之子"四个字,此四个字的形状与以前完全不同,但销量未有任何改变。跃兴旺公司生产的四种产品并非其主营产品,仅是配套产品,这些产品季节性非常强,跃兴旺公司总销售额不足两千元。故北大方正公司主张的赔偿金额缺乏依据。跃兴旺公司并未侵犯北大方正公司的人身权,故北大方正公司关于赔礼道歉、消除影响的诉讼请求于法无据。综上,请求法院判决驳回北大方正公司的全部诉讼请求。

▣ 法院经审理查明

北大方正公司出版系统工程分公司(简称"出版分公司")与书法家贝威扬签署了《字稿购买合同》及《补充协议》,约定贝威扬按照出版分公司要求的字表所创作、制作完成的方正平和体字稿及其全部相关权利(包括但不限于所有权、知识产权等)归北大方正公司独占性享有,贝威扬享有署名权;方正平和体字库是北大方正公司在方正平和体字稿基础上独立开发完成的,北大方正公司作为方正平和体字库的唯一权利主体,有权就该字库及字库字体享有全部的、完整的知识产权及相关权利。在方正平和体创作过程中,字体设计者不仅需要对整个字进行设计修改,同时对每个字的笔画也进行了修改和调整。方正平和体简体(家庭版)在淘宝网上以2元的价格进行了实际销售。

2014年5月23日,北大方正公司的委托代理人陶磊在公证人员的监督下,在位于北京市通州区九棵树西路48号的家乐福超市购买了标有"自然之子"字样的绿豆、小米、黑米、小豆各一袋，并取得了销售发票。该销售发票显示，绿豆的价格为 13.3 元，小豆的价格为 5.9 元，黑米的价格为 10.3 元，小米的价格为 7.4 元。在上述物品的包装袋上均印有"自然之子"字样。

◎ **判决结果**

一审：（1）跃兴旺公司自判决生效之日起，立即停止在其产品包装装潢中使用北大方正公司享有著作权的方正平和体"自""然""子"三字；（2）跃兴旺公司自判决生效之日起十日内，赔偿北大方正公司经济损失三千元及为制止侵权所支出的合理费用二万五千元；（3）跃兴旺公司自判决生效之日起十日内，就涉案侵权行为向北大方正公司书面致歉；（4）家乐福公司自判决生效之日起，立即停止销售包装装潢中含有方正平和体"自""然""子"三字的涉案产品；（5）驳回北大方正公司其他诉讼请求。一审判决作出后，各方当事人均未上诉，一审判决已发生法律效力

◎ **裁判理由**

与传统书法作品类似，计算机字库字体单字也是在汉字的基础上发展起来的。目前计算机字库字体的创作一般由字库企业完成，其创作过程基本为：字库企业对市场进行调查，根据市场调查情况确定拟开发的字体风格；由书写者或字体设计人员创作出具有该风格样式的全部或部分字形原稿；将其扫描入计算机，由字体设计人员在把握整体设计风格的基础上通过计算机等数字技术手段进行每一单字字形设计、调整、修改，最终形成整体设计风格统一的一整套计算机字库字体。字库企业书写者或字体设计人员在遵循整体设计风格情况下，在不改变单字固有书写结构基础上，对每一单字的笔画间架结构进行布置，对笔画粗细、曲直、长短等进行形态变化，从而设计出与现有字体完全不同、呈现一定特色的独特艺术风格的字库字体。因此，无论从创作过程还是创作结果来看，字库单字从设计字形原稿到最终形成字体单字，都离不开字库企业的投入和字体设计者们对字体美感的把握、设计形态的取舍等，无论从设计风格的创意、字库字体的设计完成，还是最终计算机呈现出的字体单字，每一款字库字体单字的创作都已经不是一种简单的劳动投入，而是融入了设计者们的聪明才智、经验技巧等，体现了设计者们主观的个性化的创意活动，属于设计者们的智力活动的创作成果，因此，计算机字库单字可以满足著作权法规定的作品独创性要求。

在该案中，方正平和体包括"自""然""之""子"是北大方正公司在传统隶法的基础上，经书写者和字体设计师们对字体每一单字进行字形原稿设计、数字化技术修改和调整等而独立创作完成的一款字库字体，其中的每一单字都呈现出一种既不同

于传统隶法也不同于现有其他字体的独特艺术设计风格，即笔法及线条藏头护尾、中锋扎实，结构严谨、风格古拙、骨力雄健、字体凝正、端正炼雅，每一单宁的字形设计都融入了字体设计师们的一定美学思想，体现了其一定的美学价值取向和选择，属于其智力活动的创作成果。因此，方正平和体单字包括"自""然""之""子"符合著作权法规定的作品独创性要件。

回 案例解析

一、从法律层面看字库字体单字的可版权性

"版权只保护思想的表现形式不保护思想本身"❶，这一原则被称为"思想—表现二分（Idea-Expression Diehotomy）原则"，是版权理论界遵循的基本公理之一。根据这一原则，一切属于智力活动和没有外在形式的智力活动结果都排除在版权保护范围之外，而任何发展到具有外在形式的智力活动结果的外在形式都有可能成为版权客体（Object）。如果一个智力活动结果符合"思想—表达二分法"条件的，则此智力活动结果即被定义为"可版权作品"（copyrightable work），具有"可版权性"（copyright-abilty）。❷

1. 我国著作权法律的相关规定

我国著作权相关法律法规对可版权作品类型采取开放式列举的形式，其可版权作品类型并不仅局限于所列举的作品类型，因此，不能以某一作品类型不属于所列举的作品类型即认为不应该给予著作权保护，我国有学者通过分析认为中文字库字体单字由于不属于书法艺术和书法作品，便不属于著作权法所保护的客体的观点是不能成立的。❸ 我国著作权法也从肯定方面和否定方面对著作权法的作品这一客体进行了规定，从肯定方面来说，作品的构成要件包括属于文学、艺术或科学领域；具有独创性；能以某种有形形式复制；属于一种智力成果。我国著作权法以穷尽列举的方式对不能给予著作权保护的客体进行了一一排除，由此可见，如果某一客体符合法律规定的作品构成要件且不属于排除的内容时，即应属于我国著作权法意义上的版权作品，除此之外不应该再增加任何人为的其他附加条件。

---

❶ W. R. Cornish. Intellectual Property：Patent，Copyright，Trademarks and A llied Right ［M］. London：Sweet & Maxwel，1981：319.

❷ 参见金渝林. 论版权理论中的作品的概念 ［M］//刘春田. 中国知识产权评论（第一卷）. 北京：商务印书馆，2002：216.

❸ 参见李深. 计算机字库中单字著作权之证伪 ［J］. 知识产权，2011（5）.

根据我国著作权法律、法规的相关规定，中文字库字体单字并不在我国著作权法规定的可版权作品的排除范围内，而无论从中文字库字体单字的创作过程，还是从创作结果来看，中文字库字体单字是字体企业创作的具有外在表现形式的智力活动成果，是其思想的表达，因此，中文字库字体单字属于著作权法规定的一般意义上的可版权客体无可厚非，并不存在法律上的任何障碍。而对于中文字库字体单字是否具有著作权，则需要按照著作权法关于作品构成要件的相关规定进一步进行分析和判断，尤其独创性要求。

有些学者主张中文字库字体单字具有工业属性或者实用性，或者以美学和艺术价值过低等进而否定中文字库字体单字的可版权性，笔者认为，这些主张均是人为的为中文字库字体单字的可版权性设置了更多的门槛，是不合适的。毋庸讳言，从中文字库字体产品角度的最终目的可以认为其是一种规范化和实用性的工业产物，但并不能因此认为中文字库字体单字只是工业产品而非可版权作品。事实上，就自然人手工书写的汉字而言，同样存在这一问题，并不能由于其书写过程的人工性就当然认为所有人工书写的汉字均属于著作权法意义上的作品，而只能认为其具有一般意义上的可版权性，同样需要在特定意义上按照著作权法关于作品构成要件的相关规定进行分析和判断。与此相应，也不应由于中文字库字体单字产生过程中可能采用了计算机辅助设计工具就当然地认为所有汉字计算机字库字体单字均不属于著作权法意义上的作品。

著作权法的立法宗旨之一就是通过保护文学、艺术领域等方面的创新而鼓励创作出更多的作品。虽然从字库企业开发字库字体产品的创作过程来说，字库字体在整体上具有规范性，需要符合国家标准 GB2312-80《信息交换用汉字编码字符集　基本集》和统一的整体设计风格，字体开发的最终目的也是满足社会公众印刷、打字的实用需求，但字库字体产品具有的这一规范性和实用性并不能排除和否定字库字体单字的艺术上的造型。事实上，随着字库企业开发出越来越多的具有独特艺术造型风格的字库字体，越来越多的设计公司和商业企业等放弃选择那些公有领域内的字体，转而选择使用字库企业开发的那些具有独特艺术造型风格的字库字体产品，这一事实也恰恰体现了字库字体产品在其以上的造型价值所在，从这一角度来说，字库字体单字以其艺术上的造型理应属于著作权法规定的艺术领域范畴的作品而获得保护，而不是仅因其具有的规范性和实用性就将其作为工业产品排除在著作权法保护范畴之外，这与著作权法的立法宗旨也是相违背的。

因此，不能因为中文字库字体单字具有工业用途而否认其可以受到著作权法保护的可能性。也就是说，中文字库字体单字具有一般意义上的可版权性，但对于特定单字是否具有著作权，则应当按照著作权法关于作品构成要件的相关规定进一步进行分析和判断。

2. 中文字库字体单字具有独创性

对于中文字库字体单字是否可以以著作权法规定的美术作品具有著作权，司法实务和学术理论界争议的最大分歧在于独创性要件。

汉字的演变经历了几千年的历程，作为一种表意文字，汉字在笔画和结构上逐步形成了固定书写结构，但由于汉字的表意文字的特性，汉字在字形上的创造空间很大，除固定书写结构不能变动之外，汉字在其基本笔画间架结构的搭配、笔画的粗细、弯直等方面都可以进行形态上的设计，从而表现出不同的造型样式。不同的书写者根据设计思路的不同可以产生不同的书法作品。据此，书法作品作为具有审美意义的平面造型艺术，作为美术作品受到著作权法的保护。

与传统书法作品类似，中文字库字体单字也是在汉字的基础上发展起来的。目前中文字库字体的创作一般由字库企业完成，其创作过程基本为：字库企业对市场进行调查，根据市场调查情况确定拟开发的字体风格；一款新的字体，一般由主创设计师或书法家负责设计或书写原稿，然后由多位字体设计人员组成设计小组，完成所有汉字的精细设计。

原稿的创作方式分为两种：一种是由主创设计师或书法家创作或书法出具有该风格样式的全部或部分字形的纸质原稿，并将其扫描进入计算机形成电子原稿；另一种设计方式是由熟悉电脑操作的字体设计师直接通过计算机辅助设计工具在计算机上直接进行原稿的创作，形成电子原稿。

在原稿设计完成之后，由字体设计师在把握整体设计风格的基础上通过计算机辅助设计工具进行每一个单字字形精细设计、调整、修改，最终形成整体设计风格统一的一整套字库字体（在中国大陆实用的字库产品，最少要涵盖国家标准 GB2312-80 包含的6 763个常用汉字）。字体设计人员以自己的美学审美为基础，对于原稿中有的字，需要进一步做精细设计和修改；对于原稿中没有的字，需要在主创设计师或书法家的指导下，根据原稿风格设计出来，在遵循整体设计风格情况下，在不改变单字固有书写结构基础上，需要对每一单字的笔画间架结构进行布置以及对笔画粗细、曲直、长短等进行形态变化，从而设计出与现有字体完全不同、呈现一定特色的独特艺术风格的字库字体。最后，打印出纸样（字体设计师称之为"大样"），由主创设计师或书法家对每个单字的字形结构、笔形、粗细提出修改意见，包括检查字形结构是否合理、粗细是否均匀、灰度是否和谐、整体是否美观，甚至轮廓是否光滑等，反复修改，每次修改完成，都还要再次打印出"大样"，进行下一次的调整完善，直到满意为止。一般来说，每一个单字都要至少通过三次这样的"大样修改"，才能达到这一款字库字体的审美意义上的艺术水准。

因此，无论从创作过程还是创作结果来看，字库字体单字从设计字形原稿到最终形成字体单字，都离不开字库企业的投入和字体设计者们对字体美感的把握、设计形态的取舍等，无论从设计风格的创意、字库字体的设计完成还是最终计算机呈现出的字体单字，每一款字库字体单字的创作都已经不是一种简单的劳动投入，而是融入了设计者们的聪明才智、经验技巧等，体现了设计者们主观的个性化的创意活动，属于设计者们的智力活动的创作成果，因此，字库字体单字可以满足著作权法规定的作品独创性要求。当然，不可否认，对于一些笔画单一的汉字，如一、二、三等字，由于受自身固有字形的限制，字体的创作设计空间有限，与现有公知的其他字体相比，难以体现出在笔法、结构上的变化差异，不具备独创性的余地，因此，对于这类单字，就可以因其有限的表达形式，无法满足独创性要求而不给予著作权保护。

二、从产业政策看中文字库字体单字的可版权性

从产业政策考量中文字库字体单字的可版权性，实质上是对社会公众利益和字体企业的利益平衡的考量，其往往是与一个国家的国情和其立法宗旨密切相关的。目前的担心主要在于"如果给予中文字库字体单字以著作权保护，是否会侵害社会公众的利益"。

笔者认为，这一担心完全是多余的。首先，纵观目前发生的字库字体侵权主要在于未获得授权而进行商业方面的使用，对于个人使用的目的方面则基本不涉及。其次，中文字库字体单字以汉字字形为基础，不可否认，汉字具有传播信息的功能，具有实用性，但这种实用性是依靠汉字的固有书写结构发挥的，汉字作为表意文字，在固有书写结构的基础上，其字形外形依然具有较大的设计空间。而中文字库字体与传统书法作品类似，其体现的是汉字的不同书写风格和艺术表现，在汉字的固有书写结构的前提下，字体每一单字的笔画间架结构的搭配、笔画的粗细、弯度等外观形态依然具有无限的想象和创作的空间，可以有丰富多样的表达形式。因此，如果给予字库字体单字著作权保护，其受保护的也仅是字体单字外形形态，不会阻碍汉字的表情达意。对某一设计风格的字库字体单字给予著作权保护，不会使得字库字体设计受到限制，字体设计者依然可以进行多形式的字体设计。同时，由于目前的字库字体及单字大部分属于公有领域，如楷体、宋体、黑体等，使用者完全可以自由选择，既可以选择使用公有领域无需付费的字库字体，也可以选择使用需付费的字库字体。因此，从这一角度来说，给予字库字体单字著作权保护，也不会造成对汉字的垄断，更不会妨碍人们对汉字的自由使用。

从另一个角度来说，在社会生活中，一般情况下实际上被广泛使用的往往集中于宋体、楷体和仿宋体等传统字体。但随着现代社会的发展，人们对于文化艺术的追求日益个性化、多元化。由于计算机技术在社会生活全方位的普及和深入利用，上述追求的实现具备了广阔而坚实的技术基础。而这一趋势在市场经济条件下，与商业利益相结合，更加凸显了格局特色的字体在商业利用中体现出来的不同文化追求和艺术品位。在现代社会物质丰富的情况下，不仅能够在传统意义上实现商品的使用价值，而且能够赋予商品以文化内涵，进而能够更好地满足人民对于商品所能带给其消费者或使用者以差异化特征的需求。应当指出，这种需求在传统计划经济时代可能被认为完全没有必要，甚至是浪费行为，而在市场经济条件下，如果这部分消费者或使用者是用自身合法收入换取上述需求，则是完全正当的，而且是推动经济、文化和社会发展的因素之一，乃至成为促进市场经济形成和发展的动力之一。正当的市场需求必然产生与之相应的市场供给。因此，社会上出现的不同于传统字体的创意字体正是对应于上述市场需求而产生的市场供给。在市场经济条件下，市场供给的提供者当然应当实现回收成本以及赚取利润的经济目的，法律对此不仅不应阻止，而且应当提供保障。否则，这一市场供给将难以为继，进而逐步衰败乃至完全消失。

《著作权法》第一条开宗明义地规定了立法目的，对具有独创性的中文字库字体中的单字提供著作权保护完全符合著作权法的立法目的，同时具有促进社会主义市场经济发展的作用，完全符合社会公共利益。

笔者注意到，与传统美术作品不同，中文字库字体除具有可供欣赏的艺术性功能外，还具有较明显的工具性功能，特别是由于计算机技术的发展和应用，中文字库字体在市场中的使用范围极为广泛，出现了大大超过传统美术作品以复制、发行、展览等方式进行传播所及范围的情况。因此，中文字库字体的许可使用费金额的确定对于实现上述目标具有直接的影响。如果定价过高，则可能在现实中少数企业控制相关市场的情况下不适当地加重使用者的负担，如果定价过低，则可能造成对于侵权行为的公开纵容，上述两种情况都不利于使用者群体与开发者之间达成符合市场经济规律的协议，进而达到良性互动的双赢效果。令人欣喜地是，字体开发企业已经针对市场使用的实际情况提供了多种选择的许可模式，但面对丰富多样的不同市场使用者的个性化需求，仍显不足，笔者热切地期待计算机字库开发企业能够顺应市场，进一步提供更加多种多样的许可模式，以更好地满足市场中的不同需求。

（撰稿人：冯刚）

著作权归属的认定

——上海弓禾文化传播有限公司诉北京宾致
国际信息技术有限公司著作财产权纠纷案

◎ **关键词**

著作权　权属　著作权人

◎ **裁判要点**

著作权的归属是指著作权应当由谁所享有，著作权人包括作者，而由法人或者其他组织主持，代表法人或者其他组织意志创作，并由法人或者其他组织承担责任的作品，法人或者其他组织亦视为作者。

◎ **相关法条**

《著作权法》第九条、第十一条第三款

◎ **案件索引**

一审：（2010）二中民初字第 13087 号（裁判日期：2010 年 9 月 20 日）

二审：（2010）高民终字第 2656 号（裁判日期：2011 年 2 月 10 日）

◎ **基本案情**

原告诉称：上海弓禾文化传播有限公司（简称"弓禾公司"）对《巨星浪漫代言系列 1-55》中的 FH-16 摄影作品（简称"涉案摄影作品"）享有著作权。弓禾公司发现北京宾致国际信息技术有限公司（简称"宾致公司"）未经许可，擅自在其经营的网站宾致网（域名为：binzhi.com）上使用了上述摄影作品，侵犯了弓禾公司的信息网络传播权。故诉至法院，请求判令被告宾致公司：（1）立即停止侵权；（2）赔偿原告经济损失一万九千元及为该案支出的公证费、律师费、交通费等共计一千元；（3）由被告承担该案诉讼费。

被告辩称：弓禾公司的证据不能证明其对涉案作品享有著作权，弓禾公司不是该案适格原告。涉案网站已经停止经营，弓禾公司要求的经济损失过高，故请求法院驳回原告的诉讼请求。

法院经审理查明

弓禾公司指派其创意总监季小毅拍摄了涉案摄影作品。2009 年 12 月 12 日，弓禾公司与范冰冰和黄铭良签订《肖像权授权协议》，约定涉案摄影作品的著作权人为弓禾公司。2010 年 1 月 26 日，弓禾公司在上海市版权局对涉案摄影作品进行了著作权登记并取得作品登记证书，登记证书记载的作品著作权人为弓禾公司。

判决结果

一审：（1）自判决生效之日起，宾致公司停止使用涉案摄影作品；（2）自判决生效之日起十日内，宾致公司赔偿弓禾公司经济损失一千元及为该案支出的公证费五百元；（3）驳回弓禾公司的其他诉讼请求

二审：维持一审判决

裁判理由

根据作品登记证书的记载，涉案摄影作品的著作权人为弓禾公司。被告宾致公司虽提出弓禾公司不是涉案作品的著作权人、不是该案适格原告的抗辩，但其未能举证证明，故法院对其上述主张不予采信。法院确认弓禾公司为涉案摄影作品的著作权人，其著作权应受我国著作权法保护。

案例解析

著作权归属的认定是解决著作权侵权纠纷的前提。《最高人民法院关于审理著作权民事纠纷案件适用法律若干问题的解释》第七条规定，当事人提供的涉及著作权的底稿、原件、合法出版物、著作权登记证书、认证机构出具的证明、取得权利的合同等，可以作为证据。在作品或者制品上署名的自然人、法人或者其他组织视为著作权、与著作权有关权益的权利人，但有相反证明的除外。该案中法院通过原告提供的作品登记证书，在无充分的相反证据的情况下，认定原告属于涉案摄影作品的著作权人。

一、著作权自动取得制度

与专利权、商标权不同，著作权的取得不以国家主管机关的审查、授权为前提，其权利自作品创作完成时由作者自动取得。

依据保护文学艺术作品的《伯尔尼公约》第三条第一项，作者的作品无论是否出版都受保护；依据第五条第二项，作者享有和行使著作权不需要任何手续。作为公约缔约国，我国同样采取自动取得制度。我国《著作权法》第二条第一款规定，中国公民、法人或者其他组织的作品，不论是否发表，依照该法享有著作权。著作权基于创作行为而产生，作品创作完成后自动获得著作权并受我国著作权法保护，无需经过行政机关的登记或授权。因此，作者实际上创作了该作品并且该作品已经创作完成是确认权属的实质要件。

作者实际创作作品属于典型的事实行为，无需作者具备完全行为能力。作品已经创作完成的认定则不能机械地认为必须达到整部作品都完成的标准，作为著作权客体的作品，其构成的要件是具备独创性，只要创作完成的部分达到独创性要求，作者对该部分即可享有著作权。例如对摄影作品而言，摄影师在进行拍摄时，往往会从不同角度，选用不同对焦方式，考虑不同光线影响，对同一个对象拍摄多张照片，每张照片只要符合独创性的要求，即可认为构成独立的作品享有著作权，不能仅对完成本次创作任务后选取的照片进行保护。

自动取得制度确实有利于作品的保护，但自动取得一方面简化了权利的取得方式，另一方面也为侵权提供了便利。由于著作权的取得不以发表为要件，未发表作品的权利人很难确定，侵权行为出现概率更大，成本也更低。同时，著作权自作品完成时自动取得，作者可能较为容易地判断侵权行为，但这种判断的前提是著作权权属没有争议，问题在于，自动取得的著作权未经过任何公示，侵权人一般也会对著作权的归属提出异议。

二、作品自愿登记制度

由于我国著作权保护起步晚，社会公众的权利意识较低，同时事实行为的确认难度较大，较难举证证明作者"创作完成作品"的过程与结果，因此将作品在著作权行政管理机关登记，通过形式审查，对其著作权有形式上的确定，从而进一步明确著作权的归属，在发生著作权纠纷时也可作为初步证据。❶

于是，1994年12月颁布的《作品自愿登记试行办法》（简称《办法》）第一条规定："为维护作者或其他著作权人和作品使用者的合法权益，有助于解决因著作权归属造成的著作权纠纷，并为解决著作权纠纷提供初步证据，特制定本办法。"作品自愿登记程序规定于《办法》第八条和第九条中："作者或其他著作权人申请作品登记应出示身份证明和提供表明作品权利归属的证明（如：封面及版权页的复印件、部分手稿的

---

❶ [EB/OL]．[2017-5-20]．http：//www．people．com．cn/electric/flfg/d6/950101．html．

复印件及照片、样本等）。填写作品登记表，并交纳登记费。其他著作权人申请作品登记还应出示表明著作权人身份的证明（如继承人应出示继承人身份证明；委托作品的委托人应出示委托合同）。专有权所有人应出示证明其享有专有权的合同。""登记作品经作品登记机关核查后，由作品登记机关发给作品登记证。作品登记证按本办法所附样本由登记机关制作。登记机关的核查期限为一个月，该期限自登记机关收到申请人提交的所有申请登记忆犹新的材料之日起计算。"

按照前述程序的规定，作者自己提交相关文件后，如果符合形式要件，即可获得作品登记证书，登记机关不会对著作权的权属进行实质审查，也即作品登记证书只是形式上确认了创作作品这一事实行为，如果发生了著作权权属的争议，并且在诉讼中有证据可以证明创作作品这一事实行为有问题，例如属于合作作品或者真正作者另有他人，而人民法院最终也重新认定了著作权的归属，那么相关的作品登记证书就会被撤销、重做，当然登记机关也可以依据发现的事实主动撤销登记。❶

三、自愿登记制度的价值与完善

通过以上分析可以看出，作品自愿登记与著作权的取得无关，其价值主要在于宣示与初步证明，即在无著作权权属纠纷或者在出现纠纷时但无相反证据情况下，使社会公众确认著作权属于登记证书记载的著作权人，借助此作用，可以更好维护著作权人的合法权益，有利于打击侵权行为。随着网络技术的不断发展，作品被侵权的风险大大增加，侵权成本也大幅降低，通过登记制度明确权属对后续作者的维权有重要意义。

但是《办法》对登记制度的规定有一定局限性，相关配套辅助手段也未真正建立，随着作品自愿登记数量的大幅增加，现有的自愿登记制度已无法满足实际工作需要。

1. 我国《著作权法》未规定自愿登记制度

根据我国《立法法》的规定，《办法》是由国家版权局于 1995 年在其权限范围内制定的，属于部门规章，至今仍为"试行"状态，但是《著作权法》中对自愿登记制度却并未做规定，行政法规等上位法中也没有相关条文作为支撑。上位法规定的空白，导致自愿登记制度的法律效力、自愿登记行为的属性存在争议，而登记主体、收费标准等具体操作问题更是难以统一，社会公众对自愿登记的认识也是莫衷一是，这些问题对登记工作的开展有很大影响。

《最高人民法院关于审理著作权民事纠纷案件适用法律若干问题的解释》的第七条

---

❶ 刘水云. 作品自愿登记与著作权权属辩析——兼谈《小河淌水》著作权的证据及权属问题 [J]. 民族音乐，2007（1）：8-11.

规定了作品登记证书作用和效力，但对该制度本身并未过多着墨。

2. 审查方式过于简单

《办法》第五条规定：属于下列情况之一的作品，作品登记机关不予登记：（1）不受著作权法保护的作品；（2）超过著作权保护期的作品；（3）依法禁止出版、传播的作品。有学者认为这实际上要求登记机关对著作权登记进行实质审查。❶《办法》第八条和第九条规定了申请人进行登记时需要提交的材料，但这些材料基本都是自我证明，没有任何法律、法规授权登记机关对这些材料进行延伸审查，从这些材料中很难真正的审查出问题，甚至可以说连申请人提交材料的真伪都无从辨别。❷ 而对前述三项不予登记，属于对登记作品的初步判断，是登记机关应当尽到的注意义务，对比专利初步审查的内容即可发现，❸ 著作权自愿登记仅做初步审查，并且也止步于此。在 1997 年 5 月国家版权局下发了《关于作品自愿登记工作有关问题的通知》❹，增加登记人提交保证书的规定，但这种保证实际上仍然属于自我证明。无论在规定的严谨性、可行性还是完善性上，自愿登记制度都存在很大欠缺。

3. 登记程序混乱

《办法》第三条规定了自愿登记工作的登记机关。❺ 但在实际的登记工作中，部分版权局把登记事项委托给其他机构办理。❻ 虽然不同机构对外仍以版权局名义，但是这种委托在没有法律、法规明确规定的情形下，易使相关公众混淆登记主体，无所适从。作者不愿信任其他机构，但又无法在版权局进行登记，导致部分作者放弃登记。

登记主体的不统一带来了登记流程的混乱，虽然大体一致，但文件要求、费用要求、登记著录事项上会存在差异，各地实际情况有差异是客观事实，但由于登记规定不完善，导致地方登记机关的自由裁量权过大，既不利于自愿登记人的利益，也不利于司法程序对作品权属的查明。

---

❶ 王凌燕. 版权登记的法律属性及其完善探析 [J]. 出版发行研究，2013（9）.

❷ 羊洋. 作品自愿登记制度的完善研究 [D]. 北京：中央民族大学硕士学位论文，2016：9.

❸ 《专利法实施细则》第四十四条第一款规定："专利法第三十四条和第四十条所称初步审查，是指审查专利申请是否具备专利法第二十六条或者第二十七条规定的文件和其他必要的文件，这些文件是否符合规定的格式，并审查下列各项：（1）发明专利申请是否明显属于……；（2）实用新型专利申请是否明显属于……；（3）外观设计专利申请是否明显属于……；（4）申请文件是否符合本细则第二条、第三条第一款的规定。"

❹ [EB/OL]. [2017-5-23]. http://www.fujian.gov.cn/ggfwpt/jyns/jy/zscq/zcfg/sxwcbj/201605/t20160509_1168374.htm.

❺ 各省、自治区、直辖市版权局负责本辖区的作者或其他著作权人的作品登记工作。国家版权局负责外国以及我国台湾地区、香港特区和澳门特区的作者或其他著作权人的作品登记工作。

❻ 黄静. 版权登记制度研究 [D]. 武汉：中南大学硕士学位论文，2011：22.

4. 登记效力不明

法律未做规定，审查过于简单，登记程序混乱，最终必然导致自愿登记制度的效力不明。

著作权作为知识产权的一种，具有一定的物权特征，物权的公示公信原则可以作为作品自愿登记的参考。❶ 例如日本规定版权变动登记具有对抗第三人的效力，虽然变动登记不强制要求当事人登记，但为了确保交易的顺利进行，当事人一般都会自发向登记机关申请登记，在确保自愿的前提下促使著作权人进行版权登记，保证了作品登记的有效性。❷

明确登记制度的效力，并非是要求作者必须进行著作权登记，也不意味着进行登记后著作权才被确认，更不意味着将确定著作权归属的权利归于登记机关。实际是对作品著作归属这一事实问题进行确认，行政机关做好充分审查，提升登记证书的公信力，提升交易效率，法院在著作权权属判断时可以更确信作品登记证书的证明效力，节约司法成本。

该案即是在认可作品自愿登记效力的情况下，确定著作权归属的。原告弓禾公司为证明其享有涉案摄影作品的著作权，向法院提供了作品登记证书，登记证书记载的作品著作权人为弓禾公司。弓禾公司提交的作品登记证书为涉案摄影作品的著作权归属提供了初步证据，被告宾致公司虽提出弓禾公司不是涉案作品的著作权人，但未能举证证明，故法院认定弓禾公司为涉案摄影作品的著作权人。

根据"谁主张谁举证"的举证规则，弓禾公司主张自己享有著作权并且提供登记证书作为证据，宾致公司虽然主张弓禾公司并非涉案摄影作品的著作权人，但并未提供证据证明自己的主张，自然应当承担举证不能的责任。依据作品自愿登记的作用，在基本事实清楚，未出现相反证据，或者相反证据不足以推翻现有登记内容的情况下，人民法院可以认为作品登记证书上记载的作者为作品的著作权人。

（撰稿人：汪舟）

---

❶ 《物权法》第六条规定：不动产物权的设立、变更、转让和消灭，应当依照法律规定登记。动产物权的设立和转让，应当依照法律规定交付。

❷ 王凌燕. 版权登记的法律属性及其完善探析 [J]. 出版发行研究，2013（9）：83-86.

出版已故作者作品须经共同共有人许可

——中国少年儿童新闻出版总社诉长江文艺出版社有限公司、长江出版传媒股份有限公司侵犯出版者权纠纷案

◉ **关键词**

出版者权　继承　权属判断

◉ **裁判要点**

图书专有出版权是著作权人将著作权中的复制权、发行权，通过签订出版合同的方式许可出版者行使。复制权和发行权是著作权中的财产性权利，在作者去世后，在涉案作品的法定保护期内，作者的继承人可以受让涉案图书的复制权、发行权。各继承人对于作者的著作财产权为共同共有，主张享有出版者权的当事人应当提供各继承人的授权证明。部分继承人的授权行为为无权处分。

◉ **相关法条**

《著作权法》第三十一条、第四十八条、第四十九条

◉ **案件索引**

一审：（2015）朝民（知）初字第 0760 号（裁判日期：2016 年 1 月 27 日）

二审：（2016）京 73 民终 233 号（裁判日期：2016 年 9 月 28 日）

◉ **基本案情**

中国少年儿童新闻出版总社（简称"少年儿童出版社"）诉称，林汉达（1900—1972）受少年儿童出版社委托，创作了《林汉达中国历史故事集》，后不断再版。2014年 6 月，长江文艺出版社有限公司（简称"长江文艺社"）和长江出版传媒股份有限公司（简称"长江出版公司"）未经许可擅自出版了《林汉达中国历史故事集》。其作品名称、文字内容完全照搬于少年儿童出版社出版的作品，故诉至法院。

被告长江文艺社答辩称：（1）长江文社是在少年儿童出版社的授权到期后，从著

作权人处获得了出版权。（2）少年儿童出版社是在长江文艺出版社出版图书后才陆续取得著作权人的其他后人的授权的。

◎ **法院经审理查明**

林汉达是我国著名教育家、语言学家和少儿读物作家，于1972年7月26日去世。林汉达创作了《林汉达中国历史故事集》，由少年儿童出版社出版。2002年4月3日，林文虎（林汉达三子）与少年儿童出版社签订图书出版合同，授权少年儿童出版社在十年内享有《林汉达中国历史故事集》以图书形式发行上述作品全集和分册单行本的专有使用权。林文虎于2011年1月7日逝世。谢文漪、李晓林、李文林、林悦平、林玉清、林国平、林力平、林步雪、林茉莉共计九人系林汉达尚存的继承人。少年儿童出版社分别于2012年4月2日、2013年3月20日、2013年3月20日与上述继承人签订图书出版合同，享有《林汉达中国历史故事集》以图书形式出版发行上述作品的专有使用权，有效期至2023年12月31日。2012年3月，谢文漪出具委托书，将其名下所有的林汉达先生的著作的版权交给民进中央，同意由民进中央出版发行或研究。2012年10月16日，长江文艺社与民进中央签订图书出版合同，获得在全世界范围内以图书形式出版发行《林汉达中国历史故事集》汉文文本的专有使用权，有效期为八年。

◎ **判决结果**

一审：被告长江文艺社和被告长江出版公司停止出版、发行《林汉达中国历史故事集》图书；于本判决生效之日起十日内连带赔偿原告少年儿童出版社经济损失及合理开支八万元

二审：驳回上诉，维持原判

◎ **裁判理由**

少年儿童出版社的权利来源清晰、完整。而长江文艺社主张的权利来源于民进中央的授权，民进中央取得的授权仅限于继承人之一谢文漪，由于谢文漪并非是作者唯一的法定继承人，各法定继承人对于林汉达的著作财产权为共同共有。因此，必须得到其他法定继承人的追认方可成为有效授权。民进中央未得到其他法定继承人的追认。因此，一审法院关于长江文艺社不享有涉案作品专有出版权的认定正确。

◎ **案例解析**

一、专业出版社未取得全部继承人授权出版去世作者作品应当认为存在过错

《最高人民法院关于贯彻执行〈中华人民共和国民法通则〉若干问题的意见（试行）》第八十九条规定："共同共有人对共有财产享有共同的权利，承担共同的义务。在共同共有关系存续期间，部分共有人擅自处分共有财产的，一般认定无效。但第三人善意、有偿取得该财产的，应当维护第三人的合法权益，对其他共有人的损失，由擅自处分共有财产的人赔偿。"涉案作品《林汉达中国历史故事集》的作者是林汉达。图书专有出版权是著作权人将著作权中的复制权、发行权，通过签订出版合同的方式许可出版者行使。由于复制权和发行权是著作权中的财产性权利，所以，在作者林汉达去世后，在涉案作品的法定保护期内，作者林汉达的法定继承人可以受让涉案图书的复制权、发行权。双方当事人对于作者林汉达的法定继承人的范围均不持异议。但是，由于作者林汉达的法定继承人人数较多，少年儿童出版社和长江文艺社均主张得到了合法授权。《最高人民法院关于审理著作权民事纠纷案件适用法律若干问题的解释》第十九条规定，出版者、制作者应当对其出版、制作有合法授权承担举证责任。举证不能的，依据《著作权法》第四十六条、第四十七条的相应规定承担法律责任。因此，该案不能回避的问题首先就是确认涉案作品专有出版权的合法来源。该案中，少年儿童出版社获得的授权权利清晰、完整。因此该案的难点在于如何准确评价长江文艺社获得的授权。长江文艺社的权利来源为继承人之一谢文漪，并且授权的时间早于谢文漪授权少年儿童出版社的时间。该案首先分析了图书专有出版权的性质是著作权人将著作权中的复制权、发行权，通过签订出版合同的方式许可出版者行使，明确了其财产权的属性。结合继承法上的原理，认为各继承人对作者的著作财产权属于共同共有的关系，该案问题为共同共有的继承人之一处分权利是否有效的问题，并得出结论认为由于谢文漪并非是作者唯一的法定继承人，各法定继承人对于林汉达的著作财产权为共同共有，必须得到其他法定继承人的追认方可成为有效授权。同时，由于长江文艺社为专业的图书出版机构，理应知道在作者林汉达去世后，作品的著作权应当由其继承人共同享有，而林汉达作品的继承人不止谢文漪一人，在此情况下，长江文艺社应当积极与其他继承人取得联系并获得许可，长江文艺社既没有提供证据其与其他继承人进行过联系，也没有提供林文漪取得了其他继承人授权的证明，其权利来源只有林文漪一人，应当认为存在过错，不符合《最高人民法院关于贯彻执行〈中华人民共和国民法通则〉若干问题的意见（试行）》第八十九条规定的第三人善意的情形，林文漪个人的授权应构成无权处分而无效，长江文艺社未取得合法授权。

二、关于该案是否可以参照适用《著作权法实施条例》第九条的规定

《著作权法实施条例》第九条规定，合作作品不可以分割使用的，其著作权由各合作作者共同享有，通过协商一致行使；不能协商一致，又无正当理由的，任何一方不得阻止他方行使除转让以外的其他权利，但是所得收益应当合理分配给所有合作作者。这里的转让通说认为是指所有权的转让，而不包括一般的许可。也就是，对于不可分的合作作品而言，作者之一即可以对外许可使用，只不过需要将所得收益合理地分配给所有合作作者。有观点认为合作作者对于不可分作品之间是共同共有关系，各继承人对于继承的作品权利也是共同共有关系，因此，继承人处分作品的规则可以参照合作作者对作品的处分规则。对此笔者的观点是《著作权法实施条例》第九条针对的是不可分割使用的合作作品著作权行使问题，与该案涉及的情况不一样。我国《著作权法》中并未明确合作作者对作品之间的关系属于共同共有，将继承人之间的处分规则参照共同共有人的处分规则并无法律依据。在制定法未对该问题作出进一步明确规定的情况下，不宜参照合作作者处分作品的规则，来确定继承人处分作品的规则。

（撰稿人：高瞳辉）

外国人的作品能否受我国著作权法保护的问题

——阿迪达斯有限公司诉广西乐球体育用品有限公司等侵害著作权纠纷案

◎ **关键词**

涉外民事纠纷　法律适用　独创性　外国人作品受保护

◎ **裁判要点**

根据知识产权的地域性原则，外国人的作品并不当然受到我国著作权法保护，但在满足一定条件下受到我国著作权法保护。这些条件是：（1）根据有关规定，该纠纷应当适用我国著作权法；（2）主张受保护的客体符合我国著作权法对于作品的规定；（3）该外国人或其发表行为符合我国著作权法的特殊规定。

◎ **相关法条**

《涉外民事关系法律适用法》第四十八条、第五十条

《著作权法》第二条，第十条第一款第（五）项、第（六）项、第（八）项，第四十七条第（六）项，第四十八条第（一）项，第四十九条，第五十三条

《侵权责任法》第六条第一款、第八条

《公证法》第三十九条

《著作权法实施条例》第二条

《最高人民法院关于审理著作权民事纠纷案件适用法律若干问题的解释》第七条，第二十五条第一款、第二款，第二十六条

《最高人民法院关于民事诉讼证据的若干规定》第九条第一款第（六）项

◎ **案件索引**

一审：（2014）三中民初字第 04430 号（裁判日期：2014 年 4 月 25 日）

二审：无，一审判决生效

◎ 基本案情

原告阿迪达斯有限公司诉称：巴西联合会杯官方比赛用球（CAFUSA）作品著作权归阿迪达斯有限公司所有，该作品于巴西当地时间 2012 年 12 月 1 日公开发布。该作品深受足球运动爱好者熟悉和喜爱。2013 年 6 月 3 日，秦某英与广西乐球体育用品有限公司（简称"广西乐球公司"）共同生产了侵犯该作品著作权的足球，并在"中国国际体育用品博览会"上陈列和销售了侵权足球。故请求法院判令被告秦某英与广西乐球公司：（1）立即停止侵权行为；（2）连带赔偿原告经济损失及诉讼合理支出五十万元；（3）承担该案诉讼费用。

被告秦某英和广西乐球公司共同答辩称：秦某英与广西乐球公司并未生产、销售、展览侵权足球，只是误将案外人的足球样品摆放在展位之上。阿迪达斯有限公司索赔没有事实和法律依据。请求驳回原告阿迪达斯有限公司的诉讼请求。

◎ 法院经审理查明

2013 年 6 月 19 日，阿迪达斯有限公司与德意志联邦共和国公民 Franziska Loeffelmann 签订了《转让书》。该转让书记载，根据 2009 年 8 月 17 日订立的雇佣合同，Franziska Loeffelmann 受聘于阿迪达斯有限公司，系运动用品设计师；Franziska Loeffelmann 在其受雇期间依照其职责创作了涉案作品"CAFUSA 足球设计"，该作品将用于 2013 国际足联联合会杯的官方足球；Franziska Loeffelmann 是 2013 巴西联合会杯官方比赛用球的唯一作者；鉴于阿迪达斯有限公司按照雇佣合同向 Franziska Loeffelmann 支付款项，Franziska Loeffelmann 向阿迪达斯有限公司转让 CAFUSA 足球设计的权利及其整段期限内于任何地方存续的著作权等权利，包括任何上述权利的所有延期、续展及更改，并包括对在转让日前发生的侵权行为的起诉权，在法律许可的范围内均由阿迪达斯有限公司无条件享有。

2013 年 7 月 25 日，阿迪达斯有限公司就涉案作品在中国版权保护中心进行了版权登记。作品登记证书记载：申请者阿迪达斯有限公司（adidas AG）（德国）经 Franziska Loeffelmann（德国）转让，于 2013 年 6 月 19 日取得了美术作品《CAFUSA 足球设计》（共三幅）在全球范围的著作权，申请者阿迪达斯有限公司（adidas AG）申请对上述权利予以登记。经中国版权保护中心审核，对申请者的上述权利予以登记。登记号为：国作登字-2013-F-0098339。

2013 年 7 月 23 日，中华人民共和国北京市东方公证处制作了（2013）京东方内民证字第 6244 号公证书。该公证书记载：通过百度搜索关键词"cafusa"，显示结果中有

《2013 巴西联合会杯比赛用球——CAFUSA》的文章。该文章称，巴西当地时间 2012 年 12 月 1 日，2013 国际足联联合会杯抽签仪式在巴西圣保罗进行，同时 2013 联合会杯官方比赛用球 CAFUSA 也正式与大家见面。CAFUSA 足球是在 2012 欧洲官方比赛用球 TANGO 12 的基础上设计的，外观及配色带有浓厚的巴西色彩，绿色和黄色是广为人知的桑巴军团的球衣颜色，同时球面上还有巴西国旗上的南十字星座图案。该文章附有 CAFUSA 足球的照片。显示结果中还有《联合会杯用球雕塑现身 黄绿搭配富桑巴韵味》的文章。该文章称，这款名为 CAFUSA 新版比赛用球，除了皮球本身的白色，主要以绿黄色作为主要色调，配以稍许黑色，给人以跳动的感觉；而中配色，也是基于巴西国旗的颜色作为基础，凸显桑巴特色。CAFUSA 足球外表面均匀对称地印有六个相同的圆形图案，阿迪达斯有限公司在该案中主张著作权的作品即上述圆形图案。

另查，中华人民共和国与德意志联邦共和国均为 1971 年《伯尔尼公约》成员国，中华人民共和国与德意志联邦共和国均为《与贸易有关的知识产权协定》的成员方。1971 年《伯尔尼公约》第 6 条规定，作品得在本联盟所有成员国内享受保护。此种保护应为作者及其权利继受人的利益而行使。《与贸易有关的知识产权协定》第 3 条之 1 规定，在服从 1967 年《巴黎公约》、1971 年《伯尔尼公约》《罗马公约》或《有关集成电路知识产权条约》中已作的例外规定的条件下，在保护知识产权方面，每一成员方应给予其他成员方的待遇其优惠不得少于它基于自己国民的优惠。第 9 条之 1 规定，各成员方应遵守 1971 年《伯尔尼公约》第 1 条至第 21 条以及附件的规定。

◙ 判决结果

一审：（1）秦某英于本判决生效之日起，立即停止复制、发行和展览涉案侵权足球；（2）广西乐球公司于本判决生效之日起，立即停止发行和展览涉案侵权足球；（3）秦某英就其侵害涉案作品复制权和发行权的行为，于本判决生效之日起十日内，赔偿阿迪达斯有限公司经济损失九万元及诉讼合理支出九千元；（4）秦某英与广西乐球公司就其共同侵害涉案作品展览权的行为，于本判决生效之日起十日内，连带赔偿阿迪达斯有限公司经济损失一万元及诉讼合理支出一千元；（5）驳回阿迪达斯有限公司的其他诉讼请求

一审判决作出后，各方当事人均未上诉，一审判决已发生法律效力

◙ 裁判理由

鉴于该案原告阿迪达斯有限公司为外国法人，且其主张著作权的涉案图案创作完成于外国，故该案为涉外知识产权民事纠纷案件。《涉外民事关系法律适用法》第四十

八条规定，知识产权的归属和内容，适用被请求保护地法律。第五十条规定，知识产权的侵权责任，适用被请求保护地法律，当事人也可以在侵权行为发生后协议选择适用法院地法律。在该案中，鉴于被请求保护地为中华人民共和国，因此，关于涉案图案是否具有著作权、是否受《著作权法》保护、权利归属及内容以及侵权责任等问题均应适用中华人民共和国法律。

《著作权法实施条例》第二条规定，著作权法所称作品，是指文学、艺术和科学领域内具有独创性并能以某种有形形式复制的智力成果。其中独创性是作品构成要件中最重要的要件。独创性的判断包括两个方面，一是独立完成，二是具有一定智力创造性。"独立完成"，要求作者在没有或没有完全抄袭、复制他人作品的前提下，自身独立创作出新的作品，或者创作出与他人作品具有不太细微的客观分辨性的作品；"具有一定智力创造性"，要求作品在质量上要包含智力创造活动的成果，要体现作者自身独特的想法和判断，但并不要求具有非常高的艺术水准和价值。其中，作者为了完成特定的工作，表达特定的思想感情，实现特定的艺术或社会效果，按照他人预定的要求，通过自身独特的表达方式创作作品，仍然具有独创性。在该案中，CAFUSA 足球的外表面上均匀对称地印有六个相同的圆形图案，其余部分则主要为单纯的白色。圆形图案通过图形、线条、色块的糅合方式与分布，色彩选取等表达形式，传递出的是足球品牌和体育赛事的象征感和标识感，是艺术和实用的双重结合。该图案包含了设计者的独特构思，具有独创性。同时，鉴于涉案足球图案具有显而易见的可复制性，故其属于著作权法意义上的作品。

《著作权法》第二条第二款规定，外国人、无国籍人的作品根据其作者所属国或者经常居住地国同中国签订的协议或者共同参加的国际条约享有的著作权，受该法保护。《最高人民法院关于审理著作权民事纠纷案件适用法律若干问题的解释》第七条规定，当事人提供的涉及著作权的底稿、原件、合法出版物、著作权登记证书、认证机构出具的证明、取得权利的合同等，可以作为证据。涉案美术作品的作者系德意志联邦共和国公民，而中华人民共和国与德意志联邦共和国均为 1971 年《伯尔尼公约》成员国和《与贸易有关的知识产权协定》成员方，且上述两个国际条约中均规定了国民待遇原则，故涉案美术作品受我国《著作权法》保护。原告阿迪达斯有限公司受让取得涉案美术作品的著作权，亦受我国《著作权法》的保护。

◎ 案例解析

该案中原告阿迪达斯有限公司是德国法人，属于具有他国国籍的法人，即外国法人。关于外国人（包括外国法人）的作品是否应当受我国著作权法保护，需要厘清以下几个问题：第一，根据我国法律、法规和司法实践，要不要给予外国人的作品著作权保护？第二，依据什么法律予以保护？第三，什么样的外国人的作品受我国著作权法保护？

一、要给予外国人的作品著作权保护是无疑的

为了克服地域性对著作权保护的不利影响，许多国家都在探索方法。经过协商，现在世界上绝大多数国家都参加了《伯尔尼公约》。随着《伯尔尼公约》被纳入《与贸易有关的知识产权协定》后，世界贸易组织成员都遵守《伯尔尼公约》的规定。因为《与贸易有关的知识产权协定》第一条第（三）项规定，世界贸易组织的全体成员应视为《巴黎公约》1967 年文本、《伯尔尼公约》1971 年文本、《罗马公约》及《集成电路知识产权条约》的全体成员。

《伯尔尼公约》是版权保护的重要条约，根据《伯尔尼公约》中的国民待遇原则，来源于任何成员国的作品，在其他成员国都享有这些成员国依据法律给予本国国民的同等保护。同时，国民待遇原则又受最低保护原则的限制。根据最低保护原则，各成员国所提供的法律版权保护，不得低于公约的最低要求。

我国已经加入《伯尔尼公约》，已按照公约中的国民待遇原则、独立保护原则、最低保护原则等，承诺对成员国国民的作品予以保护。我国承诺给予法律保护，是否意味着可以直接适用《伯尔尼公约》对外国人的作品予以保护？

二、原则上，应适用我国《著作权法》对外国人的作品予以保护

《涉外民事关系法律适用法》第四十八条规定，知识产权的归属和内容，适用被请求保护地法律。第五十条规定，知识产权的侵权责任，适用被请求保护地法律，当事人也可以在侵权行为发生后协议选择适用法院地法律；《实施国际著作权条约的规定》第二条规定，对外国作品的保护，适用《著作权法》《著作权法实施条例》《计算机软件保护条例》和该规定。我国《民法通则》第一百四十二条第二款规定："中华人民共和国缔结或者参加的国际条约同中华人民共和国的民事法律有不同规定的，适用国际条约的规定，但中华人民共和国声明保留的除外。"《民事诉讼法》第二百六十条规定："中华人民共和国缔结或者参加的国际条约同本法有不同规定的，适用该国际条约的规定，但中华人民共和国声明保留的条款除外。"

从上述法律法规可知，我国属于条约自动生效型国家，知识产权条约属于民商事条约。但即使是这样，也不意味着可以直接适用国际条约，司法实践中，法院不会直接适用《伯尔尼公约》，而必须经过国内法的转化。比如，通过我国《著作权法》第二条规定，给予外国人的作品我国著作权法意义上的保护。这是由于知识产权的地域

性原则和各国独立保护原则的特点，即使承诺对成员国的知识产权予以保护，保护的依据也不是国际条约，而是本国法。只有在本国法的保护水平低于国际公约的要求时，才应依据国际条约予以保护。北京市高级人民法院在《关于涉外知识产权民事案件法律适用若干问题的解答》（京高法发〔2004〕49号）第四条已作出同样的回应。

外国人的作品受我国著作权法的保护，是否意味着所有外国人的作品都受我国著作权法的保护？保护期限是否有限制？

三、外国人的作品受我国著作权法保护的条件

根据我国《著作权法》及相关法律法规之规定，外国人的作品必须符合以下条件之一，才能受到我国著作权法的保护：

（1）作者所属国或者经常居住地国同我国签订协议或者共同参加国际条约。目前国际性的著作权公约有《伯尔尼公约》《世界版权公约》等。

（2）该作品首先在中国境内出版。作品首次出版地是在中国境内的即为首先在中国境内出版；作品在中国境外首先出版后，三十日内在中国境内出版的，视为同时在中国境内出版。只要该作品首先或同时在中国境内出版，不管该作品的作者是哪国人，不管该作者有无国籍，也不论该作者属国家有没有与我国签订协议或参加国际条约，该作品都受到我国著作权法的保护。这属于单方面保护途径。在NICHOLAS JOHNATHAN MEEK 与大众汽车（中国）著作权权属、侵权纠纷〔（2015）朝民（知）初字第58669号〕一案中，法院根据举证规则，判定了原告作品首先在中国境内出版，因而可以直接依据中国著作权法审理。

（3）该作品的作者所属国虽然未与我国签订协议或者共同参加国际条约，或该作品的作者是无国籍人，但该作品首次在中国参加的国际条约的成员国出版，或者在成员国和非成员国同时出版，按照规定享有国民待遇，受我国著作权法的保护。

（4）该作品是中外合资经营企业、中外合作经营企业和外资企业委托他人创作的，且中外合资经营企业、中外合作经营企业和外资企业按照合同约定是该作品著作权人或者著作权人之一，受我国著作权法的保护。按照国务院颁布的《实施国际著作权条约的规定》第4条之规定，"外国作品"总共有三种类型：一是，作者是国际著作权条约成员国的国民或者在该条约的成员国有经常居所的居民的作品；二是，作者不是国际著作权条约成员国的国民或者在该条约的成员国有经常居所的居民，但是在该条约的成员国首次或者同时发表的作品；三是，中外合资经营企业、中外合作经营企业和外资企业按照合同约定是著作权人或者著作权人之一的，其委托他人创作的作品。同时，根据《实施国际著作权条约的规定》中第二条的规定，上述的三种类型（前两种

类型与我国《著作权法》第二条所约定的情形存在一定程度的竞合）的外国作品都适用我国的《著作权法》《著作权法实施条例》，即受我国著作权法的保护。

四、外国人作品著作权人的权利保护期

著作权的保护期是指著作权人对作品享有专有权的有效期间，也即由法律规定的对著作权人的著作权予以保护的期限。在著作权保护期限内，作者或者其他依法享有著作权的公民、法人或者其他组织等著作权人对作品享有著作权，其他人使用作品，需依法征得著作权人许可并需支付相应的报酬。著作权的保护期届满，著作权人便丧失其著作权，作品进入公有领域，人们对作品的使用可以不再经过著作权的许可，并且可以无偿地使用作品。

外国人、无国籍人的著作财产权保护期的计算享有中国籍著作权人的同等待遇。

作者的署名权、修改权、保护作品完整权的保护期不受限制。

公民的作品，其发表权以及根据《著作权法》第十条第一款第（五）项至第（十七）项规定的权利的保护期为作者终生及其死亡后五十年，截止于作者死亡后第五十年的 12 月 31 日；如果是合作作品，截止于最后死亡的作者死亡后第五十年的 12 月 31 日。

法人或者其他组织的作品、著作权（署名权除外）由法人或者其他组织享有的职务作品，其发表权以及根据《著作权法》第十条第一款第（五）项至第（十七）项规定的权利的保护期为五十年，截止于作品首次发表后第五十年的 12 月 31 日，但作品自创作完成后五十年内未发表的，著作权法不再保护。

电影作品和以类似摄制电影的方法创作的作品、摄影作品，其发表权以及《著作权法》第十条第一款第（五）项至第（十七）项规定的权利的保护期为五十年，截止于作品首次发表后第五十年的 12 月 31 日，但作品自创作完成后五十年内未发表的，著作权法不再保护。

五、外国人所属国均为《伯尔尼公约》《世界版权公约》成员的处理方式

根据北京市高级人民法院在《关于涉外知识产权民事案件法律适用若干问题的解答》（京高法发〔2004〕49 号）的十六条的解答，如果外国人所属国均为《伯尔尼公约》《世界版权公约》成员的情况下，如何选择。根据《世界版权条约》第十七条的规定，"本公约完全不影响《伯尔尼公约》的规定"、第十七条的相关附加声明中规定："《伯尔尼》成员国之间，关于到起源国是伯尔尼联盟的国家之一的作品的保护时，不适用《世界版权公约》。"因此，《伯尔尼公约》占优先地位。该案中当事人仅需引用《伯尔尼公约》即可。

六、原告阿迪达斯有限公司的涉案美术作品受我国著作权法的保护

该案中，原告阿迪达斯有限公司虽是德国法人，但德国与我国均为《伯尔尼公约》成员和《与贸易有关的知识产权协定》成员方，且《伯尔尼公约》《与贸易有关的知识产权协定》中均规定了国民待遇原则，因此原告阿迪达斯有限公司的涉案美术作品受我国著作权法的保护。

（撰稿人：冯刚）

卡通美术作品的实质性相似比对规则、
二审增加诉讼请求的处理方式

——北京小明文化发展有限责任公司与统一企业（中国）投资有限公司等侵害著作权及不正当竞争纠纷案

◎ **关键词**

增加诉讼请求　实质性相似

◎ **裁判要点**

在二审期间，上诉人提出增加赔偿数额和诉讼支出的请求。对此，二审法院认为，增加诉讼请求限制在一审法庭辩论结束前提出，二审期间原则上不允许增加诉讼请求，例外仅限制在一审法官未尽到释明义务导致诉讼请求遗漏或因客观情况导致当事人不能在一审法庭辩论结束前提出的情况。

关于卡通美术作品的实质性相似比对，不能将各个组成要素简单割裂开来、分别独立进行比较，而应以普通观察者的角度进行整体认定和综合判断。

◎ **相关法条**

《民事诉讼法》第一百四十条

《最高人民法院关于适用〈中华人民共和国民事诉讼法〉的解释》第二百三十二条、第三百二十八条

《著作权法》第四十七条第（五）项

◎ **案件索引**

一审：（2015）海民（知）初字第 32865 号（裁判日期：2016 年 8 月 22 日）

二审：（2016）京 73 民终 1078 号（裁判日期：2017 年 6 月 5 日）

◎ **基本案情**

北京小明文化发展有限责任公司（简称"小明公司"）向一审法院起诉，认为统一企业（中国）投资有限公司（简称"统一公司"）授权河南统一企业有限公司（简称"河南统一公司"）制造、北京超市发连锁股份有限公司（简称"超市发公司"）

销售的"小茗同学"冷泡茶产品的外包装完全是"小明"卡通形象的简单变形，使得公众误认为是小明公司授权进行生产的产品，该行为侵犯"小明"卡通形象的著作权、构成不正当竞争。

一审法院经审理认定侵犯著作权成立，判决统一公司、河南统一公司、超市发公司停止侵权并赔偿小明公司经济损失五十万元及诉讼合理支出2 070元。

一审判决后，小明公司上诉请求判令经济损失及合理支出分别增加为两千万元和10 225元；统一公司及河南统一公司则上诉认为"小茗同学"卡通形象与"小明"卡通形象未构成实质性相似，侵权不成立。

◎ **判决结果**

一审：构成侵害著作权，判决停止侵权、赔偿损失

二审：驳回小明公司的诉讼请求

◎ **裁判理由**

（1）关于小明公司增加赔偿数额的诉讼请求。在被控侵权的时间、范围未发生任何改变的前提下，仅因为计算赔偿数额的比例提高，并不属于二审允许增加诉讼请求的特殊情形；若有新的涉嫌侵权行为，可另行起诉，而非本案审理范围。针对诉讼支出的增加，虽然属于二审允许增加的范围，但应根据案件定性及举证确定是否予以支持。

（2）关于是否构成侵犯著作权的认定。被控侵权的"小茗同学"与权利人的"小明"两个形象在具体细节上的不同使得两者整体上体现出不同的独创性表达。"小茗同学"卡通形象并未构成对"小明"卡通形象的剽窃，统一公司及河南统一公司不承担侵权责任，故对小明公司增加诉讼支出的请求亦不予支持。

◎ **案例解析**

一、二审期间当事人增加诉讼请求的处理方法

1. 诉讼请求、增加诉讼请求与变更诉讼请求的相关概念

所谓诉讼请求，是指在民事诉讼活动中，当事人提出的、要求人民法院予以确认或保护的民事权益的内容和范围，即当事人一方通过人民法院向相对方提出实体权利之请求。"增加"是指在原有的基础上加多。增加诉讼请求，就是指在起诉、反诉时的诉讼请求的基础上再加多一些其他的诉讼请求事项，包括两种情况：第一是诉讼请求事项的增加；第二是诉讼请求量的增加。变更诉讼请求，是指当事人将先前提出的诉

讼请求更换为新的诉讼请求，包括原告诉讼请求的变更、被告反诉请求的变更、第三人参加诉讼的诉讼请求的变更。变更诉讼请求有两种情况：第一种是当事人要求相对方承担民事责任的方式的更换；第二种是当事人认为提出诉讼时其主张的法律关系的性质或者民事行为的效力发生变化，需要变更诉讼请求。增加诉讼请求和变更诉讼请求的共同点是都改变了先前提出的诉讼请求，而根本区别是前者是一种量的变化，后者属于质的变化。

本案中，小明公司在本院二审期间请求将其在一审中主张的经济损失五百万元及合理支出二千〇七十元的诉讼请求分别增加为经济损失两千万元及合理支出一万〇二百二十五元。其在本案二审期间增加赔偿数额的诉讼请求，属于增加诉讼请求之诉讼请求量的增加的范畴。

2. 现有法律关于增加诉讼请求的规定及处理方法

《民事诉讼法》第一百四十条规定："原告增加诉讼请求，被告提出反诉，第三人提出与本案有关的诉讼请求，可以合并审理。"据此，法律赋予了原告增加诉讼请求的权利。但是同时，也对其增加诉讼请求的时间进行了限定，即《最高人民法院关于适用〈中华人民共和国民事诉讼法〉的解释》第二百三十二条的规定："在案件受理后，法庭辩论结束前，原告增加诉讼请求，被告提出反诉，第三人提出与本案有关的诉讼请求，可以合并审理的，人民法院应当合并审理。"这意味着，原告增加诉讼请求原则上必须在一审法庭辩论结束前提出。这一限制是在保障原告诉权与确保案件及时审结之间进行了一个平衡的考量。

对于二审程序中当事人增加诉讼请求如何处理，《最高人民法院关于适用〈中华人民共和国民事诉讼法〉的解释》第三百二十八条也进行了相应的规定："在第二审程序中，原审原告增加独立的诉讼请求或者原审被告提出反诉的，第二审人民法院可以根据当事人自愿的原则就新增加的诉讼请求或者反诉进行调解；调解不成的，告知当事人另行起诉。双方当事人同意由第二审人民法院一并审理的，第二审人民法院可以一并裁判。"这从另外一个角度说明了对二审增加诉讼请求的限制。

3. 关于二审是否允许当事人增加诉讼请求的思考

由于对诉讼标的理论的研究在我国尚未形成通说，导致法官个体对诉讼请求的释明范围的理解也因人而异。如果认为一审法庭辩论结束后一概不允许增加诉讼请求，可能会产生因一审审理时法官未尽到释明义务导致的诉讼请求遗漏，或者因客观情况导致当事人不可能在一审法庭辩论结束前提出的情形，而应该增加的诉讼请求受到一事不再理原则的制约，不可能通过另案解决。在这样的情形下，应当允许在二审期间增加诉讼请求。当然，允许增加诉讼请求的方式可能是裁定发回重审，也可能是二审直接径行裁判。

本案中，在小明公司要求增加赔偿数额的诉讼请求中，针对经济损失从五百万元增加为两千万元的部分，其理由为一审主张的计算该损失的动漫行业形象授权费比例过低，二审中要求提高到4%计算赔偿；而针对合理支出从二千〇七十元增加为一万〇二百二十五元的部分，理由是其在二审期间补充收集证据而产生了新的支出。对于小明公司增加赔偿数额的诉讼请求，本案认为，在被控侵权时间、范围未发生任何改变的情况下，仅仅因为计算赔偿数额的比例提高，不属于二审增加诉讼请求的特殊情形，不予允许。如果小明公司认为一审起诉后统一公司、河南统一公司和超市发公司仍有新的涉嫌侵权行为，可以再另行起诉，但这不在本案的审理范围。针对诉讼支出部分的增加，由于其是根据案件进展发生的费用，不可能离开本案而另行审理，可以允许增加。但是，该诉讼请求能否得到支持，应根据案件定性以及举证来确定是否予以支持。

二、关于是否构成剽窃的法律认定

1. 著作权法意义上"剽窃"的含义

著作权法意义上的"剽窃"，是指行为人未经他人的许可，将他人的作品署以自己的名字发表，或是将他人作品或作品中的一部分在不破坏原作品独创性的基础上修改并署以自己的姓名发表，从而使他人的著作权受到损害的一种违法行为。我国《民法通则》第一百一十八条规定："公民、法人的著作权（版权）、专利权、商标专用权、发现权、发明权和其他科技成果权受到剽窃、篡改、假冒等侵害的，有权要求停止侵害，消除影响，赔偿损失。"《著作权法》第四十七条规定："有下列侵权行为的，应当根据情况，承担停止侵害、消除影响、赔礼道歉、赔偿损失等民事责任：……（五）剽窃他人作品的……"

2. 剽窃的判定方法：接触+实质性相似

根据思想与表达二分法划定作品的内容中受到著作权法保护的范围是认定剽窃的一个重要步骤，只有排除了进入公共领域的内容，明确受保护的原作品的专有权范围，才能明确行为人是否对作品的独创性部分进行了剽窃。

（1）接触的认定。被告是否接触了原告作品，是认定剽窃存在的第一步。接触方式可分成两种情况，第一是作品尚未发表时，要证明被告对作品的接触应当由原告进行举证，证明程度只需要被告有接触原告作品的合理的可能性即可。第二种情况是作品已经发表，处于公之于众的状态。一般社会公众能够轻易地接触到该作品。这种情况下，不需要特别证明某个单独的个体对于该作品的接触，只需要证明作品已经发表并得到传播的过程，就可以推定被告接触过原告的作品。

（2）实质性相似的认定。实质相似性的存在有多种判断方法，面对不同个案应当区分适用。一般性、多层次的作品，如文学作品、计算机程序、工程设计图纸等，适用"抽象—过滤—比较"法。对于此类作品，两部作品之间相似部分在作品中所占的比重是判定抄袭是否存在的重要依据。整体性较强的作品，如绘画、雕塑、音乐、造型、服装设计等，适用"整体比较法"，应通过一般理性观众对作品整体感觉的比较来两部作品是否存在实质性相似。

3. 卡通美术作品的实质性相似比对规则

在卡通美术作品在由线条、色彩等要素组成的造型表达上是否存在实质性相似时，应以普通观察者的角度对造型表达进行整体认定和综合判断，而不能将各个组成要素简单割裂开来、分别独立进行比对。

本案中，通过比对可以发现，虽然两个形象均为含有圆脑袋、发型、头皮青皮、眼睛、耳朵、鼻子、嘴部表情等要素组成的头部造型架构，但在不同形象中，这些组成要素有不同的表达方式和组合形式，加之"小明"卡通形象有"眼镜"这一要素的显著特征，两个形象在具体细节上的不同使得两者在独创性表达上体现出了整体性的差异。尤其是考虑到，两个形象均为"小学生""小男孩"的头部造型表达，在这样一种头部架构及面部表达的有限空间里，不同形象对各个组成要素的不同取舍、选择、安排、设计所形成的差异，就会形成各自不同的外观表现，这也构成了两个形象各自创作者的独立创作。而且，如同统一公司及河南统一公司所描述，两个形象在头发造型、光影效果、眼睛、耳朵、鼻子、嘴巴造型、面部表情等方面存在的诸多不同和差异更符合视觉所看到的客观实际。因此，"小茗同学"卡通形象并未与"小明"卡通形象构成实质性相似，"小茗同学"卡通形象的创作不属于《著作权法》所规定的剽窃行为。

（撰稿人：杨　振）

判定汇编作品侵权时需要体例编排和
内容相结合进行整体比对

——人民教育出版社有限公司诉江苏人民出版社有限公司侵害著作权纠纷案

◎ 关键词

著作权　汇编作品侵权认定

◎ 裁判要点

虽然汇编作品的独创性体现在内容选择和编排体例上，但是这种选择和编排体例上的独创性不能脱离作品的内容单独保护，如果脱离所编排的内容，不与内容结合的体例编排易抽象成方法或者思想，不属于作品的范畴。汇编作品对于具有独创性的编排体例的保护仍然需要与内容相结合，对作品进行整体保护，而不能与内容割裂单独对编排体例进行保护。因此，在判定汇编作品侵权及考虑侵权情节时，需要体例编排和内容相结合进行整体比对，汇编作品被编排的内容同样是侵权比对的对象。

◎ 相关法条

《著作权法》第四十九条
《民事诉讼法》第一百七十条第一款第（一）项

◎ 案件索引

一审：（2014）民初字第4417号（裁判日期：2015年11月30日）
二审：（2016）民终字第419号（裁判日期：2016年11月26日）

◎ 基本案情

原告人民教育出版社有限公司（简称"人教出版社"）诉称：人教出版社是普通高中课程标准实验教科书《英语》以及配套的教师教学用书的著作权人。被告江苏人民出版社有限公司（简称"江苏出版社"）未经许可，擅自在其编写、出版和发行的教辅类图书《教材全析》使用了原告教科书的章节体例，直接复制、翻译了原告教科书和配套的教师教学用书中的大量内容，严重侵犯了原告人教出版社就其教科书和配套的教师教学用书享有的著作权。

被告江苏人民出版社辩称：第一，教材是根据国家教育大纲编写的，具有公益性、社会性、行政指令性的特点，原告人教出版社不能对教材目录编写体例进行垄断；第二，原告教材中存在不是其自行创作的作品，翻译部分是被告江苏出版社自己独立翻译创作完成的，被告图书中只有极少部分为对原告作品的再现。故不同意原告人教出版社的诉讼请求。

◎ **法院经审理查明**

2007年，原告人教出版社出版发行了2007年第2版普通高中课程标准实验教科书《英语》（简称"教科书"）及2007年第2版普通高中课程标准实验教科书教师教学用书（简称"教师用书"）。2013年至2014年，江苏人民出版社《教材全析》六册图书出版上市，合计字数251.1万字。原告人教出版社出版发行的六册教科书每册均由五个教学单元及对应练习部分、附录等部分组成。教科书每个教学单元均有一个主题，围绕该主题，每单元依次分为"热身""读前""阅读""理解""语言学习""语言运用""小结""学习建议""趣味阅读"九部分，教科书的后半部分，均有与所有教学单元主题相对应的练习册，练习册由"听""说""单词和习语的运用""听的任务""自我评价"等多部分组成。原告人教出版社出版发行的教师用书每册亦均由五个教学单元及对应课文译文等部分组成，每个教学单元的主题均依次与前述对应教科书对应教学单元主题一致，每个教学单元均主要由"教学目的和要求""教学建议""补充参考资料""学生用书教学指导""练习册教学指导"等部分组成，附录部分包含有对应教科书各单元英文课文的中文翻译。

被告江苏人民出版社出版发行的《教材全析》每册亦均由五个教学单元组成，每个教学单元亦均有一个依次与原告对应教科书对应教学单元主题相同的主题，围绕该主题，设定的主要教学栏目依次为"热身与读前""阅读与理解""语言学习""语言运用""练习册""单元综合提优测评"等部分。《教材全析》与对应的《英语》教材及教师用书对应内容表达相同或基本相同的字数共计439 840字；教材全析翻译涉案《英语》教材部分文章字数共计约为18 400字。

◎ **判决结果**

一审：被告江苏人民出版社立即停止出版、发行涉案图书。于判决生效之日起十日内，赔偿原告人民教育出版社经济损失三十五万元、合理支出二万零五十四元

二审：驳回上诉，维持原判

◎ 裁判理由

《教材全析》与《英语》教材教学单元设置一致，每单元包含的主要栏目与《英语》教材相似。同时，《教材全析》按照《英语》教材的教学单元和主要栏目的顺序，对其中的具体内容进行了再现。一审法院将《英语》教材及《教师用书》作为文字作品整体进行了比对，与二审法院作为汇编作品进行整体比对，在对比范围上是一致的。因此，二审法院对一审法院就相似性部分认定的字数统计范围予以确认。

江苏人民出版社虽然主张《英语》教材及《教师用书》中英文文章均为改编、节选、引用自他人作品，但并未提供证据予以证明。江苏人民出版社《教材全析》对该部分文章的使用侵犯了该部分文字作品的复制权。《教材全析》中对《英语》教材英文文章的翻译与《教师用书》附录中对于英文文章的翻译均相同或基本相同，再现了《教师用书》中的内容，侵犯了《教师用书》的复制权。此外，《教材全析》翻译了《英语》教材和《教师用书》中的部分内容，构成对翻译权的侵权。

◎ 案例解析

一、汇编作品保护的范围

《著作权法》第十四条规定，汇编若干作品、作品的片段或者不构成作品的数据或其他材料，对其内容的选择或者编排体现独创性的作品为汇编作品，其著作权由汇编人享有，但行使著作权时，不得侵犯原作品的著作权。由于汇编作品是以体系化的方式呈现的信息集合，而不是其中孤立存在的信息，所以汇编作品的独创性就只能体现在对既有信息的选择和编排方面，而不能体现在该信息的产生或来源方面。因此，在认定汇编作品的过程中，区分"为取得被汇编的信息所付出的独创性劳动"与"对取得的信息进行独创性的选择与编排"极为重要。因为前者仅是一个产生、发现、确认信息的过程，不能直接形成以体系化方式呈现的信息集合，无论需要多少智力投入，其结果都不能受著作权法保护。❶ 该案系因教材产生的著作权侵权纠纷。教材作为汇编作品，其特点在于存在教材上的双重著作权，汇编作者就整部教材的特定编排顺序、结构及材料的选择享有整体的著作权，而对于其中具体的作品则由作者享有著作权。双重著作权可以较好地解决汇编作品的著作权归属问题。汇编作者只能就他付出了创造性劳动的那部分成果（如材料的选择或编排等）享有著作权，其中可以单独取出的

---

❶ 王迁. 著作权法 [M]. 北京：中国人民大学出版社，2015：128.

每个被选择的作品著作权仍然归属作者所有。所以《著作权法》在规定汇编作品的著作权由汇编人享有的同时，规定其行使著作权时，不得侵犯原作品的著作权。

二、汇编作品的侵权认定规则

判断是否侵犯著作权，首先应当对主张权利的作品类型作出认定。因为不同类型的作品，受保护的独创性表达不同，进而确定侵权比对的内容就会有所不同。对于一般的作品而言，在判断两部作品是否具有实质性相似时，所应比较的对象是作品受版权保护的部分。但是对于汇编作品在侵权认定上的特殊性在于其受到保护的部分并不能单独进行侵权比对。思想和表达两分法是最基本的版权法原理，如上文所示，汇编作品的独创性体现在"对取得的信息进行独创性的选择与编排"，但是选择和编排本身过于抽象，容易落入思想的范畴，并不能受到著作权法的单独保护。所以在汇编作品的侵权认定上，比对的不仅是信息的选择和编排，还有选择和编排的内容本身。汇编作品对于具有独创性的编排体例的保护仍然需要与内容相结合，对作品进行整体保护，而不能与内容割裂单独对编排体例进行保护。在判定汇编作品侵权及考虑侵权情节时，需要体例编排和内容相结合进行整体比对，汇编作品被编排的内容同样是侵权比对的对象。这至少在两点上反映出汇编作品侵权认定上的特殊性：第一，对汇编作品的保护实际上在一定程度上保护了思想；第二，对汇编作品的保护实际上在一定程度上保护了非作者独创性的部分。该案中二审法院对一审判决理由的纠正突出显示了这种差异。

一审法院将《英语》教材及《教师用书》认定为文字作品，但是未明确认定为汇编作品，并在此基础上进行了侵权比对，根据侵权比对的结果确定了赔偿数额，但是同时，一审法院也认为作品具有独创性的结构体例也应当受到保护。这存在两个难以解决的问题，首先文字作品如何能够保护结构体例？其次，作为英语教材其中包含有部分属于公有领域的较为简单的表达，比如说设置的一些基础性的语法练习及答案，将这部分内容也纳入进了侵权比对的范围，并且认定为文字作品侵权，如果仅作为文字作品进行保护，这部分属于共有领域的简单表达如何能够认定侵权？二审法院与一审的思路并不完全相同，首先二审法院根据编写体例和内容选上的独创性认定涉案作品为汇编作品，《英语》教材及《教师用书》的每一个教学单元包括一个主题，《英语》教材围绕每一个主题设置热身（warming up）、读前（pre-reading）、阅读（reading）、理解（comprehending）、语言学习（learning about language）、语言运用（using language）、小结（suming up）、学习建议（learning tip）等部分；《教师用书》对应教材每一单元的主题和教材内容，设计了"教学目的和要求""教学建议""补充参考资料""学生用书教学指导""练习册教学指导"等栏目，在学生用书教学指导栏目中对应《英语》教材中设置的热身、读前、阅读、理解、语言学习、语言运用、小结、学习建议等部分，分别对各部分教材内容进行补充，并从教学的角度提出要求建议和指导。从《英语》教材及《教师用书》的结构看，各教学单元主题的选择设置彼此独立，每一个单元均是围绕各自独立主题对教学内容，如背景知识、英文文章及习题、补充材料、教学要求和方法、翻译、答案等进行了特殊的选择和编排。该选择和编排的方式并不同于已有教材的体例设置，体现了一定的独创性，构成我国《著作权法》上的汇编作品。在认定为汇编作品的基础上，对应当如何进行汇编侵权比对进行了重点阐述。汇编作品之所以受到著作权法的保护，是因为对汇编内容的选择和编排具有独创性。虽然汇编作品的独创性体现在内容选择和编排体例上，但是这种选择和编排体例上的独创性并不能脱离选择和编排的内容单独保护，如果脱离所编排的内容，不与内容结合的体例会形成抽象的方法或者思想，不再属于作品的范畴。汇编作品对于具有独创性的编排体例的保护仍然需要与内容相结合，对汇编的内容，即汇编作品进行整体的保护，不能将内容割裂单独对编排体例作为著作权保护的客体。因此，在判定对汇编作品是否构成侵权时，应该将体例编排和内容相结合作为整体进行比对。也就是说，被选择和编排的内容同样是侵权比对的对象。在准确定性为汇编作品的基础上，才能够准确地解决侵权范围认定的问题，二审认为虽然《英语》教材及《教师用书》中的部分习题和答案过于简短或者具有表达的唯一性，难以独立构成作品，但是，这部分习题和答案作为汇编作品的组成部分，仍然应当纳入侵权比对的范围。

（撰稿人：高瞳辉）

异形复制问题研究

——范某海、李某飞诉北京市京沪不锈钢制品厂侵害著作权纠纷案

◎ **关键词**

平面到立体　立体到平面　立体到立体　复制

◎ **裁判要点**

"从平面到立体及从立体到平面的复制"是否属于我国著作权法意义上的"复制"？本文通过以一个典型案例为切入点，对于新旧著作权法的相关规定进行了分析，并借助对于我国加入的国际公约中相关内容的分析，得出了肯定的结论。

◎ **相关法条**

《著作权法》第十条第一款第（二）项、第（八）项、第（十二）项，第二款，第四十六条第（五）项、第（六）项，第四十七条第（一）项

◎ **案件索引**

一审：（2002）二中民初字第 8042 号（裁判日期：2002 年 12 月 13 日）
二审：无，一审判决生效

◎ **基本案情**

原告诉称：雕塑作品《韵》是其在 1995 年中央工艺美术学院毕业创作中完成的，曾先后发表在《中央工艺美术学院装饰雕塑设计》《中央工艺美术学院四十年校庆作品集》《装饰》等刊物上。2002 年 4 月，原告发现被告北京京沪不锈钢制品厂（简称"京沪不锈钢厂"）未经许可在其公司主页上使用了该作品，同年 5 月，原告又发现被告将该作品用于其工厂宣传画册中，改名为《律》，并将其制成产品经营获利。原告认为被告的上述行为侵犯了其对该作品享有的署名权、发表权、展览权、信息网络传播权和相应的获酬权。故请求法院判令被告：（1）停止侵权、赔礼道歉、消除影响；（2）赔偿经济损失八万元；（3）承担原告因诉讼所支出的保全费八百元、律师费五千元。

被告京沪不锈钢厂辩称：被告在网页上使用的作品，以及在内部宣传材料上使用的作品并非原告的作品，而是被告法定代表人郑景峰于 1995 年以山洪流淌为创作来源设计完成的；被告的作品创作时间早于原告涉案作品，不构成对原告作品的侵权，不应承担民事责任；被告对自己作品的使用仅限于本企业的宣传，没有批量制作销售的牟利行为；即便构成侵权，侵权事实也是于 1996 年就存在了，现在已经超过了诉讼时效。故请求驳回原告的诉讼请求。

◎ 法院经审理查明

原告范某海、李某飞于 1996 年设计了雕塑作品《韵》，后由案外人张某贵制作成不锈钢雕塑作品。该雕塑作品作为二原告在中央工艺美术学院毕业创作的作品于 1996 年 9 月在《装饰》杂志 1996 年第 5 期上发表，并发表在黑龙江美术出版社出版的《装饰雕塑设计》（1996 年 9 月第一版）一书中。原告创作的雕塑作品《韵》是将中国传统吉祥图案 "方胜盘长图形" 进行夸张变形，用连续的曲线连接成五环图形，该雕塑正面线条的走向与英文字母 "w" 手写体形似。

被告京沪不锈钢厂的前身为河南省恒达装潢有限公司金属制品厂，2000 年 3 月 26 日变更为现在的名称。被告法定代表人郑景峰设计并由案外人制作完成了涉案不锈钢雕塑作品，在被告的产品宣传册中，使用了该不锈钢雕塑作品。该不锈钢雕塑作品曾作为被告的产品参加过 1997 年、1998 年北京国际酒店用品展览会及 1999 年郑州酒店用品展览会，后一直作为展品陈列在业务室内。被告于 2001 年建立网站（http：//www.bj-jinghu.com），并在网站首页中使用了该不锈钢雕塑作品。

被告京沪不锈钢厂使用的涉案不锈钢雕塑作品，与原告的不锈钢雕塑作品《韵》相比，二者均由连续的曲线连接成五环图形，在线条走向和连接方式上被告使用的涉案雕塑作品与原告雕塑作品《韵》相同，二者仅在线条的粗细、曲度、圆滑度以及侧面线条连接处的空间位置上有一定的差异。

◎ 判决结果

一审：（1）北京市京沪不锈钢制品厂未经许可不得以展览的方式及在其网站和产品宣传册上使用涉案侵权雕塑作品；（2）北京市京沪不锈钢制品厂于本判决生效后三十日内在一家全国发行的报纸上刊登向范某海、李某飞赔礼道歉的声明，致歉内容需经法院核准，逾期不执行，法院将在一家全国发行的报纸上公布本判决内容，相关费用由北京市京沪不锈钢制品厂负担；（3）北京市京沪不锈钢制品厂于本判决生效后十五日内赔偿范某海、李某飞经济损失一万五千元，赔偿范某海、李某飞为该案诉讼支

出的合理费用二千八百元；（4）驳回范某海、李某飞的其他诉讼请求

一审判决作出后，双方当事人均未提出上诉，一审判决已发生法律效力

◎ 裁判理由

该案双方当事人争议的焦点问题为：第一，被告使用的涉案不锈钢雕塑作品是否构成对原告创作完成的雕塑作品《韵》的剽窃；第二，被告展览及在其网站上和产品宣传册中使用涉案不锈钢雕塑作品是否构成对原告享有的雕塑作品《韵》的著作权的侵犯。

关于该案第一个焦点问题，依据法院查明的事实，原告的雕塑作品《韵》是以该作品的正面照片的形式在公开出版物上发表的。一般人通过该平面照片，均可推知原雕塑作品的线条走向和连接方式，因此，该平面照片能够再现原告的雕塑作品。通过对该平面照片与被告使用的涉案雕塑作品的对比，可得出被告使用的涉案雕塑作品是该平面照片所载物体在立体上的再现的结论，通过对被告雕塑作品与原告雕塑作品《韵》的对比，二者除在线条的粗细、曲度、圆滑度以及侧面线条连接处的空间位置上有细节上的差异外整体基本相同。尤其二者在正面视觉效果上难分彼此，而作为以抽象的线条构成的雕塑作品，线条的走向和连接方式构成了作者具有独创性的实质部分，正面的视觉效果则是比对作品近似与否的重要依据。

被告提出其使用的涉案不锈钢雕塑作品系其法定代表人郑景峰自行创作完成，其应就该主张承担相应的举证责任。现被告缺乏证据证明该作品创作时间早于原告雕塑作品的完成时间，且原告的雕塑作品《韵》具有一定的独创性和创作高度，原告又以平面照片的形式在公开出版物上发表了其雕塑作品，被告主张不同作者可能在互不知情的情况下创作出相似作品的说法缺乏证据支持，被告关于郑景峰以山洪流淌为设计构思来源的说法亦缺乏说服力，因此，被告对涉案不锈钢雕塑作品的创作思路或素材来源缺乏合理依据。被告提出对其产品宣传册具体印刷时间和所使用的涉案不锈钢雕塑作品制作完成的具体时间进行鉴定，由于该鉴定事项不具有可行性，法院对该鉴定请求不予准许。故对于被告的上述主张，法院不予采纳。综合上述理由，法院确认原告创作完成了雕塑作品《韵》，并于1996年在公开出版物上予以发表，被告使用的涉案不锈钢雕塑作品构成了对原告雕塑作品《韵》的剽窃。

关于该案第二个焦点问题，我国著作权法规定美术作品、摄影作品的著作权人对其作品的原件或者复制件享有展览权。对于包括雕塑作品在内的美术作品，其复制件应指由对该作品的复制行为所产生的与该作品完全相同或者相近似的作品。由于被告展览的涉案不锈钢雕塑作品构成了对原告雕塑作品《韵》的剽窃，该剽窃作品应属原

告雕塑作品《韵》的复制件，因此，被告展览该剽窃作品的行为对原告享有的雕塑作品《韵》的署名权、展览权构成了侵犯。

除法律另有规定外，未经许可对立体美术作品以平面形式加以使用，构成了对该立体美术作品作者享有的复制权的侵犯。该案被告在其网站和产品宣传册中使用了涉案剽窃作品的行为，应视为是一种以平面的方式商业性使用原告雕塑作品《韵》的行为，侵犯了原告对雕塑作品《韵》所享有的署名权、复制权和信息网络传播权的侵犯。被告对上述侵犯原告著作权的行为应承担相应的法律责任。被告关于其产品宣传册系内部资料，并未公开发行的主张，缺乏合理性及相应的证据支持，法院不予采纳。原告主张被告侵犯了其对雕塑作品《韵》享有的署名权、展览权、信息网络传播权和相应的获酬权，应当承担停止侵权、赔礼道歉、赔偿经济损失的法律责任的诉讼请求，法院予以支持。鉴于原告已于 1996 年 9 月以公开出版物的方式发表了雕塑作品《韵》的平面照片，而该平面照片再现了原告的雕塑作品《韵》，故应认定原告已就雕塑作品《韵》进行了发表，原告主张被告侵犯其对雕塑作品《韵》所享有的发表权的诉讼主张，法院不予支持。由于原告未提交证据证明被告将涉案不锈钢雕塑作品制成产品销售获利，法院对原告指控被告存在上述侵权行为的主张，亦不予支持。

▣ 案例解析

该案的核心法律问题是——从平面到立体及从立体到平面的复制是否属于我国著作权法所规定的"复制"。

一、我国著作权法关于"复制"的规定及其理解

复制，是对作品的最初始、最基本、也是最重要和最普遍的传播利用方式。复制权是著作财产权的一项最基本的权利。但是，各国著作权法对复制的定义却有不同的理解和规定，相应地有狭义复制权和广义复制权之分。狭义的复制权是严格意义上的复制权，一般仅指以同样形式制作成品的权利，如复制文字作品成书籍、杂志、报纸等方式；广义的复制权除狭义复制权之外，还包括以不同于作品的原来形式表现该作品的权利，例如将工程设计或产品设计等平面图形作品制作成立体方式的工程或产品的权利。❶

那么，在我国，"从平面到立体及从立体到平面"的复制能否受到著作权法的保护呢？

我国《著作权法》于 1990 年 9 月 7 日第七届全国人民代表大会常务委员会第十五

---

❶ 刘春田. 知识产权法 [M]. 北京：高等教育出版社，北京大学出版社，2000：57.

次会议通过，并于 1991 年 6 月 1 日施行；于 2001 年 10 月 27 日第九届全国人民代表大会常务委员会第二十四次会议通过，并于同日施行。为了避免混淆，便于表述，在本文中，将前者称为"旧法"，将后者称为"新法"。欲研究上述问题，必须分别考察"旧法"和"新法"对于"复制"的规定。

"旧法"第五十二条规定："本法所称的复制，指以印刷、复印、临摹、拓印、录音、录像、翻录、翻拍等方式将作品制作一份或者多份的行为。按照工程设计、产品设计图纸及其说明进行施工、生产工业品，不属于本法所称的复制。""新法"删去了"旧法"第五十二条，在第十条第一款第（五）项中规定："复制权，即以印刷、复印、拓印、录音、录像、翻录、翻拍等方式将作品制作一份或者多份的权利"。两相比较，不难发现，文字性的变化有两点：一是"新法"完全删去了"旧法"第五十二条第二款，由于该款内容与该案所要研究的核心法律问题无关，故在此不予讨论；二是"新法"将"旧法"第五十二条第一款的内容略做改变（将"临摹"从"复制"的范畴内排除出去了）后，将该款从"附则"部分改至规定"著作权的各个权项"的第十条。

那么，从平面到立体及从立体到平面的复制是否属于我国著作权法所规定的"复制"呢？从法律所列举的各种相关的复制方式（印刷、复印、拓印）来看，显然只规定了从平面到平面的复制行为，而没有（至少是没有直接）规定从平面到立体及从立体到平面的复制行为。直接参与我国著作权立法工作的著作权专家、时任国家版权局副局长沈仁干对于"旧法"第五十二条所做的"释义"为："复制的含义有广义和狭义之分。广义的复制概念，包括复制平面作品和将平面作品制成立体作品，将立体作品制成平面作品。本法规定的复制是狭义的，仅指以印刷、复印、临摹、拓印、录音、录像、翻录、翻拍等方式将作品制作一份或者多份的行为。"❶

在司法部、国家版权局委托中国政法大学举办的"著作权法培训班"上，时任国家版权局法律处副处长的许超详细介绍了相关的立法背景，特别指出："国际上把平面到立体或从立体到平面也称为复制。我们没有引进这种概念，是基于我们的国情。一下给予这么高水平的保护，是不可能的。把从平面到立体也视为复制将会导致许多工业领域的生产寸步难行。所以著作权法第五十二条排除从平面到立体属于复制的提法。"❷

这里有一个"实然"和"应然"的关系问题，"实然"问题指我国著作权法是否

---

❶ 沈仁干. 著作权实用大全 [M]. 广西人民出版社，1996：77.

❷ 江平，沈仁干，等. 中华人民共和国著作权法讲析 [M]. 中国国际广播出版社，1991：186.

保护"从平面到立体及从立体到平面"的复制,"应然"问题指我国著作权法是否应当保护"从平面到立体及从立体到平面"的复制。在这个问题上,虽然通说认为我国"旧法"规定的"复制"不包括从平面到立体及从立体到平面的复制,但这并不意味着学者们都同意这一条款。

郑成思先生认为:"我国著作权法在第五十二条详细解释'复制'时,有它积极的一面,也有可能被误解的消极一面。它可以使人明确专利法与著作权法保护的主要不同点之一,却又完全排除了认定某立体作品侵犯一平面作品版权的可能性。"❶

可见,我国著作权法的这一规定具有一定的历史背景和利益分配考量。但是,随着时间的推移,知识产权在社会生活中的地位越来越重要,尊重和保护知识产权的意识日益深入人心,面对与该案情况相似的从平面到立体及从立体到平面的复制行为大量出现却不能制止;特别是我国著作权法的这一规定与我国参加的国际条约的规定不一致,因此,我们必须重新考虑这一问题了。

二、国际公约关于"复制"的规定

《伯尔尼公约》(1971 年 7 月 24 日巴黎文本)第九条规定:"(一)受本公约保护的文学艺术作品的作者,享有授权他人以任何方式或形式复制其作品的专有权。(二)本联盟各成员国可自行在立法中准许在某些特殊情况下复制有关作品,只要这种复制与作品的正常利用不相冲突,也不致不合理地损害作者的合法利益。(三)为实施本公约,任何录音或录像均被视为复制。"

《与贸易有关的知识产权协定》第九条之一规定:"全体成员均应遵守伯尔尼公约1971 年文本第一条至第二十一条及公约附录。但对于伯尔尼公约第六条之二规定的权利或对于从该条引申的权利,成员应依本协议而免除权利或义务。"

由于我国是《伯尔尼公约》和世界贸易组织的成员,(1992 年 7 月 1 日,我国加入了《伯尔尼公约》;2001 年 11 月 10 日,我国加入了世界贸易组织。)因此,在研究我国著作权法保护的"复制"的范围时,就必须考虑上述两个国际公约的规定。显然,上述两个国际公约关于"复制"的规定采用了广义的概念。

著作权和邻接权方面杰出的女专家德利娅·利普希克教授指出:"复制权包括:将二维作品复制成一件或数件三维作品(如以各种不同的平面图表示一幢建筑物)或是将三维作品复制成一件或数件二维作品(如雕塑作品的照片)。因此,即使是在不同于原作载体的载体上复制(在上彩釉的陶盘或瓷盘上复制绘画、雕刻或油画作品)或者

---

❶ 郑成思. 版权法(修订本)[M]. 北京:中国人民大学出版社,1997:170.

使用不同的技术（将一件艺术作品拍摄成照片）也都是复制。"❶ 显然，这种观点是对采广义概念的国际条约的学理解释。

三、对于我国著作权法"复制"范畴扩大的必要性和可行性研究

考虑到社会的发展，实践的需要，以及我国加入国际条约后应承担的义务，我们应当将"从平面到立体以及从立体到平面的复制"纳入我国修改后的著作权法中关于"复制"的范畴之内。但是，这里显然存在着一个法律技术方面的障碍——法律所列举的各种具体的复制方式中没有任何一条可以被解释为包含"从平面到立体以及从立体到平面的复制"。这一障碍是否足以导致上述解释的不成立呢？

我们注意到著作权法并未穷尽列举所有的使用方式，而是规定了"等方式"。对于这里所说的"等"的理解，虽然有争议，但一般被理解为"等外等"，而非"等内等"，"新法"第十条第一款第（十七）项更是明确规定了"应当由著作权人享有的其他权利"。可见，立法时对于著作权具体权项的规定实际上都采用了"列举"加"概括"的立法模式，或者说开了个"口子"，就像是计算机程序中预留的"后门"。这是为什么呢？我们认为，这是为了解决社会现实与立法的滞后性之间的矛盾采取的立法技巧。当社会生活迫切需要法律提供保护而相应的立法修正和立法解释尚未作出时，可以通过法院的裁判加以确立。

当然，不论是"等外等"还是"其他权利"，后面"概括"的内容都应当与前面"列举"的内容相一致，并非任何内容都可以通过这个"口子"或者"后门"被硬塞进著作权法。我们认为，能够通过这种途径而纳入著作权法的"使用方式"有下面两种情况：

第一种情况是过去没有这种使用方式，自其出现之初就被纳入著作权法保护的范畴。在当前科学技术飞速发展的时代，出现了前所未有的作品传播的手段——通过因特网或其他网络传播作品，我国修正后的《著作权法》"与时俱进"地为著作权人增设了相应的权利——"信息网络传播权"。该权利的立法解释是："以有线或者无线方式向公众提供作品，使公众可以在其个人选定的时间和地点获得作品的权利"。这里所称的"网络"不仅限于因特网，也不仅限于计算机网络，还应包含其他种类的"有线或者无线"网络。例如，目前手机（即移动电话）短信业务方兴未艾，随着技术的进步，"短信"必将成为"长信"，即很可能传播一部完整的作品，如一首诗、一支歌曲，甚至是一部动画乃至电影，显然，"信息网络传播权"对这种情况也应适用。事实

---

❶ ［西班牙］德利娅·利普希克. 著作权与邻接权［M］. 联合国教科文组织，译. 中国对外翻译出版公司，2000：136-137.

上，现在的手机上往往"装"上了几个小游戏，一般来说，这些游戏都是作品，因此，就目前而言，手机"领域"已经具备了侵犯"信息网络传播权"的技术可能性。

第二种情况是过去就有这种使用方式，由于立法政策的原因未被纳入我国著作权法保护的范畴，随着立法政策的改变，后来被纳入了。例如，随着对著作权人保护力度的增强，过去某种既有的作品使用方式可以不经著作权人许可也不必付酬，而现在却须经著作权人许可并向其付酬，也就是说，过去公有领域的使用方式现在被纳入了著作权人的私有领域之内。

本文所讨论的从平面到立体及从立体到平面的复制，显然不属于第一种情况；但确实符合第二种情况，该方式是既有存在的，在有关的版权国际公约中提供了这种保护。因此，可以将从平面到立体及从立体到平面的复制解释为"等方式"之一。

四、判断从平面到立体及从立体到平面的同一性的标准

著作权法不保护制作方法和制作过程，只保护表达形式。因此，我们可以引用澳大利亚 1968 年版权法第七十一条的规定作为判断从平面到立体及从立体到平面的同一性的标准，即：只有当一个非专家的第三者认为某立体物即为某平面物的再现时，方能认定前者是后者的复制品。反过来也是一样，如果某平面作品被人指为立体作品的侵权复制品，也要有非专家的第三者能看出二者的同一性才行。❶

（撰稿人：冯刚）

---

❶ 参见郑成思. 版权法 [M]. 修订本. 北京：中国人民大学出版社，1997：167.

符合独创性标准的实用艺术品应受著作权法保护

——景德镇法蓝瓷实业有限公司与潮州市加兰德陶瓷有限公司侵害著作权纠纷案

◨ **关键词**

实用艺术作品　独创性　思想与表达

◨ **裁判要点**

依据法律规定，未经著作权人许可不得抄袭其作品中具有独创性、受法律保护的内容，否则构成著作权侵权，应依法承担侵权责任。但著作权法仅保护思想的表达，对思想本身并不保护。虽然加兰德公司的产品具有模仿海畅公司产品的痕迹，两者产品有相同之处，但也有明显的差异。相同之处主要是设计主题、思路、位置关系和动植物形象等元素，这些相同之处尚未使两公司产品达到实质性相似的程度，故加兰德公司的行为没有超出应有的界限，加兰德公司生产的鸢尾花系列中的茶壶、奶罐糖罐以及金鱼系列陶瓷制品未侵犯法蓝瓷公司著作权。

◨ **相关法条**

2001年《著作权法》第四十七条第（一）项、第四十八条

《最高人民法院关于审理著作权民事纠纷案件适用法律若干问题的解释》第二十五条第一款及第二款、第二十六条

◨ **案件索引**

一审：（2009）厦民初字第258号法院案号（裁判日期：2009年×月×日❶）

二审：（2011）闽民终字第15号（裁判日期：2011年9月13日）

再审：（2012）民申字第1392号（裁判日期：2013年3月25日）

---

❶　因技术原因，截至出版日，原判决日期查询不到。——编辑注

◎ 基本案情

原告诉称，海畅实业有限公司（简称"海畅公司"）系鸢尾花系列之一、鸢尾花系列之二、小红莓系列、金鱼茶具系列、金鱼摆饰系列、蜂鸟茶具系列等陶瓷产品的著作权人。景德镇法蓝瓷实业有限公司（简称"法蓝瓷公司"）经海畅公司授权，在中国大陆境内专有使用海畅公司享有著作权的全部作品。加兰德公司大量生产仿冒法蓝瓷公司享有专有使用权的系列陶瓷产品，侵犯法蓝瓷公司的著作权，请求判令：（1）确认加兰德公司的行为构成侵权和不正当竞争；（2）加兰德公司立即停止侵权，公开赔礼道歉；（3）加兰德公司赔偿经济损失五十万元；（4）加兰德公司赔偿法蓝瓷公司因制止侵权所支付的合理开支十万元。

被告辩称：法蓝瓷公司涉案作品是对《Rorstrand瓷器：新艺术杰作》一书中作品的抄袭、剽窃，不具有艺术性和独创性；涉案作品是采用模具的方法大规模生产的工业产品，不是美术作品，依法不受《著作权法》的保护；加兰德公司生产、销售的涉嫌侵权作品是其独立构思创作完成的，不构成对法蓝瓷公司涉案作品的侵权。

◎ 法院经审理查明

海畅公司于2004年和2005年在江西版权局就美术作品《蜂鸟茶具系列》《小红莓系列》《蜂鸟摆饰系列》《金鱼茶具系列》《金鱼摆饰系列》《鸢尾花系列之一》《鸢尾花系列之二》进行了版权登记。2006年11月，海畅公司与法蓝瓷公司签订《著作权许可使用合同》，约定海畅公司将其所拥有的全部著作财产权，许可法蓝瓷公司在中国大陆境内（不包括港澳台）享有专有使用权，许可期间为十年。2009年4月，加兰德公司经厦门海关出口一批瓷餐具。经查，该批餐具包括圣诞果系列、金鱼系列和蓝鸢尾花系列。法蓝瓷公司申请厦门海关予以查扣并提起该案诉讼。

海畅公司的鸢尾花系列包括大盘、茶壶、杯盘汤匙组和奶罐糖罐等，基本的设计主题是在器体上装饰鸢尾花和蜂鸟，主要元素包括白底器体、蓝色鸢尾花、绿色叶梗及蜂鸟。海畅公司的茶壶和奶罐糖罐中鸢尾花的叶梗由器体下方向上延伸，开出花朵，并有一朵花在器体上缘绽放，一只蜂鸟与绽放的花朵相向设计，花鸟相戏，茶壶和糖罐的盖钮由花瓣构成；加兰德公司的产品也在白底的器体上装饰绿色的叶、蓝紫色的鸢尾花，茶壶和糖罐的盖钮也由花瓣构成，但与海畅公司产品相比，两者的茶壶、奶罐糖罐本身器体形状差别较大，鸢尾花造型设计、位置及色彩搭配等也存在诸多不同，加兰德公司产品没有蜂鸟和叶梗等设计元素，在整体装饰效果上海畅公司的产品造型更加流畅温婉，颜色和空间布局过渡更加自然。

海畅公司的金鱼系列包括茶壶、汤匙杯盘组、糖罐奶罐、大盘和摆饰等，基本的设计主题是在器体上装饰金鱼和水草，主要元素包括白底器体、悠游的红色金鱼、绿色的水草等。具体而言，海畅公司以一条红色金鱼装饰茶壶和奶罐的把手处，一条红色金鱼作为糖罐和茶壶盖的盖纽，金鱼的相对位置处有绿色水草；其汤匙杯盘组中分别以一条红色金鱼装饰于杯子手柄、托盘和汤匙上端部，金鱼头朝向处有绿色水草；其大盘以一条红色金鱼和绿色水草装饰于盘缘；其摆饰为呈游动姿态、尾部红白相间的红色金鱼。将加兰德公司的产品与海畅公司的产品相比，两者在主题、元素和布局上确有很多相同之处，比如均有一条红色金鱼装饰在茶壶和奶罐的把手处，一条红色金鱼作为糖罐和茶壶盖的盖纽，金鱼的相对位置处有绿色水草，以一条红色金鱼装饰于汤匙杯盘组中的杯子手柄、托盘和汤匙上端部，金鱼头朝向处有绿色水草，其大盘也有一条红色金鱼和绿色水草装饰于盘缘，摆饰也是呈游动姿态的红色金鱼，但两者也有诸多明显差异：比如器体整体差别较大，水草的形状、姿态、位置不同，金鱼的形态不同，颜色搭配也有区别等。

◎ **判决结果**

一审：加兰德公司立即停止对法蓝瓷公司《小红莓系列》作品的侵权行为；加兰德公司赔偿法蓝瓷公司经济损失及合理费用支出共六万元；驳回法蓝瓷公司的其他诉讼请求

二审：撤销一审民事判决的第三项，即"驳回法蓝瓷公司的其他诉讼请求"；变更一审民事判决第一项为"加兰德公司立即停止生产、销售其'圣诞果系列'（货号Y05017-A、Y05017-F、Y05017-E、Y05017-01、Y05017-03）、'鸢尾花系列'中的大盘（货号Y04006-A）、杯盘组（货号Y04006-01）瓷器侵权产品"；变更一审民事判决的第二项为"加兰德公司赔偿法蓝瓷公司经济损失及合理费用支出共人民币十五万元"；驳回加兰德公司的上诉请求

再审：驳回法蓝瓷公司的再审申请

◎ **裁判理由**

依据我国相关规定，《著作权法》保护思想的表达，但不保护思想的本身，故使用他人著作权中思想的行为不构成侵权。著作权人的作品具有独创性，他人未经许可，抄袭著作权人作品中具有独创性、受法律保护的内容，则构成著作权侵权，应依法承担侵权责任。故该案判断的关键在于准确确定海畅公司作品的表达的独创性所在以及加兰德公司是否抄袭了海畅公司作品中具有独创性的表达。

该案中，将动植物形象引入生活用品中，制作出精美的陶瓷制品的设计思路、工艺方法早已出现。海畅公司借鉴已有的设计思路和工艺方法，用鸢尾花、蜂鸟、金鱼等动植物的形象来装饰茶壶、杯盘汤匙组和奶罐糖罐等产品，使其系列瓷制品在艺术造型、结构、色彩搭配上具有独创性，构成有审美意义的立体造型艺术作品，应当受到著作权法的保护。但著作权法保护思想的表达，并不保护思想本身。该案中，将动植物形象装饰陶瓷制品，在各种器形载体的杯缘、瓶口、把手上刻画出立体生动的动植物造型的设计思路以及相应的工艺方法并非海畅公司所独创，也非著作权法的保护对象，海畅公司不能通过著作权垄断相应的设计思路和工艺方法，否则将违背著作权法的立法原意，阻碍文学、艺术、科学的进步和作品的多样性。他人可以采用同样的设计思路和工艺方法，设计并生产类似主题的产品，但不能抄袭他人具有独创性的表达。自然界中已经客观存在的动植物形象不属于海畅公司独创，但如果其用特定的方式、赋予其具有特定审美意义的造型表达，则应当予以保护。

加兰德公司所生产的产品与海畅公司的产品相比，在主题、元素和布局上均有很多相同之处。在茶壶和奶罐的把手处均有一条红色金鱼作为装饰，糖罐和茶壶盖均由一条红色金鱼作为盖纽，与金鱼相对的位置均有绿色水草，以一条红色金鱼作为汤匙杯盘组中的杯子手柄、托盘和汤匙上端部装饰，有绿色水草在金鱼头朝向处，大盘盘缘装饰了一条红色金鱼和绿色水草，摆饰亦为呈游动姿态的红色金鱼。但二者亦具有明显的差异，器体整体差别较大，水草的姿态、形状、位置不同，金鱼呈现不同形态，颜色搭配上亦存在区别等。故加兰德公司生产的产品虽对海畅公司产品进行了模仿，两公司生产的产品具有相同之处，但也存在明显的差异。设计主题、思路、位置关系和动植物形象等元素系二者产品的相同之处，但上述因素的相同未使两公司的产品构成实质的相似，加兰德公司的行为并未构成对蓝瓷公司著作权的侵害。

◎ **案例解析**

该案涉及实用艺术品的著作权保护问题。目前，我国的知识产权法律法规中并没有出现"实用艺术品"这一名词。根据其字面含义，实用艺术品即具有实用性的艺术品或者具有技术性的实用品，其最主要的特点是既有实用价值又具审美意义。我国《著作权法》亦未明确规定是否对实用艺术品予以著作权保护，但《保护文学和艺术作品伯尔尼公约》允许成员国以著作权法保护实用艺术品。我国是上述国际公约的成员国，在《实施国际著作权条约的规定》中明确要求对外国实用艺术品进行保护。在司法实践中，也不乏对具有独创性的实用艺术品进行著作权保护的案例。

虽然我国现行法律规定及司法实践都不排除对实用艺术品进行著作权法保护，但司法案例中也体现出提高对实用艺术品的著作权保护条件的趋势。这是因为，实用艺术品作为一种智力成果，兼具实用功能和艺术性，导致在某些情况下其既构成外观设计又符合作品的构成要件，对其保护路径也因而有外观设计专利权保护和著作权法保护两种。但相对于外观设计专利权，著作权显然是一种更强的保护。如果过多地适用著作权对实用艺术品进行保护，则很有可能会架空外观设计制度；而且也会造成对实用艺术品权利人的过度保护，从而侵蚀公共利益。

如前所述，我国《著作权法》并未出现实用艺术品这一作品类型，司法实践一般将其作为美术作品加以保护。实用艺术品作为美术作品受到著作权法保护的条件可以归纳为：（1）实用艺术品的实用功能和艺术美感可以相互独立；（2）能够独立存在的艺术设计具有独创性；（3）应当达到较高水准的艺术创作高度。❶ 该案中，海畅公司的蜂鸟茶具系列产品及金鱼摆饰系列产品既具有实用功能又富于艺术美感，且艺术美感在观念上可与实用功能相区分。海畅公司借鉴已有的艺术手法，将蜂鸟、鸢尾花、金鱼等动植物形象融于瓷器的设计之中，使得该系列瓷制品在艺术造型、结构、色彩搭配上具有独创性。并且，体现出一定的审美意义和艺术创作高度。应当受到著作权法的保护。

该案还涉及作品独创性的判断问题。著作权法并不保护抽象的思想、观念、理论、创意、操作方法及技术方案等，而只保护以文字、音乐、美术等形式对思想的具体表达。著作权法所指独创性是指作品表达的独创性而非思想的独创性。他人未经许可，抄袭著作权人具有独创性的表达且无正当理由的，即构成侵犯著作权。如果只是思想相似，尽管该行为可能违背社会道德规范，却并非侵犯著作权的行为。判定侵权是否成立的关键在于准确确定权利人主张权利的作品的独创性所在以及被控侵权作品与权利人主张权利的作品中具有独创性、受著作权法保护的内容是否构成实质近似。这首先涉及思想与表达的区分问题。

该案中，海畅公司将蜂鸟、鸢尾花、金鱼等动植物形象引入生活用品中，制作出精美的陶瓷制品是一种设计思路和工艺方法，属于思想的范畴，并不受著作权法保护。他人可以借鉴这种设计思路和工艺方法设计和制作相同主题的产品，这一行为并不为著作权法所禁止。而海畅公司系列产品中鸢尾花的造型设计、与蜂鸟的位置关系及色彩搭配，金鱼色彩搭配、游动姿态等设计特征则体现出了设计者独有的安排与选择，是具有独创性的表达，应当受到著作权法的保护。他人未经许可抄袭、模仿海畅公司产品的上述具有独创性的表达，是对其著作权的侵犯，应当承担侵权

---

❶ 王迁. 著作权法 [M]. 北京：中国人民大学出版社，2015：96-98.

责任。经比对，虽然加兰德公司的产品具有模仿海畅公司产品的痕迹，但相同之处主要是设计主题、思路、位置关系和动植物形象等元素，这些相同之处尚未使两公司产品达到实质性相似的程度，加兰德公司的行为没有超出应有的界限，并未侵犯法蓝瓷公司的著作权。

（撰稿人：张倩）

信息网络传播行为的判断标准

——腾讯公司诉易联伟达公司侵害信息网络传播权纠纷案

◉ **关键词**

信息网络传播　提供行为　技术服务行为　服务器标准　用户感知标准　实质替代标准

◉ **裁判要点**

涉链接侵害信息网络传播权纠纷案件成了当前司法审判中的热点问题之一，其中一些问题在理论和实务方面都存在着不同的观点。该案对于相关问题从程序和实体两个方面进行提炼，并通过对相关法律概念的梳理及利益分析，评述了其他标准，论证了"服务器标准"的合理性；对于实践中突出的破坏技术保护措施性质进行了法律分析，提出"特殊侵权行为"的观点，并对于司法实践中出现的问题进行了深层解析。

◉ **相关法条**

《著作权法》第十条第（十二）项

《最高人民法院关于审理侵害信息网络传播权民事纠纷案件适用法律若干问题的规定》第三条、第五条

◉ **案件索引**

一审：（2015）海民（知）初字第40920号（裁判日期：2016年2月2日）
二审：（2016）京73民终143号（裁判日期：2016年10月21日）

◉ **基本案情**

腾讯公司诉称：腾讯公司依法享有《宫锁连城》的独家信息网络传播权。2014年6月4日，腾讯公司通过公证书固定证据，证明易联伟达公司在其经营的"快看影视"手机端，通过信息网络非法向公众提供涉案作品的在线播放。易联伟达公司在快看影视中对大量影视作品进行了编辑分类，至今仍在进行播放，在播放时无显示来源，直接进入到播放页面；易联伟达公司在播放涉案作品时无任何前置广告及暂停播放时的广告，未显示乐视网水印，显示的版本、布局与乐视APP不同；乐视网上有明确声明

不能盗链。故腾讯公司认为易联伟达公司进行了涉案作品的编辑，具有恶意，易联伟达公司为获取盈利直接设链播放涉案作品，未经任何权利人的同意，侵犯了腾讯公司的合法权利。故诉至法院，请求判令易联伟达公司：（1）立即停止对涉案作品的在线播放服务；（2）赔偿经济损失及合理费用共计五十万元。后因一审开庭时核实已无涉案作品的传播，腾讯公司放弃了第一项诉讼请求。

易联伟达公司辩称：腾讯公司权利存在重大瑕疵，涉案作品的授权无合法来源；涉案作品并非在快看影视上播放的，而是在腾讯 APP 上播放；易联伟达公司快看影视播放无广告，未获得任何盈利，只提供设链服务，并非信息存储空间。易联伟达公司收到起诉书后已经删除了涉案作品。故请求法院驳回腾讯公司的全部诉讼请求。

回 法院经审理查明

2015 年 12 月 7 日，使用手机下载乐视视频，在其上搜索"宫锁连城"，在相应网页点击"宫锁连城未删减版"进入播放页面，显示 44 集全，有"标清""流畅""极速"三种版本。使用手机下载"快看影视"，进入首页，点击"专题"，找到并点击专题"帅到没朋友——古装美男子"进入相关页面，点击该专题内的"宫锁连城"，共 44 集，显示的第一个来源是"乐视网"（还有其他几大视频网站来源），点击播放第一个"乐视网"来源的电视剧，播放时页面地址栏显示乐视网的网址，可随机选择正常播放。

比较快看影视与乐视视频上"宫锁连城"的提供和播放方式，二者存在以下不同：（1）在乐视 APP 上播放涉案作品时有前置广告，在对涉案作品暂停播放时也有广告，而在快看 APP 上播放或暂停播放涉案作品时却并未显示任何广告；（2）在乐视 APP 上播放涉案作品时显示"乐视网"的水印，但在快看 APP 播放时却没有"乐视网"的水印；（3）在乐视 APP 上播放涉案作品分为标清、流畅、极速三种观看模式，而在快看 APP 播放时却显示高清、标清、流畅三种模式；（4）在乐视 APP 与快看 APP 中显示的集数布局存在不同，并将涉案作品设置在了"专题"板块中。腾讯公司通过以上对比，证明易联伟达公司在快看影视 APP 中对涉案影视作品进行了选择、编辑、整理、专题分类、缓存等服务，具有主观过错。

快看影视的开发运营者为易联伟达公司。

回 判决结果

一审：（1）自一审判决生效之日起七日内，易联伟达公司赔偿腾讯公司经济损失包括合理支出三万五千元；（2）驳回腾讯公司的其他诉讼请求

二审：（1）撤销一审判决；（2）驳回深圳市腾讯计算机系统有限公司全部诉讼请求

◎ **裁判理由**

一、服务器标准是信息网络传播行为认定的合理标准

依据服务器标准，信息网络传播行为是指将作品置于向公众开放的服务器中的行为。此处的"服务器"系广义概念，泛指一切可存储信息的硬件介质，既包括通常意义上的网站服务器，亦包括个人电脑、手机等现有以及将来可能出现的任何存储介质。

法院之所以坚持服务器标准，除快乐阳光诉同方案判决中已论及的国际条约、国内法的立法渊源、司法实践现有作法等相关考虑因素之外，主要原因还在于信息网络传播行为是信息网络传播权所控制的行为，对该行为的认定属于事实认定范畴，而服务器标准与信息网络传播行为的性质最为契合。具体而言，著作权法有关信息网络传播权的规定决定了信息网络传播行为必然是一种对作品的传输行为，且该传输行为足以使用户获得该作品。在网络环境下，这一传播行为的对象是作品的数据形式。在信息网络传播过程可能涉及的各种行为中，只有初始上传行为符合上述要求，因此，信息网络传播行为应指向的是初始上传行为。因任何上传行为均需以作品的存储为前提，未被存储的作品不可能在网络中传播，而该存储介质即为服务器标准中所称"服务器"，因此，服务器标准作为信息网络传播行为的认定标准最具合理性。

《最高人民法院关于审理侵害信息网络传播权民事纠纷案件适用法律若干问题的规定》第三条中将信息网络传播行为限定为"置于信息网络中的行为"，在这个意义上，其确定了信息网络传播行为认定的法律标准。服务器标准则是对"置于信息网络中的行为"这一事实的认定标准，本院对服务器标准合理性的认定，恰恰便是因为其更能反映该法律标准。

二、用户感知标准不应作为信息网络传播行为的认定标准

对信息网络传播行为的认定属于对客观事实的认定，其认定标准应具有客观性及确定性，但用户感知标准强调"看起来"是，而非"实际上"是谁在实施提供行为，这一特点使得该标准天然缺乏客观性。该标准以用户的认知为判断依据，但不同用户可能具有的不同网络认知程度，使得即便在案件证据完全相同的情况下，不同用户针对同一事实亦很有可能得出不同结论。故该标准亦无法确保客观事实认定的确定性，从而与信息网络传播行为所具有的客观事实特性并不契合。

三、实质性替代标准同样不应作为信息网络传播行为的认定标准

1. 实质性替代标准的含义

一审判决采用的实质性替代标准的具体含义可概括为：因选择、编辑、整理等行为、破坏技术措施行为及深层链接行为对著作权人所造成的损害及为行为人所带来的利益与直接向用户提供作品的行为并无实质差别，因此，上述行为构成信息网络传播行为。

2. 实质性替代标准存在的误区

无论是对信息网络传播行为，还是对链接行为以及破坏、避开技术措施的认定，均属于对客观事实的认定，而非对行为合法性的认定。上述行为之间相互独立，无论上诉人是否实施了选择、编排、整理以及破坏技术措施等行为，均不会使得链接行为成为或者不再成其为链接行为。一审判决未将各行为进行区分，这一做法使得该案在认定基础上便存在偏差。因一审判决对于选择、编辑、整理行为以及破坏技术措施行为的论述均围绕着被诉行为是否属于链接行为这一核心，故一审判决所持观点的实质仍在于认定深层链接行为构成信息网络传播行为。鉴于此，本判决对实质性替代标准的评述中将仅考虑深层链接行为。

实质性替代观点的核心在于将获益或损害因素作为判断深层链接行为是否构成信息网络传播行为的必要条件，二者之间具有因果关系。其中，获益或损害是"因"，信息网络传播行为是"果"。但通常情况下，只可能基于某一行为的发生使行为人获益或他人受损，而绝不可能反过来因为存在获益或受损的情形，从而使得某一行为得以发生。这一因果关系的认定有违实际。不仅如此，实质性替代标准中这一因果关系的认定同样可能出现被诉行为相同，但因损害及获益因素发生变化，从而对该行为性质作出不同认定的情形，从而有违信息网络传播行为的事实认定属性。

在侵犯著作权案件中，判断被诉行为是否落入原告权利范围应以该权利所控制行为的法定要件为依据。至于损失、获益或其他因素，对这一问题的认定完全不产生影响。实质性替代标准在对信息网络传播行为的认定中考虑损失及获益因素系在侵犯著作权案件中采用了竞争案件的审理思路。即便依据实质性替代标准，认为损害及获益要素对于信息网络传播行为的认定有影响，此处的损害或获益因素亦应仅涉及著作权法所保护的利益。但一审判决所考虑的对广告成本的影响、用户黏度的增加以及对权利人分销授权的影响等，不属于著作权法所保护的利益，而分别属于经营利益及合同利益，无法在著作权案件中予以考虑。

《最高人民法院关于审理侵害信息网络传播权民事纠纷案件适用法律若干问题的规定》第五条中的"实质替代"即指"复制"，其与实质性替代标准中"实质性替代"的含义明显不同。网页快照等提供行为是对原网页或图片进行复制并将该复制件置于信息网络中的行为，深层链接行为则是对被链接网站内容提供链接的行为，二者是两种不同性质的服务提供者，因此，上述条款不能作为实质性替代标准的法律依据。

四、权利人针对深层链接行为可能采取的救济途径

服务器标准的采用仅意味着深层链接行为不应被认定为信息网络传播行为，相应地，对该行为的侵权认定不应适用著作权直接侵权的认定规则。但这一确认并不表示法院认为深层链接行为不可能违反其他法律规定。共同侵权规则、《反不正当竞争法》第二条及有关技术措施相关规则的适用均可以在相当程度上使权利人获得救济。

五、著作权人的利益诉求与法律适用、利益调整

实质性替代标准的出现看似是由深层链接技术发展所导致，但实质原因却在于利益关系的变化，尤其是影视作品专有信息网络传播权人对回收其高额许可费的强烈需求，而非基于对《著作权法》及其第十条第（十二）项对信息网络传播行为法定要件的理解。这种基于利益诉求来重新解读信息网络传播权及其所控制的信息网络传播行为的方式，存在着违反既有法律规定、论证逻辑错误的危险。在这一过程中，权利人可能会基于其利益诉求先预设了深层链接行为构成信息网络传播行为这一结论，然后再依据深层链接行为的特点对信息网络传播行为进行对应性地解释，从而扩大信息网络传播权的边界。这一方法显然不是科学合理的法律解释方法，而将损害及获益作为行为性质认定要素这一基本逻辑错误并由此产生。

法院并不认为权利人寻求各种方式保护其利益有何不当，但法院观点在于，权利人的利益诉求是否可以维护、对权利人与链接服务提供者之间的权利义务关系如何调整，均必须以现行法律规定为依据。法院必须在现有法律框架下适用法律，不能因某一方的利益诉求而改变现有法律规则。如果法律规定确存在漏洞，或者现有法律不能适应和满足社会经济发展的需要，对于法律规定进行修改的权力亦在立法机关，而非法院。

保护著作权人利益是著作权法的重要制度价值之一，但利益平衡同样是著作权法所追求的制度价值。在网络环境下的利益平衡要求平衡权利人、网络服务提供者和社会公众三者之间的利益关系。具体到实质性替代标准，即便不从著作权法对信息网络传播权的规定出发，而仅仅从利益平衡的角度分析，其亦不能仅仅考虑影视作品著作权人或者专有信息网络传播权人的利益需求，而应同时考虑该做法可能影响到的包括其他网络服务提供者、网络用户等在内的各利益群体的利益需求。实质性替代标准一旦被确立，其将不仅适用于对影视作品的深层链接行为，而是会适用于一切网络服务提供行为，这一适用对于网络用户以及互联网行业整体发展所造成的负面影响毋庸多言。

◉ 案例解析

面对技术发展带来的新的纠纷和问题，笔者认为，应当坚持严格依据《最高人民

法院关于审理侵害信息网络传播权民事纠纷案件适用法律若干问题的规定》的精神进行裁判，而不应随意创造新的规则。

一、国际公约的规定

《著作权法》中关于信息网络传播权的定义主要是参照了《世界知识产权组织版权公约》（WCT）的相关规定，是为了应对互联网给著作权法带来的挑战和履行公约义务而设定的。而 WCT 第 8 条及该条约提案第 10 条中的"提供"行为是指向公众提供作品（making available of the work）的行为，这种提供是指对作品提供访问（providing access to）的行为且是最初的行为，而不是单纯提供服务器空间、通信连接或传输、按指定路径发送信号的设备行为，可见其采取的判决标准为服务器标准。同时，《世界知识产权组织表演和录音制品条约》（WPPT）也采取了同样的定义方式，我国作为前述两条约的缔约国，并没有超越其约定对信息网络传播权进行独有定义。因此从立法渊源上来讲，《著作权法》的信息网络传播行为采用了 WCT 和 WPPT 条约的同一表述，其中的"提供"也应满足最初将作品置于服务器中的行为，采取的确定标准应是服务器标准。特别是，WCT 关于第 8 条的议定声明指出：不言而喻，仅仅为促成或进行传播提供实物设施不致构成本条约或《伯尔尼公约》意义下的传播。这一声明实际上明确将链接排除于信息网络传播行为的范围之外。

二、我国司法解释及司法实践的标准

最高人民法院在 2012 年颁布了《关于审理侵害信息网络传播权民事纠纷案件适用法律若干问题的规定》作为审理信息网络传播权的司法实践的总结，其中第三条中虽并无服务器标准的明确表示，但因"置于信息网络中"通常应被理解为置于服务器中，且在最高人民法院关于该司法解释的负责人发言中确实并未肯定服务器标准，但更加值得注意的是，用户感知标准被明确否定。因此，在结合相关最高人民法院相关判决的情况下，不难理解出服务器标准这一含义。各地法院的指导意见❶对于信息网络侵权行为的标准逐渐在实践中走向统一，多数法院都坚持采用"服务器标准"，以认定网络服务商是否实施了"网络传播行为"，以及是否构成对"信息网络传播权"直接侵权。

三、对于"法律标准"的评价

有的学者认为服务器标准具有技术局限性，因此提出界定不同行为的性质需要依

---

❶ 北京市高级人民法院的《关于网络著作权纠纷案件若干问题的指导意见（一）（试行）》、上海市第一中级人民法院《关于信息网络传播权纠纷案件若干问题的规定（建议稿）》、山东省高级人民法院《关于审理网络著作权侵权纠纷案件的指导意见（试行）》均将"其置于向公众开放的网络服务器中"作为对信息网络传播权的定义纳入其中。

据法律标准，以是否构成对著作专有权的形式或者直接侵犯为标准进行判断。❶ 前述学者认为采用"法律标准"代替"服务器标准"的主要理由是：（1）服务器标准不能涵盖提供行为的所有情形，如其无法准确认定分工合作条件下的提供行为。（2）服务器标准可能因技术发展失去存在基础。这种观点获得了其他学者的认同，如有学者认为"应将信息网络传播行为作广义的理解，以是否直接提供权利人作品的法律标准取代服务器标准来界定信息网络传播行为。"

对此，笔者持不同意见，事实上，上述理由均是基于对服务器标准的狭隘理解。对于"服务器"概念的不同理解是对于"服务器标准"不同认识的根源。随着计算机技术和网络技术的发展及其在全社会的广泛应用，"服务器"已经不是某种计算机类型❷，而是具有网络传输功能的计算机硬件与软件的结合体。"服务器"包含"网络服务器、设置共享文件或者利用文件分享软件等方式"❸，"服务器标准"是指"将作品等上传到具有网络传输功能的硬件与软件的结合体供网民获得的行为是网络提供行为"。此外还应指出：该标准指向的行为主体不是"服务器"的物权所有人而是作品的"上传者"，否则信息存储空间服务提供商就成为内容提供者了。

四、"深度链接"是否属于"链接"

有观点认为，我国《信息网络传播权保护条例》及《关于审理侵害信息网络传播权民事纠纷案件适用法律若干问题的规定》中规定的链接是指技术发展早期有明显跳转过程的链接，而深度链接由于前文介绍的新特点，因此不属于上述规定中的"链接"。笔者对此不敢苟同。互联网的本质就是链接。链接构成了网络存在的基本内容和必然要求，无论是深度链接、定向链接都不能改变其这一技术基本特点。深层链接也好、定向链接也好，均没有提供新的作品形式，只是提供了获取作品的链接方式，不会再次使公众获得该作品，并非我国《著作权法》中所规定信息网络传播行为。

（撰稿人：冯刚）

---

❶ 孔祥俊. 网络著作权保护法律理念与裁判方法［M］. 北京：中国法制出版社，2015：69.

❷ 在 20 世纪 90 年代，服务器是与微型计算机、小型计算机、中型计算机、大型计算机和巨型计算机有关联关系的一种计算机类型。但随着技术的发展，在个人计算机中将某一目录或者文件设置为网络开放状态，则该目录或文件就起到了"服务器"的作用。这种情况并不鲜见，许多科技类专有名词都会不断拓展其内涵和外延。例如：MP3 最初是指一种文件压缩格式；后来又指代以这种格式存储的文件，特别是音乐文件；再后来又指代专门用于播放这种音乐文件的专用播放设备。

❸ 即《关于审理侵害信息网络传播权民事纠纷案件适用法律若干问题的规定》第三条中列举的情形。

网络定时播放的法律性质

——安乐影片公司诉时越网络公司等侵犯著作权案

◎ 关键词

信息网络传播　交互性　网络定时播放　其他权

◎ 裁判要点

由于我国著作权法将"交互性"规定为信息网络传播行为的构成要件之一，因此网络定时播放行为就因为缺少网络用户在时间方面具有自主选择性的要件而不属于信息网络传播行为。网络定时播放行为也不属于我国著作权法意义上的广播行为、表演行为、放映行为，但该行为完全符合著作权法意义上的使用行为，因此只能依据《著作权法》第十条第一款第（十七）项"其他权"予以保护。

◎ 相关法条

《著作权法》第十条第一款第（十七）项、第四十七条第（一）项、第四十八条
《民法通则》第一百三十条

◎ 案件索引

一审：（2008）二中民初字第 10396 号（裁判日期：2008 年 9 月 21 日）
二审：（2009）高民终字第 3034 号（裁判日期：2009 年 12 月 4 日）

◎ 基本案情

原告安乐影片公司起诉称：原告享有影片《霍元甲》的著作权。二被告通过"悠视网"（域名为：uusee.com）和"UUSee 网络电视"软件向公众提供该影片的定时在线播放服务，侵犯了原告的著作权。故请求法院依法判令被告：（1）立即停止侵害；（2）在其经营的网站主页和《中国电视报》上发表声明，向原告赔礼道歉；（3）赔偿原告经济损失三十万元及诉讼合理支出三万元；（4）承担该案全部诉讼费用。

被告时越网络公司答辩称：涉案网站已经停止对涉案影片的在线播放服务。原告

主张的是著作财产权，不应赔礼道歉。原告索赔三十三万元过高，缺乏依据。请求法院酌情考虑。

◎ 法院经审理查明

星河投资有限公司向 HERO CHINA INTERNATIONAL LIMITED 转让的影片《霍元甲》的中国信息网络传播权及 HERO CHINA INTERNATIONAL LIMITED 向安乐影片公司转让的影片《霍元甲》的中国信息网络传播权，包括但不限于通过有线和无线方式向公众提供作品的权利，通过有线和无线方式按照事先安排之时间表向公众传播、提供作品的定时在线播放、下载、传播的权利；通过有线和无线方式按照公众个人选定的时间和地点具有互动性的在线播放、下载、传播之权利；任何基于 IP 网络、3G 技术向公众传播、提供作品的权利；以 PC、STB、手机、PAD 和手持播放设备以及其他新媒体为终端传播、提供作品的权利等。

域名为 uusee.com 的网站的经营者为时越网络公司。该网站的首页上显示："悠视网 UUSee.com"和"安装悠视网络电视 UUSee 看 500 多路特色频道，1 000 多个节目"。在"客服中心"栏目中提供了"UUSee 网络电视"软件的使用方法和在线帮助的内容。在"媒体报道"栏目中的多篇文章介绍了"悠视网 UUSee.com"和悠视网的流量和收入等内容。在该网站的"电影"栏目中显示了影片《霍元甲》的一幅图片和影片的简介，显示播放时间分别为 07：18、08：58、10：37、12：16、13：56、15：35、17：15、18：54，并提供该影片的在线播放和录制服务。在线播放必须安装"UUSee 网络电视"软件，涉案网站的多个页面均提供该软件的下载。在该软件的安装协议中显示："本'协议'是用户与悠视网及其运营合作单位之间关于用户下载、安装、使用、复制'UUSEE'软件所的订立的协议"。《"UUSee"网络电视 2007 软件安装协议》中显示："重要须知：北京悠视互动科技有限公司（下称'悠视网'）在此特别提醒用户认真阅读本《软件许可协议》……本《协议》是用户与悠视网及其运营合作单位之间关于用户下载、安装、使用、复制'UUSEE'软件所订立的协议。知识产权声明：本'软件'是由悠视网开发。"安装完成并运行"UUSee 网络电视"软件，显示影片《霍元甲》的播放时间分别为 07：18、08：58、10：37、12：16、13：56、15：35、17：15、18：54。点击播放后，该软件即开始播放影片《霍元甲》，但并未从起始时间开始而是按照上述时间表预订的时间进行播放。该软件还提供录制服务。

◎ 判决结果

一审：（1）时越网络公司和悠视互动公司于本判决生效之日起，立即停止涉案侵权行为；（2）时越网络公司和悠视互动公司于本判决生效之日起十日内，共同赔偿安乐影片公司经济损失人民币八万元及因诉讼支出的合理费用人民币二万元；（3）驳回安乐影片公司的其他诉讼请求

二审：驳回上诉，维持原判

裁判理由

根据涉案正版光盘上的署名及北京电影制片厂、星河投资有限公司、HERO CHINA INTERNATIONAL LIMITED 的声明和星河投资有限公司、HERO CHINA INTERNA-TIONAL LIMITED 与安乐影片公司的共同声明，法院认定，原告安乐影片公司对涉案影片《霍元甲》享有的著作权包括：通过有线和无线方式向公众提供作品的权利，通过有线和无线方式按照事先安排之时间表向公众传播、提供作品的定时在线播放、下载、传播的权利；通过有线和无线方式按照公众个人选定的时间和地点具有互动性地在线播放、下载、传播之权利；任何基于 IP 网络、3G 技术向公众传播、提供作品的权利；以 PC、STB、手机、PAD 和手持播放设备以及其他新媒体为终端传播、提供作品的权利等内容。原告安乐影片公司据此享有的著作权应受法律保护。

被告时越网络公司作为涉案网站"悠视网"（域名为：uusee.com）的经营者，在该网站上向公众提供涉案影片《霍元甲》的定时在线播放服务和定时录制服务，使网络用户可以在该网站确定的时间和用户选定的计算机终端上观看和下载涉案影片《霍元甲》。被告时越网络公司的上述行为侵犯了原告安乐影片公司对该影片享有的著作权中的通过有线和无线方式按照事先安排之时间表向公众传播、提供作品的定时在线播放、下载、传播的权利，依法应当承担停止侵害、赔偿损失的民事责任。

鉴于"悠视网"提供影片的定时在线播放服务和定时录制服务必须通过被告悠视互动公司的"UUSee 网络电视"软件实现，以及"悠视网"与"UUSee 网络电视"软件之间具有的密切关联关系，法院认定，被告悠视互动公司与被告时越网络公司合作，共同向公众提供涉案影片《霍元甲》的定时在线播放服务和定时录制服务，因此，被告悠视互动公司应与被告时越网络公司应就共同侵权行为共同承担停止侵害、赔偿损失的民事责任。

案例解析

近来，在网络中出现了一种新型的传播作品的模式，即网络内容服务商在其确定的时间传播特定的作品。各地法院已审理了多起此类案件。但关于案件的定性却产生了很大的分歧，分歧的焦点在于网络内容服务商的行为侵犯了著作权中的何种权项。

第一种意见认为，该行为侵犯的是信息网络传播权，理由是我国著作权法规定的信息网络传播权来源于WCT第八条之二，即通过信息网络传播作品的权利。但我国著作权法规定的信息网络传播权中还规定了"交互性"的要件，即公众可以在其个人选定的时间和地点获得作品的权利，因此我们认为以信息网络传播权规制此种行为不适当。第二种意见认为，该行为侵犯的是广播权。但广播权的规定具有明显的技术针对性，而网络定时播放并非传播"广播的作品"，因此以广播权规制也不适当。第三种意见认为，该行为侵犯的是放映权。但如果将放映权扩大理解为利用设备向公众传播作品，则信息网络传播权、机械表演权就会成为放映权中包含的子项，而非并列关系。同理，机械表演权也是如此。

根据著作权法的规定，信息网络传播权是指以有线或者无线方式向公众提供作品，使公众可以在其个人选定的时间和地点获得作品的权利。根据上述定义，我国著作权法规定的"信息网络传播权"针对的是"交互式"的网络传播行为，即网络用户对何时、何地获得特定作品可以主动选择，而非只能被动地接受传播者的安排。该案中，"悠视网"提供的是对涉案电影作品定时在线播放服务和定时录制服务，网络用户只能在该网站安排的特定时间才能获得特定的内容，而不能在个人选定的时间得到相应的服务，因此，该种网络传播行为不属于信息网络传播权所限定的信息网络传播行为。同时，因该种行为亦不能由《著作权法》第十条第一款所明确列举的其他财产权所调整，故一审法院认定其属于《著作权法》第十条第一款第（十七）项"应当由著作权人享有的其他权利"调整的范围是正确的。由于根据涉案电影作品《霍元甲》著作权人的授权，安乐影片公司已享有该电影作品通过有线和无线方式按照事先安排之时间表向公众传播、提供作品的定时在线播放、下载、传播等权利，因此，时越网络公司作为涉案"悠视网"的经营者，其未经许可提供了该电影作品的在线播放和录制服务，构成对安乐影片公司所享有的该项著作财产权的侵犯。

（撰稿人：冯刚）

合理使用的判断标准

——张某峡诉于某嵘侵害著作权纠纷案

◎ **关键词**

口述作品　发表　合理使用　三步检验法

◎ **裁判要点**

包括著作权在内的现代知识产权制度的本质即为公共政策的产物，而知识产权的权利边界则从来是与时俱进的，著作权的合理使用制度正是界定和调节这一边界的重要手段，是在作品的创作者、传播者和社会公众之间落实利益平衡原则的重要方式，因此必须深入研究著作权的合理使用制度。而其现实意义则表现得更为明显，一是为立法特别是我国第三次修改著作权法提供参考，二是为解决司法实践中的难题提供指导。

◎ **相关法条**

《著作权法》第三条第（二）项，第十条第一款第（一）项、第（十二）项

《著作权法实施条例》第二十一条

《最高人民法院关于确定民事侵权精神损害赔偿责任若干问题的解释》第八条

◎ **案件索引**

一审：（2012）二中民初字第00611号（裁判日期：2012年6月20日）

二审：（2012）高民终字第3452号（裁判日期：2012年12月20日）

◎ **基本案情**

原告张某峡起诉称：2011年，张某峡在司法考试培训的教室内向百余名学生授课，该授课内容构成口述作品。授课是在特定范围内、针对特定对象进行的，故该口述作品并未发表。2011年8月23日，于某嵘在其实名开设的新浪微博上以"2011张某峡商经"为题在网络上传播上述授课内容的"视频完整版"（长达78分21秒），截至

2011 年 9 月 9 日已有 854 人次转发，487 人次评论。于某嵘的上述行为侵犯了张某峡对涉案作品享有的发表权和信息网络传播权，故诉至法院，请求判令于某嵘：（1）在其新浪博客、《人民法院报》和《法制日报》上向张某峡公开致歉，以消除影响；（2）赔偿张某峡经济损失一万元和精神损失十万元；（3）承担张某峡为该案支出的律师费两万元、公证费三千元和复印费二百二十二元；（4）承担该案全部诉讼费用。

被告于某嵘答辩称：涉案视频的内容是司法考试培训课程，是相关培训机构的收费课程，一般应属于职务作品。张某峡的现有证据不足以证明其拥有涉案作品的著作权，张某峡不是该案的适格原告。涉案口述作品的授课行为实质上属于一种向公众发表演讲的行为，作品形成之时即已经发表了，故不存在侵犯其发表权的情形。涉案视频是网友上传至于某嵘的新浪微博上的，于某嵘并无过错。综上，请求法院判决驳回原告的全部诉讼请求。

◎ 法院经审理查明

2011 年 9 月 9 日，在北京市方圆公证处使用该公证处的计算机访问新浪网（网址为：http：//www. sina. com. cn），进入"巴黎观察"的微博（网址为：http：//weibo. com/parisobservateurs），其中载有标题为《张某峡要起诉于某嵘?》的博文，该博文的内容为："在于某嵘、万某宝、吕某等社会名流在微博上转载了@张某峡称留法女生都是'超级潘金莲'的言论和视频后，张博士不仅没道歉，还威胁下月起诉于某嵘断章取义。以下是视频完整版，请注意 31：30～32：50 之间：http：//t. cn/amGhkC。希望张博士自重，作为法律人同样需要文明和尊重"。该博文后有张某峡授课录像的图标。"巴黎观察"的微博中还载有标题为"中国留法女生都是潘金莲?"的博文，该博文的内容为："一位任职于司法部司法行政学院，兼职于北大法学院、国家法官学院、中国政法大学的张某峡博士，在其授课的培训班上，声称'凡是中国大陆的女孩子到法国留学的，回来之后都是烂的一塌糊涂，超级潘金莲都是。'这种不负责任的措辞应该受到强烈谴责！http：//t. cn/amyfz2"。该博文后有张某峡授课录像的图标。在新浪网（网址为：http：//www. sina. com. cn）进入于某嵘的微博（网址为：http：//weibo. com/yujianrong），其中载有一篇内容为："哈哈，你老兄搞一条微博，还要我关注，我把你要'强烈谴责'他的话删掉后，转发了一下，现在就成了被告了，真是欺负国人啊，吓死我了"的博文。该博文下附有上述"巴黎观察"的标题为"张某峡要起诉于某嵘?"的博文。于某嵘的微博中还载有内容为："在法国的友人要我转发这条微博时，我看完录像感到很娱乐，就把后面指责张某峡博士的话删掉转发了。现在博士骂我没脑子，说要到法院告我，我还真的又笑了。难道这录像是人工合成?"的博文。该博文下附有上述"巴黎观察"的标题为"中国留法女生都是潘金莲？"的博文。在凤凰网上刊登了标题为"副教授张某峡称留法女大学生都是潘金莲引围观"的文章，该文章称："8月23日凌晨，网友'巴黎观察'在微博上将司法部司法行政学院副教授张某峡评价留法女大学生的视频公布，引发大量网友围观。该微博经知名学者于某嵘转发后，传播速度迅速加快。……微博经于某嵘转发后，转发数量迅速上升。截至记者发稿前，相关微博转发已超过7 800次，共有3 000余名网友参与讨论。"

经勘验，对他人博文进行评论时出现选项"同时转发到我的微博"，点选该选项后，则被评论的他人博文会附随于该评论出现在评论者的微博中；该评论者对于其博文中附随的评论无法进行编辑、修改和删除，只能将评论者的博文删除时附随的被评论的博文才会被删除。

◎ 判决结果

一审：驳回张某峡的全部诉讼请求
二审：驳回上诉，维持原判

◎ 裁判理由

根据相关规定，口述作品是指以即兴的演说、授课、法庭辩论等以口头语言形式表现的作品。依据涉案视频中的相关信息，可以认定涉案视频是原告张某峡在中律华成学校做司法考试培训的录像，其中的授课内容属于我国著作权法规定的口述作品。鉴于原告张某峡与中律华成学校签订的《教师聘用合同》中关于上课内容著作权的约定，法院认定上述口述作品的著作权由原告张某峡享有。鉴于原告张某峡与中律华成学校及中律东海公司均主张从未自行或许可他人将涉案视频内容上网传播，且被告于某嵘并未提出相反的主张及证据，故法院认定，将涉案视频上载至网络进行传播的行为未经原告张某峡的许可。

依据该案查明的事实，网名为"巴黎观察"的网民在其新浪微博上发表了博文并附设了关于涉案视频的链接，被告于某嵘在其新浪微博中转发了上述博文及其附设的关于涉案视频的链接。法院认为，虽然关于涉案视频的链接不是被告于某嵘主动设置的，但其转发该链接的行为仍然属于著作权法意义上的作品使用行为。

在该案中，原告张某峡提出被告于某嵘的转发行为侵犯其发表权的主张。根据相关法律规定，发表权是指决定作品是否公之于众的权利。涉案作品是原告张某峡在司法考试培训中的授课内容，其培训的对象为百余名学生，而符合司法考试报名条件并向中律华成学校报名参加上述培训且交纳相应的费用即可成为上述培训的对象。故，原告张某峡授课培训的对象具有公共性和不特定性，属于公众，原告张某峡授课培训的行为即为其涉案口述作品的发表行为。由于发表权是一种一次性的权利，著作权人将其作品发表后，发表权即行使完毕，他人未经著作权人同意使用其已发表作品的行为不构成对其发表权的侵犯。因此，原告张某峡关于被告于某嵘的转发行为侵犯其发表权的主张，于法无据，法院不予采信。原告张某峡提出的关于被告于某嵘公开致歉以消除影响的诉讼请求，法院不予支持。

根据相关规定，使用可以不经著作权人许可的已经发表的作品的，不得影响该作品的正常使用，也不得不合理地损害著作权人的合法权益。在该案中，涉案口述作品已经发表。被告于某嵘的涉案转发行为的目的在于评论"巴黎观察"及原告张某峡的观点，属于以其言论表达其观点的行为，但表达个人观点不得侵害他人的合法权利；同时，法律允许对于他人作品进行合理使用，此时作品的权利人不得阻止他人的合理使用行为。涉案口述作品为司法考试的授课内容，其使用为课堂教学等，在正常情况下学习该内容者不会去被告于某嵘的博客中寻找涉案口述作品，而网民访问被告于某嵘涉案博文的正常目的在于关注各方的观点而非涉案口述作品中与各方观点无涉的司法考试内容，故被告于某嵘的转发行为亦不会不合理地损害原告张某峡的合法权益。因此，被告于某嵘的转发行为构成合理使用，并未侵犯原告张某峡对涉案口述作品享有的信息网络传播权，原告张某峡关于被告于某嵘赔偿其经济损失及诉讼合理支出的诉讼请求，缺乏依据，法院不予支持。

鉴于原告张某峡并未举证证明被告于某嵘的涉案行为致其精神损害，故其提出的关于被告于某嵘向其赔偿精神损失的诉讼请求，缺乏依据，法院不予支持。

回 案例解析

一、我国历次著作权法对于合理使用制度的规定

我国于 1990 年制定了首部《著作权法》，其中关于合理使用的规定集中于第二十二条，其内容为：在下列情况下使用作品，可以不经著作权人许可，不向其支付报酬，但应当指明作者姓名、作品名称，并且不得侵犯著作权人依照本法享有的其他权利：（1）为个人学习、研究或者欣赏，使用他人已经发表的作品；（2）为介绍、评论某一作品或者说明某一问题，在作品中适当引用他人已经发表的作品；（3）为报道时事新闻，在报纸、期刊、广播、电视节目或者新闻纪录影片中引用已经发表的作品；（4）报纸、期刊、广播电台、电视台刊登或者播放其他报纸、期刊、广播电台、电视台已经发表的社论、评论员文章；（5）报纸、期刊、广播电台、电视台刊登或者播放在公众集会上发表的讲话，但作者声明不许刊登、播放的除外；（6）为学校课堂教学或者科学研究，翻译或者少量复制已经发表的作品，供教学或者科研人员使用，但不得出版发行；（7）国家机关为执行公务使用已经发表的作品；（8）图书馆、档案馆、纪念馆、博物馆、美术馆等为陈列或者保存版本的需要，复制本馆收藏的作品；（9）免费表演已经发表的作品；（10）对设置或者陈列在室外公共场所的艺术作品进行临摹、绘画、摄影、录像；（11）将已经发表的汉族文字作品翻译成少数民族文字在国内出版发行；（12）将已经发表的作品改成盲文出版。以上规定适用于对出版者、表演者、录音录像制作者、广播电台、电视台的权利的限制。

2001 年对此进行了修改。第二十二条的修改之处为：（3）为报道时事新闻，在报纸、期刊、广播电台、电视台等媒体中不可避免地再现或者引用已经发表的作品；（4）报纸、期刊、广播电台、电视台等媒体刊登或者播放其他报纸、期刊、广播电台、电视台等媒体已经发表的关于政治、经济、宗教问题的时事性文章，但作者声明不许刊登、播放的除外；（5）报纸、期刊、广播电台、电视台等媒体刊登或者播放在公众集会上发表的讲话，但作者声明不许刊登、播放的除外；（7）国家机关为执行公务在合理范围内使用已经发表的作品；（9）免费表演已经发表的作品，该表演未向公众收取费用，也未向表演者支付报酬；（11）将中国公民、法人或者其他组织已经发表的以汉语言文字创作的作品翻译成少数民族语言文字作品在国内出版发行。另外增加了一条，作为第二十三条，其内容为：为实施九年制义务教育和国家教育规划而编写出版教科书，除作者事先声明不许使用的外，可以不经著作权人许可，在教科书中汇编已经发表的作品片段或者短小的文字作品、音乐作品或者单幅的美术作品、摄影作品，但应当按照规定支付报酬，指明作者姓名、作品名称，并且不得侵犯著作权人依照本法享有的其他权利。前款规定适用于对出版者、表演者、录音录像制作者、广播电台、电视台的权利的限制。

2010 年的修改仅有两处，对于合理使用的规定未作修改。

可以明显看出，历次著作权法关于合理使用的规定均采用了"具体规则"式的立法模式，特别是仅仅作出了"有限式穷尽列举"的具体规定，即没有"兜底"式的弹性条款作为补充，更缺乏"构成要件"或"要素规则"式的规定。

而考察其他规定，则罕见此种立法模式，多见的是"混合型"立法模式。如《著作权法》关于作品的规定，就采用了"一般规定"加"列举规定"加"兜底规定"加"排除规定"的立法模式；《合同法》中是采用了"总则"加"分则"的立法模式，且这一模式在各分则中同样被逐级采用；《侵权责任法》则采用了更加具有"构成要件"或"要素规则"式的规定。与之形成鲜明对照的是，刑法虽然也采用了"总分结构"，但其中对于罪名及刑罚的规定均采用了比较严格的具体明确规定的模式，其原因当然是罪刑法定主义。可见，在民事法律中，由于具体的民事法律行为及民事侵权行为具有非法定性的特征，往往采用具有既具有一定的包容性和弹性力，又具有立法者所欲追求的严格性和确定力的"混合型"立法模式。

立法的包容性和弹性力与严格性和确定力恰似数轴的两极，过分偏于任何一极都是不妥当的，因此从逻辑上说，现行著作权法关于合理使用的规定明显地偏于严格性和确定力，从而缺乏包容性和弹性力。

当然，我们知道，我国的著作权法律体系不仅包括《著作权法》，还包括其他法律文件，其中集中规定了合理使用的文件主要是《著作权法实施条例》等，那么，在这些文件中有无补充性规定足以弥补《著作权法》对于合理使用规定的不足呢？

二、著作权法实施条例的补充规定及其不足

现行《著作权法实施条例》第二十一条规定：依照著作权法有关规定，使用可以不经著作权人许可的已经发表的作品的，不得影响该作品的正常使用，也不得不合理地损害著作权人的合法利益。

该规定确实没有采用"具体规则"式的立法模式，而是采用了"构成要件"或"要素规则"式的模式，其构成要件分为两条：一是"不得影响该作品的正常使用"，二是"不得不合理地损害著作权人的合法利益"。该规定的确对于《著作权法》中关于合理使用的规定有所补充，但遗憾的是，由于该规定的"前序"部分为"依照著作权法有关规定"，因此该规定应被理解为仅仅是针对《著作权法》中关于合理适用的规定的进一步限缩，也就是说，即使属于《著作权法》中关于合理适用的规定的行为，也不能当然地被认为一定是合理使用行为，还要考察该行为是否"影响该作品的正常使用"以及是否"不合理地损害著作权人的合法利益"，只有在进一步考察的结果均得出否定性结论时，该行为才能被认定为合理使用，否则就会构成侵害著作权的行为。

可见，《著作权法实施条例》并未解决在《著作权法》中列举的合理使用具体情形之外的行为被认定为合理使用的问题。那么，能否修改《著作权法实施条例》，使其具有这样的作用呢？例如，将《著作权法实施条例》第二十一条修改为：在不影响该作品的正常使用，也没有不合理地损害著作权人的合法利益的情况下，可以不经著作权人许可，不向其支付报酬，使用其已经发表的作品，但使用时应当指明作者姓名和作品名称。笔者认为，由根据《立法法》的规定，由行政法规作出这种突破性的修改是缺乏依据的，甚至涉嫌行政越权。

除《著作权法实施条例》外，《信息网络著作权保护条例》和《最高人民法院关于审理著作权民事纠纷案件适用法律若干问题的解释》中均有关于合理使用的规定，但这些规定均属于针对某些特殊情况的列举式规定，既没有兜底式规定，更没有"构成要件"式规定；当然，基于同样的理由，指望这些法律文件能够从根本上解决《著作权法》中关于合理使用的规定存在的问题也是不可能的。

三、司法实践中出现的争议、困难及其突破

以上的分析是逻辑的，而法律则主要是现实的。在现实中，特别是司法实践中，是否出现了问题，如果《著作权法》中关于合理使用的规定并未遇到困境，那么上述分析简直就是杞人忧天了。

就笔者所知，确实出现了一些突出反映这一问题的案例。

一是电视连续剧《激情燃烧的岁月》中未经许可使用了歌曲《解放区的天》，中国音乐著作权协会起诉该剧的制作方侵犯著作权，被告辩称确实使用了涉案歌曲，但不是作为背景音乐使用，而是属于气氛音乐，使用特定时代广为流传的老歌曲只是为表现和说明当时的历史背景，采用气氛音乐的艺术手法烘托剧情。一审法院认为，被告的行为不符合《著作权法》关于合理使用规定中的任何一项，构成侵权；二审法院则认为，被告的行为既没有"影响该作品的正常使用"，也没有"不合理地损害著作权人的合法利益"，构成合理使用，不构成侵权。

二是当前大量出现的关于网页快照和照片缩略图的案件。不同法院认定的结论不同，即使认定的结论相同认定的理由也不同。

可见，《著作权法》中关于合理使用的规定不能满足现实的需求，而法院则面临着两难的困境：如果严格"依法办事"，即僵硬地适用法律条文，则会背离合理使用制度的宗旨，违反著作权法的利益平衡原则，进而造成现实的不公平；而如果突破法律条文的规定，则必将面对"法官造法"的"指责"。另外，不同法院的不同选择在客观上又会造成事实上的司法标准不统一。其中，选择"激进路线"的法院提出的似是而非的法律依据就是《著作权法实施条例》第二十一条的规定，这些法院有意"曲解"或"忽视"了该条规定的前提，即"依照著作权法有关规定"，而在事实上将后面的两项标准的适用范围扩大到超越了《著作权法》中关于合理使用的具体情形的限度，进而使《著作权法实施条例》第二十一条的规定成了在司法实践中突破成文法局限的、具有《著作权法》合理使用这一具体制度的原则性条款的地位和作用的条款。

笔者认为，司法实践中的上述突破具有积极意义，而且这种突破已经在社会上产生了一定的引领作用和示范效果。曾经一度引发巨大社会影响的《一个馒头引发的血案》就是一个很好的例子。在事件被曝光之初，陈凯歌导演即明确表示将起诉胡戈，而部分专家和版权局领导也认为胡戈的行为构成侵害著作权，但后续有学者认为胡戈

的行为是"滑稽模仿"或称"戏仿",属于合理使用的一种情形,不构成侵害著作权,这种观点后来居上,成为主流。当然,该事件还涉及更高层次的"战略"问题,即著作权人的身份确定问题、言论自由问题等等,但从"战术"层面而言,胡戈的行为在著作权法的司法实践中很可能被法院突破性地认定为合理使用而非侵权,肯定是放弃起诉的直接原因之一。

综上,对《著作权法》中合理使用的规定进行修改势在必行,且修改的方向应当是增加"构成要件"和"兜底条款"的规定,采用"混合式"立法模式。

（撰稿人：冯刚）

法定赔偿与裁量性赔偿的关系

——旅游卫视公司诉爱美德公司等侵犯著作权纠纷案

◙ **关键词**

著作权　赔偿　举证

◙ **裁判要点**

法院根据侵权情节判决给予五十万元以下的赔偿的前提是权利人的实际损失或者侵权人的违法所得不能确定，这既是对法官司法裁量权的赋予也是对司法裁量权的限制，该定额不能突破。但是权利人关于损害赔偿数额的主张具有合理理由，被控侵权人没有举出相反的证据予以反驳的，对权利人主张的赔偿数额应予支持。

◙ **相关法条**

《著作权法》第四十九条

◙ **案件索引**

一审：（2013）大民初字第 11485 号（裁判日期：2015 年 4 月 14 日）

二审：（2015）京知民终字第 925 号（裁判日期：2015 年 11 月 4 日）

◙ **基本案情**

旅游卫视公司以涉案台标✦的著作权人的身份，认为爱美德公司未经其许可，将涉案图标结合"travelhouse"英文在旅行包等商品上申请商标注册并使用在产品上，并通过京东公司等大型网络商城向公众宣传和销售，违法所得巨大，严重侵犯了旅游卫视公司享有的涉案台标著作权，造成了巨大损失。故请求判令：（1）京东公司立即停止宣传、销售侵权产品；（2）爱美德公司立即停止宣传、生产、销售侵权产品；（3）爱美德公司赔偿旅游卫视公司经济损失及合理开支二百万元。

爱美德公司认为：其商标与涉案台标在图形外观、图形排序、单个形状和方向、图形组合、颜色、详细参数、寓意等方面存在不同。现有证据不能证明旅游卫视公司享有涉案台标的著作权，且其并未接触过涉案台标。故请求法院驳回旅游卫视公司诉讼请求。

◎ 法院经审理查明

2013 年 7 月 29 日，旅游卫视公司的委托代理人在北京市海诚公证处公证人员的监督下，登录互联网打开相关网页并进行打印。打印结果显示，于 2013 年 6 月 13 日在"京东商城"旅行之家箱包旗舰店购得"Travelhouse 旅行之家"20 寸红色旅行箱及"Travelhouse 旅行之家"银色密码锁各一个，共支付六百七十七元。京东商城旅行之家箱包旗舰店销售有多款不同型号及颜色旅行拉杆箱，其中多款拉杆箱的内饰、拉杆及外罩上印有"Travelhouse 及图标"字样，该图标亦是由四颗首尾相接的四角星组成，每颗星与邻接星相接的两个角较长，整个图形成中心对称，与旅游卫视公司台标差异之处在于单个四角星的偏转角度不同。该网店亦多处显著位置显示有"Travelhouse 及图标"字样。

2013 年 7 月 29 日，旅游卫视公司的委托代理人在北京市海诚公证处公证人员的监督下，登录互联网打开相关网页并进行打印。打印结果显示，于 2013 年 7 月 26 日在"天猫"网旅行之家箱包旗舰店购得"旅行之家"24 寸旅行箱及保护套、名片袋各一个，共支付八百四十六元。"天猫"网旅行之家官方旗舰店销售有多款不同型号、颜色旅行拉杆箱及贴纸、密码锁、鞋袋等配件，上述商品多数配图处均标有"Travelhouse 及图标"，上述多款拉杆箱的内饰、拉杆及外罩上印有"Travelhouse 及图标"字样，该网店亦多处显著位置显示有涉案图标及"Travelhouse 及图标"字样。该店铺爆款热卖栏目显示，价值 178.01 元的拉杆箱销售数量为三万三千八百八十八笔。该店铺"关于旅行之家"栏目，有"浙江爱美德旅游用品有限公司创建于 1998 年……年产箱包 200多万只……公司产品遍布德国、美国、日本、纽约、奥芬堡、波尔图、迪拜等 20 几个国家，Travelhouse 短短几年也在国内发展了 300 多个销售网点，遍及国内 600 多个县市，2012 年外销销售额突破 2.6 亿元"字样。

2013 年 9 月 23 日，旅游卫视公司的委托代理人在北京市长安公证处公证人员的监督下，登录互联网打开相关网页并进行打印。打印结果显示，"淘宝网"旅行之家箱包旗舰店、"dearzhaozhou"等多家店铺销售有"旅行之家"旅行箱，上述多数店铺箱包配图左上方显示有"Travelhouse 旅行之家及图标"，上述店铺显示最近成交人数二人至五千零一十八人不等，"天猫网"旅行之家官方旗舰店销售有多款不同型号、颜色旅行拉杆箱及贴纸、密码锁、鞋袋等配件，上述商品多数配图处均标有"Travelhouse 旅行之家及图标"，该网店亦多处显著位置显示有"Travelhouse 及图标"字样。该店铺销售的箱包及配件价格有十元至一千一百七十六元不等，各款产品的总销量十件至五万一千三百三十六件不等。

2013 年 11 月 18 日，"天猫网"旅行之家箱包旗舰店店铺网页显著位置显示有"Travelhouse 及图标"字样，该店铺销售有多款不同型号、颜色旅行拉杆箱及贴纸、密码锁、鞋袋等配件，上述商品多数配图处均标有"Travelhouse 旅行之家及图标"，该店铺销售的箱包及配件价格有十元至四百一十九元不等，各款产品的总销量十件至七万三千八百八十七件不等。

2005 年 3 月 16 日，爱美德公司申请将"Travelhouse 及图标"注册为商标，2008 年 11 月 28 日获准注册，国际分类号为 18，商品为：大衣箱（行李）；旅行包（箱）等。2008 年 1 月 23 日，爱美德公司将涉案图标申请注册商标，国际分类号为 25，商品服务列表为：鞋；皮制服装等，2012 年 2 月 21 日获准注册。爱美德公司在 18 类、25 类、3 类商品上申请过 Travelhouse、旅行之家、爱美德、Travelhouse 及图标等三十个商标。爱美德公司已在加拿大、中国台湾地区、中国香港特区等国家和地区将"Travelhouse 及图标"注册为商品商标。

旅游卫视公司为该案支出律师费五万元、公证费六千〇七十元，购买涉案商品费用一千五百二十三元，为该案支出鉴定费二万九千七百元。

◎ **判决结果**

一审：法院经审理认为，旅游卫视公司享有涉案台标的著作权，爱美德公司构成侵权。爱美德公司所提交的证明其商标使用时间早于涉案台标设计时间的证据涉嫌伪造，不予采信。京东公司没有过错，不承担赔偿损失的责任。故判决爱美德公司赔偿旅游卫视公司经济损失及合理支出二百万元

二审：驳回上诉，维持原判

◎ **裁判理由**

该案中旅游卫视公司为自己的主张积极进行举证，在案证据证明爱美德公司每年生产的涉案箱包产量超过二百万件，数量巨大。旅游卫视公司认为结合在案证据显示的涉案商品的价格，按每件涉案箱包爱美德公司因侵犯涉案台标著作权获利一元计算，可以认定爱美德公司因涉案侵权行为获得的利润为二百万元符合常理。旅游卫视公司上述关于损害赔偿数额的主张具有合理理由，爱美德公司没有举出相反的证据予以反驳。虽然，权利人主张的是侵犯著作权纠纷，但爱美德公司以商标使用的方式进行使

用，在权利人的损害范围界定上可能会出现损害范围的重合。由于旅游卫视公司的台标并未申请注册商标，而以未注册商标要求保护的前提是驰名商标的认定，在举证上会存在大量时间、精力的耗费，旅游卫视公司二审庭审承诺不会再以侵犯未注册驰名商标为由起诉爱美德公司。在此前提下，一审法院在五十万元以上酌情予以确定赔偿额所综合考虑的涉案台标的独创性程度及知名度、爱美德公司对涉案图标的使用方式、使用持续时间、涉案台标艺术美感等因素应该是涉案台标对爱美德公司侵权违法所得的贡献因素的考量，是对侵权违法所得的酌定。而且，由于涉案台标经过旅游卫视公司近十年在屏幕的展示以及使用，其知名度已经依附于著作权中，从而对其著作权中的财产权益产生增益效果。故一审确定爱美德公司赔偿旅游卫视公司经济损失及合理费用二百万元并无不当。

◎ **案例解析**

该案涉及在中侵犯著作权民事案件中法定赔偿与裁量性损害赔偿的关系以及损害赔偿的计算方法。

一、法定赔偿与裁量性损害赔偿的关系

我国《著作权法》第四十九条对赔偿数额的确定规则进行了详细而明确的规定。著作权受到侵害而遭受的损失属于可得利益的损失，与物权受到侵害不同，并不存在权利载体遭受损害的情形。因此，在主张实际损失方面具有难以举证的特点。为此，法律赋予了法官在权利人的实际损失或者侵权人的违法所得不能确定的前提下，进行酌定赔偿数额的权力，即根据侵权情节判决给予五十万元以下的赔偿，这既是对法官司法裁量权的赋予也是对司法裁量权的限制，避免法官拒绝裁判的尴尬，同时也是快捷解决纠纷的需要，因此，该定额不能突破。

法定赔偿在司法审查中过度适用一直被人们诟病。一般认为，实际损失、违法所得、法定赔偿应当是一个顺位的关系。笔者认为，所谓实际损失或者侵权人的违法所得不能确定的情形，应当是指在穷尽现有的法律、法规、司法解释以及指导意见均无法支持的情形。通过证据准确地证明权利人损失或者侵权人违法所得是不现实的，法律也并未作此要求。因此，裁量性损害赔偿就有了适用的空间，它不要求权利人证明其损失或者侵权人违法所得的具体值，而只要求一个合理值。

在适用裁量性赔偿时，不能苛求权利人承担举证义务，要充分把握好"初步举证"的内涵。北京市高级人民法院 2005 年颁布的《关于确定著作权侵权损害赔偿责任的指导意见》第八条规定，适用侵权人违法所得确认赔偿额，应当由原告初步举证证明被

告侵权所得，或者阐述合理理由后，由被告举证反驳；被告没有证据，或者证据不足一证明其事实主张的，可以支持原告的主张。该条规定在该案中可以适用。旅游卫视公司为自己的主张积极进行举证，并无懈怠。在案证据证明爱美德公司每年生产的涉案箱包产量超过二百万件，数量巨大。旅游卫视公司认为结合在案证据显示的涉案商品的价格，按每件涉案箱包爱美德公司因侵犯涉案台标著作权获利一元计算，可以认定爱美德公司因涉案侵权行为获得的利润为二百万元符合常理。旅游卫视公司上述关于损害赔偿数额的主张具有合理理由。按照《关于确定著作权侵权损害赔偿责任的指导意见》第八条规定，应当由爱美德公司反驳并举出相应的证据。在爱美德公司没有举出相反的证据予以反驳的情况下，二审法院据此全额支持旅游卫视公司的损害赔偿主张。

值得一提的是，该案中权利人主张的是侵犯著作权纠纷，但爱美德公司以商标使用的方式进行使用，在权利人的损害范围界定上可能会出现损害范围的重合。由于旅游卫视公司的台标并未申请注册商标，而以未注册商标要求保护的前提是驰名商标的认定，在举证上会存在大量时间、精力的耗费，旅游卫视公司二审庭审承诺不会再以侵犯未注册驰名商标为由起诉爱美德公司。在此前提下，二审法院认为一审法院在五十万元以上酌情予以确定赔偿额所综合考虑的涉案台标的独创性程度及知名度、爱美德公司对涉案图标的使用方式、使用持续时间、涉案台标艺术美感等因素应该是涉案台标对爱美德公司侵权违法所得的贡献因素的考量，是对侵权违法所得的酌定。而且，由于涉案台标经过旅游卫视公司近十年在屏幕的展示以及使用，其知名度已经依附于著作权中，从而对其著作权中的财产权益产生增益效果。故一审确定爱美德公司赔偿旅游卫视公司经济损失及合理费用二百万元并无不当。

二、损害赔偿的计算方式

在著作权侵权类案件中，无论被控侵权产品是实体载体还是电子载体，通过互联网电商平台售卖的情况比比皆是。权利人起诉前所做的侵权公证也多数通过网上购买方式进行。在公证书中对网页中售卖被控侵权产品的销售信息，尤其是销售数量信息如何认定其证明效力，是审判实务中的重点和难点。

权利人通常主张网页系被告经营，网站所显示的售卖数据应当被认定为有效，可作为权利人损失或被告获利的证据。被告则通常主张网站数据系为增加客户关注而伪造的证据，与实际销售情况相差甚远，不能作为权利人损失或被告获利的证据。

《民事诉讼法》第六十九条规定，经过法定程序公证证明的法律事实和文书，人民法院应当作为认定事实的根据，但有相反证据足以推翻公证证明的除外。因此，在权利人对被告经营网站的销售信息进行公证方式取证的情况下，符合《民事诉讼法》第六十九条规定，除非被告能够提出相反的证据证明网站显示的销售数据确实与实际销售情况严重背离，否则法院可以依据被告网站显示的销售数量，结合合理的利润估计，计算权利人的损失或者被告违法所得从而确定损害赔偿数额。

除了民事诉讼法对公证证明效力规定外，笔者认为网上销售数据能够作为损害赔偿依据还存在一点理由：被告网页的销售数据系被告管理，对销售数据的造假是其自行所为，且通常是为对自己有利的修改，这种行为不符合诚信经营原则。如果经营者既享受数据造假带来的销售红利，在被诉时又能借此否认侵权的程度，两受其利，则明显与法律主旨不符。

（撰稿人：宾岳成）

版式设计权侵权认定和归属问题研究

——北京创世卓越文化有限公司诉内蒙古出版集团 有限责任公司等侵犯出版者权纠纷案

◎ **关键词**

著作权　版式设计　权利归属　侵权行为　独创性

◎ **裁判要点**

版式设计权作为一种邻接权，其独创性和专有使用权受到著作权法的保护。我国著作权法虽然规定版式设计保护的权利人主要为出版者，但随着出版行业的专业分工日益细化，会出现当事人通过合同约定另行委托专业人士对作品进行专门的装帧设计，从而导致出版者与版式设计人不一致的情形，当事人通过真实意思表示且在未违反国家强制性法律规定的情况下，其所约定的版式设计权的归属应为合法有效，相关权利人有权禁止他人使用并享有索赔权利。此外，关于版式设计权的概念和保护范围的局限性，从而导致某些新类型的侵权行为难以从法律上界定的困境亦是著作权法进行修订时应当考虑的问题。

◎ **相关法条**

《著作权法》第三十六条、第四十七条第（九）项

◎ **案件索引**

一审：（2015）东民（知）初字第 1996 号（裁判日期：2015 年 4 月 8 日）
二审：（2015）京知民终字第 910 号（裁判日期：2015 年 8 月 20 日）

◎ **基本案情**

北京创世卓越文化有限公司（简称"创世卓越公司"）于 2011 年 1 月 30 日与汕头大学出版社签订了《图书出版合同》，约定创世卓越公司委托该出版社出版发行《青少版·世界经典文学名著金库》，发行 7 辑，每辑 5 本名著，共计 35 册图书，其中包含

《荒野的呼唤·白牙》一书（简称"汕大版《荒野的呼唤·白牙》"）。同时双方签署补充协议约定：汕头大学出版社委托创世卓越公司提供所出版图书的装帧设计（包括版式设计），由此产生的相关著作权利归属于创世卓越公司，如有第三人侵权，由创世卓越公司主张相关权利。2011 年 5 月，该图书出版发行。2013 年 10 月，创世卓越公司发现了由内蒙古出版集团有限责任公司（简称"内蒙古出版集团"）、内蒙古人民出版社于 2013 年 5 月出版发行、由北京市新华书店王府井书店（简称"王府井书店"）销售的《JING-DIANMINGZHU》（经典名著）《荒野的呼唤·白牙》一书（简称"内蒙版《荒野的呼唤·白牙》"），认为其在版式设计上抄袭了汕大版《荒野的呼唤·白牙》，在市场上产生了极大的混淆，对创世卓越公司图书的销售产生了极大影响，故诉至法院，请求判令：被告停止出版发行内蒙版《荒野的呼唤·白牙》图书、王府井书店停止销售内蒙版《荒野的呼唤·白牙》图书，共同赔偿创世卓越公司经济损失人民币四千四百一十七点二元以及合理支出五百八十二点八元（包括律师费五百元、公证费六十三元、购书费十九点八元）。

原告诉称：汕大版《荒野的呼唤·白牙》的装帧设计（包括版式设计）的著作权已经通过合同的约定合法归属于创世卓越公司。内蒙古出版集团、内蒙古人民出版社未经许可，在内蒙版《荒野的呼唤·白牙》一书上使用汕大版《荒野的呼唤·白牙》图书的版式设计，侵犯了创世卓越公司享有的版式设计专用权，应当承担停止侵害、赔偿损失的法律责任。

被告内蒙古出版集团辩称：（1）内蒙版《荒野的呼唤·白牙》不是由内蒙古出版集团出版发行，有任何问题应由内蒙古人民出版社承担，与内蒙古出版集团无关。（2）内蒙古出版集团作为内蒙古自治区各图书出版单位的上级管理部门，在其出版物上表明其与内蒙古出版集团的隶属关系，系履行管理职能行为，不属于出版行为。（3）创世卓越公司主张的版式设计属于通用设计，这些元素不具有独创性，系公有领域里已有的元素。

内蒙古人民出版社辩称：（1）创世卓越公司不是版式设计权利人，《装帧设计合同》中设计人与另一版式设计相同的图书版式设计人的署名存在矛盾；创世卓越公司的出版发行行为违法；一审判决认定的"版式设计"应为独立的美术作品；（2）内蒙版《荒野的呼唤·白牙》为内蒙古人民出版社独自出版与上级管理单位内蒙古人民出版社集团无关；（3）创世卓越公司主张的版式设计属于通用设计，这些元素不具有独创性，系公有领域里已有的元素。

▣ 法院经审理查明

2010 年 12 月 20 日，创世卓越公司（甲方）与案外人韩欣宇、赵天飞（乙方）签订《装帧设计合作合同》，合同载明：甲方邀请乙方为指定图书项目进行装帧设计（包括版式设计）、改稿服务，项目名称：青少版——世界经典文学名著金库系列；交稿日期：2011 年 3 月 31 日止交完全部制作工作。甲方应提供相应的书稿文字、图片、样书、样版文件、版序。乙方的设计、制作必须与样板页水平保持一致，并且符合甲方提出的版面要求。在本合同有效期间，乙方不得将本书稿以任何形式在其他出版单位另行出版。乙方为甲方所制作书稿，著作权归属甲方。乙方对书稿有署名权。

2011 年 1 月 30 日，创世卓越公司（甲方）与汕头大学出版社有限公司（乙方）签订《图书出版合同》，合同约定作品名称为《青少版·世界经典文学名著金库（全译美绘／全本美绘）》系列图书（共 7 辑总计 35 本图书，包括该案汕大版《荒野的呼唤·白牙》），作品署名为龚勋主编。合同第一条约定：甲方授予乙方在合同有效期内，在中国大陆以图书形式出版发行上述作品汉文简体文本的专有使用权。第八条约定：乙方尊重甲方确定的署名方式。乙方如需更动上述作品的名称，对作品进行修改、删节、增加图表及前言、后记，应征得甲方同意，并经甲方书面认可。第十条约定：甲方交付的稿件未达到合同第五条约定的要求，乙方有权要求甲方进行修改……第十一条约定：上述作品出版后，乙方不向甲方及任何第三人支付稿费或版税。

2011 年 1 月 30 日，汕头大学出版社有限公司（甲方）与创世卓越公司（乙方）签订《出版合同补充协议》，协议第一条约定：甲方委托乙方组稿的《青少版世界·经典文学名著金库》系列图书，装帧设计包括版式设计由乙方提供。第三条约定：甲方同意上述装帧包括版式设计、封面、封底设计的著作权归乙方所有。第四条约定：乙方授权甲方在《图书出版合同》约定的范围和时间内无偿使用上述设计。第五条约定：在图书出版后，如果发现有第三方侵犯图书的装帧、版式设计著作权的，可以由乙方以自己的名义主张权利，所获得的赔偿由乙方享有，甲方放弃该部分的索赔权。

2011 年 5 月，汕头大学出版社出版了《荒野的呼唤·白牙》（世界经典文学名著金库：青少版／龚勋主编．第 4 辑）一书，该书版权页记载：装帧设计：韩欣宇、赵天飞，2011 年 5 月第 1 版，2013 年 6 月第 5 次印刷，ISBN978－7－5658－0226－3，定价99.00（全五册）。该书为彩色印刷的 16 开本，每章节的标题设计分为上、中、下三部分：上部为红色英文及中文章节序号，中部为大号字体的章节故事中文名称，左右环绕两幅对称的彩色树叶，下部为不规则形彩色美术绘画。每章故事正文的第一个字均为红色大号字体，明显区别于其他文字。该书的奇数页页面右上角设计为"荒野的呼唤·白牙［EPISODE Ⅳ卡通绘画"（其中，中括号较大，EPISODE 为加粗字体），偶数页页面左上角设计为"卡通绘画 WORLD CLASSIC LITERATURE］世界经典文学名著金库"（其中，WORLD CLASSIC 字体较小，位于 LITERATURE 左上方，中括号较大，LITERATURE 与"文学名著"均为加粗字体）。除书中彩图页，每页页面外侧边缘均匀分布有红色竖排英文大写 CLASSIC 水印，页面外侧边缘中上部还有半圆彩色美术绘画，印于水印之上。每页页码均由上、下两部分组成：上部为阿拉伯数字序号，下部为英文大写 PAGE NUMBER。

2013 年 10 月 16 日，在北京市方正公证处公证人员监督下，创世卓越公司委托代理人来到王府井书店以普通消费者身份购买了 40 本图书，并当场取得了销售小票及发票各一张。公证购买的内蒙版《荒野的呼唤·白牙》一书版权页记载：出版发行：内蒙古出版集团、内蒙古人民出版社，2013 年 5 月第 1 版第 1 次印刷，印数 1—12000 册，ISBN978-7-204-12085-7/G·3567，定价 19.80 元。该书为彩色印刷的 16 开本，每章节的标题设计分为上下两部分：上部为大号字体的章节故事中文名称，左右环绕两幅对称的彩色美术花朵，下部为圆形彩色美术绘画。每章故事正文的第一个字均为蓝色大号字体，明显区别于其他文字。该书的奇数页页面右上角设计为"荒野的呼唤 [HUANG YE DE HU HUAN 卡通绘画"（其中，中括号较大，HUANG YE DE HU HUAN 为加粗字体）/"白牙 [BAI YA 卡通绘画"（其中，中括号较大，BAI YA 为加粗字体），偶数页页面左上角设计为"卡通绘画 HUANG YE DE HU HUANI] 荒野的呼唤"（其中，中括号较大，HUANG YE DE HU HUAN 为加粗字体）/"卡通绘画 BAI YA] 白牙"（其中，中括号较大，BAI YA 为加粗字体）。除书中彩图页，每页页面外侧边缘均匀分布有黄色竖排英文大写 QSBYD 水印，页面外侧边缘中上部还有半圆彩色美术绘画，印于水印之上。每页页码均由上下两部分组成：上部为阿拉伯数字序号及花纹装饰，下部为英文大写 PAGE NUMBER。

经比较，汕大版与内蒙版《荒野的呼唤·白牙》在每章节的标题部分均采用上、下结构的图文搭配形式，章节名称左右环绕两朵对称的彩色美术花朵，名称下面为美术绘画；每章故事正文的第一个字均为彩色大号字体；奇数页右上部与偶数页左上部均采用卡通绘画、英文字母、中括号及中文书名等元素有序组合形式；每页外侧边缘均有竖排彩色水印和半圆彩色美术绘画，水印紧贴页面外侧边缘呈均匀分布状，美术绘画位置基本相同；每页页码均采用阿拉伯数字和英文字母上下组合的形式。虽然个别设计元素的内容、形状及色彩等有微小差别，但诸如卡通绘画、中括号、彩色水印等元素的使用频率、位置、组合形式及搭配方式等基本相同。

判决结果

一审：北京市东城区人民法院认为，创世卓越公司享有汕大版《荒野的呼唤·白牙》一书的版式设计专用权。内蒙版《荒野的呼唤·白牙》一书版式设计与汕大版《荒野的呼唤·白牙》基本相同，以相关公众的一般注意力为标准，两者已构成实质性相似，故内蒙古人民出版社构成侵权。内蒙古出版集团作为内蒙版《荒野的呼唤·白牙》一书的出版者之一，也应承担相应的法律责任。王府井书店作为销售商，具有合法的进货渠道，尽到了合理注意的义务，不承担赔偿责任，但应停止销售涉案侵权作品

二审：驳回上诉，维持原判

◎ 裁判理由

该案中，汕大版《荒野的呼唤·白牙》一书的版式设计汇集了字母组合、卡通绘画、中括号、彩色水印等多种设计元素，通过不同元素之间特定的组合形式及搭配方式，既美化了版面、体现了视觉效果，又提高了传达信息的功能，具有较强的个性化色彩，体现了其设计者的独特构思以及取舍、选择和编排，属于应受我国著作权法保护的版式设计。经比较，汕大版与内蒙版《荒野的呼唤·白牙》构成实质性相似。

结合创世卓越公司与出版者汕头大学出版社签订的《出版合同补充协议》，与案外人韩欣宇、赵天飞签订的《装帧设计合作合同》，以及汕大版《荒野的呼唤·白牙》封底装帧设计人的署名情况，在无相反证据的情况下可以认定创世卓越公司依约定取得了汕大版《荒野的呼唤·白牙》版式设计的专用权。

鉴于内蒙版《荒野的呼唤·白牙》版权页中列明的出版发行为"内蒙古出版集团、内蒙古人民出版社"，根据正常理解，内蒙古出版集团、内蒙古人民出版社均应为内蒙版《荒野的呼唤·白牙》的出版发行单位，且根据内蒙古出版集团当庭陈述，在版权页中列明内蒙古出版集团是其内部规定，并非内蒙古人民出版社私自盗用，故对于 CIP 备案信息与内蒙版《荒野的呼唤·白牙》版权页所列信息并非完全一致的情况，并不导致内蒙古出版集团免除出版者所应承担的相关责任。

◎ 案例解析

虽然该案主要涉及版式设计的独创性，以及当出版者与版式设计人出现不一致的情形时，作品的版式设计专用权的归属如何认定的问题，但在该案例的具体案情的基础上，笔者也想就此机会拓展来讨论版式设计权的相关概念界定和认定侵犯版式设计权的构成要件。

一、著作权法关于保护"版式设计权"规定的演变

关于版式设计权的法律规定并不多见，1991 年《著作权法实施条例》（已废止）第三十八条规定："出版者对其出版的图书、报纸、杂志的版式、装帧设计，享有专有使用权。"而现今的《著作权法》第三十六条明确规定："出版者有权许可或者禁止他

人使用其出版的图书、期刊的版式设计。前款规定的权利的保护期为十年，截止于使用该版式设计的图书、期刊首次出版后第十年的 12 月 31 日。"

从法律条文的前后对比中可以看出，装帧设计并没有再与版式设计同时出现在同一法律条款中，这说明两者的概念和保护范围是存在一定差别与界限的，但是法律对于其具体的内涵并没有进行明确的界定和说明，并且在实践中，出版行业对于此类措辞和概念的使用也往往不太统一和规范，除此之外还有诸如"排版""封面设计""封面装帧"等各种说法，这在某种程度上也给法院掌握出版行业的专业分工形态和认定权利归属及侵权行为造成一定的障碍，常常导致行业内外人士理解上的偏差。

按照通说观点，版式设计是指对印刷品的版面格式的设计，包括对版心、排式、用字、行距、标点等版面布局因素的安排，即由文字排列的顺序、字体及其他排版材料的选用、行间和段间的空距、版面的布局等因素构成的印刷物的总体。版式设计对于彰显图书品质、吸引读者眼球起到不可小视的作用，它既服务于作品内容，又是一种可以独立于作品的邻接权。一般情况下，装帧设计被认为包含了版式设计、封面设计等设计内容，其内涵更为丰富，而封面设计往往又因其以美术作品形式存在而被认为应当由著作权加以保护，那么从这一角度来理解，"装帧设计"相对于"版式设计"来说更具有概括性和广泛性的含义，而其他诸如"排版"等说法在具体案件中可以根据实际情况与版式设计、封面设计等概念互通，故而从这一角度来看，笔者认为，"装帧设计"一词在著作权法中被抹去可能是想获得使立法更加简洁明了的效果。

所以，法官在审理涉及版式设计问题的案件时，当事人主张版式设计专有权，法官往往需要进一步明确其主张的版式设计具体内容，如是否包括封面设计、图书内容等。如果包括了封面设计和图书内容，那么这一意义上的"版式设计"实际上包括了版式设计和作品两部分内容，在著作权保护方式上各不相同。❶

例如在该案中，虽然汕头大学出版社与创世卓越公司签订的合同名称为《装帧设计合同》，但是在诉讼中主张的是版式设计权，这就需要法院进一步明晰该案的诉争对象和争议焦点，显然创世卓越公司主张的版式设计权仅指涉案图书的封面和封底之间章节标题和名称的编排，以及与穿插于其中的美术绘画作品所结合而成的图文搭配的整体的版式设计，并不包括封面设计的著作权内容，故而法院只依据版式设计权的相关法律规定来进行审理和判定。

二、版式设计的独创性和侵权行为认定的困境

作为一种邻接权，版式设计对独创性要求是比较低的，但这并不代表随意地采用

❶ 吴园妹. 版式设计著作权纠纷中的三大误区 [N]. 经济参考报, 日期不详.

或仅仅通过细微地变动公有领域中行业惯常的版式设计就能获得此项权利，随着计算机排版技术的飞速发展，融合图形、文字、颜色等多种设计元素的具有独特审美价值的版式设计不断涌现在出版市场，这既融入了设计者或出版单位相关工作团队独创性的智力劳动，也使得对于侵犯版式设计权行为模式的讨论越来越复杂和深入。

就该案而言，被告抗辩理由有一部分集中于汕大版《荒野的呼唤·白牙》版式设计的独创性上，即辩称其元素不具有独创性，一审判决认定的"版式设计"应为独立的美术作品。而经过法院查明可以判定汕大版《荒野的呼唤·白牙》的版式设计明显具有较强的个性化色彩，体现了其设计者的独特构思以及取舍、选择和编排，应受著作权法律保护，并且创世卓越公司所主张的受保护对象并不包括卡通绘画的具体内容，所以该版式设计不能认定为独立的美术作品。从涉案图书与汕大版《荒野的呼唤·白牙》的对比结果来看，虽然个别设计元素的内容、形状及色彩等有微小差别，但诸如卡通绘画、中括号、彩色水印等元素的使用频率、位置、组合形式及搭配方式等基本相同，故而毫无疑问构成实质性相似。

关于我国《著作权法》第三十六条的规定，从其条文表面释义来分析，对于版式设计权侵权行为的认定是十分有限的，只能将"版式设计理解为对同一出版物，出版者有权禁止他人进行完全或基本相同的复制"。❶而该案中内蒙古出版集团的侵权行为实际上就符合从字面含义来理解的侵犯版式设计权的最基本构成要件的行为。但是，跳出该案的具体背景框架来观察当今数字时代的出版行业现状，不同出版者利用同一种或实质性相似的版式设计来出版同一内容的作品的情形越来越少，涉嫌侵犯版式设计权的行为有一种新模式日益猖獗，那就是未经出版者的许可将其出版的图书或期刊以拍照、扫描的方式制成电子版，或者直接将作品的电子稿上传至网络进行传播和牟利。

上述这种搭便车的行为掠夺了设计者的劳动成果，很明显是一种侵权行为，但侵犯的是否为版式设计权却在学界和实务界有较大的争议。因为著作权第三十六条中"使用"一词包含的情形有其局限性，其内涵和外延并不明晰，而《信息网络传播权保护条例》中网络传播权的客体并不包括版式设计，对于这种侵权行为的认定就遇到尴尬的境地，出版者如果没有通过签订合同等行为取得著作权人的作品的信息网络传播权，那严格来说是没有确切的具有针对性的法律来支持其诉讼请求的，显然不利于净化出版行业的发展环境。

所以，有学者建议在著作权法的修订中应该取消对"版式设计权"权利内容的模

---

❶ 王迁. 著作权法 [M]. 北京：中国人民大学出版社，2015：299.

糊表述，以列举的方式对权利的具体权能进行明示。❶ 就像表演者权、录制者权那样有其具体的权利内容规定。也有学者建议结合《反不正当竞争法》，充分发挥其兜底保护的作用，并且加强版式设计创新以提升版式设计权的独立性以获取传统的著作权的保护。❷ 这些都不失为可行性比较强的方法。无论如何，我们都应该意识到，对于版式设计权的界定和保护范围进行适当地扩张和完善已是迫在眉睫。

三、版式设计权归属的认定问题

在版式设计专用权归属的认定上，虽然根据我国《著作权法》第三十六条的规定的字面含义来推断，版式设计保护的权利人主要为出版者，但随着出版行业的产业化及行业分工的发展，版式设计可能有专门的设计人。"吉林美术出版社案"的再审法官也比较开明地指出，虽然对此条文进行限缩解释既符合我国出版行业的管理现状，也符合法律内在价值的实现，如果有合同明确约定版式设计专用权由实际设计人等其他人员享有，可以作为例外，但也仅在有合同明确规定的前提下，否则通常情况下应当仍由出版单位享有版式设计专有权。❸ 所以当出版者与版式设计人出现不一致的情形，应当根据具体事实来认定实际的版式设计人是否对其设计的版式设计享有专用权。

该案中，创世卓越公司与汕大出版社约定汕大版《荒野的呼唤·白牙》一书的版式设计由创世卓越公司提供且版式设计专用权归创世卓越公司所有，而创世卓越公司与进行版式设计的案外人韩欣宇、赵天飞亦约定由创世卓越公司享有该书的版式设计专用权。上述约定系当事人真实意思表示，未违反国家法律法规的强制性规定。以上事实能够互相印证，在无相反证据的情况下，应认定创世卓越公司享有汕大版《荒野的呼唤·白牙》一书的版式设计专用权，其有权禁止他人未经许可使用其版式设计。在内蒙版与汕大版《荒野的呼唤·白牙》的版式设计权构成实质性相似的情况下，内蒙古出版集团等应当承担相应的侵权法律责任。

该案根据具体的法律事实，不拘泥于对版式设计权利主体的狭义认定，考虑到出版行业中分工合作日益细化和产业化的趋势，在版式设计权利的最终归属上充分尊重当事人的意思自治，既契合当下出版行业的发展趋势，同时也鼓励继受取得版式设计权的相关权利人积极通过法律途径制止和打击侵权行为。

（撰稿人：宋雅颖）

---

❶ 于文. 论网络环境下版式设计权的扩张 [J]. 编辑学刊，2016 (3).

❷ 马利. 论网络时代我国版式设计权制度的困境和对策 [J]. 中国出版，2012 (19).

❸ 参见钱小红. 版式设计专用权的司法认定 [J]. 人民司法，2013 (20).

违反不作为合同义务的法律后果

——蒋某男与东阳市乐视花儿影视文化有限公司委托创作合同纠纷案

◉ **关键词**

著作权　合同　委托创作　不作为合同义务

◉ **裁判要点**

继续履行是否包括不作为义务以及适用的条件，法律未有明确规定。该案认为，继续履行请求权应当包括继续作为和继续不作为。请求继续履行不作为合同义务适用的条件包括：首先，合同约定有不作为义务；其次，不作为义务具有一定的持续性；再次，继续保持不作为符合合同的履行利益；最后，债权人在合理的期限内要求。故该案中停止出版、发行小说版《芈月传》直至电视剧播出符合继续履行请求权的责任方式，具有正当性。

◉ **相关法条**

《合同法》第一百零七条

◉ **案件索引**

一审：（2015）朝民（知）初字第51466号（裁判日期：2015年11月24日）

二审：（2016）京73民终18号（裁判日期：2016年4月18日）

◉ **基本案情**

东阳市乐视花儿影视文化有限公司（简称"花儿影视公司"）在一审诉称：2012年8月28日，北京星格拉影视文化传播有限公司（简称"星格拉公司"）与蒋某男签订《电视剧剧本创作合同》（简称《创作合同》（二）），就星格拉公司委托蒋某男创作电视剧《芈月传》剧本相关事宜作出约定；同日，蒋某男向星格拉公司出具《授权书》。2012年11月18日，星格拉公司与蒋某男签订《补充协议》，蒋某男在《补充协议》中承诺"在电视剧《芈月传》播出的同期，才会将此原著创意出版小说发行，在此之前不会出版此原著相关内容以及网络发布"。同时《补充协议》明确约定蒋某男同意星格拉公司将《创作合同》（二）、《补充协议》及《授权书》中的权利义务一并转让给第三方。2013 年 6 月 11 日、2013 年 6 月 21 日花儿影视公司与星格拉公司分别签署《电视剧剧本著作权转让协议》（简称《转让协议》）及《〈电视剧剧本著作权转让协议〉之补充协议》（简称《转让补充协议》），通过上述协议，花儿影视公司受让了合同权利义务。现电视剧《芈月传》尚未播出，但蒋某男却出版、发行了小说《芈月传》，违反了合同约定，严重影响了花儿影视公司对电视剧《芈月传》的发行、宣传计划。请求法院判令蒋某男立即停止小说《芈月传》（全六册）的出版、发行，在全国性主流媒体显著位置发表经花儿影视公司认可的道歉声明。

蒋某男在一审辩称：其出版发行《芈月传》小说未违反合同约定。综上，花儿影视公司无权依据其与第三方达成的转让协议起诉其违约，而《芈月传》小说的提前出版发行不违反合同约定，故请求法院依法判决驳回花儿影视公司的起诉。

法院经审理查明

2012 年 8 月 28 日，花儿影视公司作为甲方与蒋某男签订《创作合同》（一），约定花儿影视公司聘任蒋某男担任电视剧《芈月传》编剧，《芈月传》剧本著作权归花儿影视公司所有，蒋某男作为编剧享有编剧的署名权；该剧共 50 集，每集编剧的稿酬为人民币三万五千元。

2013 年 7 月 15 日，星格拉公司作为甲方与蒋某男签订《创作合同》（二）。该合同除签订主体的一方由花儿影视公司变为星格拉公司外，主要内容与《创作合同》（一）一致，合同落款日期为 2012 年 8 月 28 日。同时，双方还签署了《补充协议》及蒋某男单方签署的《授权书》。《授权书》中声明"星格拉公司无需征得本人同意即可将本授权书内容部分或全部转授权或转让给第三方行使"。《补充协议》约定，蒋某男"承诺在电视剧《芈月传》播出的同期，才会将此原著创意出版小说并发行，在此之前不会出版此原著相关内容以及在网络发布"；蒋某男同意星格拉公司有权将《创作合同》（二）、《补充协议》《授权书》中的权利义务一并转让给第三方；蒋某男许可星格拉公司将原著创意及电视剧《芈月传》改编为游戏、漫画、动画片，星格拉公司为获得改编作品向蒋某男支付许可使用费共计五十万元，于合同签署之日起十日内支付。蒋某男认可于 2013 年 7 月 17 日收到上述五十万元许可使用费。《授权书》及《补充协议》的落款日期存在倒签，分别为 2012 年 8 月 28 日及 2012 年 11 月 18 日。

2013 年 8 月，花儿影视公司与星格拉公司签署《转让协议》及《转让补充协议》。通过上述两协议，星格拉公司将与蒋某男签订的《创作合同》（二）、《授权书》《补充协议》中的权利义务转让给花儿影视公司，合同权利方面仅保留了《芈月传》电视剧中国大陆地区以外其他地区和国家的发行收益、改编游戏收益的 30% 分成权；合同义务方约定由星格拉公司负担支付给蒋某男的报酬，并另行据实结算花儿影视公司已向蒋某男支付的报酬。基于电视剧《芈月传》的编剧创作，蒋某男已收到约定的 53 集的全部编剧费用共计一百八十五万五千元，共分十二笔。

蒋某男所著小说《芈月传》全六册已于 2015 年 8 ~ 11 月由浙江文艺出版社出版发行，电视剧《芈月传》尚未播出。

《补充协议》由蒋某男与星格拉公司签订，该合同部分约定内容如下：（1）蒋某男承诺在电视剧《芈月传》播出的同期，才会将此原著创意出版小说并发行，在此之前不会出版此原著相关内容以及网络发布（不包括签约前 2009 年网络流出的 7 000 字草稿）。（2）蒋某男确认根据《创作合同》（二）约定授权星格拉公司在全球范围内永久独占地将此原著创意改编为电视剧剧本、电影剧本并拍摄成电视剧作品和电影作品。星格拉公司在全球范围内永久享有在改编和创作过程中形成的一切智力劳动成果和电视剧剧本、电影剧本、电视剧作品、电影作品的全部著作权和衍生品的权利。（3）蒋某男同意星格拉公司有权将《创作合同》（二）、《补充协议》《授权书》中的权利义务一并转让给第三方。（4）蒋某男许可星格拉公司有权将原著创意及电视剧《芈月传》改编为游戏、漫画、动画片，星格拉公司独占地永久性享有改编过程中形成的一切智力劳动成果和改编作品的全部著作权及衍生品的所有权。星格拉公司为获得改编作品向蒋某男支付许可使用费共计五十万元。

2015 年 9 月 2 日星格拉公司向蒋某男发送了律师函，载明：花儿影视公司是电视剧剧本和电视剧《芈月传》的合法权利人；截至目前，电视剧《芈月传》并未播出，但是贵方却违反约定，公开擅自出版发行小说《芈月传》，该行为不仅严重违反了相关法律法规的规定，也给花儿影视公司造成了重大损失。请贵方收到本《律师函》之日，立即停止小说《芈月传》的出版、发行。

◉ **判决结果**

一审：（1）蒋某男立即停止小说《芈月传》的出版、发行；（2）驳回花儿影视公司其他诉讼请求

二审：判决撤销一审判决，驳回蒋某男全部诉讼请求

◉ **裁判理由**

《补充协议》作为《创作合同》（二）的从合同，明确约定在电视剧版《芈月传》

播出前蒋某男不得出版、发行小说版《芈月传》。因此，蒋某男于电视剧版《芈月传》播出前出版、发行小说版《芈月传》违反了合同约定，应当承担违约责任。

该案的情形是合同约定了蒋某男不得在电视剧版《芈月传》播出前出版、发行小说版《芈月传》，即蒋某男负有在一定期间内的不作为义务。继续履行是否包括不作为义务，强制继续履行能否延及至不作为义务，直接关系着一审判令蒋某男立即停止小说版《芈月传》出版、发行行为是否具有正当性的依据。

该案中，双方约定对小说版《芈月传》出版、发行时间的限制，即蒋某男在一定期限内负有不作为的义务，目的在于避免因受众阅读小说后导致电视剧观众的流失。在蒋某男违反约定，提前出版、发行小说版《芈月传》的情况下，花儿影视公司要求其停止出版、发行并继续履行合同，符合双方约定的合同利益。因此，该案在一审审理终结前，电视剧版《芈月传》尚未播出，故《补充协议》中对小说版《芈月传》出版发行的时间限制处于持续履行中。花儿影视公司要求蒋某男继续按照约定履行合同义务，正是指向停止出版、发行小说版《芈月传》直至电视剧播出。因此，一审法院判令蒋某男立即停止小说《芈月传》的出版、发行具有法律上的正当性。

◎ **案例解析**

该案案由为委托创作合同纠纷，但是双方委托创作合同中的创作作品这一主要部分已经完成，委托创作的费用也未产生纠纷。该案纠纷的症结在于：蒋某男在电视剧《芈月传》播出前出版、发行小说《芈月传》的行为违反了《补充协议》中的约定，但承担何种违约责任，则属于合同约定中的空白。

我国《合同法》第一百零七条规定：当事人一方不履行合同义务或者履行合同义务不符合约定的，应当承担继续履行合同、采取补救措施或者赔偿损失等违约责任。因此，继续履行合同、采取补救措施、赔偿损失属于法律规定的承担违约责任的基本方式。请求对方停止某种行为通常指向侵权责任中"停止侵害"承担方式。

司法实践中因一方不履行其应作为的义务而对簿公堂的案件比比皆是，而对于一方违反其不作为义务的案件则极为少见。该案即是后者。因此，该案中花儿影视公司的诉求能否得到法院支持，取决于其要求蒋某男停止出版、发行行为是否落入违约责任承担方式。该案并未涉及小说《芈月传》著作权的转让或许可使用，故小说《芈月传》的著作权仍由作者蒋某男享有。通常情况下，作品是否发表以及何时发表由蒋某男自由行使。但是，蒋某男作为合同一方的《补充协议》明确对小说《芈月传》的出版、发行时间作出了限定，蒋某男理应遵守约定直到条件成就。

继续履行与"任意履行"相对，也称为"强制履行"，指在违约方不履行合同时，由法院强制违约方继续履行合同的违约责任方式。继续履行的目的在于使守约方尽可能地取得约定的标的，同时使得违约方承担相应的不利后果。作为违约责任承担的方式之一，赋予了违约的相对方除我国《合同法》第一百一十条规定的情形之外情形的强制继续履行请求权，体现合同法的"依合同履行义务"之原则。实务中，无论是金钱债务，还是非金钱债务，强制继续履行请求权一般在债务人不履行合同所约定的作为义务时提出。而该案的情形是蒋某男负有在一定期间内的不作为义务。继续履行是否包括不作为义务，强制继续履行能否延及至不作为义务，直接关系着一审判令蒋某男立即停止小说《芈月传》出版、发行行为是否具有正当性的依据。

既然合同义务包括作为和不作为，那么，强制继续履行请求权的实现，理论上也应当包括继续作为和继续不作为。但是，法律针对强制继续履行的情形作了例外性的规定。《合同法》第一百一十条规定："当事人一方不履行非金钱债务或者履行非金钱债务不符合约定的，对方可以要求履行，但有下列情形之一的除外：（一）法律上或者事实上不能履行；（二）债务的标的不适于强制履行或者履行费用过高；（三）债权人在合理期限内未要求履行。"上述规定，虽然未明确指明针对的是作为义务还是不作为义务，但是其内容多是指作为义务而言。由于强制继续履行并非债权的内容，所以，并非所有的作为义务都适用继续履行的责任方式。同样，继续履行作为违反不作为义务的违约责任方式，也应当具有一定的条件。首先，当事人合同明确约定了不作为的义务。这是合同基础，也是前提，自不待言。其次，不作为义务具有一定的持续性。不作为义务的履行如果仅是某个时间点，则具有不可回溯性，即使违约也缺乏继续履行的可能性和必要性。故，不作为义务应当具有时间上的持续性，在一方违约后另一方起诉时仍然在该持续期间内，违约方能够继续履行合同。再次，要求继续履行不作为义务符合合同的履行利益。不作为义务既可能是合同的主要义务，也可能是合同中的附随义务。但不论属于何种，继续履行的提出不得背离合同的订立目的，当其背离了合同的履行利益时，应当适用其他的违约责任方式。最后，权利人在合理期限内提出请求。强制履行需守约方提出请求，如果守约方不要求继续履行合同而是解除合同，便不可成立继续履行责任。这是守约方真实意思的表现，法院不能以职权代其作出选择。同时，权利人须在合理期限内提出。

该案中，双方约定对小说版《芈月传》出版、发行时间的限制，即蒋某男在一定期限内负有不作为的义务，目的在于避免因受众阅读小说后产生的"剧透"效果，从而降低电视剧的吸引力，导致观众的流失。蒋某男违反约定，提前出版、发行小说版《芈月传》的情况下，花儿影视公司要求其停止出版、发行并继续履行合同，符合双方约定的合同利益。因此，该案在一审审理终结前，电视剧版《芈月传》尚未播出，故

《补充协议》中对小说版《芈月传》出版发行的时间限制处于持续履行中。花儿影视公司要求蒋某男继续按照约定履行合同义务，正是指向停止出版、发行小说版《芈月传》直至电视剧播出。因此，一审法院判令蒋某男立即停止小说《芈月传》的出版、发行具有法律上的正当性。

但是，电视剧《芈月传》在蒋某男上诉期间进行了公映，即小说《芈月传》的出版、发行时间的限制已经消除。一审判决所依据的事实发生重大变化，判决中关于停止出版、发行小说的判项虽然针对的是蒋某男过往的违约行为，但势必会损害到合同条件成就后蒋某男的合法权益，因此该判项已不具有必要性，更不具有可执行性。而判决的必要性和可执行性直接关系到判决的权威性。因此，该案二审判决撤销一审判决。同时，二审法院考虑到该案纠纷系因蒋某男的违约行为引发，故判决该案诉讼费由蒋某男负担。

（撰稿人：宾岳成）

不正当竞争部分案例

"诚实信用"原则在反不正当竞争法中的适用

——北京百度网讯科技有限公司诉中国联合网络通信有限公司青岛市分公司等不正当竞争纠纷案

◎ **关键词**

经营者　竞争关系　诚实信用原则

◎ **裁判要点**

确定市场主体之间竞争关系的存在，不以二者属同一行业或服务类别为限，如果二者在市场竞争中存在一定联系或者一方的行为不正当地妨碍了另一方的正当经营活动并损害其合法权益，则应肯定二者之间存在竞争关系。

互联网接入服务经营者与搜索服务经营者在服务类别上虽不完全相同，但互联网接入服务经营者利用技术手段，在搜索服务经营者的搜索结果页面出现之前强行弹出其投放的与搜索的关键词及内容有紧密关系的广告页面，影响了搜索服务经营者按照自己意志向网络用户提供搜索服务与推广服务，也会导致搜索服务经营者搜索客户的流失，属于利用搜索服务经营者提供的搜索服务来为自己牟利的行为，违背了诚实信用、公平交易的市场行为准则和公认的商业道德，因此，构成不正当竞争。

◎ **相关法条**

《反不正当竞争法》第二条

◎ **案件索引**

一审：（2009）青民三初字第 110 号（裁判日期：2009 年 9 月 2 日）
二审：（2010）鲁民三终字第 5—2 号（裁判日期：2010 年 3 月 20 日）

◎ **基本案情**

原告（被上诉人）：北京百度网讯科技有限公司（简称"百度公司"）。

被告（上诉人）：青岛奥商网络技术有限公司（简称"奥商网络公司"）。

被告（上诉人）：中国联合网络通信有限公司青岛市分公司（简称"联通青岛公司"）。

被告（原审被告）：中国联合网络通信有限公司山东省分公司（简称"联通山东公司"）。

第三人（原审第三人）：青岛鹏飞国际航空旅游服务有限公司（简称"鹏飞航空公司"）。

百度公司诉称：其是国内技术领先的中文搜索引擎制造商，拥有的百度网站是全球最大的中文搜索引擎网站。三被告奥商网络公司、联通山东公司、联通青岛公司在青岛地区利用网通的互联网接入网络服务，在百度公司的搜索结果页面强行增加广告的行为违背了诚实信用和公平交易的市场行为准则，构成不正当竞争，损害了百度公司的商誉和经济效益。遂诉至山东省青岛市中级人民法院，请求判令：（1）被告奥商网络公司、联通青岛公司的行为构成了对百度公司的不正当竞争行为，应停止该不正当竞争行为；第三人鹏飞航空公司在其应负的法律责任范围内，承担连带责任；（2）三被告在《人民日报》《法制日报》《半岛都市报》《青岛晚报》上刊登声明以消除影响；（3）三被告共同赔偿百度公司经济损失四百八十万元；（4）三被告承担百度公司因该案而发生的律师费、公证费、差旅费等合理支出十万元。

奥商网络公司答辩称：其不存在不正当竞争行为，不应该赔礼道歉和赔偿经济损失480万元。

联通青岛公司答辩称：百度公司没有证据证明联通青岛公司实施了被指控的行为，应驳回其全部诉讼请求。

联通山东公司答辩称：百度公司没有证据证明其实施了被指控的不正当竞争或侵权行为，承担连带责任的主张也没有法律依据。

鹏飞航空公司答辩称：该案与该公司无关。

◉ 法院经审理查明

百度公司经营范围为互联网信息服务业务，经营百度网站，主要向网络用户提供互联网信息搜索服务。

奥商网络公司经营范围包括网络工程建设、计算机软件设计开发等。其网站为www.og.com.cn。该网站介绍其"网络直通车"业务为：无需安装任何插件，广告网页强制出现。介绍"搜索通"产品：第一步在搜索引擎对话框中输入关键词；第二步优先出现网络直通车广告位（5秒展现）；第三步同时点击上面广告位直接进入宣传网站新窗口；第四步5秒后原窗口自动展示第一步请求的搜索结果。该网站还以其他形式介绍了上述服务。

联通青岛公司经营范围包括因特网接入服务和信息服务等，青岛信息港（域名为qd. sd. cn）为其所有。"电话实名"系联通青岛公司与奥商网络公司合作的一项语音搜索业务，网址为www. 0532114. org的"114电话实名语音搜索"网站表明该网站版权所有人为联通青岛公司，独家注册中心为奥商网络公司。

使用"搜索通"服务后：登录百度网站，在对话框中输入"鹏飞航空"，点击"百度一下"，弹出显示有"打折机票抢先拿就打114"的页面，迅速点击该页面，打开了显示地址为http：//air. qd. sd. cn的页面。输入"青岛人才网""电话实名"等出现类似现象。经专家论证，所链接的网站（http：//air. qd. sd. cn/）与联通山东公司的下属网站——青岛信息港（www. qd. sd. cn）具有相同域名（qd. sd. cn），网站ak. qd. sd. com是联通山东公司下属网站——青岛网站所属。

◎ 判决结果

一审：（1）被告奥商网络公司、联通青岛公司于本判决生效之日起立即停止针对原告百度公司的不正当竞争行为，即不得利用技术手段，使通过联通青岛公司提供互联网接入服务的网络用户，在登录百度网站进行关键词搜索时，弹出两被告的广告页面。（2）被告奥商网络公司、联通青岛公司于本判决生效之日起十日内赔偿原告百度公司经济损失二十万元。（3）被告奥商网络公司、联通青岛公司于本判决生效之日起十日内在各自网站（青岛信息港www. qd. sd. cn、中国奥商网www. og. com. cn）首页位置上刊登声明以消除影响，声明刊登时间应为连续的十五天，声明内容须经法院审核；逾期不执行的，法院将在国内相关门户网站上公开本判决的主要内容，所需费用由两被告共同承担。（4）驳回原告百度公司的其他诉讼请求

二审：驳回上诉，维持原判

◎ 裁判理由

山东省青岛市市中级人民法院经审理认为：（1）关于奥商网络公司、联通青岛公司是否实施了百度公司所指控的行为问题。在互联网上登录搜索引擎网站进行关键词搜索时，发生与搜索结果无关的广告页面强行弹出的现象，这种现象并非接入互联网的计算机本身安装程序所导致，联通青岛公司既没有对此给予合理解释，也无证据说明在其他网络接入服务商网络区域内会出现同样情况，应当认为在联通青岛公司提供互联网接入服务的区域内，对于网络服务对象针对百度网站所发出的搜索请求进行了

人为干预，使干预者想要发布的广告页面在正常搜索结果页面出现前强行弹出。奥商网络公司是该干预行为的受益者，在其没有提供证据证明存在其他主体为其实施上述广告行为的情况下，应当认为奥商网络公司是上述干预行为的实施主体。奥商网络公司的干预行为不是通过在客户端计算机安装插件、程序等方式实现，而是在特定网络接入服务区域内均可以实现，因此，如果没有网络接入服务商的配合无法实现，联通青岛公司并没有证据证明奥商网络公司是通过非法手段干预其互联网接入服务而实施上述行为的，同时域名 air. qd. sd. cn 实际使用人为联通青岛公司，且联通青岛公司与奥商网络公司合作经营电话实名业务，即联通青岛公司亦是上述行为的受益人，因此，联通青岛公司亦是上述干预行为的实施主体。（2）关于奥商网络公司、联通青岛公司的干预行为是否构成不正当竞争问题。联通青岛公司与奥商网络公司均属于从事互联网相关业务的市场主体，属于反不正当竞争法意义上的经营者。联通青岛公司与奥商网络公司利用技术手段在登录百度网站进行关键词搜索时优先弹出奥商公司发布的广告页面，这种干预行为，是利用了百度网站搜索引擎在我国互联网用户中被广为知晓并被广泛使用的实际情况，违背了使用其互联网接入服务使用者的意志及公认的商业道德，也影响了百度公司按照自己意志向网络用户提供服务，致使百度公司难以实现其预期商业目的，损害了百度公司的经济利益。使网络用户对百度公司所提供服务的评价降低，对百度公司的商业信誉产生了一定不利影响，已构成不正当竞争。（3）关于奥商网络公司、联通青岛公司如何承担民事责任的问题。联通青岛公司与奥商网络公司共同实施不正当竞争行为，应当承担连带责任。

山东省高级人民法院二审认为：（1）关于联通青岛公司是否为涉案被控侵权行为的实施主体问题。涉案被控侵权行为发生在特定互联网接入服务区域，奥商网络公司作为该案被控侵权行为的实施主体，在没有证据证明奥商网络公司是通过非法手段干预特定互联网接入服务的情况下，没有互联网接入服务商的配合，奥商网络公司是无法实现该案被控侵权行为的。同时，联通青岛公司是域名 air. qd. sd. cn 的所有人，因持有或使用域名而侵害他人合法权益的责任，由域名持有者承担。因此，原审法院认定联通青岛公司是涉案被控侵权行为的实施主体，并无不当。（2）关于百度公司在该案中是否具备诉讼主体资格问题。百度公司一方面面向普通上网用户提供免费的网页搜索服务，另一方面面向企业和个人提供收费的付费搜索服务与推广服务，上网使用者在百度网站输入关键词进行搜索时，百度网站会通过搜索引擎找到并呈现与关键词相关的页面信息，同时在网站右侧，出现与关键词相匹配的付费企业网站链接，这是百度网站的一种商业运作模式，也是一种正当的营利方式，百度公司属于反不正当竞争法意义上的经营者，具备该案的诉讼主体资格。（3）关于联通青岛公司、百度公司之间是否存在竞争关系，联通青岛公司的行为是否构成不正当竞争问题。虽然联通青岛公司是互联网接入服务经营者，百度公司是搜索服务经营者，服务类别上不完全相同，但联通青岛公司实施的在百度搜索结果出现之前弹出广告的商业行为与百度公司的付费搜索模式存在竞争关系。联通青岛公司利用百度网站搜索引擎在我国互联网用户中的市场知名度，利用技术手段，在百度搜索结果出现之前强行弹出其投放的与搜索的关键词及内容有紧密关系的广告页面，诱使本可能通过百度公司搜索结果检索相应信息的网络用户点击该广告页面，影响了百度公司按照自己意志向网络用户提供付费搜索服务与推广服务，也会导致百度网站上付费搜索客户流失，属于利用百度公司的市场知名度来为自己牟利的行为。这种行为破坏了百度公司的商业运作模式，损害了百度公司的经济利益，还会导致上网用户误以为弹出的广告页面系百度公司所为，使上网用户对百度公司所提供服务的评价降低，对百度公司的商业信誉产生一定不利影响，同时也违背了诚实信用、公平交易的市场行为准则和公认的商业道德。

◎ 案例解析

该案作为最高人民法院公布的 2010 年中国法院知识产权司法保护十大案件之一，该案作为指导案例旨在明确对于反不正当竞争法没有明确列举的不正当竞争行为，可以根据该法第二条的原则性规定来进行认定，明确了"诚实信用"原则作为一般条款的适用条件。具体到该案而言，涉及两个焦点问题：（1）反不正当法中"经营者"和"竞争关系"的认定；（2）"诚实信用"原则作为一般条款对不正当竞争行为进行规制的适用条件。

一、反不正当竞争中"经营者"和"竞争关系"的认定标准

根据我国《反不正当竞争法》第二条第三款规定，"经营者，是指从事商品经营或者营利性服务的法人、其他经济组织和个人"。单从这条的文义上看，并未要求经营者之间具有竞争关系。但从《反不正当竞争法》其他相关条款，如该法第五条规定："经营者不得采用下列不正当手段从事市场交易，损害竞争对手……"，第十一条规定："经营者不得以排挤竞争对手为目的，以低于成本的价格销售商品。"第十四条规定："经营者不得捏造、散布虚伪事实，损害竞争对手的商业信誉、商品声誉。"可以看出《反不正当竞争法》对经营者之间竞争关系的规定要求。

关于经营者是否必须存在竞争关系的认定，在司法实践之中，经历了从严格要求经营者之间存在竞争关系为前提，到以一般具有竞争关系为前提，非竞争关系为例外的裁判理念的转变。本文认为，从反不正当竞争的字面含义讲，从"竞争"或者"市

场竞争"的本意来说，竞争一般均是发生于同行业竞争者之间对于顾客或者交易机会的争夺。因此究其本源意义来看，竞争关系，也是发生于同行业竞争者之间的关系。但是，现代市场经济的发展导致市场竞争态势复杂化，出现了非同行业的市场参与人严重违反诚实信用原则，损害他人竞争能力、严重扰乱正常的市场竞争秩序的行为和现象。故此，应当明确经营者和竞争关系的确定不以二者属同一行业或服务类别为限，如果二者在市场竞争中存在一定联系或者一方的行为不正当地妨碍了另一方的正当经营活动并损害其合法权益，则应肯定二者之间存在竞争关系，只要是从事商品经营或者营利性服务的市场主体即可成为经营者。由上可见，所谓竞争关系一般是指经营者经营同类商品或服务，经营业务虽有不同，但其行为违背了《反不正当竞争法》第二条的规定的竞争原则，也可以认定为具有竞争关系。

该案中，被告联通青岛公司与被告奥商网络公司均属于从事互联网相关业务的市场主体，属于反不正当竞争法意义上的经营者。提供互联网接入服务与提供搜索服务，两者虽属于不同的网络服务，但是网络接入服务提供商利用其提供互联网接入服务的条件，单独或者与其他网络服务提供者共同对服务对象的搜索请求进行了人为干预，所以，联通青岛公司实施的在百度搜索结果出现之前弹出广告的商业行为与百度公司的付费搜索模式存在竞争关系。

二、"诚实信用"原则作为一般条款对不正当竞争行为进行规制的适用条件

《反不正当竞争法》第二章对不正当竞争行为进行了列举式规定，对于那些没有在具体条文中规定的行为，且在市场竞争中存在商业联系的经营者，违反诚信原则和公认商业道德，不正当地妨碍了其他经营者正当经营，并损害其他经营者合法权益的，可以依照《反不正当竞争法》第二条的原则性规定，认定为不正当竞争。但法院在判断时应当遵循以下原则，即对于法律未作特别规定的竞争行为，只有按照公认的商业标准和普遍认识能够认定违反原则性规定时，才可以认定为不正当竞争行为，防止因不适当扩大不正当竞争范围而妨碍自由、公平竞争。也即是说，反不正当竞争法制止的是以不正当手段进行的竞争，认定不正当竞争手段的商业道德标准显然是商业"职场"的是与非、对与错的标准，即商业伦理标准，而不是日常生活意义上的高尚道德标准。

该案作为最高人民法院公布的十大案例，给出了"诚实信用"原则作为一般条款对不正当竞争行为进行规制的适用条件：一是法律对该种竞争行为未作出特别规定；二是其他经营者的合法权益确因该竞争行为而受到了实际损害；三是该种竞争行为因确属违反诚实信用原则和公认的商业道德而具有不正当性或者说可责性。

该案中，尽管在互联网上发布广告、进行商业活动与传统商业模式有较大差异，但是从事互联网业务的经营者仍应当通过诚信经营、公平竞争来获得竞争优势，不能未经他人许可，利用他人的服务行为或市场份额来进行商业运作并从中获利。联通青岛公司利用百度网站搜索引擎在我国互联网用户中被广泛使用的情况，利用技术手段，在百度搜索结果出现之前强行弹出其投放的与搜索的关键词及内容有紧密关系的广告页面，影响了百度公司按照自己意志向网络用户提供搜索服务与推广服务，也会导致百度网站搜索客户的流失，属于利用百度公司提供的搜索服务来为自己牟利的行为。该行为既没有征得百度公司同意，又违背了使用其互联网接入服务使用者的意志，损害了百度公司的合法利益，还会导致上网用户误以为弹出的广告页面系百度公司所为，使上网用户对百度公司所提供服务的评价降低，对百度公司的商业信誉产生不利影响。同时，也违背了诚实信用、公平交易的市场行为准则和公认的商业道德。因而，两审法院依照《反不正当竞争法》第二条的规定认定联通青岛公司、奥商网络公司的行为构成不正当竞争。

（撰稿人：罗素云　邓卓）

自媒体行业中"知名服务"与"特有名称"的认定

——尚客圈（北京）文化传播有限公司诉为你读诗（北京）科技有限公司等擅自使用知名服务特有名称纠纷案

◎ **关键词**

不正当竞争行为　禁止仿冒　知名服务特有名称

◎ **裁判要点**

综合考虑尚客圈公司微信公众号"为你读诗"用户数量、持续宣传的时间和程度、媒体报道等因素，可以认定微信公众号"为你读诗"在被诉行为发生时已达到知名程度，从而构成知名商品。同时，"为你读诗"虽为短句，但在微信公众号"为你读诗"使用该名称前，并无其他经营者以该名称提供类似服务。"为你读诗"经过尚客圈公司的持续性使用，具有了较强的区分服务来源功能，该服务名称的使用，已起到很强的区分服务来源的功能。尚客圈公司微信公众号"为你读诗"四个字构成知名服务的特有名称。

◎ **相关法条**

《反不正当竞争法》第五条第（二）项

《最高人民法院关于审理不正当竞争民事案件应用法律若干问题的解释》第一条

◎ **案件索引**

一审：（2015）朝民（初）字第 46540 号（裁判日期：2016 年 1 月 4 日）

二审：（2016）京 73 民终 75 号（裁判日期：2016 年 5 月 23 日）

◎ **基本案情**

原告尚客圈（北京）文化传播有限公司（简称"尚客圈公司"）诉称，尚客圈公司自 2013 年 6 月 1 日起，正式推出"为你读诗"文化项目及微信公众号。该微信公众号中文名称系"为你读诗"，英文名称为"the poem for you"。微信公众号"为你读诗"

属于知名商品，且"为你读诗"还构成微信公众号"为你读诗"的特有名称。被告为你读诗（北京）科技有限公司（简称"为你读诗公司"）在苹果应用商店发布一款APP，名为"为你读诗"，被告首善文化公司创建名为"为你读诗客户端"的微信公众号。上述 APP 和微信公众号的推出，具有明显"搭便车"的主观恶意和行为特征。故尚客圈公司请求法院判令为你读诗公司等被告立即停止擅自使用"为你读诗"名称的不正当竞争行为，赔偿尚客圈公司经济损失 500 万元并承担该案诉讼费用。

被告为你读诗公司及首善文化公司辩称：其不同意尚客圈公司的诉讼请求。第一，"为你读诗"是短句，是通用名称，并不具有独特性。第二，为你读诗公司注册的企业名称、进行软件著作权登记使用的名称，首善文化公司使用的新浪微博名称及微信公众号名称均是依法注册的，得到相关部门认可，应受到法律保护。第三，尚客圈公司的索赔没有法律及事实依据。综上，请求法院驳回原告全部诉讼请求。

◉ **法院经审理查明**

尚客圈公司自 2013 年 6 月 1 日成立微信公众号"为你读诗"以来，每天以配乐加朗读的形式推送一期读诗作品。截至 2014 年 9 月 16 日，通过上述微信公众号，尚客圈公司共发布 473 期节目，诗歌朗读者含各行业精英与明星，新华网、网易读书频道、光明网、《北京青年报》等多家媒体对参与朗诵诗歌者的朗诵活动以及微信公众号"为你读诗"进行了报道。上述报道在使用"为你读诗"时，均将其指代为微信公众号"为你读诗"。截至该案起诉，微信公众号"为你读诗"中的关注者数量显示已达 136万余人，热门作品显示日均阅读和点播量超十万次。2014 年 9 月 16 日，首善（北京）音乐创意有限公司（后更名为"为你读诗公司"）在苹果应用商店推出为你读诗APP。2015 年 1 月 1 日，首善文化公司创建名为"为你读诗官方客户端"的微信公众号。

◉ **判决结果**

一审：（1）被告为你读诗公司立即停止在其涉案手机软件名称上使用"为你读诗"字样；（2）被告为你读诗公司立即停止在其企业名称中使用"为你读诗"字样；（3）被告首善文化公司立即停止在其涉案微信公众号名称中使用"为你读诗"字样；（4）被告为你读诗公司、首善文化公司于判决生效之日起七日内连带赔偿原告尚客圈公司损失二十万元整；（5）驳回原告尚客圈公司其他诉讼请求

二审：维持一审判决

回 裁判理由

从双方经营模式上看，微信公众号"为你读诗"与"为你读诗"APP 二者的服务同以手机为载体，服务对象同为移动平台客户，服务内容又局限在"诗歌"这一相对小众的题裁上，尤其是在该案中，尚客圈公司通过微信公众号所提供的核心服务——朗诵诗歌供订阅者收听——可完全被为你读诗公司的 APP 所涵盖。从这一点来看，二者构成直接的竞争关系。在市场经济环境下，经营者的竞争行为必须受《反不正当竞争法》的规制，应当遵循诚实信用原则，遵守公认的商业道德。对于市场中的知名商品特有名称，经营者不得擅自使用，否则将构成不正当竞争行为。

根据查明的事实，尚客圈公司于 2013 年 6 月 1 日推出"为你读诗"微信公众号后，推出后即受到各大媒体的多次宣传报导，从而在短时间内获得了大量的关注。综合考虑微信公众号"为你读诗"的用户数量、持续宣传的时间和程度等因素，结合多数媒体对其报道时加以双引号予以特指的事实，可以认定微信公众号"为你读诗"在 2014 年 9 月 16 日为你读诗公司推出为你读诗 APP 前已达到知名程度，从而构成知名商品。

《反不正当竞争法》规定的知名服务名称的特有性，是指该服务名称能够起到区别服务来源的作用，而不是指该服务名称必须具备新颖性或独创性。从其名称看，"为你读诗"虽为短句，但在微信公众号"为你读诗"使用该名称前，并无其他经营者通过设置微信公众或其他移动平台的方式以该名称提供类似服务。因此，"为你读诗"并非商品或服务的通用名称。"读诗"二字不具有显著性，但"为你读诗"的组合，具有一定显著性，且经过尚客圈公司的持续性使用，更具有了较强的区分服务来源功能。可见，"为你读诗"服务名称的使用，已起到很强的区分服务来源的功能。故此，法院认定"为你读诗"已构成知名商品的特有名称。

尚客圈公司作为微信公众号"为你读诗"的运营主体，为该微信公众号的推广付出了大量劳动成果，使得其成为特有的知名商品。为你读诗公司直接使用"为你读诗"作为其苹果、安卓 APP 的软件名称，首善文化公司以"为你读诗客户端"为名开设微信公众号，二者以"为你读诗"为名提供的服务，足以与微信公众号"为你读诗"相混淆，该行为从而构成不正当竞争行为。

对于尚客圈公司起诉的要求为你读诗公司不得在公司名称中使用"为你读诗"作为字号的诉讼请求，为你读诗公司字号更改的时间是在微信公众号"为你读诗"产生一定影响之后，该字号使用与知名商品相同的字样，故其变更及使用行为具有一定攀附性和主观故意。同时，其字号的使用，将导致使用者误认二者服务存在关联，并有产生混淆的可能，允许其继续使用不能从根本上杜绝不正当竞争行为，故对尚客圈公司该项诉讼请求，依法予以支持。

⊙ **案例解析**

自 2012 年微信公众号功能推出以来，自媒体井喷似地出现，大量的企业品牌、个体用户都注册了微信公众号，由于原创保护和认证意识的不足，随之而来的是大量的"搭便车""傍名牌"等不正当竞争现象的出现。那么新媒体时代，如何保护知识产权？

在"为你读诗"微信公众号诉"为你读诗"手机 APP 客户端一案中，一审法院和二审法院均认定"为你读诗"微信公众号胜诉，判定经营"为你读诗"微信公众号的尚客圈公司是"为你读诗"名称的拥有者，之后开发同名 APP 的首善音乐创意公司（后更名为"为你读诗公司"）及开设微信公众号"为你读诗客户端"的首善文化公司，构成使用知名商品特有名称的不正当竞争行为。该案涉及新媒体行业中的竞争关系认定，《反不正当竞争法》中的知名商品或服务的特有名称认定等问题，该案从反不正当竞争法的领域回答了在新媒体时代，如何保护知识产权的问题。

该案涉及的核心法条是《反不正当竞争法》第五条第（二）项：经营者不能采用下列不正当手段从事市场交易，损害竞争对手：擅自使用知名商品特有的名称、包装、装潢，或者使用与知名商品近似的名称、包装、装潢，造成和他人的知名商品相混淆，使购买者误认为是该知名商品。该案处理的关键在于自媒体行业中，对于微信公众号这类服务，认定"知名服务"以及"知名服务特有名称"的标准。

关于"知名服务"的认定。《反不正当竞争法》并没有规定什么是"知名商品"，根据《最高人民法院关于审理不正当竞争民事案件应用法律若干问题的解释》第一条第一款的规定，法院认定"知名商品或服务"时，应当考虑该商品或服务的销售时间、销售区域、销售额和销售对象，进行任何宣传的持续时间、程度和地域范围，作为知名商品受保护的情况等因素，进行综合判断。需要指出的是，上述所列举的需要考虑的因素只是一种帮助判断的指引，并不是说在任何案件中都要考虑所有的因素，而应该基于个案情况，基于不同的商品种类和服务行业特点去具体考虑各种因素在案件中的作用，如果其中一种或某几种因素足以证明该商品或服务的知名度，则可以根据该因素认定其构成知名商品或服务，而无需对所有的因素都一一考虑。该案涉及网络自媒体行业中的微信公众号服务的知名度认定，尚客圈公司自成立微信公众号"为你读诗"以来，截至 2014 年 9 月 16 日共发布 473 期节目，关注者数量显示已达 136 万余人，热门作品显示日均阅读和点播量超十万次。新华网、《北京青年报》等多家媒体对其进行了报道。该案两审法院综合考虑了原告尚客圈公司提交的证据，从上述案件事实出发，认定微信公众号"为你读诗"在 2014 年 9 月 16 日为你读诗公司推出为你读诗 APP 前已达到知名程度，从而构成知名服务。该案为实践中如何认定微信公众号构成知名服务提供了参考。

关于知名服务特有名称的认定。在认定"为你读诗"微信公众号属于知名服务的基础上，还需要对"为你读诗"四个字是否构成特有名称进行判断。因为即便是知名服务，如果其名称缺乏显著性，无法起到识别作用，无法实现区分服务来源的功能，也不能通过主张《反不正当竞争法》第五条第（二）项而获得保护。实践中对于知名服务名称的特有性存在一些模糊认识，有观点认为，知名商品的名称、包装、装潢的特有性是指该商品名称、包装、装潢具有独特性，也即具备新颖性或者独创性。然而，从《反不正当竞争法》第五条第（二）项对于知名商品的特有名称、包装、装潢保护的立法目的出发，其特有性应该是指该商品的名称、包装和装潢能够起到区分商品来源的作用，对于相关消费者而言，只要该商品名称、包装和装潢能够在客观上起到区别来源的作用就具备了特有性的要求，其是否具备新颖性或独创性并不重要。商品的名称、包装和装潢具备新颖性或独创性可以帮助判断其是否具有《反不正当竞争法》第五条第（二）项规定的特有性，但并不意味着商品名称、包装和装潢不具备新颖性或独创性，就必然不符合特有性的要求。该案中，被告首善文化公司认为"为你读诗"不是尚客圈公司服务的特有名称，而属于朗诵诗歌供订阅者收听这一服务上的通用名称，该名称本身属于常见短语，不具备新颖性、独创性。对此，两审法院认为："为你读诗"虽为短句，但在微信公众号"为你读诗"使用该名称前，并无其他经营者通过设置微信公众号或其他移动平台的方式以该名称提供类似服务，且"为你读诗"经过尚客圈公司的持续性使用，具有了较强的区分服务来源功能。可见，"为你读诗"服务名称的使用，已起到很强的区分服务来源的功能。故此，认定"为你读诗"已构成知名商品的特有名称。笔者同意两审法院的观点，《反不正当竞争法》规定的知名服务名称的特有性，是指该服务名称能够起到区别服务来源的作用，而不是指该服务名称必须具备新颖性或独创性。且根据《最高人民法院关于审理不正当竞争民事案件应用法律若干问题的解释》第二条第二款的规定，服务的通用名称不认定为知名服务特有的名称，但是经过使用取得显著特征的，可以认定为特有的名称。

该案在认定"为你读诗"微信公众号为知名服务，"为你读诗"四个字为知名服务特有名称的基础上，进而认定被告直接使用"为你读诗"作为其苹果、安卓 APP 的软件名称，以"为你读诗客户端"为名开设微信公众号，足以与微信公众号"为你读诗"相混淆，被诉行为构成不正当竞争行为。该案围绕《反不正当竞争法》第五条第（二）项的规定，总结出了在互联网自媒体行业中，"知名服务"与"特有名称"的判断标准，对实践中司法判断和行业主体的自律与维权都有很好的指引作用：在互联网行业中，知名服务的认定，应全面考虑服务的性质、受众、持续宣传与推广的时间、受媒体报道的情况等因素综合认定，对于有证据证明已经有一定影响力的服务，应认定为知名服务，其所使用的可以区分服务来源的名称，应认定为知名服务的特有名称。进而擅自对该服务特有名称进行仿冒，造成混淆的，构成不正当竞争。

（撰稿人：罗素云　邓卓）

反不正当竞争法中的"企业名称"与商标权的竞合

——广东伟雄集团有限公司等诉佛山市顺德区正野电器有限公司、佛山市顺德区光大企业集团有限公司不正当竞争纠纷案

◎ **关键词**

不正当竞争行为 企业名称 注册商标

◎ **裁判要点**

根据《反不正当竞争法》第二条、第五条第（三）项的规定，将他人注册商标中相同的文字作为企业名称中的字号使用在类似商品上，致使相关公众对商品或者服务的来源产生混淆，虽不突出使用，仍构成不正当竞争行为。

企业名称特别是字号，不同于一般意义上的人身权，是区别不同市场主体的商业标识，本质上属于财产权益。原企业注销后，其债权债务由其后企业承继的，字号所产生的相关权益也由在后企业承继。在民事责任的承担上，在后商标的使用侵犯在先字号权益构成不正当竞争行为的，应当判决停止构成侵权的注册商标的使用。

◎ **相关法条**

《反不正当竞争法》第二条、第五条第（三）项

◎ **案件索引**

一审：（2001）佛中法知初字第 84 号民事判决（裁判日期：2002 年 11 月 28 日）
二审：（2003）粤高法民三终字第 17 号民事判决（裁判日期：2004 年 4 月 9 日）
再审：（2008）民提字第 36 号（裁判日期：2010 年 1 月 6 日）

◎ **基本案情**

广东伟雄集团有限公司（简称"伟雄集团公司"）、佛山市高明区正野电器实业有限公司（简称"高明正野公司"）、广东正野电器有限公司（简称"广东正野公司"）申请再审称：（1）该案是商标与企业名称冲突纠纷，佛山市顺德区正野电器有

限公司（简称"顺德正野公司"）、佛山市顺德区光大企业集团有限公司（简称"顺德光大集团公司"）违反诚实信用原则，其行为构成不正当竞争，应当适用《民法通则》《反不正当竞争法》进行调整。二审判决适用《商标法》《企业名称登记管理条例》，属适用法律不当。（2）顺德光大集团公司在后取得的"正野 ZHENGYE"注册商标与"换气扇、照明"类商品无关，但顺德正野公司却在其生产的相关产品中使用"正野"字号，公司名称也使用"正野电器有限公司"，具有使相关公众对经营主体及产品来源产生混淆的故意。（3）解决在先商标与企业名称、字号权相冲突时，应当保护在先取得的合法权利。判断被申请人的行为是否构成不正当竞争，与其字号是否驰名或著名有关，但不是必要条件。综上，请求撤销二审判决。

被申请人顺德正野公司辩称，顺德光大集团公司拥有的"正野 ZHENGYE"商标经国家工商行政管理总局商标局合法注册，依法使用。顺德正野公司使用含有"正野"字号的企业名称，也是经依法登记注册，且经顺德光大集团公司依法授权许可使用"正野 ZHENGYE"注册商标，不存在不正当竞争行为。二审法院认定事实清楚，适用法律正确。

◎ **法院经审理查明**

伟雄集团公司是申请日分别为 1994 年 8 月、1994 年 12 月的注册商标"正野 GENUINE""正野 GENUIN"的商标权人，核定使用在第 11 类：管道式排风扇、空气调节器、换气扇、消毒器等商品上。伟雄集团公司将上述两商标无偿许可高明正野公司使用。1999 年 10 月，伟雄集团公司将"正野 GENUIN"商标许可给广东正野公司。2000 年 12 月，"正野 GENUIN"商标被评为广东省著名商标。广东正野公司使用含有正野变形字体的外观设计包装和标贴对其产品进行销售，"正野"产品营销全国。

顺德光大集团公司于 1995 年 9 月 7 日成立，顺德光大集团于 1997 年 5 月 29 日申请注册"正野 ZHENGYE"商标，并于 1998 年 9 月 28 日核准注册，核定使用在第 9 类：电器插头、插座及其他接触器等商品上。1999 年 2 月 18 日，顺德光大集团公司与顺德正野公司签订商标许可合同，将"正野 ZHENGYE"商标无偿许可顺德正野公司使用。从 1999 年 10 月起，顺德正野公司在其开关插座的宣传数据、宣传报刊、经销场所、价目表、包装盒、包装袋等的显著位置上使用"正野 ZHENGYE"字样。

◎ **判决结果**

一审：（1）顺德光大集团公司、顺德正野公司在判决生效之日起立即停止使用"正野"两字；（2）顺德正野公司在判决生效之日起立即停止在其企业名称中使用"正野"字号，并向顺德区工商行政管理局申请变更企业字号，逾期不变更可由法院强制变更；（3）顺德光大集团公司、顺德正野公司在判决生效之日起三十日内在《羊城晚报》第一版刊登致歉声明，向三原告赔礼道歉，消除影响（内容须经法院核准）；（4）顺德光大集团公司、顺德正野公司在判决生效之日起十日内赔偿原告经济损失五十万元，并支付原告为该案支出的合理费用五万二千五百三十三元，合计五十五万二千五百三十三元

二审：判决撤销一审判决，驳回伟雄集团公司、高明正野公司、广东正野公司的诉讼请求

再审：（1）撤销二审判决；（2）变更一审判决第一项为：顺德光大集团公司、顺德正野公司于判决生效之日起立即停止使用侵犯高明正野公司"正野"字号权益的"正野 ZHENGYE"商标；（3）变更一审判决第二项为：顺德正野公司在本判决生效之日起立即停止在其企业名称中使用"正野"字号；（4）变更一审判决第三项为：顺德光大集团公司、顺德正野公司在判决生效之日起三十日内在《羊城晚报》第一版刊登致歉声明，向伟雄集团公司、高明正野一审公司赔礼道歉，消除影响（内容须经法院核准）；（5）变更一审判决第四项为：顺德正野公司于本判决生效之日起十日内赔偿伟雄集团公司、高明正野公司经济损失五十万元，并支付该案支出的合理费用五万二千五百三十三元，合计五十五万二千五百三十三元

◉ **裁判理由**

最高人民法院再审认为：

一、关于顺德正野公司使用与伟雄集团公司注册商标"正野 GENIUN"文字部分相同的"正野"字号是否构成不正当竞争行为

伟雄集团公司许可高明正野公司使用"正野 GENIUN"商标，通过伟雄集团公司、高明正野公司的广告宣传和相关商品的销售，在 1999 年 2 月顺德正野公司成立时，"正野 GENIUN"商标已具有一定的知名度。顺德正野公司将与他人注册商标中相同的"正野"文字作为企业名称中的字号使用，生产开关插座等产品。在建材市场及日常生活中，排风扇、换气扇与开关插座等商品的销售管道、消费对象基本相同，顺德正野公司的行为足以使相关公众对其商品或者服务的来源产生混淆。顺德正野公司使用与伟雄集团公司注册商标"正野 GENIUN"文字部分相同的"正野"字号，虽未突出使用，但仍构成不正当竞争行为。

二、关于顺德光大集团公司、顺德正野公司使用"正野 ZHENGYE"注册商标是否构成对高明正野公司"正野"字号的不正当竞争

受反不正当竞争法保护的企业名称，特别是字号，不同于一般意义上的人身权，

是区别不同市场主体的商业标识，本质上属于一种财产权益。根据一审法院查明的事实，1994年5月，原顺德市正野电器实业公司开始使用正野字号，高明正野公司于1996年5月成立。1998年4月30日，原顺德市正野电器实业公司并入高明正野公司。原顺德市正野电器实业公司注销后，其债权债务均由高明正野公司承继，字号所产生的相关权益也可由高明正野公司承继。

原顺德市正野电器实业公司于1994年5月即开始使用"正野"字号，且于1995年1月获得伟雄集团公司的授权，使用"正野 GENUIN"商标。高明正野公司成立后，也根据与伟雄集团公司的商标许可合同，使用"正野 GENUIN"商标。通过原顺德市正野电器实业公司和高明正野公司的广告宣传和相关商品的销售，"正野"字号及相关产品已具有一定的市场知名度，为相关公众所知悉。1999年2月，顺德光大集团公司将"正野 ZHENGYE"注册商标许可顺德正野公司使用，生产经营家用电风扇、插头插座、空调器等。顺德正野公司在其开关插座的宣传数据、宣传报刊、经销场所、价目表、包装盒、包装袋等的显著位置上使用"正野 ZHENGYE"字样。顺德光大集团公司、顺德正野公司使用"正野 ZHENGYE"商标的行为，足以使相关公众对商品的来源产生误认，侵犯高明正野公司在先"正野"字号权益，构成不正当竞争。

三、关于顺德正野公司使用与高明正野公司、广东正野公司相同的"正野"字号，是否构成不正当竞争行为

伟雄集团公司、高明正野公司及其前身自1995年以来在管道式排风扇、空气调节器、换气扇等产品上持续使用"正野"字号和商标，并经广告宣传和产品的销售，使该字号在相关公众中具有一定的影响。顺德正野公司与伟雄集团公司、原顺德市正野电器实业公司均在同一地区，知道"正野"商标和"正野"字号的知名度，却使用与高明正野公司企业名称字号相同的"正野"字号，生产经营电风扇、插头插座、空调器等，足以使相关公众对商品或者服务的来源产生混淆，构成不正当竞争行为。二审法院以顺德正野公司成立的时间早于2000年12月伟雄集团公司的"正野 GENIUN"注册商标被评为广东省著名商标的时间，且顺德正野公司根据顺德光大集团的许可拥有"正野 ZHENGYE"注册商标使用权，使用"正野"字号具有合法的权利基础和正当理由的认定，适用法律错误。

回 案例解析

注册商标和企业名称均是依照相应的法律程序获得的标志权利，分属不同的标志序列，依照相应法律受到相应的保护。对于注册商标与企业名称之间的纠纷，在司法实践中，法院会区分不同的情形，按照诚实信用、维护公平竞争和保护在先权利等原则，依法处理。企业名称有狭义和广义之分，狭义的企业名称是指企业名称登记法规所称的企业名称，即由行政区划、字号、行业和组织形成"四段式"组成的企业名称。广义的企业名称是指除狭义的企业名称之外，还包括企业名称的字号、简称、缩略语、代号、图形标志、外文名称等称谓。《反不正当竞争法》中的企业名称或姓名，是指参与市场交易的经营者的名称，包括各种所有制形式的企业的名称，各种组织形式的企业的名称，同事也包括了个体工商户和从事生产经营获得的事业单位的名称。对于《反不正当竞争法》中的企业名称如何界定，司法实践中存在过争议。从司法实践主流观点来看，经历了从原来将"企业名称"作狭义解释为企业营业执照上的全称，到现在对其作出了广义界定，确立了作为企业名称中最核心、最主要的部分"字号"亦能获得法律保护的裁判理念的转变。具体到该案而言，主要涉及《反不正当竞争法》中对于企业名称的保护，以及企业名称与商标权保护的竞合问题，其实质就在于涉及了字号保护的问题。

该案涉及的核心法条是《反不正当竞争法》第二条第一款：经营者在市场交易中，应当遵循自愿、平等、公平、诚实信用的原则，遵守公认的商业道德；以及第五条第(三)项：经营者不能采用下列不正当手段从事市场交易，损害竞争对手：擅自使用他人的企业名称或者姓名，引人误认为是他人的商品。该案法院的审理思路是：依据字号的知名程度是否保护，综合考虑了被侵害人的经营特色、社会关注度、经营规模等多个因素，这实际上确立了知名字号应当获得《反不正当竞争法》保护的裁判规则，在价值取向与裁判标准上对审理同类案件具有指导意义。

现在，在司法实践之中主流观点认为，在企业名称之中起到识别作用的是字号。企业名称与商标权的冲突主要体现在以下两个方面：(1)将与他人企业名称中的字号相同或者近似的文字注册为商标，引起相关公众对企业名称所有人与注册商标人的误认或者误解的；(2)将与他人注册商标相同或者近似的文字登记为企业名称中的字号，引起相关公众对商标注册人与企业名称所有人的误认或者误解的。当前，在司法实践之中，在商标权和企业名称出现冲突时，主要存有三种解决思路：第一种是企业字号与在先已注册商标相同或类似，不规范使用企业名称，在相同或者类似商品上突出使用与他人注册商标相同或相近的企业的字号，容易使相关公众产生误认的，属于给他人注册商标专用权造成其他损害的行为，依法按照侵犯商标专用权行为处理。第二种是企业字号与在先注册商标或未注册的驰名商标相同，虽未突出使用，但足以产生混淆，属于反不正当竞争的规制范围。要构成此类不正当竞争，其要件为：在先他人已注册商标或未注册的驰名商标；企业字号与该商标相同；其使用足以产生混淆。第三种是在《关于当前经济形势下知识产权审判服务大局若干意见》中，最高人民法院特别指明了超出以上两种方式的处理意见，如果注册商标和企业名称的权利冲突是由历史原因造成的，而当事人不具有恶意，不能简单认定商标侵权或不正当竞争，把历史因素和使用现状考虑在内，公平合理地解决冲突。

在司法实践之中，企业字号与企业字号的冲突较多出现在二者均已办理登记注册手续，在后登记者往往以已经合法登记为由进行抗辩。依法登记注册的企业名称即使具有合法形式，构成侵权的，也应当依法认定并处理。该案中，伟雄集团公司认为，顺德正野公司故意将原告注册商标中的文字登记为企业名称中的字号，构成了不正当竞争。顺德正野公司则认为其企业名称是经过工商行政管理机关登记等合法程序取得的，是合法的权利，不构成不正当竞争。如上所述，突出使用企业名称构成商标侵权，那么没有突出使用而是规范使用企业名称是否构成侵权呢？根据反不正当竞争法的规定，经营者在市场交易中，应当遵循自愿、平等、公平、诚实信用的原则，遵守公认的商业道德。如果注册使用企业名称本身具有不正当性，比如不正当地将他人具有较高知名度的在先注册商标作为字号注册登记为企业名称，即使规范使用仍足以产生市场混淆的，可以按照不正当竞争处理。同时，由于企业名称已经注册不当，对企业名称任何形式的使用，即使是规范的使用，也构成不正当竞争，应予以禁止。也即是说，企业名称即便是经行政主管机关依法核准，具有形式上的合法性，但是，企业名称的形式合法并不能消除其行为的违法本质。

商标和企业名称都是商业标识，都是区分不同商业主体的标志。商标是由文字、图形、字母、数字、二维标志和颜色组合，以及上述要素的组合的标志，核心在于区别不同商品或者服务来源。企业名称是由行政区划、字号、行业或者经营特点、组织形式构成，其中字号是区别不同企业的最主要的标志，在我国司法实践之中，对商号与字号视为同一含义对待，其核心在于识别不同生产者或经营者等市场主体的身份。两者都受到法律的保护，但是近年来，某些企业受利益驱动，规避法律，故意在产品包装、宣传品中突出使用与他人注册商标相近似的企业字号，使得注册商标与企业名称相冲突，企业字号与企业字号相冲突的现象不断出现。该案经过一审二审，以及最高人民法院的再审，为解决此类冲突提供了范例与指引。

（撰稿人：罗素云　邓卓）

互联网时代经营者"竞争关系"的认定

——北京爱奇艺科技有限公司诉北京极科极客 科技有限公司不正当竞争纠纷案

◙ **关键词**

经营者　竞争关系　互联网

◙ **裁判要点**

判断民事主体是否属于《反不正当竞争法》规定的"经营者",以及经营者之间是否存在"竞争关系",均不应以身份为标准,而应着眼于具体行为,分析其行为是否损害其他经营者的竞争利益。在传统经济模式下,经营者在针对同一商品或者服务领域的竞争应当认定两者存在竞争关系;在新的经济模式下,只要双方在最终利益方面存在竞争关系,亦应认定两者存在竞争关系。

◙ **相关法条**

《反不正当竞争法》第二条

◙ **案件索引**

一审:(2014)海民(知)初字第 21694 号(裁判日期:2014 年 10 月 28 日)
二审:(2014)京知民终字第 79 号(裁判日期:2015 年 2 月 13 日)

◙ **基本案情**

北京爱奇艺科技有限公司(简称"爱奇艺公司")是爱奇艺网站(www.iqiyi.com)的经营者,持有网络文化经营许可证和信息网络传播视听节目许可证。爱奇艺网站为使用者提供在线视频播放服务,在播放视频之前播放广告,收取广告费用以获取商业利益。

2013 年 12 月,爱奇艺公司发现北京极科极客科技有限公司(简称"极科极客公司")生产销售名为"极路由"的路由器,该路由器通过安装"屏蔽视频广告"插件过滤了爱奇艺网站上播放视频内容前的广告，使用者一旦使用被告路由器访问爱奇艺网站，无论是通过 PC 计算机，还是通过 iPad 终端，都可以实现屏蔽视频广告的功能。

极科极客公司是"极路由"路由器的生产者和销售者，其先后生产销售极壹、极壹 S、极贰型号的"极路由"路由器。极科极客公司在其经营的极路由网站推广"极路由"路由器时宣称："原来广告也能加速！快到你感受不到她的'存在'""和浪费生命的广告说再见""还你轻松愉快的视频体验""多款插件持续更新中……现已为每台新购买的极路由准备就绪"（其中展示有"屏蔽视频广告"插件的图示）。

原告爱奇艺公司认为：路由器的基本功能是真实全面地将相关网络内容传输给用户，不应增加、删减或改变被访问网站向使用者提供的服务内容。播放视频广告并获取相关收益，是一项应当受到保护的合法权利，极科极客公司通过一系列技术措施，主动向使用者提供"视频广告过滤"功能，大大降低了广告主投放广告的曝光率，从而影响广告主不再选择通过视频播放管道投放广告，破坏视频网站现有的生态链，破坏商业秩序，影响爱奇艺公司的正当权益。相反，极科极客公司却借此迅速获益，吸引了大量的用户购买并使用，获得了不正当经济收益，其行为应当予以制止。

被告极科极客公司则辩称，两公司分属不同的行业领域，二者提供的产品、服务及市场范围、业务领域均不相同，二者不存在竞争关系。第三方的屏蔽视频广告插件没有针对原告的网站，是对所有视频广告一律屏蔽，其目的是增强使用者的上网体验，这种技术手段理应受到尊重和保护。

诉讼过程中，爱奇艺公司向一审法院申请了行为保全，请求裁定责令极科极客公司立即停止在其销售的路由器中安装"屏蔽视频广告"插件、提供"屏蔽视频广告"插件的下载服务、"屏蔽视频广告"插件的后台运行、对外宣传其销售的路由器具有屏蔽视频广告功能等行为。一审法院向极科极客公司送达行为保全申请书三日后，极路由云平台上的"屏蔽视频广告"插件即不再屏蔽爱奇艺网站视频的片前广告，但仍可屏蔽其他网站视频的片前广告。此前已下载安装"屏蔽视频广告"插件的使用者，可自行选择是否更新。

◉ **判决结果**

一审：（1）判决生效之日起十日内，极科极客公司赔偿爱奇艺公司经济损失及合理开支共计四十万元；（2）驳回原告爱奇艺公司的其他诉讼请求

二审：驳回上诉，维持原判

◎ 裁判理由

关于双方当事人是否具有竞争关系，《反不正当竞争法》第二条第三款规定：该法所称的经营者，是指从事商品经营或者营利性服务的法人、其他经济组织和个人。在传统经济模式下，同业经营者的范围仅限于经营者在针对同一商品或者服务领域的竞争。但是随着社会经济的迅速发展进步，尤其是随着互联网行业的出现和蓬勃壮大，出现了不同于传统经济模式的双边市场。以该案为例，爱奇艺公司作为一家典型的视频播放平台的经营者，其以通过版权交易和技术手段向广大网民免费提供视频节目的播放服务，同时以网民观看视频节目同时收看的广告数量向广告主收取广告费，以此维系其版权交易和技术服务的支出，进而实现盈利。表面看，其视频播放服务是免费的，但其广告收入的多少取决于参与收看其视频节目的网民数量及次数。

《反不正当竞争法》的立法目的在于保障社会主义市场经济健康发展，鼓励和保护公平竞争，制止不正当竞争行为，保护经营者和消费者的合法权益。在传统经济模式下，经营者在针对同一商品或者服务领域的竞争应当认定两者存在竞争关系，进而适用《反不正当竞争法》。在新的经济模式下，只要双方在最终利益方面存在竞争关系，亦应认定两者存在竞争关系，适用《反不正当竞争法》。

该案中，极科极客公司所经营的是路由器硬件的生产和销售及后续网络服务领域，爱奇艺公司所经营的是视频分享网站领域，二者看似并非同业。但是，二者经营成败的核心利益都在于网络用户的数量，当其中一方利用他人的竞争优势或以使用影响他人经营模式等不正当手段增加自身网络用户时，因该行为必然会使他人网络用户减少，从而二者在各自的最终的核心利益，即网络用户的争夺方面，会产生直接影响，在此基础上，双方构成竞争关系，该案适用《反不正当竞争法》调整。

◎ 案例解析

竞争关系的界定直接决定着正当竞争行为与不正当竞争行为的边界，是否存在竞争关系，以及存在何种竞争关系，是司法实践中审理不正当竞争纠纷案件的基础和前提。关于经营者是否必须要存在竞争关系的认定，司法实践之中，经历了从严格要求经营者之间存在竞争关系为前提，到以一般具有竞争关系为前提，非竞争关系为例外的裁判理念的转变。从反不正当竞争的字面含义讲，从"竞争"或者"市场竞争"的本意来说，一般均是发生于同行业竞争者之间对于顾客或者交易机会的争夺。因此竞争关系，究其本源意义来看，也是发生于同行业竞争者之间的关系。但是，现代市场经济的发展导致市场竞争态势复杂化，出现了非同行业的市场参与人严重违反诚实信用原则，损害他人竞争能力，严重扰乱正常的市场竞争秩序的行为和现象。故，应当明确经营者和竞争关系的确定不以二者属同一行业或服务类别为限，如果二者在市场竞争中存在一定联系或者一方的行为不正当地妨碍了另一方的正当经营活动并损害其合法权益，则应肯定二者之间存在竞争关系，只要是从事商品经营或者营利性服务的市场主体即可成为经营者。由上可见，所谓竞争关系一般是指经营者经营同类商品或服务，经营业务虽有不同，但其行为违背了《反不正当竞争法》第二条规定的竞争原则，也可以认定为具有竞争关系。

在传统商业模式下，对竞争关系的理解限于狭义、直接的同业竞争关系，要求经营者之间经营的产品或服务相同或类似。而在互联网时代，行业分工逐步细化，但业务交叉却日益频繁，各种新型不正当竞争行为层出不穷，如果囿于传统的对竞争关系的理解，便难以被纳入反不正当竞争法的规制范围中。实际上，《反不正当竞争法》并未明确规定当事人之间需要存在竞争关系，而是仅在第二条第三款规定了经营者的概念：经营者是指从事商品经营或者营利性服务的法人、其他经济组织和个人。从对经营者的定义出发，审判实践中有两种不同的处理思路：一是严格按照法条规定，只有取得相应经营资格的主体才能被认定为经营者，即需经过行政管理机关登记或其他方式确认；二是对不正当竞争法的适用主体做宽泛的、广义上的理解，诉争主体可否列入扩大适用之范围，取决于该主体所从事的具体行为是否具备营利性特征。这两种观点分别体现了依照主体和依照行为判断是否满足经营者身份的裁判思路。但从法律适用的角度上，法律所调整对象并不在于主体，而在于一种法律关系，具体到反不正当竞争领域，其调整对象为市场竞争行为过程中发生的一系列经济关系，至于双方主体是否属于法律意义上之经营者，并非法律适用过程中考虑的关键点。所以，从经营者角度转变为竞争关系的角度，并且从行为入手，才是解决相关纠纷的关键。

在理论界和司法实务中常常将竞争关系限缩解释为狭义的同业竞争关系，即要求不正当竞争行为人与其他经营者在经营范围、使用者群落、盈利模式等方面完全相同或相似。实际上，这种限缩在其主营业务、所处行业的解释方式又落入了主体角度考察的窠臼，与互联网时代的商业模式格格不入。在该案中，一审、二审法院都确认，判断经营者之间有无竞争关系，应着眼于经营者的具体行为，分析其行为是否损害其他经营者的竞争利益。在崇尚注意力经济的互联网经济模式下，多数互联网商业运营都注重用户流量的培养。网络运营服务商提供免费基础服务的方式锁定使用者，向部分使用者提供增值服务，并将免费基础服务锁定的用户作为推介信息的对象，在互联网广告市场赚取利润，形成免费"基础服务＋增值收费服务＋广告收费"的经典模式。爱奇艺作为网络视频平台，在推介自己的内容服务的同时，也通过向用户流量投放广告赚取利润。极科极客公司作为路由器产品"极路由"的生产者和经营者，虽然其经营的是实体产品，但由于其通过网络进行宣传、销售、售后，并以"可以屏蔽视频网站广告"作为卖点，必然会吸引视频网站的用户购买其产品屏蔽片前广告，形成其自己的用户流量，事实上已经具有互联网企业的性质。另外，少数网络运营公司没有也从未实现盈利，而是通过增加用户数量、提高用户黏度的方式提升公司价值，以便在资本市场谋取更多的融资，其获取竞争力的关键就在于对用户锁定的深度和广度，一旦他人采用不正当的手段谋求互联网用户流量，该行为就可能扰乱整个市场的竞争秩序。正如同该案证据所示，因为其销售的数量的增长，极科极客公司其已经获得了多轮融资。

实际上，两公司经营成败的核心利益都在于用户流量，当其中一方利用他人的竞争优势或以使用影响他人经营模式等不正当手段增加自身网络用户时，因该行为必然会使他人网络用户减少，从而二者在各自的最终的核心利益，即网络用户的争夺方面，会产生直接影响。从广义的视角看，在互联网时代，市场上的主体皆有存在竞争的可能，竞争关系的认定必然要回归行为的判断，而不能限于同业竞争；但同时，也不可过分扩张，互联网的发展、创造与创新需要在一定程度上模仿和利用他人劳动成果。一旦对于不正当竞争行为的认定过于宽泛，必然会打击互联网行业创新的积极性，如何在司法实践中把握这个边界，需要法官在个案中予以仔细考察与衡量。

（撰稿人：王曹翼　邓卓）

商业机会在反不正当竞争法中获得保护的法律基础

——杭州广汇企业管理咨询有限公司诉杭州近湖物业
管理有限公司不正当竞争纠纷案

◙ **关键词**

不正当竞争行为　商业机会　诚实信用原则

◙ **裁判要点**

经营者能够合理预期获得的商业机会，可以成为不正当竞争法保护的权益，以不正当手段攫取他人商业机会的行为，可以依据《反不正当竞争法》第二条予以规制。

◙ **相关法条**

《反不正当竞争法》第二条第一款

◙ **案件索引**

一审：（2013）浙杭知初字第 58 号民事判决（裁判日期：2013 年 9 月 3 日）

二审：（2013）浙知终字第 387 号民事判决（裁判日期：2014 年 2 月 25 日）

再审：（2014）民申字第 1461 号民事裁定（裁判日期：2014 年 12 月 19 日）

◙ **基本案情**

原告（二审上诉人、再审被申请人）：杭州广汇企业管理咨询有限公司（简称"广汇公司"）。

被告（二审上诉人、再审申请人）：杭州近湖物业管理有限公司（简称"近湖公司"）。

广汇公司向杭州市中级人民法院起诉认为，近湖公司违反诚实信用原则和公认的商业道德，通过不正当手段攫取广汇公司可以合理预期的商业机会，给广汇公司造成经济损失。故请求判令近湖公司：（1）立即停止利用管理者身份优势拦车预先收取停车费用的不正当竞争行为；（2）立即停止违法停车收费的不正当竞争行为；（3）赔偿经济损失五百零六万元；（4）承担该案诉讼费用。

近湖公司答辩称：（1）双方当事人均不是反不正当竞争法的适格主体；（2）近湖公司不存在不正当竞争行为；（3）广汇公司主张的赔偿数额无事实依据；（4）该案已超过诉讼时效。

◉ **法院经审理查明**

双牛大厦项目规划地面车位 16 个，地下停车位 170 个。杭州市公安消防局出具的《关于杭州双牛大厦建筑工程消防验收合格的意见》规定："大楼环形消防车道及西南侧和东南侧登高消防车操作场地应画出专线，设置醒目的禁令牌，并确保西南侧、东南侧登高场地和南侧通道不停放汽车、自行车等障碍物。"2003 年 3 月 3 日，杭州市中级人民法院依法对双牛大厦地下车库进行公开拍卖，广汇公司以19 129 411. 76元竞价取得双牛大厦地下车库 150 个车位所有权。

2005 年 4 月 13 日，广汇公司与案外人杭州建国泊车服务有限公司（简称"建国公司"）签订委托管理协议，委托建国公司管理双牛大厦的地下车库，营业收入归广汇公司。地下车库的收费标准为 15 元/3 小时，超过 3 小时，每小时加收 5 元。2010 年12 月 22 日，双牛大厦业主委员会与近湖公司签订物业管理服务合同，委托近湖公司管理物业规划红线内地面交通、车辆行驶及停泊。地面停车收费标准为 10 元/8 小时。

2011 年 11 月 4 日，《钱江晚报》报道双牛大厦被杭州消防列入消防隐患黑名单。近湖公司的保安人员未在小区车道入口旁的保安亭内实施停车收费工作，而是在小区车道入口与地下车库人口的前方位置拦车收取停车费用，并引导消费者在消防登高平台等处停车。杭州市中级人民法院到双牛大厦证据保全时，双牛大厦地面车位、消防通道及登高平台全部停满车辆，共停车 115 辆。

◉ **判决结果**

一审：（1）近湖公司立即停止实施对广汇公司的不正当竞争行为；（2）近湖公司赔偿广汇公司经济损失 73 万元；（3）驳回广汇公司的其他诉讼请求

二审：（1）维持原判第（1）项，即近湖公司立即停止实施对广汇公司的不正当竞争行为；（2）撤销原判第（2）项、第（3）项；（3）近湖公司赔偿广汇公司经济损失一百零九万元；（4）驳回广汇公司的其他诉讼请求

再审：裁定驳回近湖公司的再审申请

◉ **裁判理由**

浙江省杭州市中级人民法院经审理认为：（1）关于广汇公司与近湖公司是否为该

案适格主体。广汇公司作为双牛大厦地下车库 150 个车位的所有权人，不论其是否具备停车管理服务资质，已参与到市场中进行了以营利为目的的经营活动；近湖公司亦对双牛大厦地面停车进行收费管理并从中获利，故应认定广汇公司与近湖公司均属于反不正当竞争法所规定的经营者，系该案适格主体。（2）关于近湖公司是否构成不正当竞争。其一，该案可以适用《反不正当竞争法》第二条作为法律依据。其二，近湖公司预先拦车收取停车费用并引导车主在地面停车，剥夺了消费者的自由选择权，且近湖公司未经相关行政管理部门批准，擅自将消防通道、消防登高平台及部分绿地用作收费停车场地，造成广汇公司地下车库停车收益商业机会的减少，损害了广汇公司的合法权益。其三，近湖公司的被诉行为违反《浙江省消防条例》等相关规定，有违泊车行业经营者应普遍遵循的行为标准和公认的商业道德，构成不正当竞争。

浙江省高级人民法院经审理认为：（1）关于广汇公司、近湖公司是否属于反不正当竞争法所调整的主体。该案中，广汇公司基于地下车库车位所有权，所能够合理预期获得的商业机会，可以受到反不正当竞争法保护，其属于反不正当竞争法意义上的经营者；近湖公司作为双牛大厦地面停车收费活动的实际管理者，经营双牛大厦地面停车服务并获取对价，具有相应的营利目的，亦属于反不正当竞争法意义上的经营者。（2）关于近湖公司的被诉行为是否构成不正当竞争。在广汇公司与近湖公司之间就双牛大厦的停车收费活动存在直接竞争关系的前提下，近湖公司所实施的被诉行为，既未能有效保障消费者在进行交易时已准确、全面地了解双牛大厦的停车信息情况，干扰了消费者的自主选择权，又必然会攫取广汇公司就 150 个合法地下车库车位可以合理预期获得的商业机会，损害广汇公司的经营利益和竞争优势。特别是近湖公司采取的竞争手段违反了《浙江省消防条例》等的相关规定，背离了物业服务企业应遵循的行业惯常行为准则和公认的商业道德，扰乱了公平竞争秩序，具有不正当性，应当依据《反不正当竞争法》第二条认定该行为构成不正当竞争。

最高人民法院认为：（1）关于近湖公司、广汇公司是否属于反不正当竞争法调整的适格主体。广汇公司作为地下车库相关车位的所有权人，具有获得相应商业机会的合理预期，该种利益受到反不正当竞争法保护，亦因此使得广汇公司成为反不正当竞争法意义上的经营者。近湖公司从事双牛大厦地面停车的收费管理并从中获得利益，其行为具有营利目的。就双牛大厦业主或其他消费者的停车收费这一商业机会而言，广汇公司与近湖公司之间存在直接、特定的竞争关系，二者均属于反不正当竞争法所调整的适格主体。（2）关于近湖公司是否存在一审、二审法院所认定的不正当竞争行为。近湖公司在实际经营活动中，超出大厦规划范围内的 16 个地面停车位，在消防通道、登高平台、绿地等位置设置和增加车位，并通过预先拦车收费、引导车主地面停车等方式，未能使消费者在交易时准确、全面了解双牛大厦停车位的真实信息，干扰了消费者的自主选择权，并攫取了广汇公司就其合法拥有的 150 个地下车库车位所能够合理期待的商业机会，损害了广汇公司的经营利益和竞争优势，构成不正当竞争。

◙ 案例解析

该案为一起典型的依据《反不正当竞争法》第二条有关诚实信用原则的一般性条款，对以不正当手段攫取他人商业机会的行为予以规制的案件。《反不正当竞争法》第二条作为一般条款，其核心要素就是诚信原则，其本质在于反不正当竞争行为的"不正当性"或者是"反竞争性"主要是指市场竞争者违反了诚实信用原则和社会普遍认可的商业道德。根源在于《反不正当竞争法》第二章列举的不正当竞争行为无法穷尽，故对于法律未作特别规定的竞争行为，如果按照公认的商业标准认定违反了《反不正当竞争法》第二条诚实信用原则的规定，则可认定为不正当竞争行为，以维护公平的竞争秩序。也即是说，对没有专门规定予以禁止的行为，如果确属违反诚信或公认的商业道德、商业惯例并且有损害事实，不制止不足以维护公平竞争秩序时，可以予以制止。

众所周知，反不正当竞争法立法所采取的列举式导致其所规定的不正当竞争行为有限，但是随着市场竞争的日趋激烈，涉及商业机会的不正当竞争纠纷日益增多，不正当竞争行为层出不穷，如何规则成为司法实践无法避免的挑战。正如在该案之中所涉的商业机会，其并非反不正当竞争法所明确保护的权益类型。所谓商业机会是经营者实现未来具体的某一商业交易并获取商业利益的可能性，商业机会是经营者实现经营目的的必须环节，其稀缺性正是市场竞争行为产生的根源。关于商业机会能否获得反不正当竞争法保护。在正常情况下能够合理预期获得的商业机会，可以形成竞争优势，促成商业交易，但需要注意的是，在反不正当竞争法上，一种利益应受保护并不构成该利益的受损方获得民事救济的充分条件。商业机会虽然作为一种可以受到反不正当竞争法所保护的法益，但本身并非一种法定权利，而且交易的达成并非完全取决于单方意愿而需要交易双方的合意。基于商业机会的开放性和不确定性，经营者之间争夺商业机会是市场竞争的常态，经营者在竞争中获取其他经营者的商业机会本身并不当然具有可责难性。因此，他人可以自由参与竞争来争夺交易机会。竞争对手之间彼此进行商业机会的争夺是竞争的常态，也是市场竞争所鼓励和提倡的。对于同一交易机会而言，竞争对手之间一方有所得另一方即有所失。利益受损方要获得民事救济，还必须证明竞争对手的行为具有不正当性。只有竞争对手在争夺商业机会时不遵循诚实信用的原则，违反公认的商业道德，通过不正当的手段攫取他人可以合理预期获得的商业机会，才为反不正当竞争法所禁止。

该案中，广汇公司基于地下车库车位所有权能够合理预期获得的商业机会，属于反不正当竞争法所保护的权益范畴。近湖公司所实施的被诉行为，会攫取广汇公司合理预期获得的商业机会，损害了广汇公司的经营利益和竞争优势，且近湖公司采取的竞争手段背离了物业服务企业应遵循的行业惯常行为准则和公认的商业道德，扰乱了公平竞争秩序，具有不正当性，应当依据《反不正当竞争法》第二条认定该行为构成不正当竞争。

因此，评判商业机会能否获得反不正当竞争法保护的关键，在于经营者获取商业机会过程中所采用的竞争手段是否具有不正当性，即是否符合诚实信用原则和公认的商业道德，并且在反不正当竞争法意义上，诚实信用原则与公认的商业道德具有共通性，强调按照特定商业领域中市场经营者即经济人的伦理标准加以评判。为妥善处理自由竞争与公平竞争的关系，准确把握诚实信用原则和公认的商业道德的评价标准十分必要。毕竟，市场竞争本来具有牟取私利甚至"损人利己"的属性，反不正当竞争法制止的是以不正当手段进行的竞争，认定不正当竞争手段的商业道德标准显然是商业"职场"的是与非、对与错的标准，即商业伦理标准，而不是日常生活意义上的高尚道德标准。针对高新技术领域市场竞争激烈、新类型不正当竞争行为频发的新情况、新特点，妥善运用反不正当竞争法的原则条款，以诚实信用原则和公认的商业道德为基本标准，有效遏制各种乘车模仿、阻碍创新的新类型不正当竞争行为，为形成公平诚信的竞争秩序提供及时有力的司法规范和引导。

但是，本文在此还要提醒的是，关于《反不正当竞争法》第二条的规定，在司法实践之中，对其作为裁判案件的依据存有较大争议，原因在于《反不正当竞争法》第二条属于原则性规定，司法实践的操作性不强，从而导致对《反不正当竞争法》第二条的规定的适用有所顾忌。因此，对于《反不正当竞争法》未明文列举的不正当竞争行为，法院可以依据《反不正当竞争法》第二条的规定予以认定，但是一定要严格其适用标准。只有对于那些确实危害市场秩序的行为，才能认定其不正当竞争性。如果把口子开得过大过宽，就可能与知识产权保护的立法政策不协调。准确把握反不正当竞争法的立法精神和适用条件，既要与时俱进，对市场上新出现的竞争行为，适用反不正当竞争法的原则规定予以规范和调整；又要严格依法，对于法律未作特别规定的竞争行为，只有按照公认的商业标准和普遍认识能够认定违反反不正当竞争法的原则规定时，才可以认定为不正当竞争行为，防止因不适当扩大不正当竞争行为方式范围而妨碍自由、公平竞争。

（撰稿人：罗素云　邓卓）

互联网行业中网络平台提供方与第三方应用的竞争行为的正当性

——北京微梦创科网络技术有限公司诉北京淘友天下技术有限公司、
北京淘友天下科技发展有限公司不正当竞争纠纷案

◪ 关键词

不正当竞争　用户数据信息　OpenAPI　商业诋毁

◪ 裁判要点

互联网中第三方应用通过开放平台例如 OpenAPI 模式获取用户信息时应坚持"用户授权+平台授权+用户授权"的三重授权原则，第三方应用未经用户同意且未经开放平台授权，获取并使用平台用户信息的行为，构成不正当竞争行为。互联网行业中，一方披露另一方负面信息时，虽能举证证明该信息属客观、真实，但披露方式显属不当，且足以误导相关公众产生错误评价的行为构成商业诋毁。

◪ 相关法条

《反不正当竞争法》第二条、第十四条、第二十条
《侵权责任法》第十五条

◪ 案件索引

一审：（2015）海民（知）初字第 12602 号（裁判日期：2016 年 4 月 26 日）
二审：（2016）京 73 民终 588 号（裁判日期：2016 年 12 月 30 日）

◪ 基本案情

原告北京微梦创科网络技术有限公司（简称"微梦公司"）诉称，微梦公司独立运营新浪微博，北京淘友天下技术有限公司、北京淘友天下科技发展有限公司（统一简称"二淘友公司"）共同运营脉脉软件。新浪微博与脉脉软件同属于社交类软件，二淘友公司与微梦公司存在竞争关系。二淘友公司通过脉脉软件对微梦公司实施了四

项不正当竞争行为：第一，非法抓取、使用新浪微博平台用户信息，包括头像、名称（昵称）、职业信息、教育信息及用户自定义卷标、用户发布的微博内容；第二，通过脉脉用户手机通讯簿中联系人，非法获得、非法使用这些联系人与新浪微博用户的对应关系；第三，模仿新浪微博的加 V 认证机制及展现方式；第四，对微梦公司进行商业诋毁。二淘友公司的不正当竞争行为造成新浪微博开放平台计划运营受阻，微博用户误认为微梦公司措施不当导致信息泄露，致使使用者流失、活跃度下降，损害微梦公司声誉，直接影响微梦公司运营收入。故请求法院判令二淘友公司：（1）立即停止四项不正当竞争行为；（2）在 www. maimai. cn 网站首页显著位置及 APP 应用显著位置连续三十天刊登声明，消除影响；（3）赔偿微梦公司经济损失1 000万元及合理开支三十万元（合理开支包括律师费二十万元、公证费等其他费用十万元）。

二淘友公司共同辩称：（1）二淘友公司一直遵守《开发者协议》，由于微梦公司的关联公司负责人向二淘友公司法定代表人提出非法要求未获同意，微梦公司将二淘友公司的微博接口关停。（2）二淘友公司与微梦公司非同业竞争者，不存在竞争关系。（3）微梦公司的开放平台授权二淘友公司可以获取新浪微博用户的相关信息，二淘友公司未绕开新浪微博的开放接口抓取用户数据，二淘友公司未获取被授权用户联系方式中的邮箱等联系方式，联系方式中的手机号不是从新浪微博获取的。（4）微梦公司提出二淘友公司取得的非授权用户信息，并非全部从新浪微博获得，二淘友公司从新浪微博网页获取的未授权用户信息系基于与微梦公司的合作关系，也已经取得用户的同意，且仅针对授权用户显示，不向不特定的第三方用户显示，并非针对微梦公司的不正当竞争行为。（5）二淘友公司未抄袭新浪微博的设计及相关内容，也未诋毁微梦公司的商誉。（6）除了律师费和公证费外，微梦公司未提交任何证据证明其经济损失。二淘友公司不同意微梦公司的诉讼请求。

◉ **法院经审理查明**

微梦公司是新浪微博的经营人，是网站 www.weibo.com、www.weibo.com.cn、www.weibo.cn 的备案人，获得网络文化经营许可证，二淘友公司共同经营脉脉软件及脉脉网站（网址为 http：//maimai. cn），双方签订《开发者协议》通过微博平台 OpenAPI 进行合作，合作期自 2013 年 9 月 11 日至 2014 年 8 月 15 日。合作期间内，二淘友公司超出合作权限获取并使用新浪微博用户的职业信息、教育信息；双方合作结束后，二淘友公司对从新浪微博获取的非脉脉使用者的信息进行了清理，但截至 2014 年 9 月脉脉软件中仍显示部分非脉脉用户的新浪微博用户信息。二淘友公司未经新浪微博的授权及新浪微博用户的同意，展示了脉脉用户手机通讯簿联系人与新浪微博用户的对应关系。脉脉软件对其用户采用了加 V 认证标识，但并非抄袭新浪微博的加 V 设计。二淘友公司在脉脉网站、脉脉软件及第三方网站上发表声明"因新浪微博今日要求交出用户数据才能继续合作，我们拒绝接受……用户隐私是底线，脉脉无法接受与用户数据有关的任何要求，我们选择关闭微博登录!"所用配图有新浪微博标识被加禁止符号。

◎ 判决结果

一审：（1）二淘友公司停止涉案不正当竞争行为；（2）本判决生效之日起三十日内，二淘友公司共同在脉脉网站（网址为 www.maimai.cn）首页、脉脉客户端软件首页连续四十八小时刊登声明，就该案不正当竞争行为为原告微梦公司消除影响（声明内容须经法院审核，逾期不履行，法院将根据微梦公司申请，在相关媒体公布判决主要内容，费用由二淘友公司承担）；（3）判决生效之日起十日内，二淘友公司共同赔偿微梦公司经济损失二百万元及合理费用二十万八千九百九十八元；（4）驳回原告微梦公司的其他诉讼请求

二审：维持

◎ 裁判理由

互联网中第三方应用通过开放平台如 OpenAPI 模式获取用户信息时，应坚持"用户授权+平台授权+用户授权"的三重授权原则。该案二淘友公司与微梦公司通过新浪微博平台 OpenAPI 进行合作，二淘友公司未经新浪微博用户的同意，且未取得新浪微博的授权，获取并使用新浪微博用户的职业信息、教育信息，侵犯了微梦公司的竞争优势，破坏了互联网行业的公平竞争秩序，构成《反不正当竞争法》第二条规定的不正当竞争行为。在现阶段技术手段无法实现相应技术效果的情况下，技术实施者有义务就其采取的具体技术手段进行举证。该案二淘友公司是否通过脉脉用户手机通讯簿联系人展示与新浪微博用户的对应关系，在现有技术手段无法实现如此高精准和极具个性化信息的匹配关系时，二淘友公司无法举证如何获得该种对应关系，应当对此承担举证不能的不利后果。在互联网环境中，一方披露另一方负面信息时，虽能举证证明该信息属客观、真实，但披露方式显属不当，且足以误导相关公众产生错误评价的行为构成商业诋毁。该案二淘友公司没有客观、完整地披露其与微梦公司终止合作的前因后果，其公开发表的声明将会误导新浪微博用户及其他相关公众，对微梦公司产生泄露用户信息及以交换用户数据为合作条件的错误评价，进而导致新浪微博的信用度降低，影响微梦公司的商业信誉，故二淘友公司的前述行为构成对微梦公司的商业诋毁。

◎ 案例解析

该案是目前国内首例涉及互联网用户数据信息的不正当竞争纠纷案件，因涉及互联网用户个人资料信息的商业化利用及互联网新技术手段和新商业模式的评判使得该案兼具技术查明、法律适用及利益平衡三重难题。该案虽以现行《反不正当竞争法》为法律依据，但亦充分考虑了《反不正当竞争法（送审稿）》及本领域专家对于《反不正当竞争法》的修订的相关意见。同时，虽然《网络安全法》尚未生效，但其中关于保护个人信息的相关规定亦为该案所吸纳。此外，该案在审理时还查阅了目前世界各国关于个人用户信息保护以及商业化利用的相关规定及案例，亦从比较法的视角总结提炼涉及用户数据信息商业化使用时的基本商业道德和行业惯例。

一、互联网行业中适用《反不正当竞争法》第二条的六个条件

基于互联网行业中的技术形态及市场竞争模式与传统行业存在显著差别，为保障新技术和市场竞争模式的发展空间，互联网行业中适用《反不正当竞争法》第二条更应秉持谦抑的司法态度，需要满足以下六个条件才可适用：（1）法律对该种竞争行为未作出特别规定；（2）其他经营者的合法权益确因该竞争行为而受到了实际损害；（3）该种竞争行为因确属违反诚实信用原则和公认的商业道德而具有不正当性；（4）该竞争行为所采用的技术手段确实损害了消费者的利益；（5）该竞争行为破坏了互联网环境中的竞争秩序，从而引发恶性竞争或者具备这样的可能性；（6）对于互联网中利用新技术手段或新商业模式的竞争行为应首先推定具有正当性，不正当性需要证据加以证明。

二、网络平台提供方可以对在用户同意的前提下基于自身经营活动收集并进行商业性使用的用户数据信息主张权利

互联网时代，用户信息已成为数字经济中提升效率、支撑创新最重要的基本元素之一。数据的获取和使用，不仅能成为企业竞争优势的来源，更能为企业创造更多的经济效益，是经营者重要的竞争优势与商业资源。网络平台提供方可以就他人未经许可擅自使用其经过用户同意收集并使用的用户数据信息主张权利。该案中，新浪微博用户的职业信息、教育信息等信息，不仅是微梦公司重要的商业资源，能够为微梦公司创造更多的经济效益，还是微梦公司的竞争优势来源。因此，微梦公司作为网络平台提供方，可以就二淘友公司未经许可擅自使用其经过用户同意收集并使用的用户数据信息主张权利。

三、保护消费者利益与不正当竞争之间的关系

一种行为如果损害了消费者的权益但没有对公平竞争秩序构成损害，则不属于不正当竞争行为，消费者可以通过其他法律维护自己的权益，不正当竞争必然与竞争行为联系在一起。但是，消费者作为竞争行为的作用对象，是竞争结果和市场产品的承受者，提升消费者福利是法律追求的最终目标，认定竞争行为是否正当最终要看是否有利于提升消费者福利。在依据《反不正当竞争法》第二条认定不正当竞争行为时，应当将是否损害消费者利益作为重要判断标准。《反不正当竞争法》第二条认定互联网中的竞争行为是否属于不正当竞争行为时需要综合考虑经营者、消费者和社会公众的利益，需要在各种利益之间进行平衡。在我国市场竞争行为中，判断某一行为是否正当需要考虑保护经营者和消费者的合法权益。不正当性不仅仅只是针对竞争者，不当地侵犯消费者利益或者侵害了公众利益的行为都有可能被认定行为不正当。在具体案件中认定不正当竞争行为，要从诚实信用原则出发，综合考虑涉案行为对竞争者、消费者和社会公众的影响。

四、互联网不正当竞争纠纷中被诉行为采取的技术手段的举证责任分配问题

涉及互联网不正当竞争纠纷中被诉行为本身所采取的技术手段的认定应适用举证责任分配的一般规则，即"谁主张谁举证"。在现阶段技术手段无法实现相应的技术效果的情况下，技术实施者有义务就其采取的具体技术手段进行举证。该案中，微梦公司主张二淘友公司通过 OpenAPI 以外的非法手段抓取新浪微博用户的职业信息和教育信息，对此应由微梦公司进行举证。微梦公司对于前述信息是否被爬虫手段或其他手段抓取均不能提供证据，应当承担举证不能的不利后果。此外，微梦公司主张二淘友公司通过脉脉用户手机通讯簿中联系人展示与新浪微博用户的对应关系，但在二淘友公司无法举证如何获得该种对应关系的情况下，且现有技术手段无法实现如此高精准和极具个性化信息的匹配关系时，二淘友公司有义务说明其采取何种技术手段及如何实现该种匹配关系的计算。对于技术问题的查明，法院应当充分运用举证规则，从证据优势的角度判断法律事实而不能直接基于常理进行推断。

五、第三方应用通过开放平台例如 OpenAPI 模式获取用户信息时应坚持"用户授权+平台授权+用户授权"的三重授权原则

OpenAPI 是一种新型的互联网应用开发模式，互联网企业在运用 OpenAPI 开展合作开发时，应事先取得用户的同意再收集并利用相关信息。第三方应用基于 OpenAPI 合作模式利用用户信息时，除应取得网络平台提供方同意外还应再次取得用户的同意，尊重用户的自由选择权。该案中，微梦公司作为网络平台提供方，二淘友公司作为第三方应用，应当遵守双方签订的《开发者协议》，在读取和运用用户数据时，以"用户同意+平台同意+用户同意"的三重同意为原则，以保护用户的隐私权、知情权和选择权为底线，以公平、诚信为行为准则，维护互联网络的公平竞争秩序，实现数据经济的合作共赢。

六、互联网中收集利用用户数据信息应遵循合法、正当、必要的原则，网络运营者应尽到管理义务

涉及互联网中获取并使用用户信息的基本原则是"使用者明示同意原则+最少够用原则"。网络运营者是网络建设与运行的关键参与者，在保障网络安全中具有优势和基础性作用，应当遵循合法、正当、必要的原则，尽到网络运营者的管理义务：（1）制定内部数据信息安全管理制度和操作规程，确定网络安全负责人，落实网络数据信息安全保护责任；（2）采取防范计算机病毒和网络攻击、网络侵入等危害网络数据信息安全行为的技术措施；（3）采取监测、记录网络运行状态、网络安全事件的技术措施，并按照规定留存相关的网路日志；（4）采取数据分类、重要数据备份和加密等措施；（5）制定网络安全事件应急预案，及时处置系统漏洞、计算机病毒、网络攻击、网络侵入等安全风险。第三方应用开发者作为网络建设与运行的重要参与者，在收集、使用个人资料信息时，应当遵循诚实信用的原则及公认的商业道德，取得用户明示同意并经网络运营者授权后合法获取、使用数据信息。同时，收集和使用用户信息时应坚持最少够用原则，网络运营者不得收集与其提供的服务无关的个人信息。

该案中，法律对互联网中网络平台提供者和第三方应用的竞争行为未作出特别规定，但二淘友公司非法获取、使用新浪微博用户职业信息、教育信息的行为违反了诚实信用原则和公认的商业道德，二淘友公司获取、使用脉脉用户手机通讯簿联系人与新浪微博用户对应关系所采用的技术手段损害了新浪微博用户的合法利益，微梦公司的竞争优势及商业信誉因二淘友公司的不正当竞争行为而受到了实际损害，二淘友公司的不正当竞争行为破坏了 OpenAPI 的竞争秩序，具有引发互联网行业恶性竞争的可能性。因此，二淘友公司违反了《反不正当竞争法》第二条的规定，构成不正当竞争行为。

（撰稿人：田芬）

经营者虚假宣传行为的认定

——北京黄金假日旅行社有限公司诉携程
计算机技术（上海）有限公司等虚假宣传纠纷案

◎ **关键词**

不正当竞争行为　虚假宣传行为

◎ **裁判要点**

判断行为人是否属于实际从事机票销售代理业务，应当以机票上的出票人为准，而不能将提供与机票销售相关的预订、送票和收款等业务的经营者也视为民航 37 号令规定的销售代理人。因此，不能够直接认定携程计算机公司和携程商务公司存在非法经营民航客运销售代理业务的行为。同时，不论经营者是否属于违反有关行政许可法律、法规而从事非法经营行为，只有因该经营者的行为同时违反反不正当竞争法的规定，并给其他经营者的合法权益造成损害时，其他经营者才有权提起民事诉讼。即不论携程计算机公司和携程商务公司的有关经营行为是否构成非法经营，有关的宣传内容只要是对其实际经营状况和业绩的客观表述，不会引人误解的，就不构成《反不正当竞争法》第九条所称的虚假宣传行为。

◎ **相关法条**

《反不正当竞争法》第九条第一款

◎ **案件索引**

一审：（2006）冀民三初字第 3—2 号（裁判日期：2007 年 1 月 5 日）
二审：（2007）民三终字第 2 号（裁判日期：2009 年 10 月 20 日）

◎ **基本案情**

原告北京黄金假日旅行社有限公司（简称"黄金假日公司"）诉称，携程计算机公司和携程商务公司并不具有经营国际国内机票销售业务的经营许可和经营资格，却不断进行虚假宣传；康辉服务公司在河北省石家庄地区为携程计算机公司提供机票出票及送票服务，其虽然取得了《民用航空客运销售代理业务经营批准证书》，但其行为实际上使携程计算机公司和携程商务公司的虚假宣传行为得以实现，是非法转让行政许可的行为，是说明携程计算机公司和携程商务公司进行非法经营和虚假宣传的行为。携程计算机公司和携程商务公司通过携程旅行网进行国内机票销售并通过互联网取得旅客中信银行信用卡的个人信息，再由北京携程公司进行收款，北京携程公司是说明携程计算机公司和携程商务公司进行非法经营，应承担连带赔偿责任。申请将北京携程公司列为该案共同被告。故请求判令：（1）携程计算机公司和携程商务公司停止通过"携程旅行网"进行"携程拥有行业内规模最大的统一的机票预订系统；是国内领先的电子客票服务供货商，预订量名列全国前列，机票直客预订销售量也是全国领先，是名副其实的国内领先的机票预订服务平台"；"携程的机票预订、出票及送票上门的服务涵盖了国内所有重点城市。用户通过拨打携程全国免费服务电话800-820-6666，或者登录携程网站，即可在上海、北京、广州、深圳、杭州、成都、大连、青岛等43个出票城市随时随地轻松预订机票，这在全国尚属首家"的虚假宣传。（2）携程计算机公司和携程商务公司停止通过"携程旅行网"和四处散发的所谓"携程旅行网会员手册"进行"携程旅行网"是"中国旅游业首家在美国上市的公司"，"携程旅行网于2003年12月9日在美国纳斯达克成功上市"，"2006年1月携程荣获上海市工商局授予的上海市著名商标"的虚假宣传。（3）被告赔偿因其虚假宣传的不正当竞争行为给原告造成的损失五百万元。（4）携程计算机公司停止通过"携程旅行网（www.ctrip.com）"进行的各类经营活动。

被告携程计算机公司、携程商务公司、北京携程公司、康辉服务公司答辩称：（1）携程计算机公司和携程商务公司不存在虚假宣传行为，黄金假日公司混淆了机票预订和机票销售。①携程计算机公司拥有机票预订服务的经营许可；②携程计算机公司和携程商务公司通过携程旅行网和携程会员手册提供的是国内国际机票信息查询与代为预订业务，并非实施民航客运代理业务；③携程计算机公司与携程商务公司，携程计算机公司和携程商务公司与康辉服务公司以及与北京携程公司之间的合作是合法的经济合作关系；④"携程+CTRIP"商标2006年被授予"上海市著名商标"。（2）携程计算机公司等四被告的行为是合法经营，不构成对原告的侵权，不应承担赔偿损失的责任。（3）黄金假日公司诉称的"携程旅行网于2003年12月9日在美国纳斯达克成功上市""中国旅游业首家在美国上市的公司"部分，该部分属于法院已裁事实，原告再次起诉，违反了"一事不再理"的原则。黄金假日公司诉称携程计算机公司等四被告非法经营缺乏事实和法律依据，亦不属于法院管辖范围。

◎ **法院经审理查明：**

携程商务公司网站 ctrip.com 网页"关于携程"部分载有"携程是国内领先的电子客票服务供货商，预订量名列全国前列，机票直客预订销售量也全国领先，是名副其实的国内领先的机票预订服务平台。""2006 年 1 月，携程荣获上海市工商局授予的'上海市著名商标'。"在"携程出票城市达到 43 个"一文中，载有"截止到 2005 年 7 月，携程的机票预订、出票及送票上门的服务涵盖了国内所有重点城市。用户通过拨打携程全国免费服务电话 800-820-6666，或者登录携程网站，即可在上海、北京、广州、深圳、杭州、成都、大连、青岛等 43 个出票城市随时随地轻松预订机票，这在全国尚属首家。""43 个预订出票城市、全国统一的机票预订中心有力地体现了携程机票预订业务的专业性和规模性。依托庞大的预订出票网络和专业优质的服务，携程的机票业务发展蒸蒸日上，据悉，目前携程每月的机票预订量达 20 万张。"在"国际机票异地出发本地取票携程打造国际机票预订新模式"一文中，载有"携程目前已与国内三大航空集团及主要境外航空公司和机票代理建立了良好的合作关系，建有全国统一的预订服务中心，提供国际、国内所有航线的机票预订服务，并在北京、上海、广州、深圳等近 40 个商旅城市通过有资质的票务代理提供送票上门服务。2004 年 11 月，携程在网上搭建、开通了国内首个国际机票在线预订平台，此举被业内誉为是具有里程碑意义的突破。"

"携程旅行网"《携程会员手册》（2006 年 3 月版）第 3 页载明"携程旅行网于 2003 年 12 月 9 日在美国纳斯达克成功上市"；第 8 页载明"目前携程已和国内外各大航空公司合作，覆盖国内外绝大多数航线……携程还开通了各大航空公司（国航、东航、南航、上航、海航）电子客票产品，客人可在航空公司支持电子客票的城市用信用卡支付方式购买电子客票……目前，携程是国内领先的电子客票服务供货商，预订量名列全国前列，机票直客预订销售量也全国领先，是名副其实的国内领先的机票预订服务平台。"

携程计算机公司通过携程商务公司注册的"携程旅行网"向公众提供机票信息查询和预订等服务，并通过"携程旅行网"进行了涉案的宣传行为。

根据 1993 年 7 月 5 日经国务院批准，1993 年 8 月 3 日由原中国民用航空总局令第 37 号公布的《民用航空运输销售代理业管理规定》（简称"民航 37 号令"），从事空运销售代理业，应当取得民航行政主管部门或者民航地区行政管理机构核发的空运销售代理业务经营批准证书。在 2004 年 7 月 1 日行政许可法施行之前，2004 年 5 月 19 日发布的《国务院关于第三批取消和调整行政审批项目的决定》（国发〔2004〕16 号，自公布之日起施行）中，将依据民航 37 号令设定的"民用航空运输销售代理企业设立审批"作为"国务院决定改变管理方式、不再作为行政审批、实行自律管理的行政审批项目"，并决定自公布之日起设立一年过渡期。根据 2008 年 1 月 15 日《国务院关于废止部分行政法规的决定》，因调整对象已消失，实际上已经失效，民航 37 号令被宣布失效。

携程计算机公司和携程商务公司均未取得民航 37 号令所要求的"航空销售代理业务经营批准证书"。上海市工商行政管理局于 2004 年 7 月 19 日作出处罚载明：携程计算机公司于 2002 年 3 月始，超出其核准登记的经营范围，未持有"航空销售代理业务经营批准证书"，从事航空客运机票的销售；还与一些具有航空销售代理业务资质的公司"合作"，在北京、上海等 37 个国内城市销售国际国内机票。上述行为违反了《公司法》第十一条的规定，构成超出经营范围从事经营活动的行为。

◙ 判决结果

一审：驳回黄金假日公司对该案所审理部分内容的诉讼请求

二审：维持一审判决

◙ 裁判理由

根据原民航 37 号令这一行政法规的规定，从事民用航空运输销售代理业包括从事民航客运机票销售代理业的企业，即民用航空运输销售代理人（简称"销售代理人"），应当取得"航空销售代理业务经营批准证书"。经咨询国家民航行政主管部门，判断行为人是否属于实际从事机票销售代理业务，应当以机票上的出票人为准，而不能将提供与机票销售相关的预订、送票和收款等业务的经营者也视为民航 37 号令规定的销售代理人。据此，该案当事人所争议的"预订"是否是"销售"的一个环节、"机票预订"及"送票"是否也是"机票销售"、携程计算机公司和携程商务公司是否因可能直接收取旅客机票款而构成"销售机票"等问题，对于判断被上诉人携程计算机公司和携程商务公司是否违反民航 37 号令的有关规定均无实质意义。而上诉人在该案中并无证据证明消费者通过"携程旅行网"预订的机票是来源于具有合法资质的销售代理人以外的人，更无以携程计算机公司或者携程商务公司为机票出票人的证据，相反其在诉讼中也一直主张是康辉服务公司和北京携程公司在为携程计算机公司和携程商务公司提供机票出票及送票服务，而且被上诉人的证据也可以证明其向消费者提供的机票来源于有合法资质的销售代理人。因此，该案依据现有证据，并不能够直接认定被上诉人携程计算机公司和携程商务公司存在非法经营民航客运销售代理业务的行为。

退一步讲，假设有关行为构成违反行政许可法律、法规的非法经营行为，也并不必然同时构成不正当竞争行为并需要承担民事责任。也就是说，非法经营并不当然等于民事侵权，民事诉讼原告不能仅以被告存在非法经营行为来代替对民事侵权行为的证明责任。不论经营者是否属于违反有关行政许可法律、法规而从事非法经营行为，只有因该经营者的行为同时违反反不正当竞争法的规定，并给其他经营者的合法权益造成损害时，其他经营者才有权提起民事诉讼，才涉及该经营者应否承担不正当竞争的民事责任问题。即使是对《反不正当竞争法》第九条第一款规定的引人误解的虚假宣传行为，也并非都是经营者可以主张民事权利的行为，也应当符合经营者之间具有竞争关系、有关宣传内容足以造成相关公众误解、对经营者造成了直接损害这三个基本条件。上诉人并未举证证明该二被上诉人的有关行为使上诉人自身受到了直接的损害，不能简单地以相关公众可能产生与上诉人无关的误导性后果而代替上诉人对自身受到损害的证明责任。因此，该案不能得出被上诉人携程计算机公司和携程商务公司对被控所谓非法经营行为的宣传及其可能存在的所谓市场混淆行为构成对黄金假日公司不正当竞争的结论。

不论携程计算机公司和携程商务公司的有关经营行为是否构成非法经营，有关的宣传内容只要是对其实际经营状况和业绩的客观表述，不会引人误解的，就不构成《反不正当竞争法》第九条所称的虚假宣传行为。在上诉人所指控的上述宣传内容中，"电子客票服务供货商""机票直客预订销售""预订机票"等用语，均是说明被上诉人的服务方式和内容，是对其提供机票预订服务的经营方式的客观陈述，不存在虚假内容，不足以造成相关公众的误解；"国内领先""名列全国前列""全国领先"等用语，主要是对自己在同业竞争者中地位的描述，从该案各方当事人所提交的证据以及根据作为机票预订消费者的日常生活经验，也可以得出携程计算机公司提供的机票预订服务在国内同行业中属于规模较大、经营状况较好的一家，上述宣传用语尚不足以造成相关公众的误解；关于"可在……43个出票城市随时随地轻松预订机票"的宣传内容，虽然被上诉人携程计算机公司和携程商务公司没有一一举证说明43个出票城市具体是哪些，但从上海市工商行政管理局2004年作出的《行政处罚决定书》认定的携程计算机公司与"一些具有航空销售代理业务资质的公司'合作'，在北京、上海等37个国内城市销售国际国内机票"的事实看，也可以合理推定"43个出票城市"并非明显虚构，不足以造成相关公众的误解；至于"全国尚属首家"的表述，被上诉人客观上难以举证证明，上诉人也没有提供证据予以否定，亦不宜认定为虚假宣传。总之，上述有关被控宣传行为尚不构成反不正当竞争法意义上的引人误解的虚假宣传行为，不构成对上诉人的不正当竞争。

📖 案例解析

该案明确地划分了非法经营行为和不正当竞争行为的界限，二审法院认为，只有当非法经营行为同时违反反不正当竞争法的规定，并给其他经营者的合法权益造成损害时，其他经营者才有权提起民事诉讼，这种非法经营行为才受到反不正当竞争法的规制。上述认定所表述的内涵是，无论被诉行为是否合法，只有当该行为满足《反不正当竞争法》规定的属于不正当竞争行为的要件时，才可以适用《反不正当竞争法》进行规制。

《反不正当竞争法》第九条第一款规定，经营者不得利用广告或者其他方法，对商品的质量、制作成分、性能、用途、生产者、有效期限、产地等作引人误解的虚假宣传。虽然该款仅仅描述了经营者不得进行虚假宣传的情形，即不正当竞争行为的具体表现，但对该行为的理解不能仅仅停留于条款的字面描述，而应当结合《反不正当竞争法》的体系和规制原理进行判定。也就是说，对于"虚假宣传"这一行为的理解，应当结合基于《反不正当竞争法》规制原理而产生的相关要件进行判断。本文认为，所谓虚假宣传，即是指以捏造、虚构、歪曲或者其他误导的方式，对商品或服务的质量、制作成分、性能、用途、生产者、有效期、产地等作出与实际不相符合的宣传。虚假宣传的手段通常有三种：第一种是捏造虚构事实的方式，如非专利产品宣传为专利产品；第二种是歪曲事实的方式，如夸大产品的功能和作用；第三种是其他误导性的方式，如以模糊或者歧义性语言误导购买者。虚假宣传并不要求实际效果产生，而只要求宣传行为足以产生引人误解的效果，就构成《反不正当竞争法》第九条规定的引人误解的虚假宣传。

该案中，二审法院归纳了《反不正当竞争法》第九条第一款规定的引人误解的虚假宣传行为的要件，即应当符合经营者之间具有竞争关系、有关宣传内容足以造成相关公众误解、对经营者造成了直接损害这三个基本条件。同时认为，不论携程计算机公司和携程商务公司的有关经营行为是否构成非法经营，有关的宣传内容只要是对其实际经营状况和业绩的客观表述，不会引人误解的，就不构成《反不正当竞争法》第九条所称的虚假宣传行为。从上述评述可以进一步推知要件之间的因果关系：当经营者发布的商业宣传内容和客观事实之间的具有偏差，上述偏差的程度足以造成相关公众对客观事实产生误解，且该误解会导致具有竞争关系的经营者造成直接损害时，这样的商业宣传行为就是引人误解的虚假宣传行为。

需要注意的是，虽然经营者在进行商业宣传活动时应当基于诚实信用原则保证商业宣传内容的真实性，但宣传的基本作用决定了商业宣传的内容需要进行渲染、修饰，甚至一定程度的夸张的现象。也就是说，宣传手段本身的特点使得客观事实需要被加工，而这种加工可能带来相关公众对客观事实理解上的偏差。因此，在具体判断商户宣传内容时，应当将虚假宣传内容和宣传手段带来的具有理解偏差可能性的宣传内容进行区分。从客观内容上来看，虚假宣传的内容往往与真实事实存在实质性的差别，而不仅仅是程度上的差别，当然，基于量变导致质变的原理，当事实夸张到一定程度也会成为虚假事实。该案中，"国内领先""名列全国前列""全国领先"等用语不足以造成相关公众的误解，是因为其表达的事实是自己在同业竞争者中具有领先优势地位，因此只要其客观上系国内同行业中属于规模较大、经营状况较好的一家，其宣传内容和客观事实就不存在实质性的差别。从主观理解上看，应当从相关公众的通常理解出发。该案中，从相关公众的通常理解来看，"电子客票服务供货商""机票直客预订销售""预订机票"等用语仅仅描述其提供机票预订服务的经营方式，并不能当然推断相关公众能从上述用语中推断出其应具备相应的售票资质。因此，上述用语亦不能认定为虚假宣传。

同时，本文还要提醒的是，《反不正当竞争法》第九条所称的虚假宣传行为与《反不正当竞争法》第五条所称的虚假表示行为，虽然同属于不正当竞争行为，但是二者从行为手段、表现形式和适用法律方面均存在不同。第一，从行为手段来讲，虚假表示采用的是伪造或冒用的方法；而虚假宣传采用的广告或者其他方法。第二，从表现形式来讲，虚假表示体现在三个方面：伪造或冒用认证标志、名优标志等质量标志，伪造产地，对商品质量作引人误解的表示；而虚假宣传涉及的内容较广，如《反不正当竞争法》列举的商品质量、制作成分、性能、用途、生产者、有效期、产地等，也包括在商品规格、等级、价格、生产日期、市场信息、售后服务等方面，经营者进行的虚假宣传。第三，从适用法律来看，虚假表示应当适用《商标法》《产品质量法》实施处罚；而虚假宣传则适用《反不正当竞争法》实施处罚。因此，在司法实务中，亦应当按照前述理解对二者作出恰当的裁量。

（撰稿人：王曹翼　邓卓）

商业宣传中商业诋毁的认定

——宁波畅想软件股份有限公司诉宁波中源信息科技有限公司、
宁波中晟信息科技有限公司不正当竞争纠纷案

◎ **关键词**

不正当竞争行为　商业诋毁　虚伪事实

◎ **裁判要点**

商业诋毁的构成要求行为主体应限定为经营者，且行为对象系其竞争对手，行为人应具有损害竞争对手商誉的故意，客观上行为人系通过编造虚假信息，或是对真实状况加以歪曲，构成虚伪事实。对于竞争对手的诋毁行为，在现代法治社会，"同态复仇"的方式不应得到肯定和提倡，行为符合商业诋毁的构成要件时，同样应承担相应的民事责任。

◎ **相关法条**

《反不正当竞争法》第二条、第五条第（三）项、第九条、第十四条
《最高人民法院关于审理不正当竞争民事案件应用法律若干问题的解释》第十七条

◎ **案件索引**

一审：（2014）浙甬知初字第 196 号（裁判日期：2015 年 2 月 5 日）
二审：（2015）浙知终字第 71 号（裁判日期：2015 年 7 月 17 日）
再审：（2015）民申字第 3340 号（裁判日期：2015 年 12 月 23 日）

◎ **基本案情**

宁波畅想软件开发有限公司（简称"畅想公司"）于 2001 年 11 月成立，主要从事外贸管理软件的研发、销售、服务等，其产品和服务为"畅想"系列外贸管理软件。畅想公司对其软件进行了多项计算机软件著作权登记，并享有"INTERSKY"的注册商标专用权。宁波中源信息科技有限公司（简称"中源公司"）于 2003 年成立，宁波中

晟信息科技有限公司（简称"中晟公司"）于 2011 年成立，两公司的法定代表人均为周文权，主要从事"富通天下"系列外贸管理软件的研发、销售与服务，中源公司享有"富通天下"的注册商标专用权，并排他许可给中晟公司进行使用。

中源公司和中晟公司在其官方网站（www.joinf.com）上宣传"富通天下"品牌成为行业中唯一享誉业界的驰名商标，并发布《从战略合作伙伴的高度来甄选软件服务商——富通天下中标华飞公司 ERP 项目》一文，称日用百货行业的知名出口企业宁波华飞联合进出口有限公司由于"该宁波本地软件公司技术实力和系统框架所限"，最终由"富通天下"软件成功替换。在对畅想公司提起诉讼后（另案），中源公司和中晟公司将（2014）浙甬知初字第 144 号案"民事起诉状""受理案件通知书"扫描件上传至阿里巴巴第三方、省电子商务促进会、橙功营英雄会互助联盟、广州橙功营二营群等 QQ 群；在阿里巴巴外贸服务论坛发表《外贸服务市场不是娱乐圈》一文，并附上述扫描件，该文称"我们也忠告那些被营销蛊惑的用户，既要小心'免费进付费出'的陷阱，还要为日后导出资料留条出路。'富通天下'作为国内最大的外贸软件公司，更敬告行业内软件公司，决不允许通过技术手段绑架用户！"等；中晟公司的员工施某补向其用户发送邮件，称"畅想的报表是要钱买的，这是绑架客户""这几年全国各地畅想用的不好的，换成富通的不是几年（家）而是上百家了"等；为提高市场占有率，获得竞争优势，中源公司和中晟公司在百度推广账号中将"畅想软件""宁波畅想软件开发有限公司"设置为搜索关键词，在搜索时上述词汇指向的首条信息是中源公司和中晟公司的官方网站（www.joinf.com）链接。

在该案二审期间，浙江省高级人民法院作出（2015）浙知终字第 72 号民事判决，维持第 144 号案的一审判决，即认定畅想公司在该案中的被诉行为构成商业诋毁。

📖 判决结果

一审：（1）被告中源公司、中晟公司立即停止商业诋毁、虚假宣传行为；（2）被告中源公司、中晟公司于判决生效之日起十日内在 www.joinf.com 网站上连续三日刊登对原告畅想公司的致歉声明（内容需经法院审核，逾期不履行，法院将择要公布判决书主要内容，费用由被告中源公司、中晟公司承担），以消除影响；（3）被告中源公司、中晟公司于判决生效之日起十日内共同赔偿原告畅想公司经济损失四万元（包括原告为制止侵权行为所支付的合理开支）；（4）驳回原告畅想公司的其他诉讼请求

二审：（1）撤销一审判决；（2）中源公司、中晟公司立即停止涉案商业诋毁、虚假宣传行为；（3）中源公司、中晟公司立即停止在百度推广服务中使用"畅想软件""宁波畅想软件开发有限公司"作为搜索关键词；（4）中源公司、中晟公司于判决送达

之日起十日内在 www. joinf. com 网站上连续三日刊登对畅想公司的致歉声明（内容需包含二审法院认定的全部不正当竞争行为，并需经二审法院核准；若逾期未履行，则由二审法院择要公布该判决的主要内容，相关费用由中源公司、中晟公司负担）；（5）中源公司、中晟公司于判决送达之日起十日内共同赔偿畅想公司经济损失十万元（包括畅想公司为制止不正当竞争行为所支付的合理开支）；（6）驳回畅想公司的其他诉讼请求

再审：驳回中源公司、中晟公司的再审申请

◎ **裁判理由**

《反不正当竞争法》第十四条规定，经营者不得捏造、散布虚伪事实，损害竞争对手的商业信誉、商品声誉。据此规定，商业诋毁的构成要求行为主体应限定为经营者，且行为对象系其竞争对手，行为人应具有损害竞争对手商誉的故意，客观上行为人系通过编造虚假信息，或是对真实状况加以歪曲，构成虚伪事实，进而将所捏造的虚伪事实以各种方式向不特定的多数人或者特定的共同客户或同行业的其他竞争者进行传播，对竞争对手的商业信誉和商品声誉造成损害。

关于中源公司和中晟公司在其官网上发表文章的行为，并未明确指向畅想公司，现有证据并不能证明相关公众在阅读该篇文章后必然将"某宁波本地软件公司"等同于畅想公司，也不能证明畅想公司的商业信誉和商品声誉因之受损。

关于中源公司和中晟公司在阿里巴巴外贸圈外贸服务论坛发表文章并附有第144号案的"民事起诉状"和"受理案件通知书"的行为，虽然在通篇行文中，并未明确提及畅想公司，但通过所附的法律文书，读者极易将中源公司、中晟公司在文中所称的"害群之马"与其起诉的畅想公司紧密相连，指向对象较为明确，也易导致相关公众可能将文中提及的诸多外贸软件行业的不良现象与畅想公司相联系，虽然畅想公司在第144号案中实施的商业诋毁行为已被法院另案所认定，但文中提及的商业诋毁之外的其他行为并未得到证据证实。两公司的行为符合商业诋毁的构成要件。

关于中晟公司员工施某补发送含有争议内容的邮件的行为，施某补在将涉案邮件发送给汉造公司员工林某璧后，后者转发给畅想公司，施某补发送邮件的行为实为代表公司的商业营销行为，并非纯粹的私人间通邮，畅想公司亦未以非法途径获取该邮件。就该邮件内容而言，包含富通天下相对于畅想软件的六大优势、畅想公司绑架客户、上百家企业将畅想软件替换为富通天下软件等表述，而中源公司、中晟公司均未能提供证据对该邮件内容予以证实，相关内容均系主观臆断，属捏造虚假事实，且通过发送邮件的方式向客户进行传播，易造成相关客户对畅想公司及其产品的评价降低。

该两公司通过贬低竞争对手的方式提升自身美誉度，以期获取不正当竞争利益，对畅想公司的商业信誉和商品声誉造成损害，构成商业诋毁。

◎ **案例解析**

所谓商业诋毁是指通过捏造、公开虚伪事实或虚假信息、对特定商事主体的商誉、商品或服务进行贬低和诋毁，造成其商业利益损失的侵权行为。在商业竞争中，同领域的经营者为扩张自己的市场份额，打压竞争对手，会采用若干手段，如在宣传中采用比较、散布对手的不利信息等方式，一旦越界，就可能会构成商业诋毁的不正当竞争行为。那么，当对方采取了上述手段，采用类似的手段予以反击时，是否又会落入商业诋毁的范畴？也即是说，构成商业诋毁的要件为何？就此而言，司法实践中通常的观点认为，商业诋毁行为一般由四个要件构成。第一是经营者的主体身份，即从事商品经营或者营利性服务的法人、其他经济组织和个人。关于经营者是否必须要存在竞争关系，司法实践经历了从严格要求存在竞争关系到任何市场主体之间的裁判标准的转变。第二是行为人主观上有过错，但是主观上有过错并不是主观上故意。第三是客观方面商业诋毁包括了"捏造虚伪事实"和"散布虚伪事实"两种行为。捏造一词的含义是凭空编造，散布一词是指讲所捏造的虚伪事实，向不特定多数人或者特定的共同客户或同行业的其他竞争者进行传播的行为。但是，如果行为人向某一特定对象散布其所捏造的虚伪事实，给当事人的经营活动造成了实质性影响的，也可能构成不正当竞争。第四是商誉是否受到实际损害。在商业诋毁的不正当竞争案件中，商誉是否受到损害是判断商业诋毁是否成立以及考虑赔偿标准的重要因素，商业诋毁侵犯的客体具有二重性，这种不正当竞争行为并不是单纯侵犯了商誉主体的利益，而同时也损害了公平、诚信的竞争秩序。商业诋毁人并不能直接从诋毁行为中获得好处，但可以通过商誉权人因商誉受到损害处于劣势的竞争地位，从而使自己获得不公平的竞争优势。

具体到该案，在畅想公司诉中源公司、中晟公司一案中，后者对前者先提起了商业诋毁不正当竞争之诉（另案），经一审、二审裁判，畅想公司的行为已被认定构成商业诋毁。随后畅想公司针对中源公司、中晟公司的"响应""反击"行为，也提起诉讼，要求法院予以裁判。该案涉及在商业竞争中，如何规范商业宣传的问题，界定了合理响应与商业诋毁的边界。

成熟的市场运行机制需要配套完善的纠纷和冲突解决机制，市场经营者应遵守商业行为规则，秉承诚实信用原则，恪守公认的商业道德。《反不正当竞争法》第十四条规定，经营者不得捏造、散布虚伪事实，损害竞争对手的商业信誉、商品声誉。故商业诋毁的构成，应当满足市场主体、虚伪事实、捏造散布行为、损害商业信誉和商品声誉等四个要件。二审法院认为，行为主体应限定为经营者，且行为对象为其竞争对手，在反不正当竞争领域，行为人与被侵害人应同属相关市场中的竞争者；客观上该事实系经过编造的虚假信息，或是对真实状况加以歪曲；行为人具有损害竞争对手商誉的主观恶意，将上述事实以各种方式，向不特定的多数人或者特定的共同客户或同行业的其他竞争者进行传播；从而最终达到损害竞争对手的商业信誉的结果。

该案中法院共界定了中源公司和中晟公司的三个行为，分别为在官网上发表文章、在阿里巴巴外贸圈中发表文章并上传前案"民事起诉状""受理案件通知书"、向客户发送争议内容邮件的行为。该案中当事人均属于外贸管理软件开发领域的经营者，发表文章、发送邮件也属于将信息散布传播的行为，故关键在于其搭载的信息是否属于虚伪事实，且是否会产生贬损商誉的效果。二审法院的判断标准为，文中所述不良现象没有相关证据证明，且相关公众能够将文中所述的诸多不良现象与对其特定竞争对手畅想公司相联系。对于散布信息的真伪，两审法院均认为应由被告举证证明，若无证据，均系主观臆断，属于虚伪事实。而对于由生效裁判所确认的畅想公司具有商业诋毁行为的事实，可以采纳为真实信息，如果仅上传第 144 号"民事起诉状"和"案件受理通知书"，尚且可视为对畅想公司在第 114 号案中被诉商业诋毁行为的合理响应，表明该公司采取了相应的法律措施加以应对，这一扫描件的信息并不存在引入误解的内容，但如果增加了其他信息，同样需要被告举证证明其真实性。二审法院强调，对于前案畅想公司的行为，已通过诉讼方式得到救济，"同态复仇"的所谓反击响应方式不应得到肯定和提倡，亦不能成为中源公司和中晟公司散布虚伪事实的合法抗辩事由。对于所传播事实与被侵害人的关联性，需要从一般公众的理解能力出发，如果只提及"某宁波本地软件公司"，便无法明确，而如果在批判外贸行业后又附加上指向特定公司的法律文书，便很容易将文字提及的不良现象与特定公司联系，从而认为该公司具有这些情况。

故该案最终判定上述三个行为中的信息均属虚伪事实，但只有后两个可以明确指向畅想公司，构成不正当竞争行为。对于商业竞争中竞争对手的诋毁行为，不能采取超限度的反击，而必须在真实、合理的范围内描述自己的主张，采取法律武器进行维权，否则一味地采用私力报复的形式，容易使自己也落入违法的范畴。

（撰稿人：王曹翼　邓卓）

"商业秘密"以及"侵害商业秘密"不正当竞争行为的要件

——重庆立崧电机设备有限公司与周某霄、重庆赛凡机电设备有限公司侵害商业秘密纠纷案

◎ **关键词**

不正当竞争行为 商业秘密

◎ **裁判要点**

该案系侵害商业秘密纠纷案件，《最高人民法院关于审理不正当竞争民事案件应用法律若干问题的解释》第十四条规定：当事人指称他人侵犯其商业秘密的，应当对其拥有的商业秘密符合法定条件、对方当事人的信息与其商业秘密相同或者实质相同以及对方当事人采取不正当手段的事实负举证责任。该案中的原告重庆立崧电机设备有限公司（简称"立崧公司"）承担结果意义上的证明责任，体现在立崧公司需最终承担以下几个方面的证明责任：首先，需证明涉案信息符合商业秘密的构成要件，且立崧公司对该商业秘密享有权利；其次，需证明周某霄、重庆赛凡机电设备有限公司（简称"赛凡公司"）使用的涉案信息与立崧公司商业秘密相同或者实质相同；再次，需证明周某霄、赛凡公司采取不正当手段获取，或者虽系合法获取但未经权利人许可披露、使用或者允许他人使用了商业秘密。立崧公司如不能证明以上三个方面的内容，导致事实真伪不明时应由立崧公司承担举证不能的不利后果。

◎ **相关法条**

《反不正当竞争法》第十条

《最高人民法院关于审理不正当竞争民事案件应用法律若干问题的解释》第十四条

◎ **案件索引**

一审：（2014）渝五中法民初字第 00156 号（裁判日期：2015 年 5 月 11 日）

二审：（2014）渝高法民终字第 00314 号（裁判日期：2015 年 10 月 22 日）

◎ **基本案情**

上诉人立崧公司上诉称：其系一家从事制造、销售水轮机及辅机，水轮发电机及

辅助装置，货物及货物技术进出口的企业。周某宵于 2008 年 10 月至 2012 年 3 月应聘到立崧公司工作，工作岗位为经营处副处长，劳动合同对保守商业秘密和竞业限制进行了约定。赛凡公司于 2011 年 10 月成立，与立崧公司经营范围相同。周某宵离职后，立崧公司在大约 2013 年 8 月发现，周某宵在任职期间和离职后均与赛凡公司利用不正当手段，获取并使用立崧公司技术信息和经营信息，违反竞业限制，侵害商业秘密，严重侵害了立崧公司的合法权利。一审法院认定事实不清，适用法律错误，请求依法予以撤销。

被上诉人周某霄答辩称：立崧公司主张的商业秘密的名单是互联网上简单的拼凑，各个竞争对手的信息都是公开的，不属于商业秘密。其并非唯一接触商业秘密的人，而且并没有使用这些商业秘密为自己牟利。

被上诉人赛凡公司答辩称：立崧公司主张的商业秘密不成立，赛凡公司的经营范围与立崧公司有所不同，赛凡公司合法经营，没有通过周某宵利用立崧公司的商业秘密。

▣ 法院经审理查明

周某宵于 2008 年 12 月 16 日进入立崧公司工作，劳动合同约定的工作内容是负责经营处副处长岗位对其要求的工作。2012 年 3 月 10 日，立崧公司（甲方）与周某宵（乙方）签署《终止劳动关系协议书》。该协议的主要内容是：（1）经双方完成业务提成结算后，乙方尚欠甲方借款十一万元整。（2）经双方协商后，乙方承诺遵守本协议签订之日起 2 年期的竞业限制。

立崧公司成立于 1998 年，经营范围是制造、销售水轮机及辅机，水轮发电机及辅助装置，电站机组设备安装，技术改造及技术服务；水利水电工程施工（凭相关资质执业）。2008—2011 年，立崧公司与秘鲁管道工业有限公司、秘鲁水电设备责任有限公司、深圳市富春实业发展有限公司、REFLEX 亚洲有限公司、奥兹切乌斯水力电站发电有限责任公司、乌斯塔奥格路电力发展有限公司及 J. G. 威尔森租赁公司、马蒂电力发展有限公司签署了相关的销售合同。上述合同中包含了对方客户名称、签约人、联系人、电话、公司地址、相关产品型号、价格等信息。立崧公司通过购买阿里巴巴国际推广项目、关键词搜索排名等服务，支付上海构寻广告有限公司网络服务费、参加相关展会等形式长期推广其公司及相关产品，搜集、整理了包含 680 个客户信息的立崧公司对客户报价名单及部分报价表。

赛凡公司成立于 2011 年 10 月 12 日，经营范围是销售通用设备、水轮机及辅机、水轮发电机及辅助装置。2013 年 7 月 18 日，赛凡公司申请将其股东"陈霞、汪利民"变更为"陈霞、汪利民、周钟、周某宵"，并将公司的法定代表人由陈霞变更为周某宵。2011—2013 年，赛凡公司与包括中国联合装备集团国际工程有限公司、AJ 联合有限公司、达乌迪国际有限公司、马奎那利亚水电公司、班查尔尼卡拉德塔大亚有限公司和韩国 ENC 有限公司在内的相关公司发生了相关的贸易。2009—2012 年，赛凡公司完成了秘鲁水电站、格鲁吉亚水电站、智利水电站、土耳其水电站、厄加拉瓜水电站、厄瓜多尔水电站、新西兰水电站、土耳其水电站、印度尼西亚 RAKIT 水电站、印度尼西亚 ADIPASIR3 水电站、尼泊尔 JHYARIKHOLA 水电站、阿富汗水电站、刚果水电站、韩国水电站十三个项目。

◙ 判决结果

一审：驳回立崧公司的诉讼请求

二审：驳回上诉，维持原判

◙ 裁判理由

重庆市高级人民法院二审认为，该案系侵害商业秘密纠纷案件，《最高人民法院关于审理不正当竞争民事案件应用法律若干问题的解释》第十四条规定：当事人指称他人侵犯其商业秘密的，应当对其拥有的商业秘密符合法定条件、对方当事人的信息与其商业秘密相同或者实质相同以及对方当事人采取不正当手段的事实负举证责任。因此，该案中立崧公司要实现其诉讼主张，应当对其主张的经营信息构成商业秘密，周某霄、赛凡公司的经营信息是与其商业秘密相同或实质相同及周某霄、赛凡公司采用不正当手段获取上述信息承担举证责任。

一、对于立崧公司主张的经营信息是否构成商业秘密

立崧公司在一审庭审中明确其经营信息是指客户名单，包括准客户名单、销售合同、对外报价、电子邮件询盘及图片，《反不正当竞争法》第十条第三款规定，商业秘密是指"不为公众所知悉、能为权利人带来经济利益、具有实用性并经权利人采取保密措施的技术信息和经营信息"，《最高人民法院关于审理不正当竞争民事案件应用法律若干问题的解释》第十三条第一款规定："商业秘密中的客户名单，一般是指客户的名称、地址、联系方式以及交易的习惯、意向、内容等构成的区别于相关公知信息的特殊客户信息，包括汇集众多客户的客户名册，以及保持长期稳定交易关系的特定客户。"据此，客户名单要符合商业秘密构成要件中的"不为公众所知悉"，必须是区别于同行业者都可能知悉或获得的简单客户信息，对于已交易客户应当是保持了长期稳定交易关系的特定客户名单，或者准客户名单中至少应当包含有客户的交易习惯、客户的独特需求、客户的要货时间规律、可能成交的价格底线等信息的组合，而非简单地将曾经交易过的客户或者潜在的准客户指称为构成商业秘密的客户名单，从而限制其他同业人员的公平竞争机会。从立崧公司提交的证据来看，其并未提交完整的客户手册；其提交的2008—2011年的七份销售合同中所涉及的客户没有保持长期稳定交易关系的特定客户；其根据相关询盘信息等整理的准客户名单（即680个客户报价名单及部分报价表）中客户信息及产品参数指代不明，缺乏明确的名称、地址、联系方式及交易要求、意向。综上，二审法院认为，立崧公司指称的客户名单不符合商业秘密构成要件，不能作为商业秘密得到保护。尽管立崧公司提出其收集这些准客户信息花费了大量的人力、物力，但这些代价是立崧公司正常商业经营中所必须付出的，不能仅凭此点即将上述信息归类为商业秘密。一审法院对此的认定错误，应予以纠正。

二、周某霄、赛凡公司是否实施了侵害立崧公司商业秘密的行为

从立崧公司向法院提交的关于周某霄、赛凡公司侵害其"商业秘密"的证据来看，在一审中，立崧公司举示了赛凡公司在阿里巴巴平台上公布的2009—2011年的11个水电项目的业绩表，但上述业绩表中的水电项目中并无相关客户名称的信息，无法与立崧公司要求保护的客户名单作——对比。立崧公司申请法院调取的证据显示，与赛凡公司产生交易关系的单位包括中国联合装备集团国际工程有限公司、AJ联合有限公司、达乌迪国际有限公司、马奎那利亚水电公司、班查尔尼卡拉德塔大亚有限公司和韩国ENC有限公司，上述公司信息与立崧公司指称的客户名单并无相同或实质相同的信息。在二审中，立崧公司申请法院调取的证据显示，赛凡公司发生实际交易的秘鲁客户为CONSORCIOAPURIMAC，韩国客户为韩国ENC公司，与立崧公司指称的客户名单中客户信息无相同或实质相同的信息。综上，立崧公司提交的证据不能证明周某霄、赛凡公司的经营信息与其指称的"商业秘密"相同或者实质相同。

综上，立崧公司未能举示充分证据证明其经营信息符合商业秘密的构成要件，也未能举示证据证明周某霄、赛凡公司的信息与立崧公司的经营信息相同或实质相同，故应当承担举证不能的责任，其上诉理由不能成立，二审法院不予支持。

▣ 案例解析

商业秘密（trade-secret）是国际上较为通用的法律术语，我国《反不正当竞争法》第十三条第三款规定：商业秘密是指不为公众知悉，能为权利人带来经济利益，具有实用性并经权利人采取保密措施的技术信息和经营信息。该案系侵害商业秘密纠纷案件，涉及商业秘密的构成要件以及侵害商业秘密不正当竞争行为的认定。

一、关于商业秘密的构成要件

商业秘密的构成要件也即商业秘密的特征，无论是在司法实践中还是在理论研究

中，均存有较大争议，"三要件"说和"四要件"说是主要观点。但无论采取何种学说，以下几点均是必然涉及的概念，即秘密性、商业价值性和保密性。所谓秘密性，即是指不为公众所知悉，这是商业秘密的核心特征，也即商业秘密的秘密性与不为公众所知悉实质基本相同，有关信息不为其所属领域的相关人员普遍知悉和容易获得。就此理解不为公众所知悉应当为权利人没有采取任何公开的措施，主观上不愿为公众所知，客观上没有采取公开措施。商业价值性是指商业秘密能通过现在或将来的使用给权利人带来经济价值和竞争价值。在《最高人民法院关于审理不正当竞争民事案件应用法律若干问题的解释》第十条之中将"能为权利人带来经济利益、具有实用性"解释为"有关信息具有现实的或者潜在的商业价值，能为权利人带来竞争优势"。可见，目前我国判断商业秘密价值性的总体标准有两个：一个是产生竞争优势，另一个是可以带来经济利益。除此之外，商业秘密的价值性没有量的要求，也没有时间的固定性。保密性是指权利人采取合理的保密措施，使得公众不能从公开管道获取。这是因为商业秘密不同于商标、专利等经过注册登记而具有确定性的知识产权，他人直接负有不得侵犯的义务。对于商业秘密而言，由于它是通过自己保密或者要求他人保密的方式而享有法律保护的，法律对保密措施就有了"门槛"要求，即在保密措施达到合理的程度时，才能够得上商业秘密的资格而享有商业秘密的保护。当然，商业秘密权利人所采取的保密措施，并不要求是万无一失的措施。

该案中，一审法院对于是否构成商业秘密的认定也采取了三要件说，认为对立崧公司主张权利的经营信息是否构成商业秘密的判定在于其是否具有秘密性、价值性及立崧公司是否采取了合理的保密措施。关于秘密性的判定，《最高人民法院关于审理不正当竞争民事案件应用法律若干问题的解释》第九条第一款规定：有关信息不为其所属领域的相关人员普遍知悉和容易获得，应当认定为《反不正当竞争法》第十条第三款规定的"不为公众知悉"。关于价值性的判断，《最高人民法院关于审理不正当竞争民事案件应用法律若干问题的解释》第十条规定：有关信息具有现实的或者潜在的商业价值，能为权利人带来竞争优势的，应当认定为《反不正当竞争法》第十条第三款规定的"能为权利人带来经济利益、具有实用性"。关于保密措施的判定，《最高人民法院关于审理不正当竞争民事案件应用法律若干问题的解释》第十一条第一款规定：权利人为防止信息泄漏所采取的与其商业价值等具体情况相适应的合理保护措施，应当认定为《反不正当竞争法》第十条第三款规定的"保密措施"。对保密措施的判定，应当是商业秘密的拥有者根据商业秘密的具体类型所采取的合理措施，这种措施至少应当能够使他人知悉权利人对相关信息予以保密的意图，或者至少能够使他人施以正常的注意力即可得出类似的结论。一审法院从以上三个特征出发，认为立崧公司主张的客户名单等资料构成商业秘密。二审法院在承认上述认定规则的基础上,根据《最高人民法院关于审理不正当竞争民事案件应用法律若干问题的解释》第十三条规定认定该案的客户名单不符合商业秘密构成要件,不能作为商业秘密得到保护,据此纠正了一审法院的认定。

二、商业秘密侵权行为的认定

商业秘密侵权,是指以非法手段获取或利用他人商业秘密的不正当竞争行为。当然也正是由于商业秘密侵害行为与其他侵害行为相比更具有隐秘性、不确定性,所以我国立法上在《反不正当竞争法》第十条还对侵害商业秘密的表现形式采取了列举的方式阐明,具体而言是:一是非法获取商业秘密的行为;二是披露、使用非法获取的商业秘密的行为;三是非法披露或使用合法获取的商业秘密的行为;四是第三人明知或者应知前几项违法行为,获得、使用或披露他人的商业秘密的行为。同时,《最高人民法院关于审理不正当竞争民事案件应用法律若干问题的解释》第十四条规定:当事人指称他人侵犯其商业秘密的,应当对其拥有的商业秘密符合法定条件、对方当事人的信息与其商业秘密相同或者实质相同以及对方当事人采取不正当手段的事实负举证责任。可见,侵犯商业秘密行为的构成要件必须具备商业秘密符合法定条件、被告的信息与原告的信息相同或者实质相同、采用了不正当手段三个方面。

该案中,立崧公司需最终承担以下几个方面的证明责任:首先,需证明涉案信息符合商业秘密的构成要件,且立崧公司对该商业秘密享有权利;其次,需证明周某霄、赛凡公司使用的涉案信息与立崧公司商业秘密相同或者实质相同;再次,需证明周某霄、赛凡公司采取不正当手段获取,或者虽系合法获取但未经权利人许可披露、使用或者允许他人使用了商业秘密。该案中,两审法院均认为立崧公司提交的证据不能证明周某霄、赛凡公司的经营信息与其指称的"商业秘密"相同或者实质相同,因而不予支持其诉讼请求。

保护商业秘密的根本目的是禁止不公平的或在商业上以不正当的手段"窃取"信息,但对其的保护要严格遵循上述构成要件的限制,对是否构成商业秘密以及是否成立侵害商业秘密的不正当竞争行为作出正确的认定。

(撰稿人:罗素云 邓卓)